Yin Yang
und die Kunst der natürlichen Küche

Katriona Forrester
Marlise Binetti-Kupper

Yin **Yang**
und die Kunst der natürlichen Küche

AT Verlag

Dank

Wir haben einige Zeit gebraucht, neben unserem regen Berufs- und Familienleben dieses Kochbuch zu «kochen», und ohne die Hilfe vieler anderer wäre es nicht möglich gewesen.

Wir danken unseren Eltern, unseren Ehemännern Mario und Mario und unseren Kindern Nina, Zoë, Vivianne, Kyle und Francesca für ihre Geduld und für alles, was sie bewusst und unbewusst dazu beigetragen haben.

Zu besonderem Dank verpflichtet sind wir dem holistischen Studienzentrum des IMI Kiental, wo wir seit seiner Eröffnung im Jahr 1985 tätig sind. Es bot uns ständige Unterstützung und praktische Hilfe bei der Realisierung dieses Projekts und war eine der Hauptquellen unserer Inspirationen, Erfahrungen und der Ideen, die wir nun in unserem Buch präsentieren. Wir danken allen unseren Lehrern, Kollegen und Studenten für die Vorschläge und Rezepte, die sie beigesteuert haben, und Jan Taylor Call für ihre kundige Betreuung.

Liebend gerne würden wir auch alle anderen Menschen, die uns direkt und indirekt bei den Arbeiten an diesem Buch geholfen haben, namentlich nennen, doch würde dies beinahe selbst ein Buch füllen. Wir möchten jedoch, dass alle diese «Engel» wissen, dass ihre Namen in unsere Herzen geschrieben stehen.

Marlise Binetti-Kupper und Katriona Forrester
Kiental, April 1997

Aus dem Englischen übersetzt von Emanuel Balsiger.

© 1997
AT Verlag, Aarau, Schweiz
Illustrationen:
Marlise Binetti-Kupper, Seite 14/15 Dani Gfeller
Druck und Bindearbeiten:
Neue Stalling GmbH, Oldenburg

ISBN 3-85502-575-4

Einleitung

8 Kekse knabbern und über die Welt nachdenken
8 Die 10 Ratschläge von Mutter Natur für eine gesunde Ernährung
10 Die Zauberei beginnt
12 Yin und Yang in der Gesundheit
12 Die Wirkungen einiger Nahrungsmittel
17 Verwandlung durch Kochen

19 Anfänger-Set und vier Countdown-Menüs
19 Die Zauberküche
19 Küchengeräte
20 Einkaufsliste für den Anfang
20 Countdown-Menüs

24 Kochen und Karriere – Jonglieren will gelernt sein
24 Jongliertrick Nummer 1: Langsam schnell kochen
25 Jongliertrick Nummer 2: Schnell langsam kochen
25 Jongliertrick Nummer 3: Die Rotation
25 Die 7-Tage-Rotation

27 Essen aus den Gärten der ganzen Welt
27 Die bestgehüteten Geheimnisse unserer Freunde aus aller Welt
27 Ersatztabelle

30 Für die Meute kochen
30 Das Kleinkind
30 3- bis 7jährig
31 7- bis 12jährig
31 Teenager

32 Kochen für sie und ihn – Die Magie der Gegensätze
32 Sich Vitalität erkochen
32 Das Schaffen von magnetischer Anziehungskraft
32 Den wilden Mann füttern
33 Die wilde Frau füttern

34 Unterwegs
34 Szenario 1
35 Szenario 2
36 Szenario 3

37 Einladungen
37 Welche Mengen sind nötig?
37 Menü-Ideen

40 Mutter und Kind, Schwangerschaft und Stillen
40 Schwangerschaft
42 Nachgeburtliche Ernährung

Inhalt

Rezepte

- 50 **Einfaches Wägen und Messen**
- 51 **Suppen**
- 52 Fünf verschiedene Suppenfonds
- 53 Leichte Suppen
- 55 Kräftige Suppen
- 62 **Vorspeisen**
- 63 **Getreide**
- 65 Vollreis
- 72 Hirse
- 75 Buchweizen
- 77 Weizen
- 81 Teigwaren, Nudeln und Crêpes aus Weizenmehl
- 88 Gerste
- 89 Mais
- 91 Quinoa
- 91 Amaranth
- 92 **Frühstücksgetreidegerichte**
- 96 **Pikante Backwaren**
- 103 **Sandwiches und pikante Snacks**
- 106 **Eiweiss**
- 106 Hülsenfrüchte
- 113 Tofu
- 117 Tempeh
- 120 Seitan
- 124 Kombinierte Eiweisse: Tofu, Tempeh und Seitan
- 127 Getrocknete pflanzliche Eiweissprodukte: Fu und getrockneter Tofu
- 128 Nüsse
- 129 **Fisch**
- 133 Eingelegter Fisch
- 135 **Essen für unterwegs und fürs Lagerfeuer**
- 138 **Gemüse**
- 153 **Meeresgemüse (Algen)**
- 154 Arame
- 155 Hiziki
- 156 Wakame
- 157 Nori und Laver
- 158 Kombu und Kelp
- 158 Mekabu
- 159 Dulse
- 160 Agar-Agar
- 161 **Salate**
- 164 **Saucen, Dips und Würzsaucen**
- 164 Salatsaucen
- 168 Dips
- 169 Saucen
- 174 Würzsaucen
- 176 **Desserts**
- 177 Leichte Desserts
- 183 Reichhaltige Desserts
- 189 **Süsse Saucen, Cremen und Garnituren**
- 193 **Kuchen, Kleingebäck und süsse Snacks**
- 194 Kuchen
- 202 Kleingebäck
- 205 Süsse Snacks
- 207 **Für Babies und Kinder**
- 210 **Getränke**
- 210 Heisse Getränke
- 212 Kalte Getränke
- 214 **Die kleine Küchenfabrik**
- 215 Getreideprodukte
- 217 Fermentierte Getreideprodukte
- 221 Brot
- 223 Sauer eingemachtes Gemüse
- 228 Gewürze und Würzbeilagen
- 231 Konfitüren und Pürees
- 233 **Erste Hilfe in der Küche**
- 233 Erste Hilfe für kleine Verletzungen
- 233 Innerliche Beschwerden
- 235 **Glossar**
- 236 **Rezeptverzeichnis**

Einleitung

Kekse knabbern und über die Welt nachdenken

Wie und was Sie essen, ist eine der wichtigsten Entscheidungen, die Sie täglich in Ihrem Leben treffen. Gesundheit, Wohlbefinden und Wahrnehmung der Welt werden direkt davon bestimmt. Weil alles mit allem zusammenhängt, beeinflussen Sie mit Ihren Entscheidungen nicht nur Ihr eigenes Leben, sondern auch die Welt um Sie herum. Ihre Entscheidungen haben einen Einfluss, der viel weiter reicht, als Sie vielleicht denken. Sie sind so etwas wie ein gesellschaftspolitischer Akt mit Auswirkungen auf die ganze Welt.

Stellen Sie sich vor, Sie könnten neu beginnen und einen Plan für Ihr Leben entwerfen. Wie würden Sie entscheiden, welche Nahrung für Sie und die Welt am besten ist? Vergessen Sie für einen Augenblick die Supermärkte und die TV-Spots. Versuchen Sie ganz für sich selbst herausfinden, wie sich die Welt ernähren könnte, so dass niemand Hunger leidet und genug für alle da ist. Was würden Sie tun, damit die Erde nicht an der Überbevölkerung zugrunde geht, sondern ganz im Gegenteil ihre natürliche Fruchtbarkeit immer wieder erneuern kann?

Selbst wenn Sie nichts von Kalorien und Cholesterin wüssten, welche Ernährungsweise würden Sie wählen, um grundsätzlich gesund zu sein, die Bedürfnisse von Körper und Geist zu befriedigen und dem Leben mit Enthusiasmus, Klarheit und Energie entgegenzutreten? Welchen Weg würden Sie wählen, damit Ihre tiefsten Wünsche erfüllt werden?

Als wir uns diese Fragen stellten, stiessen wir auf einige einfache und naheliegende Antworten, die uns anscheinend die Natur selbst zu geben versucht.

Für uns sind die folgenden Beobachtungen Ratschläge von Mutter Natur für die individuelle, ökologische und globale Gesundheit. Diese Ratschläge sind einfach, aber wirkungsvoll. Viele Kulturen auf der ganzen Welt haben mit ihrer traditionellen Ernährungsweise diese Prinzipien vorgelebt. Heute kommen Regierungsstellen, grosse Ärztevereinigungen und Wissenschaftler zu Forschungsergebnissen, die den Schluss nahelegen, dass es durchaus sinnvoll ist, sich natürlich zu ernähren. Und sie passen ihre Empfehlungen diesen Erkenntnissen an. Die Ratschläge von Mutter Natur entsprechen dem gesunden Menschenverstand und sind weltweit anwendbare Richtlinien für die Ernährungsweise der gesamten Menschheit. Sie sind ein neuer und gleichzeitig sehr alter Zugang zu Gesundheit und Ernährung.

«Mutter» weiss es vielleicht doch am besten!

Die 10 Ratschläge von Mutter Natur für eine gesunde Ernährung:

1. Essen Sie vor allem Produkte aus Ihrer Umgebung.
2. Essen Sie vor allem Saisonprodukte.
3. Achten Sie auf die Grundlagen: Getreide, Hülsenfrüchte, Gemüse, Früchte, gute Luft und sauberes Wasser.
4. Wenn Sie tierische Produkte essen, tun Sie es mit dem nötigen Respekt.
5. Künstlich hergestellte Substanzen sind der Natur fremd. Vermeiden Sie sie in Ihrer Nahrung.
6. Biologisch angebaute Nahrung ist für Sie und die Umwelt am besten.
7. Nehmen und verbrauchen Sie vom Überfluss der Natur nur, was Sie wirklich brauchen – nicht mehr, und geben Sie den Rest zurück.
8. Abwechslung macht das Leben süss! Verfeinern Sie Ihre Ernährung durch Abwechslung und Spass.
9. Werden Sie flexibel und anpassungsfähig in Ihrer Ernährungsweise.
10. Entdecken Sie die «Seele» der Nahrungsmittel. Finden Sie heraus, welche Geheimnisse die Nahrung für Ihren Körper und Ihre Seele bereithält.

Das ist alles. Sehr einfach. Mutter Natur verliert nicht viele Worte.

Ratschläge 1 und 2: Wenn Sie Nahrungsmittel zu sich nehmen, die natürlicherweise in Ihrer Region wachsen und saisongemäss sind, dann kriegen Sie Gemüse, Früchte und Getreide, die perfekt dem Klima angepasst sind, in dem Sie leben. Stellen Sie sich die Sache als grossartige Erfindung vor: «Die eingebauten thermodynamischen Regler von Mutter Natur». Salat und frische Gurken zum Beispiel sind perfekt kühlende Nahrungsmittel für den Sommer, während Karotten, Kohl und Federkohl (Grünkohl) für die winterliche Kälte genau richtig sind. Im Dezember auftauchende Erdbeeren sind dagegen höchst fragwürdige Subjekte. Wenn ein Produkt über riesige Distanzen transportiert wird, wenn es eingefroren, gekühlt oder bewässert werden muss, damit es den Eindruck von Frische macht, ist Misstrauen angebracht. Zusätzlich zum saisongemässen Obst und Gemüse gibt es eine Reihe von Früchte- und Gemüsesorten sowie getrocknete Nahrungsmittel, die auf natürliche Art und Weise und ohne Kühlung gelagert werden können und ihre Qualität das ganze Jahr über bewahren. Biologisches Vollkorngetreide und Hülsenfrüchte sind bekannt dafür, dass sie ihre Keimfähigkeit beinahe unbeschränkt behalten. Global betrachtet, bedeutet der Konsum von einheimischen Produkten, dass dem fatalen Unfug, wertvolles Land zur Produktion von Spezialerzeugnissen für unsere übervollen Tische zu verschwenden, Einhalt geboten wird. Es wäre viel sinnvoller, auf diesem Land traditionelle einheimische Nahrungsmittel anzupflanzen, die nicht nur den Kalorienbedarf decken, sondern auch zur Autonomie durch Selbstversorgung führen.

Ratschlag 3: Getreide ist eine der am häufigsten vorkommenden Pflanzenarten überhaupt. Getreidekörner steuern einen wichtigen Teil zu einer ausgewogenen Ernährung bei. Hülsenfrüchte (und andere pflanzliche Eiweissquellen wie Produkte aus Hülsenfrüchten, Nüsse und Samen) decken zusammen mit Getreide unseren gesamten Eiweissbedarf. Sie sind ein weiterer Bestandteil einer natürlichen Ernährung. Gemüse aus dem Boden und aus dem Meer sowie Früchte sind kleine Vitamin- und Mineralienbomben, die ungeheure Lebenskraft spenden. Nehmen Sie so viel verschiedene Sorten wie möglich. Gute Luft und sauberes Wasser sind ebenfalls grundlegende Elemente.

Ratschlag 4: Obschon eine gesunde Ernährung nicht unbedingt vegetarisch sein muss, ist es dennoch wichtig, tierische Nahrungsmittel bewusst und mit Bedacht zu sich zu nehmen. Man weiss heute, dass der übermässige Konsum von Rindfleisch und anderen tierischen Produkten für Gesundheitsschäden in den entwickelten Ländern und für den Hunger in der Welt verantwortlich ist. Mit einer hauptsächlich auf Getreide und Hülsenfrüchten basierenden Ernährungsweise wäre genug Nahrung da, um unsere Familie von 5,5 Milliarden ErdenbewohnerInnen mehr als anständig zu ernähren. In vielen Ländern verursachen das Abholzen des Waldes zum Gewinn von Weideland oder für den Anbau von Viehfutter und der Einsatz von Ackerland für diese Zwecke nicht nur ein Ungleichgewicht in der Verteilung der Nahrung, sondern auch in der Umwelt.

Tiere sind empfindungsfähige Geschöpfe. Sie sind unsere «jüngeren Brüder und Schwestern» in der Gesamtheit der Schöpfung und verdienen deshalb unseren Respekt und unsere Rücksichtnahme. Wenn wir uns entscheiden, tierische Produkte zu essen, so soll dies abgestimmt auf unseren wirklichen Bedarf geschehen. Bereits eine kleine Menge eines qualitativ guten, natürlich hergestellten tierischen Produkts genügt, um den Bedarf einer durchschnittlichen Person zu decken. Frischer Fisch, Meeresfrüchte, ab und zu ein Ei, Milchprodukte oder Geflügel versorgen uns mit den wenigen Nahrungskomponenten, die wir in einer streng vegetarischen Diät nicht haben.

Ratschlag 5: Wenn wir biologische Nahrungsmittel verlangen und kaufen, unterstützen wir Bio-Bauern und tragen dazu bei, einen Markt für solche Produkte zu schaffen. Bei Anwendung von gesunden Anbaumethoden ist übermässiges Düngen und das Verspritzen von Pestiziden überflüssig, die geernteten Produkte sind gesünder und weniger krankheitsanfällig, das Grundwasser wird geschont, die Humusschicht wird nicht ausgelaugt, sondern ständig erneuert. Damit wird die Erde wieder gesund. Für alle.

Wenn Mutter Erde mit synthetischen Substanzen nichts anfangen kann, wie soll dann unser Körper damit umgehen? Dies gilt für Konservierungsmittel, Lebensmittelfarbstoffe, künstliche Aromen, Geschmacksverstärker, hoch raffinierte Nahrungsmittel aller Art, synthetische Vitamine und Zusatzstoffe, Medikamente usw. Statt dass sie uns Nahrung geben, schwächen und überfordern diese Substanzen unser System.

Ratschlag 6: Jedes Tier auf der freien Wildbahn wählt die Nahrung, die seiner Art entspricht. Wenn es unpassendes Futter auswählt, gerät die Umwelt aus dem Gleichgewicht. Für die Menschen gilt dies genauso. Weil wir frei sind, aus dem enormen Angebot an Nahrungsmitteln, das uns heute zur Verfügung steht, auszuwählen, tragen wir eine grosse Verantwortung. Der Gedanke, dass wir bei jeder Wahl die Möglichkeit haben, einen kleinen Beitrag zu leisten, fördert unser Bewusstsein, so dass wir die Barriere des «Eigentlich sollte ich» durchbrechen und in ganz neue Gefilde von Kraft, Kreativität und Ausdrucksmöglichkeiten vorstossen können.

Ratschläge 7 und 8: Wenn uns etwas gut tut, ist mehr davon noch besser, hört man oft. Aber so ist es nicht. Die Probleme mit Überschüssen und Übergewicht sind ebenso Symptome unserer falschen Ernährung wie Hunger und Mangelerscheinungen. Wenn wir nehmen, was wir brauchen, und den Rest sein lassen, ist dies eine Form von Respekt den Mitmenschen, den anderen Lebewesen und der gesamten Umwelt gegenüber. Die Natur ist nämlich nicht geizig. Sie bietet eine Überfülle an Farben, Gerüchen, Geschmacksrichtungen und Genüssen. Abwechslung beim Essen ist eine Garantie gegen Langeweile und einseitige Ernährung.

Ratschlag 9: Die Dinosaurier konnten sich nicht anpassen und starben aus. Ob wir uns als anpassungsfähig und flexibel erweisen, entscheidet darüber, ob wir die Umwelt-, Gesundheits- und Gesellschaftskrisen von heute überleben werden. Anpassungsfähigkeit zur Überwindung von Schwierigkeiten war immer schon das Geheimnis der überlebenden Völker. Wenn Sie Ihre Ernährung umstellen wollen, stossen Sie mit Sicherheit auf eine Reihe von Widerständen: zu wenig Zeit, Missgeschicke bei der Anwendung neuer Kochmethoden, «Was werden die Nachbarn denken» usw. Geben Sie nicht zu schnell auf, denken Sie an das alte chinesische Sprichwort: «Wer sich dem Wind beugt, wird Erfolg haben.»

Ratschlag 10: Man kann viel lernen, wenn man den Charakter der Nahrungsmittel studiert, die wir zu uns nehmen. Es geht darum, ihre «Seele» kennenzulernen, herauszufinden, welche Qualitäten und Potentiale in ihnen stecken, was für eine Persönlichkeit sie haben und wie wir sie brauchen und ausgewogen einsetzen können. Indem wir so eine Beziehung zu den Nahrungsmitteln entwickeln und uns Wissen erwerben, können sich Fenster zu einer Welt auftun, an die wir bisher überhaupt noch nie gedacht haben.

Das Entdecken der Magie, der Seele, der Lebenskraft, der Chi-Energie eröffnet uns zusätzliche kreative Möglichkeiten beim Kochen und gibt uns die Freiheit, die Ernährung zu wählen, die unseren Bedürfnissen und Wünschen entgegenkommt. Gesundheit, Erholung von einer Krankheit, persönliche Entwicklung, Zufriedenheit und die Erfüllung von Lebensträumen können das Resultat dieser Anstrengungen sein.

Dies ist in erster Linie das Ziel unseres Buches. Wenn Sie verstehen, wie das Essen funktioniert, brauchen Sie sich nicht nach anderen «Fahrplänen» zu richten. Sie stehen selber am Steuer Ihres eigenen Schiffes! Hier beginnt die Zauberei!

Jedes Rezept in diesem Buch befolgt die 10 Ratschläge von Mutter Natur, die als ständig präsenter Hintergrund immer wieder zwischen den Zeilen der Rezepte hindurchschimmern. Wir haben jedenfalls all unser Engagement und unseren Enthusiasmus daran gesetzt, dies mit Ihnen, liebe Leserin, lieber Leser, zu teilen.

Die Zauberei beginnt

Sie müssen uns dabei helfen. (So funktioniert nämlich echte Zauberei!) Schliessen Sie die Augen und versetzen Sie sich an einen Ort, an dem Sie von farbenfrohen, gesunden und «glücklichen» Produkten umgeben sind. Es kann ein Markt sein, ein Garten, den Sie gut kennen (vielleicht der Garten Ihrer Grossmutter), oder es kann die Frischprodukteabteilung eines Supermarktes sein. Nehmen Sie sich Zeit und schauen Sie sich um. Nehmen Sie die unterschiedlichen Früchte und Gemüsesorten wahr. Versuchen Sie, den Charakter oder die Energie jeder einzelnen Art zu spüren oder zu sehen. Jede Pflanze hat eine Persönlichkeit, und viele Leute sagen, sie sähen die Devas und Elfen der Pflanzen. Bis jetzt habe ich noch keine solchen Feenwesen gesehen, aber ich schwöre, ich habe einmal ein Radieschen gesehen, das mich angelächelt hat ... Überhaupt: Das ganze Bund schien ständig zu kichern ...

Jetzt machen Sie bloss kein Gesicht und sagen: «Die spinnt!» Ich weiss, Sie haben auch schon besonders geformte Karotten gesehen, die aussahen wie eine Primadonna aus einer Verdi-Oper, und es würde mich nicht wundern, wenn Sie schon eine Kartoffel gesehen hätten, die Ihrem Onkel Paul täuschend ähnlich sah. Es gibt da draussen eine Menge Freunde und Verwandte, die kaum erwarten können, dass Sie sie zur Kenntnis nehmen, und die darauf hoffen, Sie glücklich machen zu dürfen.

Fragen Sie einen Rettich, warum er da ist, und er wird ganz aufgeregt auf und ab hüpfen und sagen: «Oh, ich wecke einfach gerne Leute auf, sorge dafür, dass ihre Augen scharf werden und ihre Nasen laufen, damit sie ihre Muffigkeit loswerden. Ich liebe es, wenn ihr Gesicht rot anläuft und sie nach Luft schnappen und ausrufen: ‹Puh, ist das scharf!› Dann weiss ich, dass ich meine Arbeit getan habe.» Rettiche sind halt so.

Stellen Sie den Kürbissen die gleiche Frage, und sie werden mit ihrer golden-samtenen Stimme antworten: «Das Leben ist hart, die Menschen sind so angespannt und überarbeitet. In all ihrem hektischen Getue vergessen sie sogar, wie wichtig es ist, ab und zu umarmt zu werden. Wir möchten für

alle die Grossmutter sein, ihnen Kuchen backen, cremige Suppen kochen und ihre Bäuche mit süssem, warmem Essen als Mittel gegen die kalten, harten Elemente da draussen füllen und dafür sorgen, dass sie sich hinsetzen, sich entspannen und das Leben ein wenig geniessen.»

Grünkohl und Senfkohl melden sich zu Wort: «Ja, auch wir möchten mehr zufriedene Gesichter sehen. Wir sind eigentlich fröhliche Gesellen. Jede Mutter weiss schliesslich, dass wir für die rosigen Bäckchen der Kinder zuständig sind.» Lange, tiefreichende Wurzeln werden Ihnen sagen, dass sie gut sind für den Aufbau von Kraft und Standhaftigkeit, während Zwiebeln, weisse Rüben und Kohl für Sie sorgen wie eine Henne für ihre Küken. Und schon bald scheint die ganze Bande wild durcheinander zu reden.

Wenn Sie am Rande eines Getreidefeldes stehen, hören Sie andere Stimmen. In einem raschelnden Maisfeld ertönt ein kräftig geschlagener Rhythmus. Mais ist swingende Musik, die die Füsse tanzen lässt. Reis dagegen hat eher etwas Flüsterndes, Ruhendes, Meditatives. Weizen, Hirse, Roggen, Hafer, Buchweizen, Amaranth, Quinoa – sie alle haben ihren eigenen Ton, Charakter, Geschmack, Zweck und Geist.

Die Welt der Nahrungsmittel beginnt spannend zu werden. Jedes einzelne hat seine eigene Persönlichkeit, seine eigene Chi-Energie. Als ob es lebendig wäre. Und so ist es natürlich auch (nur, dass einige Nahrungsmittel lebendiger sind als andere). Diese Persönlichkeiten erzählen uns etwas über die Art der Energie, die wir aufnehmen, wenn wir ein bestimmtes Nahrungsmittel zu uns nehmen. Wenn Sie also einen munteren, scharfen Rettich essen, werden Sie auch ein wenig so. Und wenn Sie viel weiches, ausgereiftes Gemüse essen, werden Sie mit der Zeit diese Eigenschaften annehmen. Nahrung hat diesen Einfluss auf uns! Ich nehme an, Sie haben auch schon den Spruch gehört: «Du bist, was du isst», oder etwa nicht?

Eine Möglichkeit, die Idee der verschiedenen Persönlichkeiten der Nahrungsmittel zu begreifen, ist, sie in Kategorien einzuteilen. Fast alle Dinge passen, wenn man sie lange genug beobachtet, mehr oder weniger in zwei Kategorien: sie sind entweder weicher oder härter, dunkler oder heller, aktiver oder passiver, expandierender oder kontraktierender usw.

Im Orient, wo man diese Beobachtungen vor langer Zeit anstellte, nannte man die beiden Kräfte Yin und Yang. Sie dienten zur Erklärung von vielen Phänomenen des Lebens, unter anderem der Jahreszeiten, des Tages- und Nachtzyklus, sogar sozialer Beziehungen, der Gefühle, politischer Manöver, der Medizin und der Bewegungen der Gestirne.

In bezug auf die Persönlichkeit (von Nahrungsmitteln, Personen oder was auch immer) beschreibt Yin eher entspannte Typen, die alles auf die leichte Schulter nehmen. Yin-Pflanzen zum Beispiel gedeihen eher im warmen Klima und in den warmen Jahreszeiten wie Frühling und Sommer. Eine Yin-Pflanze wächst hauptsächlich aufwärts und entwickelt ein grosszügiges, buschiges Blattwerk. Verglichen mit einer Yang-Pflanze wächst sie breiter, höher und schneller. Sie ist weicher, saftiger, wässeriger, geruchsintensiver und verderblicher. Der expandierende Charakter von Yin-Nahrungsmitteln sorgt für eine kühlende und entspannende Wirkung.

Yang-Charaktere sind schwerer, konzentrierter und zielgerichteter. Yang-Pflanzen gedeihen in den kälteren Jahreszeiten und Klimazonen. Sie wachsen hauptsächlich abwärts, unter dem Boden, sind stärker verwurzelt, zugespitzt und fest. Ihr Wachstum ist langsamer, sie sind kleiner, kompakter, härter, trockener und reicher an Mineralien. Sie sind gut lagerfähig und bewahren ihre Lebendigkeit noch lange nach der Ernte. Sie ergeben wärmende und die Konzentration fördernde Nahrungsmittel.

Für unseren Zweck ist es nicht so wichtig, wie wir sie nennen, es ist viel wichtiger zu begreifen, welch wirkungsvolles Hilfsmittel diese Sicht der Dinge sein kann. Zuallererst hilft sie uns, eine Vorstellung vom Charakter eines bestimmten Nahrungsmittels zu bekommen. Ist es eher entspannend, schwächend, Yin? Oder ist es anregend, stärkend, Yang? Davon ausgehend können Sie voraussagen, welche Wirkung es auf Sie haben könnte. Und dann können Sie sich selber betrachten, Ihren Charakter und Ihre Verfassung und sich sagen: «Hmm, ich bin heute ziemlich angespannt, vielleicht sollte ich etwas Ausgleichendes zu mir nehmen, etwas mit mehr Yin-Charakter, es würde mich entspannen.» Sehr häufig wird es tatsächlich auch funktionieren. Der nächste Schritt hat, wie wir noch sehen werden, mit der Zubereitungsart der Speisen zu tun. Wir nehmen sie, wie sie sind, und verändern ihren Charakter durch die Magie des Kochens, mit der wir sie unseren aktuellen Bedürfnissen anpassen. Sehen Sie sich die Darstellung der verschiedenen Nahrungsmittel und ihrer Persönlichkeit auf Seite 14, 15 an. Sie sehen, dass eine Karotte ein wenig mehr Yang hat als eine weisse Rübe, Fisch aber sehr viel mehr als eine Karotte. Getreide steht in der Mitte zwischen den «starken» Yang- und den «schwachen» Yin-Typen. Früchte, Gemüse, Nüsse, Hülsenfrüchte, Süssstoffe und Getränke liegen eher auf der Yin-Seite. Schwer auf der Yang-Seite sind alle salz- oder mineralienreichen Speisen. Dazu gehören Algen, Speisen tierischen Ursprungs, Salz, Meersalz, Miso, Shoyu und salzhaltige Tafelgewürze.

Yin und Yang liefern einen Schlüssel, um die Persönlichkeit der Speisen, die wir essen, aber auch unsere eigene Persönlichkeit, unseren Zustand und unsere Bedürfnisse zu erkennen und zu verstehen. Mit diesem Schlüssel können wir die für uns passenden Nahrungsmittel auswählen und uns für eine Methode entscheiden, wie wir den Charakter der Speisen durch Kochen verändern oder verbessern können. Sobald Sie also begriffen haben, dass Lebens-Mittel lebendig sind, dass sie eine Wirkung auf uns ausüben und Sie eine Möglichkeit haben, diese Wirkung durch Kochen zu verändern, erhalten Sie einen Kreativitätsfreiraum, den Sie bisher nicht für möglich gehalten hätten. Wenn das keine Zauberei ist!

Wenn Sie sich umfassender über Energie und Yin und Yang informieren wollen, sehen Sie in Büchern über die fünf Elemente und chinesische Medizin nach. Die Absicht dieses

Buches ist es, einen allgemeinen Überblick über die Thematik zu geben, und dafür reicht das Prinzip Yin und Yang völlig aus.

Yin und Yang in der Gesundheit

Der Mensch sucht in seiner Ernährung permanent einen Zustand des Ausgleichs. Die ist absolut entscheidend dafür, ob der Körper gesund oder krank ist. Der Verzehr einer Yin-Speise wird dadurch ausgeglichen, dass man etwas von der Yang-Seite zu sich nimmt. Normalerweise funktioniert dieser Mechanismus automatisch, ohne dass wir viel darüber nachdenken.

Bei einer Ernährung, deren Basis ausgeglichene Energien sind, wie dies bei einer Küche mit Getreide, Gemüse, vegetarischen Eiweissspendern, Früchten und gelegentlichen tierischen Produkten der Fall ist, bewegen sich die Ausschläge zwischen den Extremen in einem Rahmen, den der Körper ohne weiteres vertragen kann.

Wenn man aber Speisen von den beiden Extrempunkten der Skala als Ausgleich benützt, gerät das Gleichgewicht heftig ins Schaukeln: der Körper kommt in Schwierigkeiten. Dies geschieht zum Beispiel, wenn jemand regelmässig Fleisch und Alkohol zu sich nimmt oder fettige, salzige Speisen zusammen mit viel leeren Kalorien aus raffiniertem Zucker. Der Körper befindet sich dann in einem permanenten Alarmzustand. Dasselbe passiert bei einer einseitigen Kost, die z.B. praktisch nur aus Rohkost oder Früchten besteht (beide Yin) oder auf der anderen Seite nur aus lange gekochten salzigen Speisen und einem Haufen Fleisch (Yang).

Wenn sich der Körper bei all der zusätzlichen Arbeit mit diesen energetischen Extremen überanstrengt, findet er immer irgendeinen bequemen Weg, um die Belastung loszuwerden. Er ruft das Immunsystem dazu auf, ein kleines Fieber zu produzieren, um den Überschuss zu verbrennen, eine laufende Nase, ein paar Pickel, Kopfweh oder eine Infektion an einem anderen Schwachpunkt. Manchmal, vor allem bei Leuten mit einer starken Konstitution, findet der Körper irgendein Plätzchen, wo er den zusätzlichen Ballast ablagern kann, und das Leben geht weiter wie gewohnt, bis eines Tages eine ernsthaftere Krankheit auftritt. Dies ist in der Tat der Hauptgrund für die in unserer Zivilisation überhand nehmenden degenerativen Krankheiten. Bei einigen Leuten führt eine durch Extreme geprägte Ernährung zu grossen Stimmungsschwankungen, Depressionen oder Hyperaktivität. Wir betrachten Krankheiten oft als Feind, dabei versucht der Körper dadurch meistens nur, Extreme anzuzeigen, loszuwerden und auszugleichen.

Wenn Sie Ihr Gleichgewicht auf eine Art erreichen, die Ihnen entspricht und externen Faktoren wie dem Klima und der Arbeit gerecht wird, dann fühlt sich Ihr Körper wohl und stark. Sie brauchen keine besondere Ernährungsweise, Sie haben Energie, Ausdauer, sind ausdrucksstark und inspiriert.

Die Wirkungen einiger Nahrungsmittel

Haben Sie in Ihrem Leben auch manchmal das Gefühl, auf einer Achterbahn zu sitzen? Stimmung und Kräfte auf der Höhe im einen und absolut am Boden im nächsten Augenblick? Zusammen mit dem Blutzuckerspiegel steigt die Energie steil an, wenn der Körper raffinierten Zucker oder Fructose aufnimmt. Er bleibt für eine Weile dort oben, fällt dann wieder stark ab und wartet auf den nächsten Schub Schokolade, Zucker oder andere starke Stimulantien wie Kaffee. Gleichzeitig hat der ständige Verzehr von solchen Nahrungsmitteln einen Verlust an Mineralien zur Folge (die für das Aufbrechen des Zuckers nötig sind). Mangel an Mineralien führt zu Müdigkeit und emotionaler Schlappheit, eine Stimmungslage, die den treffenden Namen «Zuckerblues» erhielt.

Gewiss kennen Sie auch Menschen, die ohne Rücksicht auf Verluste durchs Leben eilen, immer im Schuss wie der sprichwörtliche Elefant im Porzellanladen? Rotes Fleisch, Eier und stark gebratene Speisen können diese Wirkung auf den Menschen haben. Football-Spieler essen absichtlich vor dem Spiel viel Rindfleisch, um für kurze Sprints, aggressive Zweikämpfe und Zusammenstösse gerüstet zu sein. Langstreckenläufer, Basketballspieler, Schwimmer und alle anderen Ausdauersportler dagegen achten auf eine kohlehydratreiche Ernährung in der Trainingsphase. Sie wissen, dass Getreide für einen gleichmässigen Energieverbrauch und Ausdauer am besten ist.

Kennen Sie das Gefühl, sich nicht still halten zu können? Eine Sonderschullehrerin mit scharfer Beobachtung sagte mir einmal, ihr falle ein verstärkt hyperaktives Verhalten gewisser Schüler und Schülerinnen nach der Pause und nach dem Mittag auf. Kinder, die Schokoriegel zu sich genommen haben, sind nach der Pause so geladen, als ob sie zum Mond fliegen möchten. Die Kombination von hoch raffiniertem Zucker, chemischen Zusatzstoffen und Konservierungsmitteln in Süssigkeiten ist schon schlimm genug, aber wer dazu noch regelmässig Fleisch konsumiert, muss ständig dringend überschüssige Energie loswerden.

Wenn eine laufende Nase, Erkältungen, Ohrenschmerzen, Pickel, Fieber und Infektionen in Ihrem Haushalt zum Alltag gehören, achten Sie einmal auf Ihren Konsum von Milchprodukten. Milch, Käse, Butter und Joghurt haben einen sehr hohen Fett- und Cholesteringehalt. All das muss irgendwohin. Manchmal übertreiben wir masslos und konsumieren viel mehr, als wir verbrennen können. Früchte ausserhalb der Saison, vor allem tropische Früchte in kalten Monaten, können ebenfalls Ursache besagter Störungen sein.

Dies sind nur ein paar der ernährungsbedingten Symptome, die ohne weiteres zu beobachten sind und häufig vorkommen. Obwohl externe Faktoren, wie z.B. die Umgebung, in der wir leben und arbeiten, Luftverschmutzung, Stress, Lärm, Beziehungsprobleme usw., für unser Wohlbefinden eine grosse Rolle spielen, ist der Ort, an dem wir zuerst suchen sollten, näher als wir meinen, nämlich bei der Frage, was wir uns in den Mund stopfen. Die folgende Übersicht zeigt in vereinfachter Form mögliche Zusammenhänge zwischen Verhalten, Gesundheit und Ernährung. Sie erkennen vielleicht, was auf Sie zutrifft und was nicht. Einige Zusammenhänge mögen zu bestimmten Zeiten gelten und zu anderen nicht. Wir wollen Ihnen hier einen Ansatzpunkt geben, von dem aus Sie selber Beobachtungen über die Energie von Nahrungsmitteln anstellen können.

Schnellschüsse – EXTREM YIN

Süssgetränke, Schokoriegel, Glace (Eis), Schokolade, weisser Zucker, Kuchen, Gebäck, Glasuren aus raffiniertem Zucker, Alkohol, Stimulantien (Kaffee, Tee) …

Sie alle können die Ursache für Hyperaktivität, Nervosität, Müdigkeit, Steifheit in den Gelenken, in Nacken und Schultern, Kopfschmerzen, Infektionsanfälligkeit, langsame Heilungsprozesse, urogenitale Infektionen, reduzierte Libido, einen Verlust an Mineralien (Zähne, Knochen) sein. Auf der Gefühls- oder Verhaltensebene können sie verantwortlich sein für extreme Stimmungsschwankungen zwischen Ekstase und Depression, Selbstmitleid, das Gefühl, «Opfer zu sein», Schuldzuweisung an andere, Ängstlichkeit, das Gefühl der Überforderung, Konzentrationsmangel, Entscheidungs- und Willensschwäche. Weil diese Stoffe ausgeprägte Auswirkungen auf den Blutzuckerspiegel haben, neigen wir dazu, davon eher zu viel als zu wenig zu uns zu nehmen, um den unausweichlichen Absturz nach dem Hoch zu vermeiden. Dies ist eine subtile Form der Sucht.

Jedes Nahrungsmittel hat seine positiven Seiten, und es mag durchaus richtig sein, diese Stoffe im richtigen Zeitpunkt und in einem vernünftigen Mass zu sich zu nehmen. Körperlich verspüren Sie wahrscheinlich einen schnellen Energieschub. Auf der Gefühlsebene können sie vorübergehend auch beruhigend wirken, ein Hochgefühl vermitteln und die Möglichkeit, emotional und körperlich «loszulassen».

Exoten – STARK YIN

Tropische Früchte (Bananen, Orangen, Grapefruits, Datteln, Feigen, Kiwis, Mangos usw.), rohe Tomaten …

Weil sie einen hohen Fruchtzuckergehalt haben, können die Exoten denselben Effekt haben wie die «Schnellschüsse». Ihr gemeinsames Merkmal ist die tropische Herkunft. Passend zum warmen Klima, aus dem sie stammen, haben diese Früchte durch ihren hohen Wasser-, aber tiefen Mineraliengehalt eine kühlende Wirkung auf den Körper. Das Ergebnis: Sie können zu einem Gefühl der Kälte führen, zu Energiemangel, Lethargie, Empfindlichkeit, fehlender Libido, Mangel an geistiger Klarheit und Orientierung.

Auf der positiven Seite steht ihre Fähigkeit, schnell zu kühlen, wenn es heiss ist. Sie können farbige Abwechslung in einen grauen Alltag bringen. Sie wirken beruhigend auf Menschen in einem überaktiven (Yang-)Zustand.

Milde Süsse – YIN

Reismalz, Gerstenmalz, Maismalz, getrocknete Früchte, Birnen- oder Apfelsaftkonzentrat (Dicksaft), Ahornsirup, Fruchtsäfte, Honig …

Diese Süssstoffe haben eine weitaus schwächere Wirkung als die hoch raffinierten «Schnellschüsse». Sie geben zwar auch einen Energieschub, aber auf eine viel gedämpftere Weise, so dass der Körper damit besser umgehen kann. Sie können ebenfalls zu Entspannung und Zufriedenheit führen. Malz ist von seiner Zusammensetzung her der ausgeglichenste Stoff dieser Gruppe, der auch «Brennstoff» liefert.

Honig, Ahornsirup und Süssstoffe aus Früchten können einen ähnlichen Effekt haben wie die «Schnellschüsse» und die «Exoten», wenn sie in grossen Mengen konsumiert werden.

Die Raffinierten – YIN

Weisse Teigwaren, weisser Reis, Weissbrot und andere Produkte aus Weissmehl wie Kuchen, Gebäck und Croissants, weisse Saucen …

Nahrungsmittel mit einem tiefen Nährwert müssen in grossen Mengen konsumiert werden, wenn sie unseren Bedarf decken sollen. Leere Kalorien machen dick. Mehlige, teigige Speisen neigen dazu, sich anzusammeln und abzulagern, führen zu Aufgedunsenheit und käsiger Hautfarbe. Man fühlt sich orientierungslos, unentschlossen, risikoscheu und schliesslich wenig verbunden mit seiner Umwelt und sich selbst.

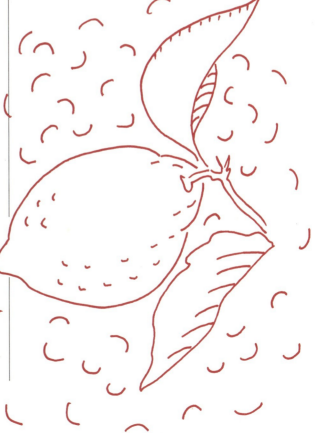

Yin- und Yang-Charakter der verschiedenen Nahrungsmittel

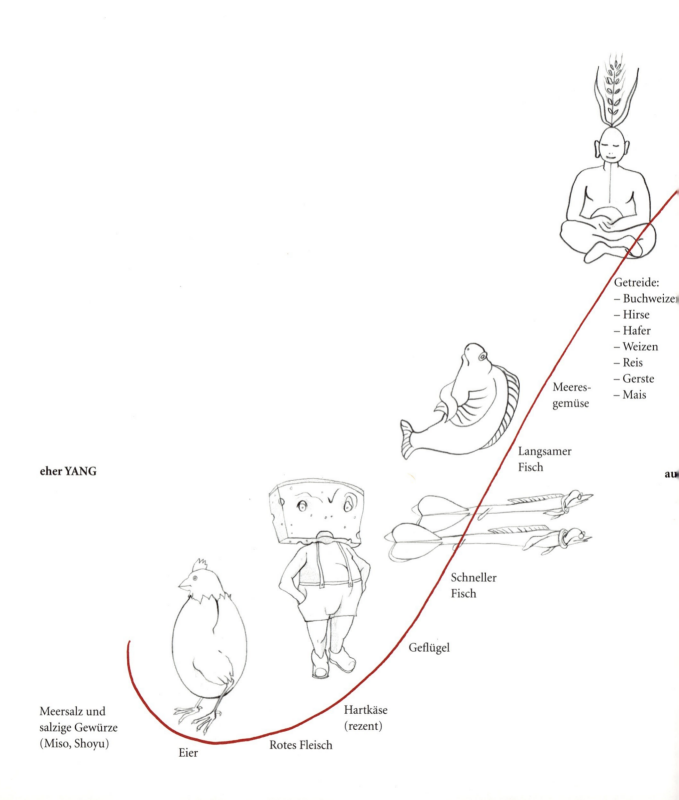

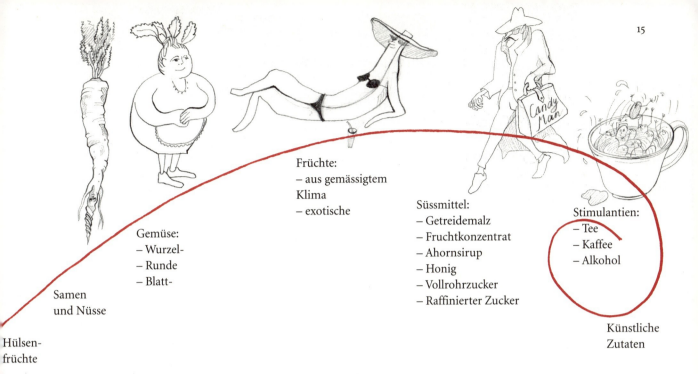

Früchte:
– aus gemässigtem Klima
– exotische

Süssmittel:
– Getreidemalz
– Fruchtkonzentrat
– Ahornsirup
– Honig
– Vollrohrzucker
– Raffinierter Zucker

Stimulantien:
– Tee
– Kaffee
– Alkohol

Gemüse:
– Wurzel-
– Runde
– Blatt-

Samen und Nüsse

Hülsenfrüchte

Künstliche Zutaten

en   **eher YIN**

Aus biologischen Rohstoffen hergestellt, können sie eine angenehme Abwechslung zu Vollwert-Desserts und der Naturkostküche im allgemeinen bieten. Sie sind manchmal auch sinnvoll bei der Umstellung auf Vollwertkost.

Weich und cremig – YIN

Milch, Joghurt, Quark, Milchgetränke, Joghurtgetränke, Glace (Eis), gesüsster Joghurt, Doppelrahmkäse, geschlagener Rahm, Kaffeerahm, weisse Saucen, gesüsster Tofu oder gesüsste Sojaprodukte …

Diese Nahrungsmittel können zur Ansammlung von Schleim im Atmungssystem führen, was einen idealen Nährboden für Infektionen (Bronchitis, Husten, Erkältungen) bildet. Sie können eine erhöhte Empfindlichkeit gegenüber Reizstoffen bewirken, Allergien verursachen oder verschlimmern, die Ursache für Pickel, Erkältungen und Ohreninfektionen sein, schlaffen Muskel- und Gewebetonus zur Folge haben. Weil sie so sättigend sind, können sie das Verlangen nach Frischprodukten und Gemüse vermindern. Milchkühe sind Herdentiere, und diese Wirkung können ihre Produkte auch auf uns haben: Schwierigkeiten, eigenständig Entscheidungen zu treffen, sich zu behaupten, präzis und klar zu denken. Sie können zu Abhängigkeit führen, weil sie so verführerisch sind und dem Gaumen schmeicheln.

Positiv schlägt bei den Milchprodukten zu Buche, dass sie besänftigend wirken und unbewusst an die Kindheit erinnern. Sie sind eine konzentrierte Quelle von Fett, Eiweiss, Calcium und anderen Stoffen. Die Herstellung der Produkte muss nicht schädlich sein für das Tier (ist es leider jedoch oft).

Kühler – AUSGEWOGEN YIN

Kopfsalat, Salate, Sommergemüse wie Gurken, Zucchini und Peperoni (Paprika), Rettich, Sprossen, Pilze. Milde Früchte wie Äpfel, Birnen, Beeren, Kirschen, Pflaumen …

Wenn sie von guter Qualität sind wie in der Zeit ihrer natürlichen Reife, wirken diese Nahrungsmittel erfrischend, entspannend, lösend. Sie tragen dazu bei, wilde Temperamente zu zügeln und die Gier nach extrem süssen Speisen zu stillen. Sie führen wetter- oder fieberbedingte Wärme ab und reduzieren Hyperaktivität. Sie bringen Leichtigkeit ins Leben und helfen mit, eine positive, gelöste Haltung einzunehmen.

Bei kühlem Wetter oder für schwächere Personen können sie auch zu stark kühlen, vor allem, wenn sie roh genossen werden. Wegen ihres hohen Wasser- und tiefen Mineraliengehalts wirken sie blutverdünnend. Sie können ein Gefühl des Zerfliessens hervorrufen; man fühlt sich weich, ohne inneres Feuer, unentschieden, rührselig, ohne grosse Willenskraft. Wenn sie in allzu grossen Mengen genossen werden, können sie allgemein eine schwächende Wirkung haben.

Erquicker – AUSGEWOGEN YANG

Gemüse mit dunkelgrünen Blättern, wildwachsendes Frühlingsgemüse, Löwenzahnblätter, Brennesseln, Frühlingszwiebeln, Federkohl (Grünkohl), Petersilie, Schnittlauch …

Diese Pflanzen haben einen stärkenden, reinigenden Effekt auf den Körper, indem sie das Blut mit Mineralien anreichern. Sie sorgen für rote Wangen und eine gesunde Gesichtsfarbe. Grüngemüse, vor allem wildwachsendes, hat eine stark reinigende Wirkung, was beim Experimentieren damit zu berücksichtigen ist.

Stabilisatoren – AUSGEWOGEN YANG

Kohl, Kohlrabi, Karotten, Mais, Erbsen, Kürbis, Pastinaken, weisse Rüben, Bodenkohlrabi (Kohlrüben) …

Sie sind dank ihrer natürlichen, milden Süsse, die durchs Kochen noch verstärkt wird, gut für die Bauchspeicheldrüse und den Magen. Sie sind nährend und können einem das Gefühl vermitteln, gut zentriert, gut geerdet, fest auf dem Boden stehend, verwurzelt zu sein. Regelmässiger Genuss erzeugt ein Gefühl der Stetigkeit und eine Zufriedenheit mit dem Einfachen. Sie tragen zur Klärung des Geistes und zur Klarheit des Lebensweges bei.

Wer von irgendeinem Nahrungsmittel auf Kosten anderer zu viel isst, und sei es noch so gesund, muss mit Auswirkungen rechnen. Man wird mit der Zeit vielleicht weniger

flexibel, weniger offen für Veränderung, weniger kühn. Dies ist einer der Gründe, warum die Abwechslung in der Ernährung so wichtig ist.

Füller – AUSGEWOGEN YANG

Nüsse, Kerne, Nussmus, kaltgepresste Öle, Brot …

Nüsse, Kerne und kaltgepresste Öle sind dank ihres hohen Eiweiss- und Ölgehalts qualitativ hochstehende vegetarische Energie- und Wärmespender. Im richtigen Mass genossen, sind sie nährend und sättigend.

Zu viel davon kann zu einem Völle- und Schweregefühl führen und durstig machen. Zu viel Öl ist für die Leber schwer zu verarbeiten. Überschüsse lagern sich unter der Haut ab und können zu Hautreizungen, fettiger oder trockener Haut, Schuppen und fettigem Haar führen. Eine überforderte Leber kann der Ursprung einer latenten Aggressivität sein.

Energiespender – AUSGEWOGEN YANG

Getreide, Hülsenfrüchte, gut gekochtes Wurzelgemüse, Mochi, Algen, kräftige Suppen und Eintöpfe, Fritiertes, Gebackenes …

Diese Speisen geben kräftige, ausgeglichene Energie. Sie können dazu beitragen, Lust auf natürlichen Geschmack zu entwickeln und das Gespür für den eigenen Körper zu verbessern. Dadurch findet man zu regelmässigeren Essgewohnheiten, zu einer Abschwächung von starken Gelüsten und zu einem normalen Hungergefühl. Wer diese Speisen über längere Zeit zu sich nimmt, stärkt seine Verbindung zu Mutter Erde. Sie vermitteln Beweglichkeit, Anpassungsfähigkeit und Lebenskraft. Sie können ein guter Anfang sein, um herauszufinden, wer man ist und was man in diesem Leben eigentlich soll. Sie können sogar auf Ihre Umwelt wirken, denn eine positive, produktive und verantwortungsbewusste Haltung ist ansteckend.

Ein Zuviel dieser energiereichen Speisen könnte dazu führen, dass es Sie nicht lange am Schreibtisch bei der Arbeit hält.

Kraftwerke – STARK YANG

Frischer Süsswasserfisch, Meeresfrüchte, Fleisch von Freilandhühnern …

Ein Übermass dieser Nahrungsmittel kann die gleichen Auswirkungen haben wie die «Schweren Stopfer».

Angemessene Mengen davon versorgen uns mit Vitamin B_{12} (das in einer rein vegetarischen Ernährungsweise selten vorkommt; man braucht allerdings nur sehr wenig davon). Diese Speisen können Ausdauer für harte Arbeit geben oder der Lustlosigkeit entgegenwirken.

Schwere Stopfer – EXTREM YANG

Salziger Käse, Eier, rotes Fleisch, stark gesalzene Speisen, gebratene, gebackene oder verkochte Speisen …

Der Körper leistet beim Verbrennen tierischer Fette Schwerarbeit. Sie werden nur langsam verdaut und sind schwer in ihre Bestandteile aufzubrechen, was zu Schlappheit führt. Sie können dem Körper zu viel aggressive Energie verschaffen, die eher zum Kämpfen geeignet ist als zu sinnvoller Tätigkeit. Die Auswirkungen können Schmerzen im Hinterkopf und in den Schultern sowie allgemeine Angespanntheit sein. Intoleranz, Selbstgerechtigkeit, latente Wut und Reizbarkeit können ebenfalls Anzeichen für einen zu hohen Konsum dieser Stoffe sein.

Gesalzene, gebratene und gebackene Speisen geben sehr viel Wärme ab und eignen sich speziell bei schwerer körperlicher Arbeit und kaltem Wetter. Qualitativ gute Nahrungsmittel tierischen Ursprungs mögen da am Platz sein, wo ein kräftiger Schub benötigt wird und andere, nicht tierische Produkte, den Bedarf nicht decken (siehe «Kraftwerke»).

Explosive Kombinationen – EXTREM YIN + EXTREM YANG

Fleisch + Alkohol
Fleisch oder Geflügel + Zucker
Eier + Alkohol
Fritieröl, Gewürze und Knoblauch
Meeresfrüchte + Kaffee
Scharfe Gewürze + Fleisch, Eier oder Fisch
Stress + Kaffee …

Diese Kombinationen können schnell zu exzessivem, unberechenbarem Verhalten führen. Schreien, Wutausbrüche, Verlust der Kontrolle, Unausgeglichenheit, Rührseligkeit. Herz, Kreislauf und Nervensystem stehen unter Stress, weil der Körper hart arbeiten muss, um ein Gleichgewicht herzustellen. Wer regelmässig diese Speisen zu sich nimmt, verhindert unter Umständen ein produktives, harmonisches Leben. Einziger positiver Punkt: ein wenig Kitzel!

Verwandlung durch Kochen

Das Geheimnis des richtigen Zauberns (keine Tricks, sondern wahre Magie!) besteht darin, sich die Kräfte der Verwandlung nutzbar zu machen. Es ist das Wissen darüber, wie man aus einer Sache eine andere macht. Beim Kochen heisst das, dass man einen Ausgangsstoff nimmt, wie er ist, und mit Hilfe von Hitze, Wasser, Zeit, Gewürzen (in den fünf Geschmacksrichtungen süss, sauer, salzig, bitter, pikant), Öl, Schnittechnik und Druck seine Eigenschaften verändert. Man verstärkt entweder die ursprünglichen Qualitäten oder verkehrt sie ins Gegenteil. In unserer Zauberküche können wir die ursprünglichen Eigenschaften, den Yin- oder Yang-Zustand, die Persönlichkeit, so verändern, dass sie unseren Absichten und Bedürfnissen besser entsprechen. Wenn die Speisen in Schüsseln und Tellern auf dem Tisch stehen, können wir mit den Augen bereits beurteilen, ob die Magie gewirkt hat. Wir sehen es an der Farbe, der Vielfalt und der Konsistenz (knackig, weich, zäh usw.). Wenn alles beige, braun und matschig aussieht, ist die Chance gross, dass der Zauber ein wenig daneben ging. Intuitiv strebt der Zauberer Helligkeit, Harmonie und Polarität im Endresultat, in den

Geschmacksrichtungen und auch bei den Menschen an, für die er gekocht hat.

Mit Ihrem Wissen über Yin und Yang können Sie die Eigenschaften verändern. Wenn Sie mehr Yang wollen, stärkeren Geschmack und mehr Kraft, kochen Sie zum Beispiel die Speisen länger, auf grösserem Feuer, salziger, im Dampfkochtopf oder in schweren Pfannen und Töpfen mit geschlossenem Deckel. Sie können jedes dieser Mittel einzeln oder alle zusammen einsetzen.

Wenn Sie mehr Yin wollen, eine leichtere, kühlendere oder entspannendere Wirkung, servieren Sie die Speisen kalt, roh, verwenden Sie weniger Gewürze, kochen Sie die Speisen weniger lang, verwenden Sie im Verhältnis mehr Wasser und benutzen Sie leichtere Töpfe und Pfannen.

Nehmen wir ein Rezept und schauen wir uns an, wie die Sache funktioniert. Der Linseneintopf nach Grossmutterart (Seite 108) ist ein Grundrezept. Es ist ein ziemlich kräftiges Yang-Gericht, denn die Zutaten Zwiebeln, Karotten, Algen und Miso neigen alle auf die Yang-Seite. Wenn Sie den Charakter dieses Mahls grundlegend verändern wollen, fügen Sie etwas Wasser hinzu, salzen weniger und geben im letzten Moment zum Abrunden jede Menge frisch gehackter Frühlingszwiebeln dazu. Anstatt die Linsen zu kochen, bis sie ein weicher Brei sind, kürzen Sie die Kochzeit ab, so dass sie noch etwas Biss haben. Verglichen mit der Originalversion wird die Energie mehr Yin sein.

Ein anderes Beispiel für zwei Speisen mit fast identischen Zutaten, aber völlig unterschiedlichem Charakter sind das Zündholzgemüse (Seite 144) und der Vollmundige Gemüsetopf (Seite 145). Ein Vergleich der Schnittweise und des Kochvorgangs enthüllt das Geheimnis des unterschiedlichen Charakters.

Die Idee von Yin und Yang kann auf einzelne Speisen oder ganze Mahlzeiten angewendet werden. Sie können die genau gleichen Zutaten verwenden und zwei völlig verschiedene Sommer- und Wintermenüs kreieren. Jede ausgewogene Mahlzeit enthält beide Elemente. Werden Sie also nicht einseitig, sondern spielen Sie Ping-Pong oder eben Yin-Yang.

In unserem Ein-Stunden-Countdown-Menü (Seite 20), spielt der Vollreis für Anfänger die zentrale Rolle, während der Linseneintopf für den dicken, sättigenden Part zuständig ist. Obschon es grundsätzlich ein üppiges Gericht ist, sorgen Knoblauch und Senf für eine gewisse Leichtigkeit. Im Kontrast zu diesen beiden Speisen ist der Blitz-Broccoli schnell, knackig, frisch, leicht; der Zitronensaft und der Ingwer geben ihm dazu noch das gewisse Etwas. Diese Mahlzeit liegt eher noch etwas auf der Yang-Seite, so dass das leichte Dessert mit den glasierten Äpfeln das Essen auf ideale Weise abrundet.

Mit derselben Strategie können Sie Ihr eigenes Wohlbefinden beeinflussen. Wenn Sie sich müde und ausgebrannt fühlen, überaktiv sind oder kalt haben, leisten Sie sich eine kernige Mahlzeit. Bereiten Sie einen lange und langsam gekochten Eintopf mit Gerste und Hülsenfrüchten zu, oder backen Sie Zwiebeln im Ofen, grillieren Sie Fisch, oder wählen Sie Gemüse, die etwas mehr auf die Yang-Seite neigen, und unterstützen Sie sie mit einer Yang-Zubereitung. Das Gegenteil funktioniert auch. Wenn Sie angespannt sind, rastlos oder aufgeregt, versuchen Sie, leichter zu kochen, frische Salate und mehr Früchte zu essen. Experimentieren Sie wie eine Hexe, erforschen Sie die Geheimnisse der Natur, und erfahren Sie die Wirkung ihres neuesten Liebestranks.

Obschon sie hier ziemlich geheimnisvoll daherkommen, sind diese Prinzipien nicht mystischer als eine ernährungswissenschaftliche Analyse, aber sicher wirkungsvoller. (Wer von uns hat schon ein wissenschaftliches Labor im Keller?) Mit diesem System haben Sie es in der Hand, selber für Ihr Wohlbefinden zu sorgen.

So erhalten die Speisen eher Yang- oder Yin-Qualität.

So betonen Sie den Yin-Charakter:
– kürzer kochen
– weniger Salz verwenden
– mehr Wasser verwenden
– leichtere Pfannen und Töpfe verwenden
– roh, gerafelt oder als Saft servieren
– blanchieren (ganz kurz in heissem Wasser kochen)
– dämpfen (im Dampf des kochenden Wassers in einem Dämpfsieb garen)
– mit sehr wenig Öl oder einem Tropfen Wasser leicht dünsten (d. h. in einer Bratpfanne schmoren)
– unerhitztes Öl verwenden (z. B. in Salatsaucen oder über ein Gericht geträufelt)
– natürliche Süssstoffe hinzufügen oder «süss» kochen
– Saures hinzufügen

So betonen Sie den Yang-Charakter:
– länger kochen
– mehr Salz und salzigere Gewürze verwenden
– weniger Wasser verwenden
– mehr Öl verwenden (nicht in unerhitzter Form, sondern mitgekocht)
– schwerere Töpfe mit Deckel verwenden
– backen
– fritieren
– langes, langsames dünsten mit Öl
– Dampfkochtopf verwenden

ANFÄNGER-SET UND VIER COUNTDOWN-MENÜS

Dieses Kapitel enthält eine Checkliste der nützlichen Geräte, einen Einkaufszettel für die benötigten Zutaten und vier unwiderstehliche Menüs. Sobald Sie die Geräte und Zutaten beisammen haben, könnten Sie sich eigentlich zu Hause einschliessen und dort bleiben, bis Sie die vier Mahlzeiten und die Reste davon verspeist haben. Die Nachbarn würden sich zwar fragen, warum ungeöffnete Dosen mit grünen Erbsen und Pfirsichen in Sirup zum Fenster hinausfliegen. Sie aber hätten die Gewissheit, dass Sie es endlich geschafft haben, die konservierten Waren gegen wahre Lebens-Mittel in Form einer unendlichen Auswahl an wunderbaren Hülsenfrüchten, Getreide und Gemüse einzutauschen.

Die Zauberküche

Bevor wir weiterfahren, schauen Sie sich in Ihrer Küche um. Möchten Sie am liebsten losschreien, die Tür zuknallen und abhauen? Oder ist Ihre Küche ein Ort, an dem Sie sich wohl fühlen, egal wie klein und einfach sie auch ist? Die Küche soll ein Ort der Kreativität sein; überlegen Sie sich, welche Utensilien und Geräte Sie dazu brauchen. Grundsätzlich benötigen Sie Hitze, Wasser und Platz zum Arbeiten. Nicht zu verachten ist, wenn die Küche auch noch praktisch ist, leicht zu reinigen, gemütlich, warm, Platz für einen oder zwei Stühle bietet, auf die sich Freunde zum Plaudern setzen können oder die den Kindern zum Klettern dienen, während sie Ihnen zuschauen und helfen. Wenn Sie dazu noch alles, was Sie brauchen, griffbereit haben, also Gefässe und Gläser mit Kräutern, Samen, Gewürzen und frische Keimlinge am Fenster, dann erhöhen Sie die Chi-Energie des Raumes. In einer solchen Küche kann man gleichsam die Lust spüren, mit der Sie auf Entdeckungsreise gehen, experimentieren und die erstaunlichsten Mahlzeiten auf den Tisch zaubern.

Wenn Sie die richtigen Küchengeräte zur Hand haben, sind Sie effizienter und erhöhen Ihre Chancen, Spitzenergebnisse hervorzubringen. Schauen Sie nach, ob Sie die meisten der Geräte auf der folgenden Liste besitzen oder ob Sie sich die fehlenden beschaffen können. Sie können sicher sein, dass sich jede Investition in Ihr Handwerkszeug im Lauf der Zeit mehrfach bezahlt macht.

Küchengeräte

- Gutes Gemüsemesser: Zum Schneiden von Gemüse sind ein japanisches Gemüsemesser mit rechteckiger Klinge oder ein abgeschrägtes Kochmesser empfehlenswert. Es gibt viele andere geeignete Messer für Profis. Wichtig ist, dass Ihnen das Messer vom Gewicht, der Balance und der Grösse her gut in der Hand liegt. Wenn Sie einmal gespürt haben, wie leicht und schnell es sich mit einem Klassemesser schneiden lässt, werden Sie sich nie mehr mit einem läppischen Rüstmesserchen zufrieden geben.
- Wetzstahl: Regelmässiges Schleifen der Messer ist sehr wichtig.
- Ebenes Rüstbrett (Haben Sie es schon mal mit einem gewellten versucht?), vorzugsweise aus Holz.
- Dämpfsieb für Gemüse: Die Dinger mit den ausklappbaren Lamellen und den Füssen, die sich jedem Topf anpassen und das Gemüse vom kochenden Wasser fern halten, sind sehr praktisch. Dämpfsiebe aus Bambus oder solche für Couscous oder auch nur ein grosses Sieb über einem Topf mit siedendem Wasser leisten genauso gute Dienste und halten in der Regel erst noch länger.
- Dampfkochtopf aus Chromstahl: Spart Zeit und gart Getreide und Hülsenfrüchte durch und durch. Die neueren Modelle sind sicherer als noch zu Grossmutters Zeiten.
- Zwei Töpfe mit dickem Boden und gut schliessendem Deckel – ein Muss für langsames und schonendes Kochen. Sie sollten nicht aus Aluminium sein. Gusseisen, emailliertes Gusseisen oder feuerfester Ton sind ideal.
- Leichte Töpfe und Pfannen verschiedener Grösse aus Chromstahl oder emailliertem Stahl fürs Blanchieren, Dämpfen und zur Zubereitung von Saucen, Suppen und zum Kochen von Teigwaren.
- Mittelschwere Bratpfanne: Wenn Sie einen kräftigen Unterarm haben, können Sie auch eines der gusseisernen Schwergewichte anschaffen; sie sind ausgezeichnet zum Rösten von Kernen und zum Sautieren. Superleichte Bratpfannen sind prima fürs Anbraten, der Inhalt neigt aber zum Anbrennen, wenn er nicht ständig bewegt wird. Teflon oder andere Antihaftbeläge geben unter Umständen giftige Substanzen ab. Chromstahl ist ausgezeichnet.
- Eine Wärmestreuplatte hilft beim Einhalten der richtigen Temperatur, vor allem bei längeren Kochzeiten. Sie können auch zwei ineinander gestellte Kuchenbleche verwenden.
- Holzlöffel mit langem Stiel. Speziell lange Essstäbchen sind ideal, wenn Sie verhindern wollen, dass der Pfanneninhalt zerdrückt und zermanscht wird.
- Schaumlöffel: Praktisch, um Gemüse aus dem Wasser zu heben oder fürs Fritieren.

- Löchersieb oder Korb, um Teigwaren und blanchiertes Gemüse abtropfen zu lassen.
- Gemüsebürste aus natürlichen Materialien.
- Ein grosser Kessel (für den Fall, dass Sie das Kochen tatsächlich als Zauberei verstehen).
- Eine Auswahl an schönen Servierschüsseln.

Einkaufsliste für den Anfang

Auf dieser Liste sind alle Zutaten aufgeführt, die Sie für die folgenden vier Menüs brauchen. Sie dient auch als Vorratsliste für die Grundausstattung einer Naturkostküche. Mit diesen Zutaten können Sie tausendfach variierte Menüs kochen. Wenn Sie noch mehr vorrätig haben, sind der Vielfalt keine Grenzen gesetzt.

- Getreide: Vollreis, Hirse
- Teigwaren: Sie haben die Wahl zwischen Vollkorn, Weizen und Soja, Buchweizen oder biologisch teilraffiniert
- Brot: Vollkorn oder allenfalls Sauerteig
- Linsen: braune, grüne, schwarze oder rote
- Frischer Tofu
- Nüsse: Mandeln oder Haselnüsse
- Kerne: Sesamsamen oder Sonnenblumenkerne
- Brotaufstrich: Erdnussbutter oder anderes Nussmus
- Dörrfrüchte: Rosinen, natürlich getrocknete Früchte
- Sauer Eingemachtes: Sauerkraut, schwarze oder grüne Oliven
- Algen: Wakame oder Kombu, Nori
- Meersalz
- Shoyu: natürliche Sojasauce aus Meersalz ohne Lebensmittelfarbe oder andere Zusätze
- Miso: Gersten- oder Reismiso von höchster Qualität
- kaltgepresstes Öl: Olivenöl, Maiskeimöl, Sonnenblumenöl, Sesamöl, Rapsöl. Nehmen Sie einheimische Produkte in guter Qualität.
- Saures: Zitronen, Reis- oder Apfelessig
- Scharfes: Senf, Ingwer, Knoblauch oder Meerrettich
- Kräuter und Gewürze: Zimt, Basilikum, schwarzer Pfeffer, frische Gartenkräuter
- Bindemittel: Pfeilwurzelmehl, Kuzu oder Maisstärke (Maizena)
- natürliche Süssstoffe: eine Auswahl von Reismalz, Gerstenmalz, Maismalz, Apfelkonzentrat, Birnenkonzentrat oder Ahornsirup
- Frisches biologisches Gemüse: eine Auswahl von Wurzel-, Blatt- und rundem Gemüse
- Frische Saisonfrüchte
- Snacks: mindestens eine Packung Ihrer Lieblingskekse oder Ihrer bevorzugten Crackers
- Getränke: Sofort-Getreidekaffee, Dreijahrestee (Kukicha), Kräutertees

Countdown-Menüs

Die Mengen sind für 4–6 Personen berechnet.

Die Countdown-Menüs haben wir speziell für die Neulinge in der Naturkostküche entwickelt. Mit den Rezepten führen wir Sie Schritt für Schritt zu vier leckeren und ausgewogenen Mahlzeiten. Für jene, die wenig Zeit haben, haben wir zwei schnell zubereitete Gerichte aufgenommen. Wenn Sie nur für sich oder für zwei Personen kochen, können Sie in den meisten Fällen die Mengenangaben einfach halbieren. Es ist allerdings schwierig, Reis, Hirse oder Linsen in geringerer Menge zu kochen. Machen Sie bei diesen Rezepten die ganze Menge, und verwenden Sie die Reste weiter. Ideen dafür finden Sie auf Seite 25, 26.

1-Stunden-Menü

Vollreis für Anfänger
Linseneintopf
Blitz-Broccoli
Glasierte Äpfel

Countdown für das ganze Menü:
- Reis waschen und aufsetzen.
- Sobald der Reis auf dem Herd ist, setzen Sie die Linsen auf.

Während Linsen und Reis still vor sich hin köcheln,
- machen Sie das Apfel-Dessert und richten es in Dessertschälchen an;
- waschen und schneiden Sie den Broccoli;
- dämpfen Sie den Broccoli;
- würzen Sie die Linsen;
- nehmen Sie den Dampfkochtopf mit dem Reis vom Feuer und lassen Sie den Druck ab;
- nehmen Sie den Broccoli aus dem Topf und beträufeln ihn mit Zitronensaft und Shoyu.

Servieren Sie den Reis, die Linsen und den Broccoli und runden Sie das Mahl mit sauer eingelegtem Gemüse oder einem Tafelgewürz ab.

(Die Zubereitung erfordert mehr Zeit, wenn Sie keinen Dampfkochtopf haben, vor allem aber, wenn Sie dazwischen im Buch lesen und Kekse knabbern. Mit genügend Übung brauchen Sie aber wirklich nicht mehr als eine Stunde.)

Vollreis für Anfänger

2 Tassen Vollreis
3 Tassen Wasser
2 Prisen Meersalz

1. Den Reis in einem Sieb mit kaltem Wasser waschen.
2. Reis, Wasser und Salz in den Dampfkochtopf geben.
3. Den Dampfkochtopf auf grossem Feuer erhitzen, bis der maximale Druck erreicht ist.
4. Die Hitze reduzieren, eine Wärmestreuplatte unter den Topf setzen.
5. 45–50 Minuten kochen lassen. Vom Feuer nehmen.
6. Druck ablassen und den Reis aus dem Topf nehmen.

Linseneintopf

1 Tasse Linsen
2 Tassen Wasser
4 EL Öl
2 mittlere Karotten, in Würfel geschnitten
2 mittlere Zwiebeln, grob geschnitten
1 Knoblauchzehe, in Scheiben geschnitten
1 kleines Stück Kombu
1 gestrichener TL Meersalz
1 gehäufter EL Senf
Schnittlauch zum Garnieren

1 Die Linsen nach Steinchen absuchen. In einem Sieb waschen.
2 Linsen und Wasser in einen schweren Topf geben. Auf grossem Feuer aufkochen, Schaum abschöpfen, den Kombu hinzugeben, zudecken und auf kleinem Feuer köcheln lassen.
3 Zwiebeln, Knoblauch und Karotten im Öl 5 Minuten dünsten, bis sie weich, aber nicht gebräunt sind.
4 Das gedünstete Gemüse zu den Linsen geben. Während des Kochens den Wasserstand mehrmals kontrollieren. Falls nötig Wasser hinzugeben, so dass das Gemüse knapp bedeckt ist.
5 15–20 Minuten weiterköcheln lassen, bis die Linsen und das Gemüse weich sind.
6 Salz und Senf hinzufügen, gut umrühren und noch einmal 5 Minuten weiterköcheln lassen (damit sich die Aromen gut vermischen). Probieren und nach Bedarf nachwürzen.
7 Mit fein geschnittenem Schnittlauch garnieren.

Blitz-Broccoli

250 g Broccoli
½ Zitrone
Shoyu

1 Broccoli waschen und in mundgerechte Röschen zerteilen.
2 Im Dämpfsieb in knapp kochendem Wasser zugedeckt dämpfen, bis der Broccoli weich, aber noch schön grün ist, d.h. rund 3–5 Minuten.
3 Vom Feuer nehmen und ein paar Tropfen Zitronensaft und Shoyu zum Würzen darüber träufeln.

Glasierte Äpfel

4–6 Äpfel
2mal eine kleine Handvoll Rosinen
2 Tassen Apfelsaft
½ TL Zimt
2 gestrichene TL Kuzu oder Pfeilwurzelmehl
geröstete, gehackte Haselnüsse zum Darüberstreuen

1 Die Äpfel waschen und in kleine Stücke schneiden.
2 Äpfel, Rosinen und Zimt im Apfelsaft aufkochen.
3 10 Minuten köcheln lassen.
4 Kuzu oder Pfeilwurzelmehl in 1 TL kaltem Wasser auflösen.
5 Die Äpfel vom Feuer nehmen, unter ständigem Rühren das Kuzu beigeben.
6 Auf kleinem Feuer unter ständigem Rühren zum Kochen bringen, bis die Glasur durchsichtig wird.
7 In Dessertschälchen anrichten und Nüsse zum Garnieren darüber streuen. Heiss oder kalt servieren.

Halbstunden-Menü

Flaumige Hirse
Gebackener Tofu
Süss-saures Gemüse aus dem Wok
Würzbeilagen: Geröstete Nori, Senf und Sauerkraut

Countdown:
– Den Tofu schneiden und 15 Minuten marinieren.
– Den Ofen auf 220 °C vorwärmen.
– Die Hirse aufsetzen.
– Während die Hirse kocht, das Gemüse waschen und schneiden.
– 15 Minuten vor dem Anrichten den Tofu in den Ofen schieben.
– 10 Minuten vor dem Anrichten mit dem Kochen des Gemüses beginnen.
– Die Würzbeilagen zum Servieren vorbereiten.

Flaumige Hirse

1 Tasse Hirse
3 Tassen Wasser
2 Prisen Meersalz

1 Gesalzenes Wasser aufkochen.
2 Die Hirse in einem Sieb waschen.
3 Die Hirse ins kochende Salzwasser geben.
4 Die Hitze reduzieren, zudecken und 20 Minuten köcheln lassen.
5 Aus dem Topf nehmen, lockern und heiss servieren.

Gebackener Tofu

2 Stück frischer Tofu (500 g)
2 EL Shoyu
2 TL Öl
1 gehäufter TL Senf
2 Knoblauchzehen, gepresst oder fein gehackt
1 Tasse Paniermehl

1 Das Wasser vom Tofu abgiessen, den Tofu in 1½ cm dicke Scheiben schneiden.
2 Die Tofuscheiben in ein feuerfestes Gefäss legen.
3 In einer Tasse Shoyu, Öl, Senf und Knoblauch miteinander vermischen und über die Tofuscheiben giessen. 10 Minuten stehen lassen.

4 Bei mittlerer Hitze (220°C) im Ofen etwa 15 Minuten backen, bis die Marinade fast aufgesogen ist.
5 5 Minuten vor Ende der Backzeit das Paniermehl darüber streuen.
6 Direkt aus dem Ofen heiss auf den Tisch stellen.

Süss-saures Gemüse aus dem Wok

2 EL Öl
2 mittelgrosse Karotten, in Stäbchen geschnitten
2 Prisen Meersalz
5 Blätter Chinakohl, fein geschnitten
1 mittelgrosser Lauchstengel, in dünne Scheiben geschnitten
1 Tasse Bohnensprossen
1 EL Shoyu

1 Das Öl in einer Bratpfanne oder im Wok auf mittlerem Feuer erhitzen.
2 Das Gemüse in der aufgeführten Reihenfolge beigeben und mit einem Holzlöffel oder langen Essstäbchen ständig in Bewegung halten. Zusammen mit den Karotten Salz beifügen. Immer 1 bis 2 Minuten warten, bis das nächste Gemüse in die Pfanne kommt. 5 Minuten weiterrühren, bis das Gemüse beginnt, weich zu werden, aber immer noch seine Farbe hat und knackig ist.
3 Shoyu beigeben, umrühren.
4 Das Gemüse vom Feuer nehmen und sofort servieren.

Würzbeilagen
– Nori, ½ Blatt pro Person: Die Noriblätter rösten, indem Sie das Blatt über der offenen Flamme des Gasherds oder über der elektrischen Herdplatte hin- und herschwenken.
– Sauerkraut: nur wenig, roh servieren.
– Senf

Viertelstunden-Menü
Spaghetti al Presto
Grüner Salat mit schwarzen Oliven und Zitronen-Sesam-Sauce

Countdown:
– Wasser aufsetzen.
– (Nach Lust und Laune eine Flasche italienischen Rotwein entkorken und bei Zimmertemperatur stehen lassen.)
– Salat waschen und rüsten, mit Oliven und sauer eingelegtem Gemüse in einer Salatschüssel anrichten und die Sauce dazugeben.
– Spaghetti in kochendes Wasser geben.
– Die Sauce zubereiten.
– Auf Tellern anrichten.

Spaghetti al Presto

5 Liter Wasser
5 gehäufte EL Meersalz
500 g Spaghetti
5 EL Olivenöl
500 g Tofu
500 g Spinat, gehackt
2 EL frisches oder getrocknetes Basilikum
2 EL Shoyu

1 Das Wasser aufkochen, salzen und die Spaghetti beigeben.
2 Das Öl in der Bratpfanne auf mittlerem Feuer erhitzen, den Tofu zerkrümeln und in die Pfanne geben, den gehackten Spinat beigeben, 3 Minuten dünsten. Kräuter und Shoyu einrühren. Vom Feuer nehmen.
3 Das Spaghettiwasser abgiessen, die Spaghetti kurz spülen.

4 Die Spaghetti auf Tellern anrichten und die Sauce darüber giessen.

Grüner Salat mit schwarzen Oliven und Zitronen-Sesam-Sauce

1 Kopfsalat
1 EL Zitronensaft
2 EL Olivenöl
½ gestrichener TL Meersalz
2 EL geröstete Sesamsamen
½ Tasse schwarze Oliven

1 Den Salat waschen und trockenschleudern.
2 Die Blätter in mundgerechte Stücke reissen.
3 Auf einer Platte mit den Oliven anrichten.
4 Die Sauce anrühren und über den Salat giessen.

5-Minuten-Menü
Für 1 Person
Suppe in der Tasse
Erdnussbutter-Sauerkraut-Sandwich
Apfel in der Tasche

Countdown:
– Wasser für die Suppe aufsetzen und die Suppe kochen.
– Das Sandwich machen, während die Suppe auf Esstemperatur abkühlt.
– Hinsetzen und essen.
– Apfel in die Tasche – und los!

Suppe in der Tasse

1 Tasse Wasser
1 Frühlingszwiebel
½ Blatt Nori
1 Schalotte
1 EL Shoyu
schwarzer Pfeffer, nach Belieben

1 Das Wasser aufsetzen.
2 Die Frühlingszwiebel waschen, schneiden und ins kochende Wasser geben. Ein Stück vom grünen Stengel zum Garnieren beiseite legen.
3 Die Hitze reduzieren, zudecken, 1 Minute köcheln lassen.
4 Das Noriblatt in kleine Stücke zupfen.
5 Nori und Shoyu beigeben, vom Feuer nehmen. Garnieren. Fertig.

Erdnussbutter-Sauerkraut-Sandwich

Vollkornbrot
Erdnussbutter
Sauerkraut

1 2 Scheiben Brot zurechtlegen.
2 Erdnussbutter aufs Brot streichen.
3 Eine grosszügige Lage Sauerkraut darauf geben.

Apfel in der Tasche

Wie der Name sagt: Apfel in die Hosentasche – und ab.

Kochen und Karriere – Jonglieren will gelernt sein

Selbst wenn der Wille da ist, ist es nicht einfach, alte Essgewohnheiten abzulegen und sie gegen gesündere und ganzheitliche einzutauschen. Eines der Argumente, das wir immer wieder hören, ist: Gesundes Kochen braucht zu viel Zeit. Die Zeit und der Aufwand, den es offenbar braucht, um sich von alten Gewohnheiten – vom Einkaufen über die Zusammenstellung der Mahlzeiten bis zu den Kochmethoden – zu lösen, führt viele dazu, resigniert festzustellen: «Ich geb's auf. Ich bleibe bei Schnitzel und Pommes frites.»

Weil heutzutage so viele Leute so beschäftigt sind und Berufsarbeit, Familie, Schule, Hobby und Weiss-der-Geier-was-noch-alles unter einen Hut bringen wollen, müssen sie unter allen Umständen in Form bleiben. Ständig krank oder chronisch übermüdet zu sein kostet einen Haufen Zeit. Deshalb ist es wichtig, sich ganz besonders am Anfang genügend Zeit zu nehmen, um das gesunde Kochen von A bis Z richtig zu lernen.

Tägliches Kochen sollte Teil Ihres Lebensstils und nicht eine lästige Pflicht sein, die Ihnen nur Zeit wegnimmt. Wenn Sie in Eile sind und trotzdem möglichst gut essen wollen, lesen Sie unsere Tips in diesem Kapitel, mit denen Sie Leben, Arbeit und Kochen aneinander vorbeijonglieren können.

Jongliertrick Nummer 1: Langsam schnell kochen

Wir verfolgen dabei zwei Ziele: Erstens eine Mahlzeit von A bis Z in 45 Minuten fertig zu haben, und zweitens erst noch mit Stil. Es ist eine Art Zen-Übung: schnell kochen, sich schnell bewegen und trotzdem ruhig und gelassen zu sein – das meinen wir mit «langsam».

Schnelle Kochmethoden sind hier gefragt: Braten im Wok, Sautieren oder Dünsten (etwas sanfteres Braten mit Wasser oder Öl), Dämpfen und Blanchieren. Alle diese Methoden erfordern die ständige Präsenz des Kochs oder der Köchin. Ein Dampfkochtopf reduziert die Kochzeit von Hülsenfrüchten und Getreide auf die Hälfte. Er hilft auch, wenn ganze Gemüse oder grosse Stücke in lediglich 5 bis 10 Minuten gar sein sollen.

Hirse, Vollkornteigwaren, Bulghur, Couscous, Linsen, halbierte Erbsen, Tofu, Tempeh und Seitan sind schnell gekocht. Reisküchlein, Sauerteigbrot und Vollkorncrackers sind bekömmlich und essfertig.

Die folgenden Rezepte eignen sich besonders für den Jongliertrick Nummer 1:

- Frühlingsgemüsesuppe (Seite 153)
- Suppe in der Tasse (Seite 23)
- Halbpolierter Reis (Seite 65)
- Grundrezept Hirse (Seite 72)
- Gebratene Soba (Seite 76)
- Supereinfaches Couscous (Seite 80)
- Japanische Nudeln in Bouillon (Seite 82)
- Gekochter Tofu (Seite 114)
- Schnell gebratene Tofuwürfel (Seite 115)
- Verquirlter Tofu (Seite 115)
- Seitan-Steaks (Seite 120)
- Crudités (Seite 140)
- Gedämpftes Gemüse (Seite 140)
- Blanchiertes Gemüse (Seite 141)
- Gemüsebouquet (Seite 141)
- Wassersautiertes Grüngemüse (Seite 143)
- Ölsautiertes Grüngemüse (Seite 144)
- Zündholzgemüse (Seite 144)

Jongliertrick Nummer 2: Schnell langsam kochen

Hier besteht der Trick darin, langsames Kochen anzuwenden, bei dem das Gericht praktisch ohne Aufsicht wie von selbst kocht. Obschon der Koch oder die Köchin in der Nähe sein sollte, um ab und zu den Deckel zu heben und nachzuschauen, ob noch genug Wasser drin ist, hat man genügend Freiraum, um daneben andere Arbeiten zu verrichten. Gegen Ende des Prozesses bleibt nur noch das Abschmecken und Würzen, das Bereitstellen einer kleinen Beilage und das Servieren.

Schmorgerichte und Eintöpfe sind für diese Methode gut geeignet, ebenso alles, was mit Backen, sauer Einlegen, Konservieren und Pressen zu tun hat, ausserdem die «Wolldecken-Methode» (siehe Seite 92).

– Minestrone (Seite 56)
– Schottische Gerstensuppe (Seite 56)
– Holländische Erbsensuppe (Seite 57)
– Grundrezept Vollreis (Seite 65)
– Toskanischer Dinkeleintopf (Seite 78)
– Älplertopf (Seite 88)
– Vollkorn-Porridge («Wolldeckenmethode», Seite 92)
– Gebackene Bostoner Bohnen (Seite 110)
– Bohnentopf für die ganze Familie (Seite 109)
– Tempeh-Eintopf (Seite 118)
– Ungarisches Gulasch (Seite 121)
– Vollmundiger Gemüsetopf (Seite 145)
– Gebackenes Wurzelgemüse mit Rosmarin (Seite 148)
– Goldglasierte Karotten (Seite 145)
– Gepresster Salat (Seite 162)

Die Grundformel für alle einfachen Mahlzeiten, ob schnell oder langsam, ist immer die gleiche: Getreide und Eiweiss und Gemüse. Dazu Garnituren, Tafelgewürze und sauer Eingelegtes zum Abrunden. Versuchen Sie, bei jeder Mahlzeit ein leicht gekochtes, blanchiertes oder rohes Gemüse zu servieren oder zumindest grosszügig mit Grünzeug zu garnieren. Frisches Grünzeug ist eine vorzügliche Calcium- und Eisenquelle und reich an Vitamin A und C. Es sorgt ausserdem für Abwechslung.

Jongliertrick Nummer 3: Die Rotation
«Sagen Sie nicht einfach Reste, sagen Sie Rotatoren.»

Dieser Trick spart Kochenergie, bezieht kurze und lange Kochzeiten ein, verwertet Reste, sorgt für Abwechslung und ist ein sinnvolles System, um trotz ausgefülltem Stundenplan immer ein gutes Essen bereit zu haben. Jede dieser Mahlzeiten ist innerhalb einer Stunde fertig, und dabei bleiben immer noch ein paar Minuten zum Verschnaufen. Die Methode ist prima für Leute, die nach der Arbeit noch kochen müssen oder nur eine minimal ausgerüstete Küche haben, oder für Singles, welche die Wahl haben, entweder winzige Mengen zu kochen oder vor einem Berg Reste zu stehen.

Und so funktioniert's: Getreide und Hülsenfrüchte sind zwei Pfeiler einer gesunden Ernährung, die zwar eine längere Kochzeit und einige Vorarbeiten benötigen, aber mehrere Tage haltbar sind, ohne dass sie an Nährwert und Geschmack verlieren. Kochen Sie Getreide und Hülsenfrüchte in einer Menge, die für drei Tage reicht, und bringen Sie sie bei den nächsten Mahlzeiten in völlig neuer Form auf den Tisch. Suppen und Algen sind zwei weitere Elemente, die Sie in Ihr Rotationssystem einbauen können. Gemüse hingegen ist am besten, wenn es für jede Mahlzeit frisch zubereitet wird, denn es verliert nach dem Kochen schnell an Nährwert und sieht nicht mehr so gut aus.

Führen Sie z.B. den Sonntag (oder nach Gutdünken einen anderen Tag) als Ihren Planungstag ein, an dem Sie folgendes für die nächsten Tage vorbereiten:

– Gepresster Salat (Seite 162) gibt den Mahlzeiten von mehreren Tagen das gewisse Etwas und dient gegen Ende der Woche in kleinen Portionen als erfrischende Garnitur.
– Im Ofen geröstete Nüsse und Kerne (Seite 104) sind ein prima Snack. Fügen Sie Shoyu hinzu, und Sie haben eine salzige Variante. Gehackt können sie über Getreide oder Gemüse gestreut werden.
– A propos Nüsse: Es ist kein Problem, einen Vorrat an Blitz-Nusskeksen (Seite 202) hervorzuzaubern. Sie halten sich problemlos über eine Woche.
– Bereiten Sie für alle Fälle eine Sauce vor, z. B. eine Sauce Vinaigrette (Seite 164) oder eine Mandelmussauce (Seite 167); Sie können sie während der ganzen Woche für Salate, Gemüse und sogar Getreide verwenden.
– Ein Tafelgewürz wie Gomasio (Seite 230) reicht vollends zum Abrunden von schnellen Mahlzeiten.

Kochen Sie am Montag (dem ersten Tag Ihrer Rotation) einen Topf voll Getreide. Während das Getreide kocht, bereiten Sie ein oder zwei Gemüsesorten und ein schnelles Eiweissgericht mit Tofu oder Seitan zu. Am zweiten Tag das gleiche, aber anstelle des Getreides ein Topf Hülsenfrüchte. Fahren Sie so während der ganzen Woche weiter und kombinieren Sie die Speisen, die zum Kochen länger dauern, mit solchen, die sofort bereit sind.

Passen Sie diese Mahlzeiten Ihren Bedürfnissen und der Saison an, indem Sie die vorgeschlagenen Varianten einbeziehen.

Die 7-Tage-Rotation

Wir bringen hier nur Vorschläge für das Abendessen. Das Mittagessen kann ein Schnellgericht sein oder Reste vom Vorabend, etwas zum Mitnehmen oder eine ausgewachsene Mahlzeit.

* = Speisen, die im voraus zubereitet werden können.

1. Tag: Montag abend
– Grundrezept Vollreis (Kategorie Langkocher, Seite 65)
– Seitan-Steaks (Seite 120)
– Wassersautiertes Grüngemüse (Seite 143)
– *Gepresster Salat (Seite 162)
– *Gomasio (Seite 230)

Setzen Sie den Reis auf, sobald Sie die Küche betreten. Die Seitan-Steaks und das Gemüse sind blitzschnell fertig. Salat und Gomasio sind vorbereitet und müssen nur noch auf den Tisch gestellt werden. Nutzen Sie die Zeit, bis der Reis gar ist, um abzuwaschen, die Zeitung zu lesen oder zu Ihrer Lieblings-CD durch die Küche zu tanzen. Weichen Sie nach dem Essen die Hülsenfrüchte für den nächsten Tag ein oder machen Sie eine Notiz, dies am Morgen zu tun.

2. Tag: Dienstag abend
- Grundrezept Hülsenfrüchte (Kategorie Langkocher, Seite 109)
- Zigeunerreis (Rotator, Seite 66)
- Blanchierter Federkohl (Grünkohl) oder ein anderes Grüngemüse (Seite 140)
- *Gepresster Salat (Seite 162)

Setzen Sie die eingeweichten Bohnen auf, sobald Sie die Küche betreten, und kochen Sie sie nach Rezept. Machen Sie in der Zwischenzeit den Zigeunerreis mit einem Teil des Rests vom Vortag, und blanchieren Sie den Federkohl oder ein anderes Grüngemüse, wie auf Seite 140 beschrieben. Richten Sie das Gemüse mit dem Gepressten Salat an, bevor Sie es auf den Tisch stellen. Geben Sie den Bohnen den letzten Schliff. Tisch decken, Kerzen anzünden, essen.

3. Tag: Mittwoch abend
- Vollmundiger Gemüsetopf (Kategorie Langkocher, Seite 145)
- Linsenburger (Rotator, Seite 108)
- Gedämpfter Reis
- Grüner Salat mit *Sauce Vinagrette (Seite 164)
- *Geröstete Haselnüsse (Seite 104)

Bei dieser Mahlzeit braucht das Gemüse am längsten. Putzen, in grosse Stücke schneiden und köcheln lassen. Machen Sie die Burger mit einem Teil der übriggebliebenen Bohnen vom Vortag (machen Sie ein paar zusätzliche, die Sie am folgenden Tag zur Arbeit mitnehmen können). Dämpfen Sie den restlichen Reis vom Montag, streuen Sie die gehackten Haselnüsse darüber und stellen Sie ihn auf den Tisch. Ein grüner Salat rundet das Menü ab.

4. Tag: Donnerstag abend
- Hirse mit süssem Gemüse (Kategorie Langkocher, Seite 72)
- Hausfrauensuppe (Rotator, Seite 55)
- Gedämpftes Grüngemüse (Seite 140)
- *Gepresster Salat (Seite 162)

Ein wahrhaft schnelles Menü, das in den höchstens 30 Minuten bereit ist, welche die Hirse benötigt. Die Reste des Vollmundigen Gemüsetopfs vom Vortag, in kleine Stücke geschnitten, die letzten Bohnen und alle anderen Reste bilden die Grundlage für die währschafte Hausfrauensuppe.

5. Tag: Freitag abend
- Linseneintopf nach Grossmutterart (Kategorie Langkocher, Seite 108)
- Fritierte Hirsekroketten (Rotator, Seite 73)
- Gemüsebouquet (Seite 141)
- Grüner Salat mit *Sauce Vinaigrette (Seite 164)

Die Abwechslung beim Würzen der Linsen ist das Geheimnis dieses Menüs. Versuchen Sie's mit Senf, Curry oder einer Handvoll Frühlingszwiebeln. Bevor Sie ausser Salz oder Shoyu zusätzliche Gewürze beifügen, geben Sie die Menge Linsen zur Seite, die Sie an den nächsten Tagen brauchen. Die Hirse taucht heute in Form von Kroketten auf.

6. Tag: Samstag abend
- Schafhirtkuchen (Rotator, Seite 74)
- Wassersautiertes Gemüse (Seite 143)
- *Gepresster Salat (Seite 162)

Dieses Schnell-und-einfach-Menü könnte zu einer Standardmahlzeit für den Samstagabend vor dem Ausgang werden. Während der Kuchen im Ofen backt, können Sie eine Dusche nehmen. Die restliche Hirse und die letzten Linsen werden im Schafhirtkuchen verwendet.

7. Tag: Sonntag abend
- Fischfilets auf Lauch (Seite 130)
- Supereinfaches Couscous (Seite 80)
- Gemüsebouquet (Seite 141)
- Mokka-Pudding (Seite 178)

Dies ist eine einfache, aber charmante Schnellmahlzeit, die so berechnet werden kann, dass keine Reste bleiben und Sie Zeit haben, ein paar Vorbereitungen für die folgende Woche zu treffen, z.B. Gepressten Salat, Tafelgewürze, Saucen oder Kekse machen.

Essen aus den Gärten der ganzen Welt

Die bestgehüteten Geheimnisse unserer Freunde aus aller Welt

Dort wo wir, die Autorinnen, leben und arbeiten, haben wir die einzigartige Gelegenheit zu studieren, wie die makrobiotisch-ganzheitliche Philosophie auf der ganzen Welt interpretiert und in der Küche angewendet wird. Seit 1985 existiert das Internationale Makrobiotik-Institut (IMI) in Kiental (Schweiz), das Besucher und Besucherinnen aus der ganzen Welt anzieht. Sie belegen Kurse oder bleiben längere Zeit, um zu arbeiten. Die Vielfalt der Kulturen, der Sprachen und der Traditionen ist ein integrierender Bestandteil des Lebens im IMI Kiental. Von anderen Kulturen zu lernen und mit ihnen Wissen auszutauschen erweitert den Erfahrungshorizont enorm.

Obschon in der heutigen Zeit mit ihrer totalen Globalisierung die regionalen Eigenheiten zu verschwinden drohen, sind die Wurzeln von ethnischen und traditionellen Gerichten immer noch erkennbar, man muss nur genau hinschauen. Wer sich die Mühe macht, sich eingehender mit diesen Traditionen auseinanderzusetzen, bekommt eine Beziehung zur Umwelt und zu der Kultur, in der er oder sie aufgewachsen ist oder gegenwärtig lebt. Traditionen entstehen in zwei Schritten. Zuerst sind die Wetterbedingungen, die geografische Lage und das, was die Natur unter diesen Bedingungen an Nahrung zur Verfügung stellt, die prägenden Faktoren. Bestimmte Speisen erwerben sich dann einen festen Platz in einer Gesellschaft und werden irgendwann im Laufe der Geschichte zur Tradition. Vielleicht sagte einmal jemand: «Ich finde meine Kartoffeln mit Salbei gut. Warum essen wir sie nicht auch in Zukunft so?» Oder: «Wir hatten eine tolle Party nach unserem Borschtsch ‹mit Schuss›. Machen wir ihn doch immer auf diese Art, wenn wir ein Fest haben.»

Traditionen verändern sich im Laufe der Zeit, und das ist für uns ausgesprochen interessant, denn damit können wir unsere eigenen Erfahrungen einbringen und aus dem, was bereits da ist, neue Varianten kreieren. Der Schafhirtkuchen (Seite 74) zum Beispiel war ursprünglich für Schwerarbeiter in der freien Natur gedacht. Die Version, die wir in dieses Buch aufgenommen haben, berücksichtigt die Tatsache, dass wir heute vorwiegend eine sitzende Lebensweise pflegen und wissen, dass weniger Fleisch gesünder ist. Deshalb haben wir das Fleisch durch Seitan ersetzt. Ein anderer Aspekt, der in unserer hektischen Welt zu verschwinden droht, ist die regelmässige Wiederholung, die Zeit und die gemeinsame Arbeit, die in viele traditionelle Gerichte gesteckt wurden. Pierogi (Polnische Ravioli, Seite 85) wurden früher jede Woche in gemeinsamer Arbeit von mehreren Familienmitgliedern zubereitet. Wir haben ein paar dieser aufwendigen Rezepte ins Buch aufgenommen, weil wir Ihnen die Möglichkeit geben wollen, eine Erfahrung zu machen, die nicht alltäglich ist. Laden Sie doch einmal Freunde ein, und bereiten Sie mit ihnen den Polnischen Mohnsamenstrudel (Seite 195) zu. Machen Sie genug, damit alle davon nach Hause nehmen können. Oder lassen Sie die Kinder mitmachen. So wird die Arbeit in der Küche zu einer – süssen – Erfahrung für die ganze Familie.

Wir haben eine ganze Reihe von Gerichten aus aller Welt ins Buch aufgenommen und unseren Naturkostprinzipien angepasst. Neben den uns vertrauteren aus Zentraleuropa finden Sie Spezialitäten von Nordeuropa über Grossbritannien und Irland, Osteuropa, Südeuropa bis Amerika, den Nahen und den Fernen Osten. Entsprechende Hinweise und Erklärungen stehen beim jeweiligen Rezept.

Ersatztabelle

Ein gesunder Respekt gegenüber traditionellen und regionalen Gerichten heisst auch, sie nach eigenem Gutdünken zu verändern. Überlegen Sie sich, welche Elemente eines Rezepts Sie beibehalten und welche Sie verändern möchten. Mit der folgenden Liste wollen wir Ihnen Anregungen geben, wie Sie traditionelle Rezepte aus irgendeinem Kochbuch in gesündere Versionen verwandeln können, indem Sie gewisse Zutaten einfach ersetzen.

Fleisch
- Ersetzen Sie rotes Fleisch durch Fisch oder Geflügel.
- Kaufen Sie Fleisch von Tieren, die natürlich und gesund gehalten werden.

Geflügel und Kalb
- Tempeh (siehe Seite 117)

Speck
- Geräucherter Tempeh, in dünne Streifen geschnitten und gebraten oder fritiert
- In Sojasauce getauchter und gebratener Tempeh

Schinken
- Geräucherter Tofu gibt Hülsenfrüchten und Eintöpfen einen fleischigen Geschmack.

Wienerli (Frankfurter) und andere Würste
– Sojawürste sind Ersatz für Wienerli (Frankfurter) und andere Würste, die für Grillgerichte und Schmortöpfe verwendet werden.

Hackfleisch vom Rind
– Gehackter Seitan oder zerkrümelter Tofu kann in allen Rezepten, wo gehacktes Rindfleisch verlangt ist, verwendet werden, aber auch für Ragout oder Gulasch.
– Nussbraten (Seite 128) und Linsenburger (Seite 108) können als Basis für Fleischkügelchen, Hackbraten und andere Rezepte mit gehacktem Rindfleisch dienen.

Grilliertes Fleisch
– In Scheiben geschnittener Seitan, marinierter und geräucherter Tofu passen hervorragend auf den Grill und den Kebab-Spiess.

Zucker
– Reismalzsirup
– Gerstenmalzsirup
– Maismalzsirup
– Ahornsirup
– Fruchtkonzentrat (normalerweise Apfel- oder Birnenkonzentrat bzw. -dicksaft)
– Honig
– Gerstenmalzpulver

(Reduzieren Sie die im Rezept angegebene Flüssigkeitsmenge, wenn Sie den Zucker durch ein flüssiges Süssmittel ersetzen.)

Milch
– Soja- oder Reismilch, die in Bioläden erhältlich ist, kann Milch in fast allen Rezepten ersetzen.
– Mandelmilch 1 und 2 (Seite 189, 190)
– Sofort-Haferschleim (Seite 190)
– Getreideschleim (Seite 207)

Rahm, Schlagrahm
– Geschlagener Kanten-Rahm (Seite 191)
– Süsser Tofu-Rahm (Seite 191)
– Mandelcreme (Seite 190)
– Amasake (Seite 217)
– Süsse Mandelsauce (Seite 191)
– Schokoladen-Ahorn-Sauce (Seite 191)

Joghurt
– Mischen Sie ein wenig Umeboshi-«Essig» oder Zitronensaft zusammen mit Sojamilch oder Wasser unter den Tofu. Siehe Tofu-Tzatziki (Seite 168).

Käse
– Tofu-Miso-«Käse» (Seite 116) kann geschnitten werden, ist aber nicht so hart wie richtiger Käse. Er wird milder im Geschmack, je länger er mariniert wird. Gut für belegte Brötchen, in Griechischem Salat und Sandwiches.

Hüttenkäse und frische Weichkäse
– Tofu-«Hüttenkäse» (Seite 168)

Käse zum Gratinieren
– Mochi (Seite 71) aus dem Laden kann gerieben und, damit eine knusprige Kruste entsteht, zusammen mit ein paar Tropfen Maiskeimöl und Shoyu auf Gratins verteilt werden.
– Béchamelsauce (Seite 169) mit Paniermehl, wie im Blumenkohl-Lauch-Gratin (Seite 149).

Butter
- Zum Kochen: Maiskeimöl
- Kaltes Maiskeimöl ersetzt Butter sehr gut in Backwaren. Öl enthält 100 Prozent Fett, Butter nur 80 Prozent. Nehmen Sie also weniger, wenn Sie Butter durch Öl ersetzen.
- Halb Butter, halb Maiskeimöl. Wenn Sie Öl für Kleingebäck- oder Kuchenteig verwenden, stellen Sie es zuerst in den Kühlschrank.
- Mandel- oder ein anderes Nussmus
- Umeboshi-Paste, mit ein wenig Wasser verdünnt, gibt Maiskolben und anderem Gemüse einen butterigen Geschmack.

Öl
- Kaltgepresste, biologische Öle

Weissmehl, weisse Teigwaren, weisser Reis
- Vollkorn- oder 80%-Vollkornmehl
- Vollkorn- oder Sojamehlteigwaren
- Vollreis

Eier
- Verwenden Sie Eier von «glücklichen» Hühnern mit Auslauf.
- Verquirlter Tofu (Seite 115) für Rührei und Omeletten
- Sojamehl ersetzt in Backwaren den Nährwert und das Bindevermögen von Eiern, wirkt aber nicht treibend. Einen kleinen Teil der verlangten Mehlmenge durch Sojamehl ersetzen.
- Anzahl der Eier in den Rezepten halbieren.

Treibmittel
- Aluminium- und phosphatfreies Backpulver
- Sauerteig für Brote, Kuchen und Kleingebäck (Seite 222)
- Kohlensäurehaltiges Wasser für leichte Pfannkuchen und Kleingebäck
- Bier in Pfannkuchen und Kleingebäck

Tafelsalz
- Meersalz. Darin sind 90 Prozent Natriumchlorid und 10 Prozent andere wichtige Mineralien und Spurenelemente enthalten, während das gewöhnliche Kochsalz aus 99 Prozent Natriumchlorid sowie Zusatzstoffen besteht, die das Salz trocken und rieselfähig halten.

Handelsüblicher Essig
- Natürlicher Essig, Apfel- oder Weinessig
- Ume-su (Umeboshi-«Essig») ist sauer und salzig

Handelsübliche Früchte und Gemüse
- Frische, biologische Ware kaufen

Zuckerhaltige Konfitüre
- Natürliche, mit Früchten gesüsste Konfitüre aus dem Laden
- Hausgemachte Konfitüre (Seite 231)

Für die Meute kochen

Wenn Sie mit einer ganzen Schar Kinder zusammenleben, ist dieses Kapitel vielleicht genau das, was Sie brauchen. Wenn Sie für mehrere Personen kochen müssen, für Kinder unterschiedlichen Alters, für Erwachsene mit unterschiedlichen Arbeitszeiten, wenn Freunde hereinschneien, dann brauchen Sie jede Menge Kreativität, zeitsparende Techniken und ein paar von allen heiss geliebte Gerichte, die Sie immer wieder auftischen können, ohne dass sie ihre Attraktivität einbüssen.

Dieses Kapitel ist all jenen gewidmet, die sich – auch dann noch, wenn alles dagegen spricht – bemühen, gesunde Kost auf den Tisch zu bringen.

Kinder haben in jedem Alter sehr spezifische und individuelle Bedürfnisse, je nach dem Stadium der körperlichen, geistigen und seelischen Entwicklung, die es gerade durchmacht. Die Ernährung spielt dabei für die optimale Entwicklung des Kindes eine Schlüsselrolle.

Das Kleinkind

Kleinkinder sind noch nicht in der Lage, ihre Bedürfnisse klar zu formulieren, das oberste Regalbrett zu erreichen, wo die Kekse versteckt sind, oder die Kühlschranktür zu öffnen, um sich mit dem zu bedienen, was sie brauchen. Dies gibt den Eltern eine doppelte Verantwortung: Einerseits müssen sie für die tägliche Nahrung sorgen, andererseits die speziellen Wünsche und die wechselnden Bedürfnisse erkennen, die ein Kind hat. Das Gespür dafür zu entwickeln, was das Kind braucht, ist daher sehr wichtig. Ist jetzt ein Keks angebracht oder genügt eine Liebkosung? Eine der besten Methoden, die Bedürfnisse der Kleinen zu spüren, ist, sich seiner eigenen Bedürfnisse und Wünsche bewusst zu werden.

Den Kindern, auch ganz kleinen, eine Auswahl an Speisen zur Verfügung zu stellen, ist eine andere gute Methode, um herauszufinden, was sie wirklich brauchen. Wenn eine Mahlzeit aus einer Reihe verschiedener Gemüsesorten, einem Gang mit Getreide, dann einer Eiweissspeise und eventuell einem Dessert besteht, kann ein Kind durch seine Entscheidung klar mitteilen, welches seine Bedürfnisse sind. In meiner Familie versuche ich immer zu erreichen, dass jede(r) von allem einmal ein wenig nimmt, und erlaube ihnen dann im zweiten Durchgang zu nehmen, was ihnen passt. Wenn sie die Möglichkeit haben, aus schmackhafter, gesunder Kost auszuwählen, dann nehmen sie sich fast immer von dem, was ihnen im Moment am besten bekommt. Ein Kind isst vielleicht am einen Tag eine zusätzliche Portion Getreide und am nächsten einen Berg Gemüse. Ich bin der Meinung, je weniger wir uns einmischen, desto besser kann ein Kind spüren, was es braucht.

Dies setzt allerdings voraus, dass wir, die Erwachsenen, dieses Gespür nicht verderben, indem wir Nahrungsmittel auf den Tisch stellen, die dem Kind die Freude am natürlichen und einfachen Geschmack nehmen. Speisen mit stark ausgeprägtem Geschmack wie Süssigkeiten, tropische Fruchtsäfte, Snacks, Fleisch und verarbeitete Nahrungsmittel sind in diesem Sinne Ablenkung. Ein Kind in diesem Alter ist sehr stark sensorisch orientiert und daher gegenüber starken sensorischen Einflüssen offen, ja sogar verwundbar.

3- bis 7jährig

Wenn Kinder grösser werden, erweitern sie auch ihren Lebensraum. Sie erkunden die Nachbarschaft und wollen alles ausprobieren, was die anderen essen. Dies zeugt von gesunder Neugier. Ihre Aufgabe ist es zwar, Richtlinien und Grenzen zu setzen, aber es ist gut, sich bewusst zu sein, dass – solange Sie Ihrem Kind zu Hause eine solide Nahrungsgrundlage geben – diese Erfahrungen «draussen» die Erfahrung des Lebens insgesamt bereichern. Im Alter von 3 bis 7 Jahren können Sie damit beginnen, Ihr Kind auf die Auswirkungen verschiedener Nahrungsmittel aufmerksam zu machen. Wie fühlt es sich hinterher? Manchmal macht ein Stück süsser Geburtstagstorte nichts, aber ein andermal wird das Kind vielleicht nervös oder hyperaktiv oder schläfrig. Es ist gut, diese Auswirkungen

gemeinsam festzustellen; dies hilft dem Kind, später sein eigenes Gespür und Bewusstsein für die Auswirkungen von Nahrungsmitteln zu entwickeln.

Die Phase zwischen 3 und 7 ist eine gute Zeit, um ein Kind stärker mit gesunder Kost vertraut zu machen. Kinder, die in dieser Zeit positive Erfahrungen mit gesunder Kost machen, kehren mit grosser Wahrscheinlichkeit immer wieder dazu zurück, weil sie spüren, dass sie ihnen gut tut. In diesem Alter helfen sie liebend gern in der Küche und ahmen die Eltern nach. Beim Zubereiten von Essen können Lektionen fürs Leben gelernt werden. Ein kleines Kind kann beim Waschen und Schälen von Gemüse helfen, es kann mischen und rühren, oder es kann helfen, mit einem kleinen Rüstbrett und einem Messer weiches Gemüse oder Tofu zu schneiden. Gleichzeitig bekommt es mit, mit welcher Sorgfalt, Ordnung und Liebe der Koch oder die Köchin die Nahrung behandelt.

Grundsätzlich isst ein 3- bis 7jähriges Kind dasselbe wie die Erwachsenen, allerdings weniger gewürzt, vor allem weniger salzig.

7- bis 12jährig

7- bis 12jährige verbringen viel Zeit ausser Haus. Die Zwischenverpflegung für die Schule kann ein Problem sein. Unser Kapitel «Essen für unterwegs» (Seite 34) enthält zahlreiche Tips für Essen zum Mitnehmen. Es ist wichtig, sich bewusst zu sein, dass Kinder in diesem Alter dazugehören wollen. Am meisten Erfolg haben Sie vermutlich, wenn Sie Lunchpakete und Snacks machen, die aussehen wie das, was die anderen Kinder essen – aber von besserer Qualität sind.

Andererseits ist ein Kind mit einer starken Persönlichkeit vielleicht ganz gerne ein Trendsetter. Ich habe von einem Kind gehört, das von den anderen angemacht wurde, weil es eine andere Zwischenverpflegung dabei hatte, und darauf erwiderte: «Was, du isst immer noch Junkfood. Weisst du nicht, dass das ungesund ist für dich? Mann, bist du aber hinter dem Mond …» Schon bald fragten seine Klassenkameraden ihre Mutter, ob sie auch Tofuburger und Müesliriegel haben könnten …

Ein anderes Phänomen bei Kindern dieses Alters ist, dass sie die Küche ihrer Mutter über alles stellen. Sie lieben Dinge, die sie kennen und denen sie vertrauen; sie ziehen die Wiederholung von bewährten und geliebten Mahlzeiten dem Experiment mit exotischen Speisen vor. (Vielleicht ist dies einer der Hauptanziehungspunkte von Fastfood-Ketten wie McDonald's. Was immer man gegen sie haben kann: Das Essen schmeckt mit Sicherheit immer genau gleich.)

Teenager

Das Teenageralter kann für Eltern, die ihren Kindern permanent gutes Essen auf den Tisch stellen wollen, besondere Herausforderungen mit sich bringen. Kinder, die mit natürlicher Kost aufgewachsen sind, haben es ein bisschen leichter, denn sie kennen diese von Geburt an. Obschon sie vielleicht zwischendurch vom Pfad abkommen, ein starkes Fundament ist gelegt, und Information ist in den Zellen gespeichert, auf die sie zurückkommen können.

Kinder, die zusammen mit ihren Eltern zu einem späteren Zeitpunkt ihr Essen umstellen sollen, wehren sich vielleicht gegen die Aufgabe von alten Essgewohnheiten. Vor allem Eltern, die erst kürzlich selber ihre Essgewohnheiten geändert haben, müssen eine zusätzliche Portion Geduld und Verständnis gegenüber der Jungmannschaft im Haushalt aufbringen. Es zahlt sich aus, an den eigenen Richtlinien festzuhalten und einen Teenager nicht mit Erwartungen zu überfordern. Wenn Essen zum Thema einer Konfrontation wird, wird der oder die Jugendliche wohl kaum eine echte Wahl treffen können, weil er oder sie viel zu sehr mit der Rebellion an und für sich beschäftigt ist. Sie können jedoch sicher sein, dass das Kind aus den Augenwinkeln beobachtet, wie es Ihnen geht. Positive Veränderungen in bezug auf Ihre Gesundheit und Ihre Einstellung werden auf jeden Fall registriert.

Offene, vorurteilslose Diskussionen über das Thema sind für eine positive Erfahrung ganz zentral. Er oder sie schnallt's vielleicht nicht im Moment, aber möglicherweise ist der Durchbruch gar nicht so weit weg.

Fixe Essenszeiten und eine reiche Auswahl an allseits beliebten Gerichten können dazu beitragen, dass Ihr Teenager das bekommt, was er oder sie braucht. Aber selbst das kann manchmal frustrierend sein. Eine Freundin bezeichnet das Essverhalten ihres Sohnes im Teenageralter als «Grasen»: «Er scheint immer an irgendetwas zu knabbern, ob er nun in der Küche ist oder sonst wo. Dazu liest er ein Magazin, telefoniert und hört Walkman – alles gleichzeitig.» Snacks sind in. Und es ist hart, sich gegen unsere Fastfood-Gesellschaft durchzusetzen. Halten Sie einen Vorrat mit allen möglichen gesunden Snacks. Sorgen Sie dafür, dass der Kühlschrank voll ist mit Früchten, geschnittenem Gemüse, Resten von Seitan-Lasagne usw. Kaufen Sie Vollkorn-Crackers, Tortilla-Chips, natürlich gesüsste Kuchen, Cakes und Biskuits (oder machen Sie sie selber). Halten Sie Zutaten für Sandwiches und Burger bereit, und, falls erhältlich, nahrhaften Tofu oder Nussbrotaufstrich. Bieten Sie Popcorn, schmackhafte geröstete Nüsse und verführerisch zischende Getränke an. Jedes Mittel ist recht, um Ihren Nachwuchs vom Cola- und Hamburger-Mief fern zu halten. In den folgenden Kapiteln finden Sie Rezeptanregungen: Pikante Backwaren auf Seite 96, Kuchen, Kleingebäck und anderes süsses Gebäck auf Seite 193, Süsse Snacks auf Seite 205.

Kochen für sie und ihn – Die Magie der Gegensätze

Beziehungen – eines der zentralen Themen der neunziger Jahre. Die Frage ist, wie man mit einem Partner auskommen und gleichzeitig sich selber entwickeln kann. Nur wenige Kochbücher behandeln das Thema Beziehungen. Wir sind der Meinung, dass Nahrung in alle Bereiche des Lebens hineinspielt; weshalb also nicht das Essen als Mittel für eine gute Beziehung einspannen?

Sich Vitalität erkochen

Vitalität ist ein wertvolles Gut. Sie evoziert nicht nur das Bild von Gesundheit im Sinne von «nicht krank», sondern im Sinne von prickelnder, kraftvoller, vorwärtstreibender Energie. Vitalität ist das, was es braucht, um über das reine Überleben hinaus zu einem Leben des kreativen, positiven, gesunden Handelns zu gelangen. Sie ist ein wertvoller Gewinn für eine Beziehung. Gesundheit und Vitalität haben in den letzten Jahren dramatisch abgenommen. Es liegt an uns, sie zurückzuholen, und wir beginnen damit ganz am Anfang: Bewegung, Training, frische Luft und frisches Wasser und – Sie haben es erraten – gutes Essen.

Viele der in diesem Buch vorgestellten Rezepte sind wegen ihrer vitalitätssteigernden Wirkung ausgewählt worden. Es sind die Speisen auf der Yang-Seite, welche Kraft, Ausdauer, Mut, Entscheidungsfreude bringen. Diese Yang-Qualitäten werden oft der männlichen Energie zugeordnet, obschon sie für Frauen wie für Männer wertvoll sind. Diese Speisen kräftigen auf vielseitige Art und Weise. Erstens beruhen sie auf natürlichen, nicht raffinierten Produkten; sie bilden deshalb eine direkte Verbindung zur Umwelt und stehen in engem Zusammenhang mit der natürlichen Chi-Energie in natürlichen Lebensmitteln. Zweitens werden sie mit Methoden zubereitet, die ihre lebensspendenden Yang-Qualitäten unterstützen. Mehr Hitze, mehr Salz, mehr Öl stärkt den Kreislauf, das Nervensystem und verbessert das Blut. Das Resultat: mehr körperliche Ausdauer, eine echte Stärkung des Immunsystems und als Zugabe ein guter und gesunder Appetit auf Sex.

Das Schaffen von magnetischer Anziehungskraft

Die Ergänzung zu den vitalitätsstärkenden Yang-Speisen sind die Yin-Gerichte. Sie sorgen dafür, dass man sich entspannt, zentriert, ruhiger wird und die Dinge geniesst. Die Yin-Aspekte Bodenverbundenheit, Intuition, Verhandlungsgeschick, Hege und Pflege werden oft den Frauen zugeordnet, aber selbstverständlich sind auch diese Qualitäten beiden Geschlechtern zuträglich. Es sind Qualitäten, die zu verbessern und hervorzubringen sich für alle lohnt.

In uns allen und in allen Beziehungen gibt es den Raum und die Notwendigkeit für die Entwicklung von Yin und Yang. In einer Partnerschaft zum Beispiel ist es für beide Seiten entscheidend, dass sie geben und nehmen können. Zusätzlich sollte eine energiegeladene Polarität herrschen, damit die gegenseitige Anziehung gross ist. Polarität bedeutet ein deutliches Anderssein der Partner. Jede und jeder von uns muss den «wilden Mann» und die «wilde Frau» in sich nähren.

Den wilden Mann füttern

Das männliche Element braucht echte, «wilde» Nahrung, die jene Teile seines Charakters stärkt, die mit Abenteuer, Mut, Gerechtigkeit, Stärke, Scharfsinn und Vitalität zu tun

haben. Es sind Produkte wie tierische Nahrung, wildes Gemüse und Wurzelgemüse, Eiweiss, Speisen mit viel Öl und nicht raffinierte Nahrungsmittel mit viel Chi-Energie wie Vollkorngetreide. Diese Nahrung wird mit sicherer Hand, viel Gewürz, viel Geschmack und viel Hitze (auf dem Grill, im Backofen, in der Bratpfanne) gekocht.

Männer, die sich eine gesündere Ernährung wünschen, werden männliche Kochmethoden in ihr Repertoire aufnehmen müssen. Männer, deren Ernährung viel Fleisch und Salz enthält, weil sie sich stark fühlen wollen, brauchen einen schrittweisen Übergang zu qualitativ besserer tierischer Nahrung und eine sinnvolle Auswahl an stärkenden und vitalitätsspendenden Gerichten. Langfristig wird ihnen der natürliche Weg mehr Stärke und Gesundheit garantieren. Folgende Gerichte sind ausgezeichnete Beispiele für Nahrung für den wilden Mann: Älplertopf (Seite 88), Gebratene Soba (Seite 76), Polnischer Jägereintopf (Seite 124), Grillierte Lachssteaks (Seite 130), Ausgebackener Fisch (Seite 133), Gebackenes Wurzelgemüse mit Rosmarin (Seite 148).

Die wilde Frau füttern

Liebe geht durch den Magen. Wenn Sie also Ihre geliebte wilde Frau für sich gewinnen wollen, backen Sie ihr Blaubeerküchlein, und bringen Sie ihr das Frühstück ans Bett. Die wilde Frau liebt es, wenn man dem wilden Kind in ihr tolle und schöne Sachen anbietet. Und eines kann man mit Sicherheit über sie sagen: Sie ist unberechenbar. Manchmal sind ihre Bedürfnisse so bescheiden wie die eines asketischen Mönchs. Sie kann mit der einfachsten Zubereitung von natürlichen Produkten zufrieden sein. Ein Salat, gedämpftes Gemüse und eine Schale Getreide können ihre Seele glücklich machen. In dieser Zeit servieren Sie ihr folgende Gerichte: Fischsuppe mit Tofu und Mais (Seite 60), Japanische Nudeln in Bouillon (Seite 82), Hirse mit süssem Gemüse (Seite 72), Gemüsebouquet (Seite 141).

Zu anderen Zeiten braucht ihre Seele nichts weniger als ein Festmahl für Göttinnen mit einem Feuerwerk an Farben, Geschmack, Formen und Köstlichkeiten. Versuchen Sie es damit: Nabe (Chinesisches Fondue) (Seite 83), Singapur-Satay mit Erdnuss-Relish (Seite 125), Gefüllte grüne Wickel (Seite 143), Nordafrikanisches Couscous mit Saucen (Seite 80).

Es kann sein, dass Essstörungen, für die Frauen besonders anfällig zu sein scheinen, von der Schwierigkeit her stammen, diese beiden Bedürfnisse zu befriedigen. Es liegt nicht im Charakter einer Frau, nur so oder so zu sein. Aber genau das wird von ihr in der Familie und im Beruf erwartet, man nennt es auch das «Immer-die-Bedürfnisse-der-anderen-erfüllen»-Syndrom. Die wilde Frau braucht Raum, um zu fliessen, sich zu bewegen, zu experimentieren und Fehler zu machen. Nur so kann sich der kreative, intuitive und abenteuerlustige Aspekt des weiblichen Charakters entwickeln.

Unterwegs

Kennen Sie die Geschichte von dem Indianer, der zum erstenmal in einem Auto mitfuhr? Er bestieg den Cadillac. Der Wagen fuhr mit hoher Geschwindigkeit durch das Reservat. Der Indianer staunte. Alles schien gut zu gehen, bis der Häuptling nach ein paar Meilen brüllte: «Stopp! Halt!» – Der Fahrer trat brüsk auf die Bremse und fragte: «Was ist los?» Ohne zu antworten, stieg der Indianer aus und ging nach hinten. Er setzte sich mit Blick in die Richtung, aus der sie gekommen waren, mitten auf die Strasse. Und sass, und sass. Der Fahrer hielt es nicht mehr aus und fragte, was los sei. – «Ich warte darauf, dass mein Geist nachkommt.»

Etwa so ergeht es einem, wenn man das Haus für einen Ausflug, eine Ferienreise oder auch nur für die Arbeit oder die Schule verlässt. Wenn man irgendwohin muss, vergisst man in der Eile leicht, dafür zu sorgen, dass man die wichtigsten Dinge bei sich hat, wenn man dort ankommt.

Wenn gute Ernährung zu diesen wichtigen Dinge gehört, machen Sie sich sicher Sorgen, wie Sie es anstellen sollen, gut zu essen, wenn Sie von zu Hause weg sind. Hier sind ein paar Ideen, wie Sie den «Geist» ausgeglichenen Essens bei sich haben können, egal wo Sie sich gerade befinden.

Szenario 1

Exkursionen in die Wildnis der Betriebs-Cafeteria oder der Schulmensa, durch den Dschungel von Snack- und Getränkeautomaten, ein Einkaufsbummel oder ein vergleichsweise harmloser Tagesausflug in die Wälder der Umgebung.

Hier sind einige Ideen, wie Sie sich wappnen können, um einen solchen Tag zu überstehen.

Legen Sie sich ein Set von Gefässen zum Mitnehmen von Nahrungsmitteln zu. Japanische Sushi-Schachteln sind elegant, aber Tupperware-Gefässe, Gläser, braune Papiersäcke und Lunchboxen zusammen mit einer Thermosflasche sind genauso praktisch.

Füllen Sie Ihre Gefässe mit leckeren, leicht zu handhabenden Esswaren, zum Beispiel:

Sandwiches
Siehe Sandwich-Ideen (Seite 103)

Burger
Ein Burger kann als Einlage für ein Sandwich dienen oder auch einfach so, mit einem Salatblatt umhüllt, gegessen werden.
- Gebratene Hirseburger (Seite 73)
- Linsenburger (Seite 108)

Getreidebraten in Scheiben
Anstelle von Brot mitnehmen. Leicht zu schneiden und einfach zu transportieren.
- Hirsebraten zum Mitnehmen (Seite 74)
- Nussbraten (Seite 128)
- Polenta-Pizza (Seite 90)
- Grillierte Polentaschnitten (Seite 90)
- Gebratene Polentaschnitten (Seite 90)

Gemüse
Nehmen Sie rohes oder leicht blanchiertes Gemüse (Seite 141) mit. Es behält Geschmack und Frische am besten.
- Gemüsespiesse (Seite 142)
- Grüne Wickel (Seite 142)

Als Beilage ein kleines Gefäss mit Hummus (Seite 112) oder Tofu-Dip mitnehmen.

Suppe
Füllen Sie Ihre Thermoskanne bei kaltem Wetter mit Suppe oder Bouillon. Wenn Sie Zugang zu heissem Wasser haben, nehmen Sie ein Paket Instant-Misosuppe mit oder machen Sie sie selber: 1 TL Miso mit gehacktem Schnittlauch oder Petersilie und Nori in ein Gefäss geben und später heisses Wasser darüber giessen. Umrühren und essen. Siehe Suppe in der Tasse, Seite 23.

Warme Mahlzeit
In einer Thermoskanne mit weiter Öffnung kann man eine ganze Mahlzeit unterbringen. Zuunterst Getreide, dann Hülsenfrüchte oder ein anderer Eiweissspender und zuoberst leicht gekochtes Gemüse. Der Trick: Alle Zutaten nur knapp weich kochen, so dass sie in der Wärme der Thermoskanne bis zum Mittag gar sind. In Thermoskannen können Eintöpfe aller Art auf Reisen gehen.

Snacks
- Frische Früchte
- Dörrfrüchte
- Geröstete Nüsse und Kerne (Seite 104)
- Studentenfutter (Seite 205)
- Energieriegel (Seite 205)

- Müesliplätzchen (Seite 202)
- Blitz-Nusskekse (Seite 202)
- Sonnenblumenbällchen mit Rosinen (Seite 205)
- Erdnussbutter-Malz-Popcorn (Seite 205)

Wenn Sie ein Lunchpaket für ein Kind bereitmachen, denken Sie daran, dass Kinder gerne eine Mahlzeit haben, die so aussieht wie die ihrer Freunde. Dazu gehören auch gesunde süsse Riegel, Kekse usw.

Szenario 2

Sie sind allein unterwegs, haben keinen Proviant dabei und sind auf der Suche nach einem leckeren Gemüseteller und Vollreis. Was tun in Restaurants, Hotels, Zügen, auf dem Schiff und im Flugzeug?

Auswärts essen ist manchmal ein echtes Vergnügen, aber wenn Sie durch Ihre Arbeit dazu gezwungen sind, dies regelmässig und oft zu tun, kann es sehr schnell negative Auswirkungen auf Ihr Wohlbefinden haben. In diesem Fall lohnt es sich, wählerisch zu sein. Es gibt ein paar Dinge, auf die Sie achten und die Sie möglichst vermeiden sollten, wenn Sie auswärts essen:

- übermässig viel Fett und Cholesterin (Fleisch, Eier, Milchprodukte, gebratene Speisen, Gemüse, das in Butter schwimmt)
- qualitativ schlechtes Öl (Fastfood ist berüchtigt dafür)
- stark gesalzene Speisen (schwer auszugleichen)
- raffinierte Produkte mit «leeren» Kalorien (Teigwaren, Weissbrot, Gebäck)
- starke und künstliche Gewürze, Geschmacksverstärker (Glutamat wird oft in chinesischen, aber auch in anderen Restaurants verwendet)
- versteckte Milchprodukte und versteckter Zucker (in Salatsaucen, anderen Saucen, Desserts usw.)
- tierische Produkte, z.B. Rindfleisch in Bouillons, Gelatine usw.

Halten Sie Ausschau nach Restaurants, in denen Sie an einem Buffet selber auswählen können, was Sie essen wollen. Suchen Sie vegetarische Restaurants oder solche, die Vollkornspeisen anbieten. Interessant sind auch Restaurants mit Gerichten aus aller Welt. Japanische, mexikanische, thailändische und spanische Restaurants bieten oft einfache traditionelle Speisen an. Essen Sie in Restaurants, die Fisch und Wild aus der Region auf der Speisekarte haben. Geben Sie etwas mehr Geld aus und gehen Sie in gute Lokale, in denen Sauberkeit und die Qualität der Zutaten hohe Priorität haben und Spezialwünsche Ihrerseits berücksichtigt werden, z.B. gedämpftes Gemüse, keine Butter, wenig Salz, Salatsaucen separat usw.

Auch in gewöhnlichen Lokalen finden Sie fast immer etwas Rechtes. Stellen Sie notfalls eine Mahlzeit aus Beilagen zusammen. Bestellen Sie Tagesgemüse, frischen Salat, Suppen, Teigwaren, Reis, Brot, frische Früchte.

Was immer Sie wählen, achten Sie auf Qualität, geniessen Sie Ihr Essen, kauen Sie es gut, und, wenn Sie immer noch nicht satt sind, nehmen Sie etwas aus Ihrem «Schnappsack»:

- Beutel mit Kräuter- oder Kukichatee
- Beutel mit Sofort-Getreidekaffee
- Pakete mit Instant-Misosuppe (bestellen Sie einfach heisses Wasser)
- Dörrfrüchte
- natürliche Bonbons
- und die Medizin für alle Notfälle: Umeboshi-Pflaumen (sie helfen ausgezeichnet bei Magenbeschwerden, aber auch bei Reisekrankheit, wenn Sie im Auto oder auf dem Schiff unterwegs sind).

Die meisten Fluggesellschaften bieten mittlerweile auf ihren Flügen Spezialmenüs an. Rufen Sie vorher an und erkundigen Sie sich. Seien Sie präzis, wenn Sie beschreiben, was Sie möchten. Östlich-vegetarisch, westlich-vegetarisch, lactovegetarisch, Rohkost und zuckerfrei sind einige der Varianten, die mir auf meinen Reisen begegnet sind. Oft haben Sie auch die Wahl zwischen Fisch und Geflügel anstelle von rotem Fleisch. Vermeiden Sie Alkohol und Süssgetränke während des Flugs. Eine Stewardess sagte mir einmal, viel Wasser trinken sei das Beste, um sich vor Austrocknung und dem Jetlag zu schützen.

Schiffe und Züge haben nach meiner Erfahrung die schlechtesten Bordrestaurants überhaupt. Eine Ausnahme ist der Zug von Prag nach Zürich, auf dem Dillgurken als Beilage und ausgezeichnete tschechische Pfannkuchen serviert werden. Studieren Sie die Speisekarte sorgfältig, und überlegen Sie sich, ob Sie sich nicht ein paar Tips aus Szenario 1 zu Herzen nehmen und das Essen selbst mitnehmen wollen. Denken Sie daran, dass bei jeder Reise, ob im Auto, Zug oder speziell im Flugzeug, mit Nahrungsmitteln seltsame Dinge zu geschehen scheinen. Gemüse wird welk, Getreide geht kaputt. Wenn Sie Essen auf eine lange Reise mitnehmen, kochen Sie das Gemüse halb gar oder lassen Sie es roh. Nehmen Sie frische Früchte mit und Reiswaffeln. Getreide hält sich am besten in Form von Reisbällchen (Seite 68), Samurai-Bällchen (Seite 68) oder Sushi (Seite 69) mit einer Umeboshi-Pflaume oder einem salzigen sauer eingelegten Stück Gemüse in der Mitte.

Szenario 3

Sie sind Ihr eigener Lastesel. Alles, was Sie für die nächsten paar Tage brauchen, muss in den Rucksack passen oder in den winzigen Schrank im Camper. Ob Sie die Möglichkeit für kurze Stippvisiten in die örtlichen Geschäfte haben werden, ist unsicher. Was mitnehmen?

Minimalausrüstung

- 1 Campingkocher oder Grill fürs Lagerfeuer
- 1–2 Kochtöpfe
- 1 Taschenmesser
- 1 Löffel
- stapelbare Teller, Tassen und Besteck

Nahrungsmittel

- Instant-Fond oder Bouillonwürfel
- Ramen oder andere kompakt verpackte Nudeln
- Frische Früchte oder frisches Gemüse (gewaschen) für die ersten paar Tage, ergänzt durch getrocknete Gemüseflocken
- Wildes Gemüse ernten Sie unterwegs. Halten Sie die Augen offen nach wilden Zwiebeln, Bärlauch, Thymian, Brennesseln, Löwenzahn (siehe unten).
- Haferflocken, Müeslimischung für Reise-Müesli (Seite 135) und Thermosflocken (Seite 135)
- Schnell gekochtes Getreide wie Hirse, Couscous oder Bulghur
- Geröstetes Getreide für unterwegs (Seite 136)
- Als Eiweissquellen nehmen Sie getrockneten Tofu, Fu, Fischflocken, Fisch in der Dose, geröstete Nüsse und Kerne, rote Linsen; sie sind alle einfach in der Zubereitung und leicht zu tragen.
- Meersalz und Miso zum Würzen (Miso beansprucht weniger Platz und kann nicht auslaufen wie Sojasauce)
- Noriblätter
- Energiereiche Granolariegel (Seite 205)
- Studentenfutter (Seite 205)
- Sonnenblumenbällchen mit Rosinen (Seite 205)
- Dörrfrüchte, Rosinen, Bonbons
- Äpfel oder wilde Früchte von unterwegs
- Teebeutel, Instant-Getreidekaffee

Wilde Pflanzen

Die Natur stellt in verschwenderischer Menge wildwachsende Nahrungsmittel zur Verfügung. Eine neue Pflanze kennenzulernen oder einer alten Bekannten wiederzubegegnen kann ein sehr befriedigendes Erlebnis sein. Es gibt dazu eine Vielzahl von Pflanzenbestimmungsbüchern.

Jede Gegend und jede Jahreszeit bietet die unterschiedlichsten Pflanzen. Im Frühling finden Sie wilde Grünpflanzen wie Knoblauch, Brennesseln und Löwenzahn. Im Sommer sind es vor allem Früchte: Walderdbeeren, Himbeeren, Brombeeren und weitere Grünpflanzen. Im Herbst können Sie Pilze und Nüsse suchen.

Hier sind ein paar alte Bekannte und ihre Verwendung in der Küche:

Brennesseln

Knipsen Sie die obersten 3–4 Blätter mit festem Griff oder mit Handschuhen ab. Weich gekocht schmecken sie ähnlich wie Spinat; sie haben ausserdem einen sehr hohen Nährwert. Spülen, hacken und in Suppen oder Eintöpfen mitkochen. Oder als Tee aufbrauen.

Löwenzahn

Alle Teile dieser Pflanze sind essbar. Pflücken Sie die jungen zarten Blätter, bevor die Pflanze blüht. Sie sind leicht bitter. In ein Sandwich legen oder unter einen grünen Salat mischen. Die Wurzeln sind sehr bitter, können aber in einen Eintopf gegeben oder geröstet und als Kaffee zubereitet werden. Die Knospen können gedünstet werden, und aus den offenen Blüten gibt es Tee und Konfitüre.

Wilder Thymian

Eine kriechende Pflanze mit winzigen Blättern und violetten Blüten, die vor allem an sonnigen und trockenen Orten auftritt. In Schottland gibt es eine Ballade zu Ehren dieser Pflanze: «Where the Wild Mountain Thyme Creeps Around the Purple Heather». Ein grösserer Zweig davon passt in praktisch jeden Eintopf.

Wilder Knoblauch (Bärlauch)

Wächst in Büscheln an schattigen Stellen im Wald. Ganz früh im Frühling verbreitet er einen kräftigen Knoblauchgeruch im Wald. Als Beigabe zu Suppen, Eintöpfen, als Sauce zu Teigwaren (Pesto) oder roh ein paar Blätter in ein Sandwich oder einen Salat geben.

Sauerampfer

Der erfrischend saure Geschmack des Sauerampfers passt gut in Sandwiches, Salate und Suppen. Kinder kauen gern die langen, sauren Stengel.

EINLADUNGEN

Freunde einladen, gemeinsam essen, es ist Partyzeit! Gut essen mit guten Freunden ist eine wunderbare Sache … wenn Sie sie nicht zur Qual machen. Die erste Regel lautet: Sorgen Sie dafür, dass alle Spass haben. Das bedeutet, dass auch der Koch oder die Köchin Zeit hat, sich mit den Gästen zu unterhalten. Probieren Sie neue Gerichte zuerst aus, und lassen Sie sich genügend Zeit für die Vorbereitung des Essens und die Dekoration.

Wenn Sie eine Einladung planen, überlegen Sie sich zuerst gut, was für ein Fest es sein soll. Ist es ein intimes Dinner mit guten Freunden oder neuen Bekannten, bei dem eine das Gespräch fördernde Atmosphäre herrschen soll? Oder wollen Sie eine Party, in deren Mittelpunkt Small talk, Küsschen hier, Küsschen da und Tanzen stehen? Wollen Sie eine formelle, elegante Stimmung oder eher etwas Lässiges, Ungezwungenes? Stellen Sie sich vor, was das Ziel der Einladung sein soll, und berücksichtigen Sie alle Aspekte, wenn Sie das Menü planen.

Treffpunkt Buffet. Ein gut arrangiertes Buffet kann eine Gelegenheit sein, um interessante Bekanntschaften zu machen. Planen Sie Gerichte, die problemlos im Stehen oder mit einem Teller im Schoss verzehrt werden können. Damit sich Gäste mischen und austauschen, muss die Energie in Bewegung sein. Sorgen Sie also für Essen mit viel Polarität und Schwung: scharf/mild, knackig/cremig, salzig/süss. Stellen Sie eher kleine Portionen bereit statt grosse Mengen, und ersetzen Sie sie öfter, damit das Buffet attraktiv bleibt. Verwenden Sie individuelle Gefässe, machen Sie gefülltes Gemüse, in Scheiben geschnittene Laibe usw.

Für feierliche Dinners und Festessen eignen sich Rezepte, welche die Gäste an einem Tisch zusammenbringen. Wenn aus ein und demselben Geschirr geschöpft wird oder die Gerichte am Tisch herumgereicht werden, entsteht sofort ein Gefühl familiärer Zusammengehörigkeit. Servieren Sie gezielt ausgewählte, sorgfältig zubereitete und festlich dekorierte Gerichte. Die Speisen können sehr einfach sein, wenn dafür ein grösseres, besonderes Gericht im Zentrum steht, zum Beispiel ein grosser grillierter Fisch, ein grosser gefüllter Kürbis oder ein japanisches Fondue (Nabe). Es ist wichtig, dass Sie die Gerichte im voraus zubereiten können und dann Zeit für Ihre Gäste haben.

Welche Mengen sind nötig?

Wer nicht gewöhnt ist, für eine grössere Anzahl Personen zu kochen, begeht in der Regel den Fehler, zu viel Essen vorzubereiten. Die folgende Liste soll Ihnen helfen abzuschätzen, welche Mengen Sie benötigen.

Die angegebenen Mengen sind für zehn Portionen berechnet und bezeichnen das Total für die ganze Mahlzeit. Wenn Sie also im Sinn haben, mehr als ein Getreidegericht anzubieten, zählen Sie die Mengen zusammen. Wenn Sie ausserdem Brot oder anderes Gebäck servieren, können Sie die Menge Getreide entsprechend reduzieren.

Mengen für 10 Portionen
- Suppe: 2½ Liter
- Getreide: 4 Tassen (ungekocht) oder 1 Kilo Teigwaren
- Hülsenfrüchte: 2 Tassen (ungekocht)
- oder 1 Kilo Tofu, Tempeh, Seitan oder Fisch
- Wurzelgemüse: 500 g
- rundes Gemüse: 500 g
- Blattgemüse: 500 g
- Gemüse insgesamt: 1½ Kilo
- Meeresgemüse: 50 g
- Desserts (Creme, Pudding usw.): 2½ Liter

Menü-Ideen

Denken Sie an das Prinzip der Polarität, die Magie der Gegensätze, wenn Sie ein Menü für eine Einladung zusammenstellen. Ein paar sorgfältig ausgewählte, in Farbe, Konsistenz, Geschmack und Form kontrastreiche Gerichte machen eine viel bessere Figur als eine Unmenge von planlos zusammengestellten Exklusivitäten.

Geben Sie sich ein Thema, wenn Sie Ihre Wahl treffen. Überlegen Sie sich, für welche Gelegenheit Sie kochen, welchen Charakter das Essen haben soll. Alle vorgeschlagenen Rezepte finden Sie im vorliegenden Buch.

Treffpunkt Partybuffet

Speisen, die mit den Fingern von einem kleinen Teller oder einer Serviette gegessen werden können:
- Japanische Sushi (Seite 69)
- Fritierte Hirsekroketten (kleine Bällchen, Seite 73)
- Verschiedene Pizze, kleine Stücke (Seite 96)
- Sandwiches, in besonderen Formen (Seite 103)
- Sesam-Crackers (Seite 101)
- Algen-Chips (Seite 105)
- Tortilla-Chips (Seite 104)
- Kombu-Chips (Seite 158)
- Pastinaken-Chips (Seite 105)
- Nori-Tempura (Seite 157)

- Geröstete Nüsse (Seite 104)
- Aramestrudel (Seite 101)
- Kornische Teigtaschen, klein (Seite 100)

- Tofu-Dip (Seite 168)
- Hummus (Seite 112)
- Tofu-Miso-«Käse» (Seite 116)
- Gemüsespiesse (Seite 142)
- Cocktail-Kebabs (Seite 125)
- Gefüllte grüne Wickel mit verschiedenen Füllungen (Seite 143)
- Sauer eingemachtes Gemüse (Seite 223)
- Radieschen

- Polnischer Mohnsamenstrudel (Seite 195)
- Österreichischer Apfelstrudel (Seite 201)
- Linzertorte (Seite 201)

Buffet
Mit Sitzgelegenheit, Geschirr und Besteck
- Borschtsch (Seite 58)
- Gazpacho (Seite 55)

- Reissalat (Variante «Buntes Buffet», Seite 66)
- Teigwarensalat (Seite 82)
- Pikant gefüllte französische Crêpes (Seite 86)
- Pikante Kuchen: Französischer Zwiebelkuchen, Cremiger Karottenkuchen, Pilzkuchen, Tofu-Quiche, Spanakopita (Seite 98–100)

- Drei-Bohnen-Salat (Seite 110)
- Arame-Tofu-Salat (Seite 154)
- Gefüllte Fischwickel (Seite 130)
- Ceviche (Seite 134)
- Eingepökelter Hering aus Schottland (Seite 134)
- Gefüllte grüne Wickel (Seite 143)
- Gemüsebouquet (Seite 141)
- Cole Slaw (Seite 162)
- Jazz-Salat (Seite 161)

- Österreichischer Apfelstrudel (Seite 201) mit Vanillesauce (Seite 190)
- Schweizer Zwetschgenkuchen (Seite 200)
- Fruchtsalat (Seite 177)
- Geburtstagskuchen (Seite 194)

Vegetarisches Menü I
- Frühlingsgemüsesuppe (Seite 53)

- Wildreis spezial (Seite 66)
- Singapur-Satay mit Erdnuss-Relish (Seite 125)
- Gado Gado (Seite 142)
- Gefüllte grüne Wickel mit Sprossen oder Salatfüllung (Seite 143)

- Schwarz-weisses Parfait (Seite 180)

Vegetarisches Menü II
- Französische Zwiebelsuppe mit Croûtons (Seite 57)
- Entweder: Geräucherter Tofu Provençale (Seite 116)
- oder Tempeh Chasseur an Weisswein und Kräutern (Seite 119)
- oder Seitan à la Bourguignonne (an Rotweinsauce, Seite 122)
- oder Nussbraten (Seite 128) mit Daddys Brauner Sauce (Seite 170)
- Hirse Duchesse (Seite 73)
- Blitz-Broccoli (Seite 21)
- Götterspeise (Seite 187)

Menü mit Fisch I
- Garnelen in Aspik (Seite 129)
- Gebackener ganzer Fisch
- oder Fischfilets auf Lauch (Seite 130)
- Wildreis spezial (Seite 66)
- Zündholzgemüse (Seite 144)
- Goldglasierte Karotten (Seite 145)
- Gepresster Salat (Seite 162) oder Grüner Salat (Seite 23)
- Tiramisù (Seite 188)

Menü mit Fisch II
- Bouillabaisse (Mediterrane Fischsuppe, Seite 61)
- Bulghur-Pilaf (Seite 79) mit Tofu-Sauerrahm (Seite 165) oder Tahini-Knoblauch-Sauce (Seite 166)
- Grillierte Lachssteaks (Seite 130)
- Gemüsebouquet (Seite 141)
- Jazz-Salat (Seite 161) oder Grüner Salat (Seite 23)
- Erdbeercreme (Seite 181)

Einfaches, bodenständiges Abendessen

In den neunziger Jahren geht der Trend langsam, aber sicher weg von der kunstvollen Haute Cuisine in Richtung einfaches und bodenständiges Essen. Nehmen Sie eines der folgenden Gerichte, und runden Sie es mit einem Salat oder leicht gedämpftem Gemüse, sauer eingelegtem Gemüse, hausgemachtem Brot und einem Glas Wein, Bier oder Glühmost ab.
- Holländische Erbsensuppe (Seite 57)
- Spanische Meeresfrüchte-Paella (Seite 67)
- Schafhirtkuchen (Seite 74)
- Polnischer Buchweizen (Seite 75)
- Lasagne (Seite 84)
- Nabe (Japanisches Fondue, Seite 83)
- Ungarisches Gulasch (Seite 121)
- Polnischer Jägereintopf (Seite 124)
- Tex-Mex Chili-Bohnen (Seite 111) mit Südstaaten-Maisbrot (Seite 90)

Weihnachtsmenü
- Klare Suppe (Seite 53)
- Gefüllter ganzer Kürbis (Seite 149)
- oder Seitanbraten mit Zitronen-Petersilien-Füllung (Seite 123)
- Hirsepüree (Seite 72) oder Gebackene Hirse (Seite 72)
- Daddys Braune Sauce (Seite 170)
- Rosenkohl, gedämpft (Seite 140) oder blanchiert (Seite 141)
- Zitronen-Hiziki (Seite 155)
- Roter Cole Slaw (Seite 162) oder Roter russischer Salat (Seite 163)
- Kressesalat oder Grüner Salat mit Zitronette (Seite 164)
- Orientalischer Weihnachtspudding (Seite 182)
- Weihnachtsguetzli (Seite 203)

Mutter und Kind, Schwangerschaft und Stillen

Schwangerschaft

Gesund zu essen ist etwas vom Besten, was die werdende Mutter während der Schwangerschaft für ihr eigenes und das Wohlbefinden ihres Kindes tun kann. Indem Sie künstliche und chemisch behandelte Nahrungsmittel, rotes Fleisch, Drogen, Zucker, Tabak und Alkohol vermeiden, schaffen Sie für Ihr Kind bereits eine bessere Umgebung, in die es hineinwachsen kann. Wenn Sie ausserdem gute biologische Produkte und Naturkost in gut durchdachter Zusammenstellung zu sich nehmen, wird Ihr Kind einen optimalen Start ins Leben haben. Wenn Sie Ihre Ernährung nicht schon umgestellt haben, sich jedoch dazu inspiriert fühlen und dies während der Schwangerschaft für Ihr Kind tun möchten, gehen Sie behutsam vor. Verändern Sie Ihre Gewohnheiten nur Schritt für Schritt. Denn das plötzliche Aufgeben aller alten Gewohnheiten kann einen Reinigungseffekt im Körperhaushalt auslösen, der sich in Form von Erkältungen, Schnupfen, Husten oder Hautproblemen äussert. Das ist die normale und sehr effiziente Art des Körpers, sich rasch von Stoffen, die sich angesammelt haben, zu befreien. Die meisten Babies könnten sicherlich gut damit fertig werden, aber ein etwas sensibleres oder empfänglicheres Kind könnte vielleicht etwas Mühe haben mit den plötzlich freigesetzten Giftstoffen.

Wenn Sie sich nach den generellen Richtlinien in diesem Buch ernähren, sind auch die Bedürfnisse einer gesunden Ernährung während der Schwangerschaft im grossen und ganzen gedeckt. Sie können sich bei der Ernährung zusätzlich an die folgenden Empfehlungen halten, um den besonderen Anforderungen der Schwangerschaft und des Stillens gerecht zu werden.

Eisen: Für einen konstant hohen Eisengehalt und gutes kräftiges Blut essen Sie täglich grünes Gemüse wie Federkohl, dunkelgrünen Blattkohl, das Kraut der weissen Rübe, Misosuppe und Algen (insbesondere Dulse und Hiziki). Vermeiden Sie Eisen abbauende Nahrungsmittel wie raffinierten Zucker, Fruchtsäfte, Tropenfrüchte, Alkohol und Kaffee. Eisen stärkt die Widerstandskraft der Mutter, sorgt für eine genügend grosse Blutreserve während der Geburt und für eine gesunde Entwicklung der Plazenta und des Kindes.

Calcium: Calcium ist der Grundbaustein für die Entwicklung und Erhaltung der Knochen und Zähne und ist wichtig für das Nervensystem. Um den Calciumbedarf zu decken, sollten Sie täglich Hülsenfrüchte, Tofu, dunkelgrünes Blattgemüse, Algen, Nüsse und Kerne essen. Die regelmässige Verwendung von Algen bietet zudem gleichzeitig ein breites Spektrum an anderen notwendigen Mineralien und Spurenelementen.

Protein: Protein oder Eiweiss ist hauptsächlich für das Gewebe- und Muskelwachstum verantwortlich. Es kann sein, dass Sie zusätzlich Eiweiss benötigen. Beschaffen Sie es sich aus Hülsenfrüchten, Seitan, Tofu, Tempeh und Fisch. Holen Sie das Maximum aus einem Eiweissgericht heraus, indem Sie die Proteinmenge verdoppeln: Mischen Sie Sesambutter und Nussmus unter Hülsenfrüchtegerichte (während den letzten 5 Kochminuten einrühren), fügen Sie Hülsenfrüchte-Eintöpfen fritierte Seitan- oder Tofustücke bei, kochen Sie Suppen oder Eintöpfe mit Fisch und Tofu zusammen. Essen Sie geröstete Nüsse und Kerne als Snack und als Garnitur.

Fett: Wenn Sie zusätzlich Fett brauchen, essen Sie viel Hafer und Sojabohnen, und verwenden Sie Öl beim Sautieren, in Saucen und für Ausgebackenes. Verwenden Sie ausserdem leicht geröstete Nüsse und Kerne als Snack, als Garnitur und in Desserts.

Süsses: Vielleicht benötigen Sie dringend Süsses. Dann essen Sie reichlich süss gekochtes Gemüse (Vollmundiger Gemüsetopf Seite 145). Natürliche Desserts, gekochte und rohe Früchte haben alle ihren Platz in einer gesunden Schwangerschaft. Natürlich gesüsster Kräutertee oder Kukicha mit einem Spritzer Zitronen- oder Orangensaft beruhigt und erfrischt.

Gelüste: Wenn Sie ein starkes Verlangen nach einem bestimmten Nahrungsmittel verspüren, braucht Ihr Körper vermutlich einen bestimmten Bestandteil davon. Ist es etwas, das Sie lieber nicht essen würden (Fleisch, Schokolade, Speiseeis), versuchen Sie herauszufinden, welche Komponente des Nahrungsmittels Sie wirklich anzieht, und suchen Sie dann einen besseren Ersatz dafür. Wenn es Sie beispielsweise nach grilliertem Fleisch gelüstet, benötigen Sie wahrscheinlich etwas, das mineralien- und eiweisshaltig, salzig und ölig ist. Machen Sie sich etwas fritierten oder gebratenen Seitan, erhöhen Sie Ihren Konsum an reichhaltigen Algengerichten, gönnen Sie sich grillierten Fisch. Sicher kennen Sie den Ausspruch, dass Schwangere manchmal ein unbändiges Verlangen nach Essiggurken und Rahmeis überkommt. Diese Kombination ist gar nicht so abwegig, wie sie tönt. Rahmeis enthält (neben anderen weniger wünschbaren Bestandteilen) Calcium und Eiweiss. Säure, wie hier in den Essiggurken, aktiviert den Körper, so dass er eingelagertes Calcium zur Verwertung freigibt. Ein starkes Verlangen nach dieser speziellen Kombination könnte also bedeuten, dass der Körper mehr Calcium braucht.

Seien Sie nett zu sich selbst – geniessen Sie die intime Nähe zu dem kleinen Wesen in Ihrem Bauch, und vertrauen Sie darauf, dass das Kind, solange Sie für die grundsätzliche Ernährung sorgen – sei sie auch einmal mangel- oder fehlerhaft –, genau das bekommt, was es braucht, um stark und gesund zu werden.

Erstes Trimester

Die ersten drei Monate der Schwangerschaft sind vielleicht am besten mit dem Wort Veränderung zu umschreiben. Der Körper erlebt eine rapide Verwandlung von seinem normalen, nichtschwangeren Zustand in einen völlig neuen Seinszustand. Es finden grosse hormonelle Veränderungen statt, die buchstäblich alles auf den Kopf stellen können, da die Produktion gewisser Hormone, die sonst im Gehirn geschieht, vorübergehend in die Gebärmutter verlagert wird. Es gibt Frauen, die mit Leichtigkeit und ohne jegliche Beschwerden durch alle physischen, emotionalen und psychischen Veränderungen hindurchsegeln. Andere dagegen haben, milde ausgedrückt, das Gefühl, die schlimmste Achterbahnfahrt ihres Lebens durchzumachen. Während die geistige Einstellung in diesen ersten drei Monaten auf jeden Fall eine Rolle spielt, gibt es aber auch ernährungsbedingte Aspekte, die einem bei einer eingehenderen Betrachtung helfen, die Vorgänge besser zu verstehen und zu beeinflussen.

Wenn das erste Trimester von mangelndem Appetit oder Übelkeit begleitet wird, kann die ernährungsbedingte Ursache in einem der beiden folgenden Extreme liegen. Wenn eine Frau eher bleich, rundlich und inaktiv ist (Yin-Typ) und dazu neigt, viel Obst, zuckerhaltige Lebensmittel, Fruchtsäfte, Milch, Joghurt, stark gewürzte Nahrung (alle mit Yin-Charakter) zu sich zu nehmen, dann kann sie ihre morgendliche Übelkeit lindern, indem sie auf Nahrungsmittel verzichtet, die auf der extremen Yin-Seite der Skala liegen (siehe Kapitel 1, Seite 15). Normalerweise wird sie sich ausserdem mit trockeneren Nahrungsmitteln wie Brot und Crackers, mit einer stärkeren Betonung auf Vollgetreide und einer leicht salzigeren Yang-Küche besser fühlen. Das Verzehren von kleinen Mengen eines Algen-Tafelgewürzes, z. B. Algenpulver (Seite 230), und kräftigem Grün- und Wurzelgemüse kann auch sehr hilfreich sein. Eine Frau mit der entgegengesetzten Veranlagung, straff, angespannt, hyperaktiv, die häufig gebackene oder grillierte Nahrungsmittel, viel Salz und tierische Nahrung zu sich nimmt (alles mit Yang-Charakter), kann ebenso eine Abneigung gegenüber Essen empfinden und die morgendlichen Übelkeitsanfälle erleben. Sie sollte dann Yang-Extreme vermeiden und vermehrt blanchiertes Gemüse, Salat und reichlich Grünes essen. Gut tun werden ihr auch leicht anregende Aromen wie Zitrone oder Ingwer und ganz generell ein milderer, süsserer Geschmack in den Speisen. Sanfte Atem- und Entspannungsübungen können auch sehr hilfreich sein.

So unangenehm es auch sein mag, es hilft, wenn man daran denkt, dass Morgenübelkeit (wie die meisten anderen Übelkeitsanfälle auch) nur ein Zeichen dafür ist, dass der Körper einen Überschuss oder Mangel kompensiert. Von ihrer besten Seite aus betrachtet, können solche Beschwerden also als Mittel des Körpers angesehen werden, in Form zu kommen und sich für die kommenden Monate vorzubereiten.

Zweites Trimester

Das zweite Trimester könnte man mit dem Ausdruck Klarheit umschreiben. In dieser Zeit ist die Intuition einer Frau am stärksten ausgeprägt. Es kann sein, dass sie auf Licht, Farben, Gerüche und auf die Ausstrahlung anderer Leute empfindlicher reagiert oder dass sie sich einfach mehr in Harmonie mit sich selber, mit ihrem Partner und mit ihrem Baby fühlt. Das mag die Zeit sein, in der sie intuitiv am besten spürt, welches Essen sie möchte und benötigt. In dieser Zeit wird das Kind auch «realer», indem es sich bemerkbar macht und seine Gegenwart spürbar wird. Es ist somit einfacher, sich bewusst zu werden, dass es ein empfängliches, hörendes, fühlendes Wesen ist, das alles miterlebt, mit dem die Mutter in Kontakt kommt. Das ist «Vorschulerziehung» in ihrer frühesten Phase!

Weil der Körper der Mutter jetzt Nahrung für zwei aufnimmt und filtert, ist es speziell wichtig, sich in der Ernährung an die oben aufgeführten Besonderheiten zu halten, auch wenn es Ihnen gut geht. So können sich keine Mangelerscheinungen einschleichen.

Drittes Trimester

Die letzten drei Monate werden durch die Vorbereitung auf die Geburt charakterisiert. Die inneren Organe der Mutter müssen jetzt Schwerarbeit leisten. Normalerweise bemerkt sie nun, dass sie langsamer wird, sich mehr Zeit zum Nachdenken nimmt, mit alten Problemen ins Reine kommt, alte Gewohnheiten über Bord wirft und ihr Haus aufräumt, im wörtlichen und im übertragenen Sinn. Was die Ernährung betrifft, ist es wichtig, in dieser Zeit Extreme zu vermeiden. Notwendig ist eine gute Basis mit Yang-Nahrung, kräftige Lebensmittel, die sicherstellen, dass die Kontraktionen bei den Wehen stark und fliessend sein werden. Die weicheren Nahrungsmittel mit mehr Yin-Qualität sind aber genauso entscheidend, da diese der Mutter erlauben, sich für die Geburt zu öffnen und anschliessend Milch zu produzieren.

Nachgeburtliche Ernährung

Nach der Geburt hat die Frau vermutlich gerade die schwerste Arbeit ihres Lebens hinter sich. Deshalb verdient sie in dieser Zeit besondere Pflege. Wir glauben, dass es für eine Frau ganz wichtig ist, sich zehn Tage lang um nichts anderes kümmern zu müssen, als sich auszuruhen und ihr Kind zu hätscheln und zu füttern. Häufig erleben die Frauen gerade nach der Geburt für ein, zwei Tage einen gewaltigen Energieschub. Es ist dann nicht ganz einfach, der Versuchung zu widerstehen, die Möbel in der Wohnung umzustellen; aber dieser Adrenalinschub hat einen anderen, wichtigeren Zweck. Indem die Frau sich Ruhe gönnt, sich vor allem im Bett und in bequemen Sesseln aufhält und sanfte Nachgeburt-Gymnastik betreibt, kann diese überschüssige Energie im Innern des Körpers dazu verwendet werden, die inneren Organe wiederherzustellen und in ihren ursprünglichen Zustand zurückzuführen. Bei guter Pflege und Ernährung kann der vorherige Zustand sogar verbessert werden, so dass sie sich stärker fühlt als vor der Schwangerschaft. Der positive Effekt einer solchen Pflege wird vielleicht nicht unmittelbar spürbar sein. Doch die negativen Auswirkungen mangelnder Pflege können ein, zwei oder sechs Monate später in Form von chronischen Erschöpfungszuständen oder Jahre später in Form einer geschwächten Gebärmutter und Problemen mit den Eierstöcken in Erscheinung treten.

Für eine optimale Ernährung nach der Geburt sind folgende Punkte zu beachten: In den ersten Tagen braucht die Mutter Nahrungsmittel, die den Verlust an Flüssigkeit und Mineralien kompensieren und ausserordentlich leicht verdaulich sind. Die Misosuppe nach westlicher Art (Seite 54) ist ein ideales erstes Gericht nach der Entbindung. Das Gemüsepüree (Seite 208) und der Getreidebrei (siehe Getreideschleim, Varianten, Seite 207) sind etwas reichhaltiger und sehr leicht verdaulich. Der milde Kukichatee oder jeder milde Kräutertee eignet sich gut als Durstlöscher; Sie sollten darum stets genügend davon neben Ihrem Bett stehen haben.

Um Verstopfung zu vermeiden, empfiehlt es sich, weiterhin leicht verdauliches Getreide in Form von Getreidebrei oder Vollkornteigwaren zu essen, bis die Verdauung sich wieder eingespielt hat. Kochen Sie Grünzeug (nicht aus der Kohlfamilie) und weiches Wurzelgemüse (Vollmundiger Gemüsetopf, Seite 145) und als Eiweiss lieber Tofu oder Seitan als Hülsenfrüchte. Ausgezeichnet sind Suppen und Kraftbrühen.

Etwa vom dritten Tag an, während den ersten zehn Tagen, sind kleinere, aber häufigere Mahlzeiten mit gesunden Snacks dazwischen sehr gut. Legen Sie vermehrt Gewicht auf weisse, «milchige» Nahrungsmittel, und versuchen Sie zu spüren, wann Sie eine stärkere Mahlzeit, wie zum Beispiel Fisch, brauchen. Der Eiweiss-, Calcium- und Eisenbedarf verdient jetzt und während der gesamten Stillzeit besonderes Augenmerk. Kochen Sie nicht zu yang-lastig und nicht zu salzig – dies könnte zur Folge haben, dass die Mutter sich allzu rasch wieder «an die Arbeit machen» will. Solange noch Blutungen auftreten, sollten auch rohe Früchte und Fruchtsäfte vermieden werden, denn diese können das Blut verdünnen und dadurch das Bluten verlängern. Meiden Sie auch «schwere Fette», das heisst Nahrungsmittel wie rohe Nüsse und reine Nussbutter (natürlich auch Käse und Butter), weil diese auch nach der Umwandlung in Muttermilch dem Säugling schwer auf der Leber liegen können, was zu verstärktem Aufstossen führt.

Es gibt unendlich viele Listen mit Nahrungsmitteln, auf die man verzichten sollte, je nachdem, wen man fragt. Unserer Meinung nach kann die Mutter selber am besten darüber entscheiden. Von bestimmten Speisen (Kohl, Hülsenfrüchten usw.) ist bekannt, dass sie zu Blähungen führen. Verzichten Sie deshalb in dieser Zeit darauf. Obwohl manche Säuglinge empfindlicher sind als die Mutter, gewöhnen sich die meisten Kinder sehr rasch an ihre Gewohnheiten. Dies erklärt, weshalb in Ländern, wo scharfe Gewürze und Knoblauch alltägliche Zutaten sind, die Kinder normalerweise keine Schwierigkeiten damit haben, während ein Baby, dessen Mutter selten Gewürze verwendet und ausnahmsweise doch einmal scharf isst, darauf mit Aufstossen oder Bauchschmerzen reagiert.

Beachten Sie das Unterkapitel «Muttermilchstimulierung» für Speisen, die sich in der ersten Woche und während der ganzen Stillzeit besonders zur Anregung der Milchproduktion eignen.

Wenn eine Frau aus irgendeinem Grund länger im Krankenhaus bleiben muss, kann sie sich vielleicht das Essen mitbringen lassen oder in Erfahrung bringen, ob das Krankenhaus Vollwertkost anbietet (wie wir festgestellt haben, wird das vegetarische Essen in solchen Anstalten meistens mit Gewürzen, Zucker und Rohkost angereichert, was jedoch in dieser Zeit nicht so günstig ist). Nach einem Kaiserschnitt sollte die Frau keine faserhaltigen Nahrungsmittel zu sich nehmen, bis der Darm wieder normal funktioniert. Kein Vollkorngetreide ausser zu Schleim gekocht und durch ein Passiertuch gepresst. Verwenden Sie biologischen weissen Reis oder Teigwaren. Keine Hülsenfrüchte. Wenn Sie unsicher sind, besser darauf verzichten, denn in diesem Fall ist weniger besser: Blähungen in den Gedärmen können sehr schmerzhaft sein und den Heilungsprozess verzögern.

Das Stillen Ihres Kindes

Es gibt viele Gründe, warum die Muttermilch das Beste für einen Säugling ist. Besonders in den ersten sechs Wochen verleiht die Muttermilch dem Kind eine Immunität gegen Infektionen. Aufgrund ihrer Zusammensetzung und Konsistenz fördert sie ideal das Wachstum des Säuglings, und die körperliche Anstrengung des Saugens stärkt das Baby. Ausserdem ist es äusserst praktisch. Die Milch ist in einem «handlichen Behälter» bereit, den Sie nie verlegen können, hat stets die richtige Temperatur und steht jederzeit zur Verfügung – alles Faktoren, die von denjenigen sehr geschätzt werden, die sich schon mit Flaschen, Rezepten und Sterilisieren herumschlagen mussten.

Die Meinungen, wie lange ein Kind gestillt werden soll, gehen weit auseinander. Grundsätzlich ist jede noch so kurze Zeit des Stillens besser, als gar nicht zu stillen. Und dies ist auch in den allermeisten Fällen möglich. Wenn eine Mutter nur schon einige Tage oder Wochen stillen kann, ist das bereits wunderbar. Wenn sie länger stillen möchte, werden dem Kind daraus grosse Vorteile erwachsen, wofür sich die Anstrengung lohnt. Unserer Meinung nach ist die ideale Lösung, den Säugling bis etwa zum sechsten Monat, wenn die ersten Zähne erscheinen, voll zu stillen und dann die Muttermilch schrittweise zu reduzieren und gleichzeitig vermehrt «feste» Nahrung zu füttern, bis das Kind im Alter von einem bis eineinhalb Jahren völlig abgestillt ist. Wenn Sie Zweifel, Schwierigkeiten oder Fragen irgendwelcher Art haben, wenden Sie sich an das nächstgelegene Mütterberatungszentrum, Ihren Arzt oder Ihre Ärztin oder eine Freundin, die ihre Kinder gestillt hat.

Muttermilchstimulierung

Es ist ein kleines Kunststück, wenn es einem gelingt, gute Muttermilch über mehrere Monate sanft und regelmässig fliessen zu lassen. Denn es ist beinahe unvermeidlich, dass Einbrüche in der Milchproduktion geschehen. Diese haben mit der körperlichen und emotionalen Verfassung der Mutter zu tun. Es ist schwierig, ein anderes Wesen zu ernähren, wenn eine Mutter selber körperlich oder seelisch unterernährt ist. Darum ist es wichtig, Mangelerscheinungen so schnell wie möglich zu erkennen und darauf zu reagieren.

Die folgenden Faktoren sind zu beachten:
– Mangelnder Schlaf ist eine der hauptsächlichsten Ursachen für eine verminderte Milchproduktion. Lernen Sie zu schlafen, wenn das Kind schläft. Gönnen Sie sich Nickerchen während des Tages. Beziehen Sie den Vater mit ein, so dass er beispielsweise nachts das Baby holt oder ihm die Windeln wechselt. Das kann sogar doppelt nützlich sein, indem die Mutter die emotionale Unterstützung erhält, die sie braucht.
– Die Menge der produzierten Muttermilch hängt direkt mit der Saugzeit des Babys zusammen. Das bedeutet, dass die Muttermilchproduktion abnimmt, wenn zusätzliche Nahrung verabreicht wird. Es ist darum besser, dem Kind erst dann zusätzliche Nahrung zu geben, wenn Sie wirklich sicher sind, dass der Säugling nicht genügend Muttermilch erhält.
– Gegen den Durst kann dem Baby bei heissem Wetter kühles, abgekochtes Wasser in der Flasche gegeben werden. So wird Durst nicht mit Hunger verwechselt.
– Wenn ein Einbruch in der Milchproduktion passiert, versuchen Sie die Ursache dafür festzustellen. Ist das Wetter sehr heiss, brauchen Sie zusätzliche Flüssigkeit? Haben Sie zu häufig salzige Mahlzeiten gegessen? Haben Sie genügend gehaltvolle, cremige Nahrung zu sich genommen? Genügend Eiweissgerichte? Fisch? Müssen Sie einmal ausspannen, aus Ihren vier Wänden rauskommen oder einfach mit jemandem reden können?
– Meistens kann eine Milchreduktion darauf zurückgeführt werden, dass die Mutter entweder zu müde, schwach und erschöpft oder zu nervös, hektisch, angespannt und gestresst ist. In den folgenden Listen finden Sie Ernährungsvorschläge, die Ihnen helfen sollen, wieder ins Gleichgewicht zu kommen.

Wenn die Quantität oder Qualität der Milch aufgrund von Erschöpfung abnimmt, versuchen Sie:
– Klassische Misosuppe (Seite 54)
– alle kräftigen Suppen (Seite 55)
– Fischsuppe mit Tofu und Mais (Seite 60)
– Japanische Nudeln in Bouillon (kräftig, Seite 82)
– Mochi (Seite 71)
– Bohnentopf für die ganze Familie (Seite 109)
– Energiespendender Sojabohneneintopf (Seite 111)
– Tempeh-Eintopf (oder dasselbe Rezept mit Seitan, Seite 118)
– Vollmundiger Gemüsetopf (Seite 145)
– alle Algensorten
– Geröstete Nüsse und Kerne mit Shoyu (Seite 104)
– Walnuss-Miso-Relish (Seite 175)
– Goma-Wakame-Gewürz (Algenpulver, Variante, Seite 230)

Wenn die Quantität oder Qualität der Milch aufgrund von Anspannung, Nervosität oder Stress abnimmt, versuchen Sie:
- Getreideschleim (gesüsst, Seite 207)
- Öko-Porridge (mit Malz, Seite 92)
- Japanische Nudeln in Bouillon (mild, Seite 82)
- Gekochter Tofu (Seite 114)
- Blanchiertes Gemüse (Seite 141)
- Gedämpftes Gemüse (vor allem Grünzeug, Seite 140)
- Süsser Gemüseaufstrich (Seite 146)
- Müesliplätzchen (Seite 202)
- ein Schluck dunkles Bier

Zusatznahrung zum Abstillen
Kost zur Ergänzung von Muttermilch

Getreideschleim und Getreidebrei sind die Speisen, die am häufigsten zum Abstillen von Säuglingen eingesetzt werden. Wir haben festgestellt, dass Getreideschleim eine ideale Ergänzung zur Muttermilch ist und sich bestens als erste Nahrung zum Abstillen eignet (siehe Getreideschleim und Varianten, Seite 207).

Wenn eine Mutter aus irgendeinem Grund überhaupt nicht stillen kann, ist die erste und beste Alternative eine Amme, eine andere stillende Frau, die den Säugling ganz oder teilweise mit ernähren kann. Wenn diese Möglichkeit nicht besteht, müssen Sie das Alter und die Gesundheit Ihres Kindes in Betracht ziehen, um dann zu entscheiden, welchen Weg Sie am besten einschlagen. Getreideschleim ist eine gute Startbasis, insbesondere wenn er, wie im Rezept auf Seite 207 beschrieben, gesüsst und mit Eiweiss angereichert wurde, wird aber vermutlich nicht alle nötigen Nahrungsbestandteile liefern können. Vielleicht sollten Sie den Getreideschleim mit Kuhmilch ergänzen oder mischen oder abklären, was für Qualitätsflaschennahrung in Ihrer Umgebung erhältlich ist. Ausschliesslich Sojamilch ist kein adäquater Milchersatz zum regelmässigen Gebrauch, da sie nicht annähernd der Zusammensetzung von Muttermilch entspricht. Gemüse und Eiweisse werden früher in den Speiseplan eingebaut werden müssen als bei gestillten Kindern.

Gemüsesäfte sind ein praktischer Weg, um in flüssiger Form einen neuen Essensgeschmack einzuführen. Aus frischem, süss schmeckendem Gemüse können Sie mit einem Entsafter nahrhafte Getränke herstellen. Säfte können vor festen Nahrungsmitteln eingeführt werden und sind eine ideale Ergänzung zur Ernährung mit Muttermilch oder der Flasche. Den Babies, die mit der Flasche ernährt werden, schmecken reine Gemüsesäfte oder mit Gemüsesäften gemischter Getreideschleim. Zum Stichwort Säfte noch Folgendes: Wenn Sie Ihrem Kind nur in beschränktem Mass Fruchtsäfte geben, wird es die natürliche Süsse von Gemüse eher schätzen lernen. Die uneingeschränkte Verwendung von Fruchtsäften und gesüssten Getränken kann zu einer Abhängigkeit führen und sich später auf das Wachstum der Zähne nachteilig auswirken.

Die erste feste Nahrung

Ab vier bis sechs Monaten können Sie feste Nahrung in Form von Getreideschleim einführen. Das Durchstossen der Zähne wird gewöhnlich als Indikator genommen, dass das Baby für den nächsten Ernährungsschritt bereit ist. Nachdem es sich gut an das Getreide gewöhnt hat, können Sie langsam mit Gemüsepürees und später mit einfachen Eiweissen beginnen. Führen Sie immer nur eine neue Speise auf einmal ein, damit Sie sehen können, ob sie ankommt und wie ihre Wirkung ist.

Denken Sie daran, dass unter den Säuglingen bezüglich Grösse und Gewicht normalerweise grosse Unterschiede bestehen. Wachstum und Entwicklung des Kindes werden also in Bezug zu seinem Geburtsgewicht festgestellt und nicht etwa durch das Vergleichen mit anderen Kindern desselben Alters.

Während der Abstillzeit ist es äusserst wichtig, dass Sie sich auf die wechselnden Bedürfnisse des Babys einstellen, gesunden Menschenverstand und Intuition walten lassen und dem Kind erlauben, dass es Sie führt. Die strenge und dogmatische Anwendung irgendeiner Diät kann schädlich sein. Die nützlichste Quelle für Ratschläge betreffend Naturkost für Kleinkinder ist die Erfahrung anderer Eltern, die denselben Weg gehen.

Einführung von Gemüse

Ab etwa sechs Monaten – oder früher, wenn nicht mehr gestillt wird – kann jeweils ein neues Gemüse pro Mal eingeführt werden. Zum Anfangen eignen sich Karotte, Kürbis, Federkohl, Blumenkohl oder ähnliches mildes Gemüse. Kochen Sie das Gemüse im heissen Wasser oder im Dampf ohne Salz, bis es ganz weich ist und drücken Sie es dann durch ein feines Sieb. Füttern Sie zuerst nur ein paar Teelöffel davon. Je älter das Baby wird, desto mehr Konsistenz können Sie dem Gemüse geben, indem Sie die feine oder mittlere Scheibe einer Gemüsemühle verwenden oder eine Mühle, wie sie im Babygeschäft erhältlich ist. Sobald die Backenzähne durchstossen und das Kind kauen kann, können Sie zu kleinem, fein geschnittenem Gemüse oder zarten, leicht beissbaren Bissen übergehen.

Eiweiss

Solange die Hauptnahrung des Säuglings aus Muttermilch besteht, ist der gesamte Eiweissbedarf gedeckt. In der Abstillzeit, beim Übergang von der Milch zu fester Nahrung, ist es ganz wichtig, dass das Baby für das Wachstum genügend leicht verdauliches Eiweiss erhält. Gute Eiweisslieferanten sind Tofu, Fisch und gut gekochte Hülsenfrüchte. Diese Speisen werden in häufigen, kleinen Portionen, püriert oder in ganzen Stücken gefüttert und können je nachdem mit Gemüse- oder Getreidebrei kombiniert werden. Hülsenfrüchte sollten behutsam eingeführt werden, denn das Verdauungssystem des Säuglings braucht Zeit, um sie verdauen zu «lernen». Beginnen Sie damit, dass Sie das Rezept des Getreideschleims mit ein paar wenigen getrockneten Hülsenfrüchten anreichern. Gelegentlich kann Nussmus hinzugefügt werden, das sehr bekömmlich ist, wenn es mit dem Püree zusammen erwärmt wird. Zu Beginn der Kochzeit können dem Getreidebrei Nüsse und Kerne beigefügt werden, die dann mitpüriert werden, um so die Faserstoffe zu entfernen. Blanchierte Mandeln sind besonders fein.

Abstillfahrplan auf einen Blick

Von der Geburt bis zum Durchstossen der ersten Schneidezähne (ca. 4–6 Monate):
– Muttermilch
– gelegentlich milder Tee oder abgekochtes Wasser aus der Flasche
– gelegentlich Gemüsesäfte
– ergänzend Getreideschleim aus der Flasche nach Bedarf

Ab 5–6 Monaten:
– weiterhin Muttermilch und Getränke oder Ergänzungen je nach Bedarf
– erste feste Nahrung: 1) Getreideschleim, 2) Gemüsebrei

Ab 6–8 Monaten:
– schrittweise Zunahme von fester Nahrung
– Einführung von Eiweiss (Hülsenfrüchte usw.) und Öl beim Kochen

Ab ungefähr 10 Monaten (wenn das Kind steht):
– erste kleine Mengen Salz im Essen

Mit 12 Monaten:
– Feste Nahrung (Getreide, Gemüse, Hülsenfrüchte, Eiweiss, Öl, Salz, Suppen, Algen) sollte nun eingeführt und gut etabliert sein. Die Menge an fester Nahrung wurde schrittweise erhöht, während die Menge an Muttermilch schrittweise gesenkt wurde.
– vielleicht ein- bis zweimal Stillen pro Tag

Mit 12–16 Monaten:
– Ende der Stillzeit

Eine Mutter, die nicht so lange stillen kann oder möchte, muss die Zeiten im obigen Fahrplan einfach verkürzen. Ein Baby, das mit drei Monaten abgestillt ist, kann mit Getreideschleim aus der Flasche gefüttert werden, der zusätzlich Eiweiss enthält (Hülsenfrüchte, Nüsse, Kerne, eventuell Kuhmilch). Gemüse und feste Nahrung werden in diesem Fall früher eingeführt.

Jedes Kind und jede Familie ist anders. Diese Vorschläge gründen auf unserer eigenen Erfahrung. Passen Sie diese darum unbedingt Ihren eigenen Beobachtungen und Bedürfnissen an.

Auf den eigenen zwei Beinen

Kinder im Alter zwischen 18 Monaten und 3 Jahren machen grosse Sprünge in ihrer Entwicklung. Sie lernen stehen, laufen und sich über die Sprache zu verständigen. Ihr ganzes Tun ist «Expansion» in jedem Sinn des Wortes. Sie experimentieren ständig mit der Welt und erforschen die physischen und sozialen Grenzen.

Weil Kleinkinder klein und kompakt sind und schnell wachsen, wird diese Tendenz durch Nahrungsmittel unterstützt, die eine eher sanfte Qualität, einen leicht süsslichen Geschmack und eine manchmal weiche Konsistenz. Kinder in diesem Alter lieben blosse oder mild gewürzte Teigwaren, Tofu, Hülsenfrüchte und weich gekochtes Gemüse in grossen Stücken. Indem Sie diese Art von Speisen (mit Yin-Qualität) verwenden, ermöglichen Sie dem Kind, sich sanft und behutsam zu entfalten. Eine übermässige Verwendung von Salz und anderen sehr kräftigen (Yang-)Speisen könnte den natürlichen Wachstumsprozess behindern. Ein Kind in diesem Alter braucht nur einen Bruchteil der Salzmenge, die ein Erwachsener zu sich nimmt. Halten Sie sich an die folgende Faustregel: erst wenn das Kind zu stehen beginnt, können Sie anfangen, dem Essen eine Prise Salz beizufügen; wenn das Kind zu laufen anfängt, können Sie diese Menge langsam steigern.

Im Vergleich zu einem Erwachsenen brauchen Kleinkinder im Verhältnis mehr Eiweiss und Calcium, die Grundbausteine für das Wachstum. Dieser Bedarf wie auch der Bedarf an Fett kann problemlos durch den regelmässigen Verzehr von Bohnen, Kernen, dunkelgrünem Blattgemüse und Algen gedeckt werden.

Solange ein Säugling noch Muttermilch erhält, ist es nicht nötig, die Ernährung mit tierischer Nahrung anzureichern. Wenn das Kind jedoch langsam abgestillt wird, muss sorgfältig darauf geachtet werden, dass alle seine Bedürfnisse bezüglich der Ernährung gedeckt werden. Wenn das Kind von Anfang an kleine, aber regelmässige Mengen tierischer Nahrung erhält, sollten keine Probleme auftauchen. In einer streng lacto-vegetarischen Ernährung jedoch kommen ein paar wenige Elemente nicht vor. Darunter fallen besonders Vitamin B_{12} und Vitamin D. Ein Mangel an diesen Vitaminen kann Erkrankungen wie Rachitis oder Perniziöse Anämie zur Folge haben. Wenn ein Kind in einem ganzjährig sonnigen Klima lebt und sich viel draussen aufhält, besteht kein Grund

zur Sorge, dass ein Mangel an Vitamin D entstehen könnte, da dieses durch die Sonneneinstrahlung natürlicherweise im Körper gebildet wird. Wenn das nicht der Fall ist, muss man dafür sorgen, dass das Vitamin in anderer Form eingenommen wird.

Vitamin B_{12} ist ein etwas heiklerer Freund. Obwohl es manchmal in natürlich fermentierten Lebensmitteln wie Tempeh, Oliven oder Miso vorkommt, ist die Menge in diesen Nahrungsmitteln unzuverlässig und in einer zu geringen Konzentration vorhanden, als dass der Nutzen gewährleistet wäre. Eigelb, einige Fischsorten, Geflügel und andere Fleischsorten sind hingegen reich an Vitamin B_{12}.

Für Menschen, die lieber kein Fleisch essen, eignen sich fettreiche Fische wie Makrelen, Sardinen und Lachs als sehr zuverlässige und effiziente Quellen für die Vitamine D und B_{12}. Wir empfehlen daher, solchen fettreichen Fisch regelmässige zu verwenden. Magerere Süsswasserfische eignen sich auch, enthalten aber nicht allzu viel Vitamin D und B_{12}. Obwohl nur eine kleine Vitaminmenge benötigt wird, ist es sehr wichtig, dass mehrmals pro Woche ein solcher Vitaminspender in die Ernährung miteinbezogen wird.

Bald schon sitzt das Baby am Tisch mit allen anderen und will am Familienmahl teilhaben. Bei Kindern in diesem Alter darf man aber nicht vergessen, dass sie noch nicht viel Erfahrung im Kauen haben. Diese Fähigkeit beginnt sich erst so ab zwei bis zweieinhalb Jahren zu entwickeln. Darum sollte man darauf achten, wie viel Faserstoffe das Kind in Form von Vollkorngetreidegerichten zu sich nimmt, die es nicht gründlich kaut. Drücken Sie zumindest einen Teil des gekochten Vollkorngetreides durch ein Handpassiergerät, um die Fasern herauszulösen. Bohnen und Gemüse können einfach sehr gut gekocht werden, damit sie leicht verdaulich sind.

Sie können die Speisen so anpassen, dass sie den Bedürfnissen jedes einzelnen Familienmitglieds gerecht werden, und trotzdem für alle grundsätzlich dasselbe Gericht kochen. Stellen Sie zum Beispiel einfach eine Portion für das Baby zur Seite, bevor Sie das letzte Gewürz dazugeben, oder kochen Sie einen Teil länger, damit er wirklich weich wird. Bei Eiweiss- und Gemüsegerichten funktioniert das besonders gut. Grobgeschnittenes Gemüse kann beispielsweise 10 bis 20 Minuten länger gekocht werden, damit es für das Baby butterzart wird. Wenn Sie einen Topf Bohnen für die ganze Familie zubereiten, stellen Sie einfach die (gut gekochte) Portion für das Kleinkind auf die Seite, nachdem Sie ihn erst leicht gewürzt haben. Anschliessend können Sie das Gericht für den Rest der Familie zusätzlich würzen. Getreide muss entweder separat gekocht werden, oder das Familiengetreide wird nur leicht gesalzen oder sogar ganz ohne Salz gekocht. Man kann für die älteren Familienmitglieder eine zusätzliche Würzmischung auf den Tisch stellen. Auf diese Art können alle am Familienmahl teilhaben.

Warum wir nicht so viel von Milchprodukten halten …

Es ist bekannt oder wird zumindest vermutet, dass einige Kinderbeschwerden, wie zum Beispiel wiederkehrende Ohreninfektionen, Allergien, Heuschnupfen, Kinderdiabetes, mit Milchprodukten zusammenhängen. Wenn Milchprodukte als Ergänzung zur üblichen Ernährung verwendet werden, sollte darum die Kurz- und Langzeitwirkung sehr aufmerksam beobachtet werden.

Erhält Ihr Kind zu viel oder zu wenig Salz?

Äusserliche Erscheinung: Ein Kind mit einem eingefallenen, ernsten, trockenen, stark geröteten oder gräulichen Gesicht hat möglicherweise zu viel Salz. Ein bleiches, kraftloses Äusseres weist möglicherweise auf einen Mangel an Mineralien oder Salz (oder ein Übermass an Früchten und Süssigkeiten) hin. Ein aufgeblähter Bauch kann ein Hinweis auf zu wenig Salz sein, das zur gründlichen Verdauung im Darm nötig ist. Ein anderer guter Indikator für die Verfassung des Kindes ist der Stuhlgang. Harter, dunkler Stuhlgang und Verstopfung kann ein Zeichen für zu viel Salz in der Ernährung sein. Zu wenig Salz (plus zu viele Früchte oder Fruchtsäfte) führt zu einem flüssigen, gelb-grünlichen oder stark riechen-

den Stuhlgang. Gestillte Säuglinge haben gewöhnlich einen weicheren Stuhlgang als mit der Flasche ernährte Babies.

Verhalten: Ein Kleinkind, das zu salzig ernährt wird, zeigt typische Verhaltensmuster wie exzessiven Durst, Nervosität, Unruhe, geringes Schlafbedürfnis, unruhigen Schlaf, Reizbarkeit oder Unkontrollierbarkeit. Im Extremfall kann sich zu viel Salz jedoch auch in Schlaffheit äussern – genau das Gegenteil also von dem, was man erwarten würde. Ein Kind mit zu wenig Salz in der Ernährung ist möglicherweise langsam in seinen Bewegungen, schwerfällig und weinerlich. Salz ist aber nur ein Faktor, der die erwähnten Auswirkungen auf ein Kind haben kann. Eine einseitige Betonung verkochter, stark gewürzter, gebackener, gebratener, trockener, harter Speisen oder tierischer Nahrung kann dieselben Auswirkungen zeitigen. Auf der Suche nach der Ursache eines bestimmten Verhaltens oder Zustandes eines Kindes denken Sie daran, auch die anderen Faktoren mit einzuschliessen, die es beeinflussen könnten, wie zum Beispiel Lärm, beunruhigende Ereignisse, Reisen, Rhythmuswechsel, Zahnen usw.

Für Rezepte und weitere Ratschläge siehe das Kapitel «Babies und Kinder» im Rezeptteil auf Seite 207.

Einfaches Wägen und Messen

Kreative Köche und Köchinnen arbeiten häufig ohne Messbecher. Das fällt vor allem dann leicht, wenn man viel kocht. Wenn Sie Anfängerin sind oder mit unbekannten Gerichten und Zutaten umgehen müssen, ist es praktisch, exakte Mengenangaben zu haben.

Die metrische Tasse
für Flüssigkeiten und trockene Zutaten

Wir verwenden ein schnelles und einfaches System, indem wir mit Tassen messen. Eine Küchenwaage wird dabei überflüssig. Unsere metrische Tasse misst 2½ dl oder 250 ml. 1 Liter sind also vier Tassen.

Wenn Sie kein Litermass in Ihrer Küche haben, nehmen Sie eine Tasse oder ein anderes Gefäss, das ungefähr einen Viertelliter fasst. Dies ist von nun an Ihre Mass-Tasse.

Als Richtlinie für den Einkauf oder für Köche, die trockene Zutaten (Getreide, Mehl, Bohnen) lieber wägen, geben wir in Klammern das entsprechende Gewicht in Gramm an.

Sperrige Produkte

Produkte mit sperriger Form wie Teigwaren und getrocknete Algen sind nur schwer nach Volumen zu messen. Daher geben wir nur das Gewicht an. Es steht auf der Packung. Schätzen Sie danach ungefähr ab, wieviel Sie brauchen.

Frischprodukte

Bei Frischprodukten wie Tofu, Tempeh, Seitan und Fisch geben wir das Gewicht an. Schätzen Sie per Augenmass ab, wieviel eine Portion ist. Bei frischem Gemüse und frischen Früchten geben wir die Zahl an Exemplaren mittlerer Grösse an, ausser wenn 500 g oder mehr verwendet wird. Dann geben wir das Gewicht an. Sehr kleines Gemüse oder kleine Früchte wie Erbsen und Beeren messen wir in Tassen und geben in Klammern zusätzlich das Gewicht an.

Gekochte Zutaten

Wenn in den Rezepten Zutaten verwendet werden, die bereits gekocht sind, geben wir die Menge nur in Tassen an.

Löffel

Kleinere Mengen werden in Esslöffeln (EL) und Teelöffeln (TL) gemessen. Wir verwenden normale Esslöffel (8–10 ml) und Teelöffel (ca. 3 ml), wie man sie in jeder Küche hat.

Gewürze

Die Geschmäcker sind bekanntlich verschieden. Es ist daher ausserordentlich schwierig, genau anzugeben, wieviel Salz, Gewürze und Kräuter in ein Gericht gehören. Personen, die an eine Naturkost ohne Fleisch, Zucker und chemische Zusatzstoffe gewöhnt sind, entwickeln normalerweise einen empfindlicheren Gaumen und lieben feine Geschmacksnuancen. Zuviel Gewürze können den Eigengeschmack eines Gerichts überdecken und ausserdem durstig machen.

Wir haben alle Gewürze so berechnet, dass sie ungefähr einem Durchschnitt entsprechen. Es ist Ihnen überlassen, die Gerichte vor dem Servieren Ihrem Geschmack anzupassen. Denken Sie dabei an zwei Dinge:
- Seien Sie vorsichtig. Nachwürzen können Sie immer, ein Zuviel rückgängig machen aber nicht.
- Die Temperatur verändert Aromen. Lassen Sie die Speisen etwas abkühlen, bevor Sie sie abschmecken.

Portionengrösse

Die Mengen in unseren Rezepten ergeben immer 4–6 Portionen. Die Ausnahmen sind vermerkt. Verschiedene Menschen haben unterschiedlichen Appetit. Ein Waldarbeiter aus Norwegen hat eine andere Vorstellung von einer Portion als ein Büroangestellter in Athen. Es hängt ausserdem von Ihrem Menü ab, wieviel Sie von jeder Speise benötigen. Wenn Sie das Gefühl haben, unsere Portionen seien zu gross oder zu klein für Sie, passen Sie sie einfach an. Die Rezepte sind genauso gut, ob Sie die halbe oder die doppelte Menge davon zubereiten.

Wie man kreativ mit Resten umgeht, steht bei den Rotatoren auf Seite 25.

Wenn Sie für eine grössere Anzahl Personen kochen, lesen Sie auf Seite 37 nach.

Ofentemperaturen

Wir geben die Temperaturen in Grad Celsius an. Hier ist eine Umrechnungstabelle für Gasbacköfen.

	°C	Gasstufe
Lauwarm	140	1
	150	2
Mittel	160	3
	180	4
Ziemlich heiss	190	5
	200	6
Heiss	220	7
	230	8
Sehr heiss	240	9

Suppen

Dadurch, dass sie vor allem aus Flüssigkeit bestehen, zählen die Suppen zu den Yin-Gerichten und werden in der Regel zu Beginn einer Mahlzeit gereicht, um den hungrigen Magen zu besänftigen. Suppen werden meist aber auch lange gekocht und sind eher salzig – beides Yang-Eigenschaften. Man könnte Suppen daher als «yangisiertes Yin» bezeichnen. Sie sind der perfekte Auftakt zu einer Mahlzeit und regen das Verdauungssystem auf sanfte Weise an.

Die ersten vier Rezepte, Klare Suppe, Frühlingsgemüsesuppe und die beiden Misosuppen (Seite 54), sind eher Yin-Suppen: Es sind leichte, klare Suppen mit kürzerer Kochzeit, die zu jeder Gelegenheit, einschliesslich warmes Wetter, passen. Gazpacho, eine kalte, leicht säuerliche Suppe, ist am stärksten yin-betont und eignet sich für das heissestes Wetter. Alle übrigen Suppen sind yang-betont; sie sind relativ kräftig, dick und reich an Zutaten und benötigen eine längere Kochzeit. Für den tiefsten Winter empfehlen sich die Yang-Suppen aus nördlichen Ländern wie die Schottische Gerstensuppe (Seite 56) oder die Holländische Erbsensuppe (Seite 57).

Wissen Sie Bescheid über Suppenfond?

Der Suppenfond ist das Geheimnis einer geschmacklich abgerundeten Suppe. Wir geben hier eine Anleitung, wie Sie sich einen eigenen Fond machen können. Selber gemacht ist immer besser, aber halten Sie auch qualitativ gute Suppenwürfel oder Bouillon in Pasten- oder Pulverform bereit für alle Situationen, in denen Sie keine Zeit haben, den Fond selber zu machen. Bei fertig gekauftem Fond passen Sie auf, dass Sie keinen mit Zucker oder Natriumglutamat erwischen. Gekaufter Suppenfond ist bereits gesalzen und oft stärker als hausgemachter; vermutlich brauchen Sie nur die Hälfte der auf der Packung angegebenen Menge pro Liter Wasser.

Vielleicht müssen Sie die Würzung der Gerichte anpassen, je nachdem, welchen Fond Sie benutzen.

Die folgenden Rezepte für Suppenfond können auch als Basis für Eintöpfe und Saucen verwendet werden.

Fünf verschiedene Suppenfonds

Hausgemachter Gemüsefond

Eine ausgezeichnete Basis für alle Suppenrezepte in diesem Buch. Sie können alle sauberen Rüstabfälle von Gemüse wie Stengel, Wurzeln, Blätter verwenden. Dieser Suppenfond bleibt mindestens 1 bis 2 Tage im Kühlschrank haltbar, vorausgesetzt, er enthält kein Grüngemüse und keinen Kohl. Gekocht wird ohne Salz, damit der Geschmack des Gemüses am besten erhalten bleibt. Das Salz fügen Sie nach dem Abgiessen hinzu. Ergibt 1½ Liter.

2 Tassen Gemüse in Stücken
1 Stück Kombu, 10 cm lang (fakultativ)
1½ Liter Wasser
1½ gestrichene TL Meersalz

1 Den Kombu mit einem feuchten Lappen abreiben.
2 Kombu in einen Topf geben, darüber das geschnittene Gemüse. Mit 1½ Liter kaltem Wasser bedecken.
3 Deckel aufsetzen und langsam auf kleiner Flamme aufkochen.
4 30 Minuten köcheln lassen; falls nötig Wasser nachgiessen.
5 Abgiessen. Das Gemüse wegwerfen. Der Kombu kann für ein anderes Gericht wiederverwendet werden.
6 Das Salz hinzufügen.

Japanischer Algenfond

Dieser in Japan unter dem Namen Dashi bekannte Fond ist eine ideale Grundlage für klare Suppen und Nudelbouillon. Die Brühe duftet fein, und die Glutaminsäure, die in den Algen von Natur aus enthalten ist, rundet den Geschmack der anderen Zutaten vorteilhaft ab.

Wenn der Fond für ein mit Shoyu gewürztes Gericht verwendet wird, kann das Meersalz weggelassen werden. Ergibt 1½ Liter.

1 Stück Kombu, 10 cm lang
1½ Liter Wasser
1½ gestrichene TL Meersalz

1 Den Kombu mit einem feuchten Lappen abreiben.
2 Kombu in kaltes Wasser legen und 5 Minuten liegen lassen.
3 Zudecken und aufkochen.
4 5 Minuten köcheln lassen.
5 Abgiessen. Der Kombu kann für ein anderes Gericht wiederverwendet werden.
6 Das Salz hinzufügen.

Fond aus getrockneten japanischen Pilzen

Dieser schmackhafte Fond ist ideal für klare Suppen und Nudelgerichte und kann von Vegetariern anstelle eines Fischfonds verwendet werden.

Wenn der Fond in einem mit Shoyu gewürzten Gericht verwendet wird, kann das Meersalz weggelassen werden. Ergibt 1½ Liter.

3 getrocknete Shiitake-Pilze
1 Stück Kombu, 10 cm lang
1½ Liter Wasser
1½ gestrichene TL Meersalz

1 Den Kombu mit einem feuchten Lappen abreiben.
2 Pilze und Kombu ins kalte Wasser legen und 5 Minuten einweichen.
3 Die Pilze herausnehmen, den faserigen unteren Teil des Stiels entfernen und den Rest fein schneiden.
4 Die Pilze zurück ins Wasser legen, zudecken und langsam aufkochen.
5 5 Minuten köcheln lassen.
6 Den Fond nach Belieben abgiessen und die Pilze für ein anderes Gericht verwenden oder die Pilze darin lassen. Der Kombu kann für ein anderes Gericht wiederverwendet werden.
7 Das Salz beigeben.

Hausgemachter Fischfond

Ergibt 1½ Liter

Fischfond wird im Prinzip wie der Gemüsefond hergestellt, die 2 Tassen Gemüse werden jedoch durch 2 Tassen Reste von frischem Fisch, z.B. Kopf, Gräten, Haut usw., ersetzt.

Japanischer Bonito-Fond

Bonito ist ein thunfischähnlicher Fisch, der in Japan sehr beliebt ist. Er wird getrocknet und geräuchert, bis er steinhart ist, und dann zu Flocken geschabt.

Wenn der Fond für ein mit Shoyu gewürztes Gericht verwendet wird, kann das Meersalz weggelassen werden. Ergibt 1½ Liter.

1 Stück Kombu, 10 cm lang
5 gehäufte TL Bonitoflocken
1½ Liter Wasser
1½ gestrichene TL Meersalz

1 Den Kombu mit einem feuchten Lappen abreiben.
2 Alle Zutaten in einen Topf geben, zudecken und langsam auf kleinem Feuer aufkochen.
3 5 Minuten köcheln lassen.
4 Die Flüssigkeit durch ein Sieb abgiessen. Für eine klare Brühe den Fond durch ein feines Tuch passieren. Die Fischflocken wegwerfen. Der Kombu kann für ein anderes Gericht wiederverwendet werden.
5 Das Salz hinzufügen.

LEICHTE SUPPEN

Klare Suppe

Bei der klaren Suppe handelt es sich ganz einfach um einen gut gewürzten Gemüsefond. Sie ist ein ausgezeichneter Auftakt zu einer grösseren Mahlzeit, für die eine dickere Suppe zu schwer wäre. Sie kann aus allen fünf oben beschriebenen Fonds unter Zugabe von Meersalz oder Shoyu hergestellt werden. Das gewisse Etwas erhält die Suppe durch ein wenig Mirin, Zitronensaft, frisch geriebenen Ingwer oder Ingwersaft.

Sie kann pur serviert werden oder über eine kleine Menge einer der folgenden Zutaten gegossen werden:
– Österreichische Knödel (Seite 81)
– Gebratene Mochi-Küchlein (Seite 71, 216)
– Grillierte oder gebratene Polentaschnitten (Seite 90)
– Geröstete Brotcroûtons (Seite 57)
– Gekochte Teigwaren
– Gekochtes Gemüse, in kleine oder grössere Würfel oder dekorative Formen geschnitten

Garnitur: Gehackte Frühlingszwiebeln, Schnittlauch, Petersilie, geröstete Noristreifen oder eine Zitronenscheibe.

Frühlingsgemüsesuppe

Eine leichte, frühlingsfrische fettfreie Suppe

1 mittlere Karotte, in Würfel geschnitten
1 Bund grünes Blattgemüse (oder wildes Gemüse wie Brennesseln oder Löwenzahn), gehackt
1 Bund Frühlingszwiebeln, gehackt (die grünen Stengel für die Garnitur zur Seite legen)
1 Liter Gemüsefond
1 EL Shoyu
1 EL Mirin
ein paar frische Zitronenschnitze, das gehackte Grün der Frühlingszwiebeln als Garnitur

1 Den Fond aufkochen und das Gemüse beigeben.
2 Zudecken und 10–15 Minuten köcheln lassen, bis das Gemüse weich ist.
3 Vom Feuer nehmen, Shoyu und Mirin hinzufügen. Abschmecken und nach Bedarf nachwürzen.
4 Garnieren und servieren.

Wissen Sie Bescheid über Miso, Shoyu und Tamari?

Miso ist eine aromatische braune Paste aus Sojabohnen, reich an Eiweiss, Mineralien und wirksamen Enzymen; sie wird vor allem zum Würzen von Suppen und Gemüse verwendet. In Japan hat Miso eine lange Tradition und ist in vielen verschiedenen Arten erhältlich. Dem industriell hergestellten Miso werden Zucker und chemische Zusatzstoffe beigefügt. Kaufen Sie deshalb Miso im Reformhaus oder im Bioladen, denn dieses wird noch auf traditionelle Art und Weise hergestellt. Gutes Miso wird heute auch in verschiedenen Gebieten der USA und Europas hergestellt. Drei der bekanntesten Misotypen sind Gersten-Sojabohnen-Miso (Mugi) mit einem mittelstarken, abgerundeten Geschmack, das sich für den täglichen Gebrauch sehr gut eignet; reines Sojamiso (Hatcho), das dunkler und stärker ist; Reismiso (Genmai), das sich besonders für leichte Suppen, Gemüse und Saucen eignet und etwas süsser im Geschmack ist. Weisses Miso (Shiso) wird aus weissem Reis hergestellt und wird für einige unserer Salatsaucen und Dips verwendet, wo eine hellere Farbe erwünscht ist.

Die aktiven Enzyme im Miso, die durch eine uralte Fermentierungsmethode entstehen, sind für den ganzen Verdauungsapparat äusserst gesund. Sie wirken stärkend und blutreinigend und tragen dadurch zum besseren Funktionieren des Immunsystems bei. Es ist offensichtlich, dass diese Qualitäten in der heutigen Zeit mit all dem Stress und der Umweltverschmutzung sehr wertvoll sind.

Die im Miso enthaltenen Enzyme werden durchs Kochen zerstört. Deshalb sollten Sie vermeiden, dass das Miso zum Sieden kommt.

> Miso kann aber auch einfach als Alternative beim Würzen von Gemüse, Saucen und Getreide dienen. Die Misopaste kann vor Gebrauch in einem Mörser (Suribachi, siehe Seite 229) zerstossen oder in ein wenig Wasser aufgelöst werden. Miso ist salzig. Verwenden Sie daher für Kinder oder Personen mit einer salzarmen Diät entsprechend geringe Mengen davon.
>
> Shoyu ist eine natürlich fermentierte Sojasauce aus Sojabohnen, Weizen und Meersalz. Wir benutzen den Namen Shoyu als Bezeichnung für das natürliche Produkt im Unterschied zu den modernen Industrieprodukten mit Zucker und chemischen Zusätzen.
>
> Tamari, ein Nebenprodukt der Misoherstellung, ist dicker und stärker als Sojasauce. Wenn Sie in unseren Rezepten Tamari verwenden, geben Sie nur ein Drittel der für Shoyu angegebenen Menge bei.

Klassische Misosuppe

Die in Japan heissgeliebte klassische Misosuppe ist ziemlich salzig und enthält ganz wenig fein geschnittenes und weich gekochtes Gemüse und Algen. Die gebräuchlichsten Gemüsesorten sind Zwiebeln, Lauch und Daikon (japanischer oder weisser Rettich). Verwenden Sie keinen gesalzenen Fond, denn Miso ist bereits salzig. Die Suppe kann zu Beginn jeder Mahlzeit serviert werden, selbst zum Frühstück, dann gern zusammen mit frischem Tofu.

1 Blatt getrocknete Wakame (ca. 10 g)
1 Liter Wasser
1 mittlere Zwiebel, in dünne Halbmonde geschnitten
1 Stück frischer weisser Rettich, in dünne Halbmonde geschnitten
2 EL Miso
als Garnitur kleine Tofuwürfel, Frühlingszwiebeln, Petersilie oder geröstete Noristreifen

1 Die Wakame knapp bedeckt nur 5 Minuten in kaltem Wasser einweichen.
2 Das Wasser aufkochen.
3 Den dicken Stengel der Wakame entfernen (für Fond beiseite geben) und die Blätter fein hacken.
4 Sobald das Wasser kocht, die Zwiebelscheibe beifügen und 1 Minute im offenen Topf kochen lassen.
5 Die gehackte Wakame beifügen und eine weitere Minute offen kochen lassen.
6 Die Hitze reduzieren, zudecken und 10 Minuten köcheln lassen.
7 Das Miso in einigen Löffeln Kochwasser verrühren.
8 Das aufgelöste Miso in die heisse Suppe geben. Darauf achten, dass sie nicht mehr siedet.
9 Abschmecken und nach Bedarf würzen.
10 Garnieren und heiss servieren.

Misosuppe nach westlicher Art

Misosuppe ist mittlerweile auch im Westen beliebt geworden. Die westliche Version enthält mehr Gemüse und ist weniger salzig als die japanische.

2 mittlere Zwiebeln oder ein Lauchstengel, in Scheiben oder Würfel geschnitten
2 mittlere Karotten, in Scheiben oder Würfel geschnitten
2 Kohl- oder Federkohlblätter (Grünkohl), gehackt
1 EL Öl
1 Liter Wasser oder ungesalzener Fond
2 EL Miso
als Garnitur kleine Tofuwürfel, Frühlingszwiebeln, Petersilie oder geröstete Noristreifen

1 Das Öl auf mittlerem Feuer erhitzen.
2 Zwiebeln oder Lauch zuerst 2 Minuten darin dünsten, dann die Karotten beigeben und 3 weitere Minuten dünsten, bis sie weich zu werden beginnen.
3 Den Kohl und so viel Wasser beigeben, dass das Gemüse bedeckt ist.
4 Die Hitze reduzieren, zudecken und 15 Minuten köcheln lassen.
5 Den Liter Wasser beigeben und aufkochen.
6 Das Miso in einigen Löffeln Kochwasser verrühren.
7 Das aufgelöste Miso in die heisse Suppe geben und darauf achten, dass sie nicht mehr siedet. Auf kleinstem Feuer 2–3 Minuten köcheln lassen.
8 Abschmecken und nach Bedarf würzen.
9 Garnieren und heiss servieren.

Varianten

– Variieren Sie das Gemüse. Jedes feste Saisongemüse wie Sellerie, Kürbis, Bodenkohlrabi oder Kohlrüben, frische Erbsen oder Bohnen kann verwendet werden. Nehmen Sie für eine ausgewogene Suppe gleiche Mengen von Wurzel-, Blatt- und rundem Gemüse.
– Variieren Sie die Gemüsemenge, je nachdem, ob Sie die Suppe lieber flüssiger oder dicker haben wollen.
– Variieren Sie die Kochzeiten: kürzer bei heissem Wetter, länger bei kaltem. Verändern Sie entsprechend die Grösse der Stücke: für längere Kochzeiten grössere Stücke machen.
– Fettfreie Version: lassen Sie einfach Schritt 1 und 2 weg.

Gazpacho

Kalte Tomatensuppe aus Spanien

Eine erfrischende kalte Suppe aus Andalusien im sonnigen Süden Spaniens. Sie wird im Mixer hergestellt und nicht gekocht. Frische, schmackhafte Tomaten sind dafür absolut unabdingbar. Die Suppe wird eiskalt in Porzellanschalen angerichtet und traditionell mit einem Holzlöffel gegessen. Die verschiedenen Garnituren werden separat in Schälchen gereicht, so dass jede Person nach eigenem Gusto davon nehmen kann. Sie können aber auch alle Garnituren zusammen auf einer Platte anrichten. – Danke für das Rezept, Idioa.

1 mittlere Zwiebel, in feine Scheiben geschnitten
3 EL trockener Weissweinessig
½ Salatgurke, in dicke Scheiben geschnitten (wenn nötig schälen)
125 g Weissbrot ohne Rinde
1 kg Tomaten
2 Knoblauchzehen, geschält
4 EL Olivenöl
2 Tassen kaltes Wasser oder Fond
1 gestrichener TL Meersalz
Pfeffer aus der Mühle, nach Belieben
eine Handvoll Brotrinden
1 grüne Peperoni (Paprika)
einige Eiswürfel

1 Die Zwiebelscheiben in 1 EL Weissweinessig marinieren.
2 Die Gurkenscheiben grosszügig mit Salz bestreuen, um das Wasser und den bitteren Geschmack zu entziehen.
3 Das Brot ohne Rinde in Wasser einweichen.
4 Zwei Tomaten zur Seite legen. Den Rest ein paar Sekunden in siedendem Wasser blanchieren, Haut und Kerne entfernen und das Tomatenfleisch zerkleinern.
5 Den Knoblauch, die Tomaten, das ausgepresste Brot, Olivenöl, Wasser oder Fond, 2 EL Essig, 1 gestrichenen TL Meersalz und Pfeffer in den Mixer geben und 2 Minuten mixen. Die Suppe in den Kühlschrank stellen.
6 Die Garnituren vorbereiten und einzeln in Schälchen oder auf einer Platte anrichten:
– Die Zwiebelscheiben ausdrücken und den Essig weggiessen; in kleine Würfel schneiden;
– die Gurkenscheiben ausdrücken und das Wasser weggiessen; in kleine Würfel schneiden;
– die beiden zur Seite gelegten Tomaten in kleine Würfel schneiden;
– die grüne Peperoni in kleine Würfel schneiden;
– Brotrinde rösten und in Würfel schneiden.
7 Ein paar Eiswürfel in die kalte Suppe geben, garnieren und anrichten.

Suppe in der Tasse

Das schnellste Suppenrezept, das wir kennen. Siehe Seite 23. Für 1 Person.

Kräftige Suppen

Blitzschnelle Linsensuppe

Zusammen mit einem grossen Stück Brot ist diese Suppe eine volle Mahlzeit. Ideal, wenn Sie wenig Zeit haben oder wenn unerwartet Gäste kommen. Kochzeit insgesamt 20 Minuten.

1 Tasse Linsen (ganze oder halbierte)
1 grosse Karotte, in mundgerechte Stücke geschnitten
1 grosse Zwiebel, in mundgerechte Stücke geschnitten
1 Stengel Sellerie, in mundgerechte Stücke geschnitten
1 Liter Wasser oder Fond
1 Lorbeerblatt
½ gestrichener TL Curry
Meersalz nach Belieben
als Garnitur Petersilie oder Schnittlauch, gehackt

1 Linsen nach Steinchen absuchen und in einem Sieb waschen.
2 Das Gemüse in den Dampfkochtopf geben, die Linsen zuoberst.
3 Wasser und Gewürze beigeben.
4 Auf hohem Feuer auf maximalen Druck bringen.
5 Die Hitze reduzieren und 10 Minuten kochen lassen.
6 Druck ablassen, indem Sie den Dampfkochtopf unters kalte Wasser stellen.
7 Die Suppe abschmecken und nach Bedarf nachwürzen.
8 Garnieren und heiss servieren.

Hausfrauensuppe

«Man nehme eine fette Hausfrau und koche sie ...» Nein, Spass beiseite! Mit diesem praktischen Suppenrezept lassen sich Reste von mindestens zwei Tagen zu einem leckeren Gericht verwerten. Geeignete Gemüsesorten sind Zwiebeln, Karotten und Sellerie, aber alle andern gehen genauso gut.

2 Tassen Gemüsereste oder frisches Gemüse, fein geschnitten oder geraspelt
1 Tasse Vollkorngetreidereste und/oder Hülsenfrüchte
1 Liter Fond
Meersalz oder Shoyu
als Garnitur gehackte Petersilie oder Schnittlauch und Croûtons

1. Das Gemüse in einen Topf geben und darauf die Getreidereste und/oder Bohnen schichten.
2. Den Fond beigeben und auf kleinem Feuer aufkochen.
3. Deckel drauf und 30 Minuten köcheln lassen, bis alles weich ist.
4. Salz oder Shoyu nach Bedarf beigeben.
5. Nach Belieben die Suppe passieren.
6. Garnieren und heiss servieren.

Variante

Bis zu einem Viertel des Gemüses kann durch Sauerkraut ersetzt werden. In diesem Fall brauchen Sie weniger Salz.

Minestrone

Eine seit jeher beliebte Suppe aus Norditalien. Die Zutaten variieren je nach Saison und Region, aber die Suppe wird immer lange gekocht, ist dick (viel Gemüse) und enthält häufig Bohnen und entweder Reis oder Teigwaren. Zusammen mit Brot ist sie eine vollständige Mahlzeit. Die Mengenangaben sind dementsprechend. Sie ergeben 2 Liter Suppe. Reste sollen am nächsten Tag sogar noch besser sein.

2 EL Olivenöl
2 mittlere Zwiebeln, in Würfel geschnitten
1 kleiner Lauchstengel, fein geschnitten
2 Knoblauchzehen, fein geschnitten
2 mittlere Karotten, in Würfel geschnitten
1 Stengel Sellerie
3 mittlere Kartoffeln, in Würfel geschnitten
¼ mittlerer Federkohl (Grünkohl) oder 2 grosse Krautstiele, in Würfel geschnitten
2 Liter Wasser oder Fond
Meersalz, falls der Fond ungesalzen ist
3 Lorbeerblätter

1 Tasse gekochte Borlottibohnen (oder andere Hülsenfrüchte; siehe Grundrezept Bohnen, Seite 109)
100 g halbpolierter Reis oder Teigwaren oder ½ Tasse gekochter Vollreis
1 EL Tomatenpüree oder ½ Tasse frische oder Dosentomaten, zerkleinert
1 TL getrocknete oder frische Kräuter, insbesondere Salbei oder Basilikum
als Garnitur ein kleines Bund Petersilie, gehackt

1. Zwiebeln, Lauch und Knoblauchzehen sanft im Öl andünsten, bis sie weich und glasig sind.
2. Alles weitere Gemüse, Wasser oder Fond, Salz und die Lorbeerblätter beigeben.
3. 1 Stunde köcheln lassen, bis alle Gemüse weich sind.
4. Die gekochten Bohnen und den Reis oder die Teigwaren beifügen und weitere 30 Minuten kochen lassen.
5. Das Tomatenpüree und die Kräuter einrühren und noch 2–3 Minuten köcheln lassen. Abschmecken und nach Bedarf würzen.
6. Die Suppe mit Petersilie bestreuen und heiss mit Brot servieren. Reste halten sich 1–2 Tage im Kühlschrank.

Varianten

– Es gibt unendlich viele Möglichkeiten, das Gemüse zu variieren. Im Herbst können Sie Kürbis nehmen, im Sommer können kurz vor Ablauf der Kochzeit frische grüne Bohnen, Erbsen oder Zucchini beigegeben werden.
– Frische Borlottibohnen gibt es im Spätsommer. Enthülsen und die rohen Bohnen zusammen mit dem übrigen Gemüse in Schritt 2 beigeben.
– Für eine leichtere Sommerversion das Gemüse in kleinere Stücke schneiden und die Kochzeit reduzieren.
– Ohne Tomaten: Anstelle des Tomatenpürees können Sie 1 TL Umeboshi-Paste beigeben; Salz entsprechend reduzieren.
– Fettfrei: Öl in Schritt 1 weglassen.

Schottische Gerstensuppe

Ein traditioneller Winterwärmer. Das Original wird mit einem Fond aus Schafsknochen hergestellt. Wir nehmen statt dessen ein Stück Kombu und betrachten es als «Meeresknochen».

Diese Suppe ist eine vollständige Mahlzeit. Sie benötigt einige Zeit (2 Stunden), aber ein grosser Topf voll reicht für mehrere Tage!

½ Tasse Vollkorngerste (über Nacht in kaltem Wasser oder 1 Stunde in warmem Wasser einweichen)
2 EL getrocknete halbierte Erbsen oder Linsen
1½ Tassen Wasser
(über Nacht in kaltem Wasser oder 1 Stunde in warmem Wasser einweichen)
5 Tassen Wasser oder Fond
1 Stück Kombu, 10 cm lang

1 mittlerer Lauchstengel, fein geschnitten
*1 kleiner Bodenkohlrabi (Kohlrübe) oder weisse Rübe,
in Würfel geschnitten*
2 mittlere Karotten, in Würfel geschnitten
Meersalz und Shoyu
als Garnitur Petersilie oder Frühlingszwiebeln, gehackt

1. Am Abend vorher die Erbsen nach Steinchen absuchen. Erbsen und Gerste waschen und zusammen in 1½ Tassen Wasser einweichen.
2. Gerste, Erbsen, Einweichwasser und 5 Tassen Wasser oder Fond in einen grossen Topf geben. Merken Sie sich den Wasserstand. Wenn er während des Kochens sinkt, mit Wasser oder Fond aufgiessen.
3. Auf kleinem Feuer aufkochen und den Schaum abschöpfen. Den Kombu beigeben. Den Topf auf die Wärmestreuplatte stellen und alles 1½ Stunden köcheln lassen, bis die Gerste weich zu werden beginnt. (Nicht im Dampfkochtopf kochen! Gerste verstopft gerne das Sicherheitsventil des Topfs.)
4. Wenn die Gerste gar ist, das Gemüse beigeben.
5. Noch einmal ½ Stunde köcheln lassen, bis alles weich ist.
6. Den Flüssigkeitsstand überprüfen und nötigenfalls Wasser zugeben.
7. Kurz vor Ablauf der Kochzeit Salz beigeben. Die Zugabe von ein wenig Shoyu ist selbstverständlich keine schottische Tradition, aber es gibt der Suppe einen Geschmack nach Fleisch.
8. Garnieren und heiss servieren.

Varianten
- Die traditionellen schottischen Gemüsesorten Lauch und Kohlrübe können durch Zwiebeln und Karotten ersetzt werden. Viele europäischen Länder haben ihre eigene Gerstensuppe. Die schweizerische Version, die Bündner Gerstensuppe, bekommt ihren unverwechselbaren Charakter vom Maggikraut oder Liebstöckel.
- Die Algensorten Dulse und Wakame eignen sich gut als Zutaten zu dieser Suppe. Nehmen Sie etwa 10 g oder 1 EL voll. 5 Minuten einweichen, fein hacken und 5 Minuten vor Ablauf der Kochzeit beigeben.
- Kleine Stücke Seitan oder getrockneter Tofu können zusammen mit dem Gemüse beigegeben werden.

Französische Zwiebelsuppe mit Croûtons

Als der Pariser Gemüsegrossmarkt noch in den «Halles» mitten in der Stadt abgehalten wurde, servierten die Cafés der Umgebung an kalten Wintertagen eine dampfende Zwiebelsuppe. Auf das Original gehörte ein Stück Brot und geriebener Käse, der im Ofen braun überbacken wurde. Wir verwenden Croûtons als praktischere Version mit einem ähnlichen Effekt.

1 kg Zwiebeln, in feine Halbmonde geschnitten
4 EL Maiskeimöl
2 EL Mehl
1 Liter Wasser oder Fond
4 TL Shoyu (weniger, falls der Fond gesalzen ist)

Für die Croûtons:
4–6 Scheiben Vollkornbrot
2 EL Maiskeimöl

1. Die Zwiebelscheiben mit einer Prise Salz in einer grossen, schweren Pfanne im Öl dünsten, bis sie goldbraun sind.
2. Das Mehl beigeben und 5 Minuten ständig mit einem Holzlöffel rühren, bis das Mehl hellbraun geröstet ist.
3. Fond aufwärmen. Nach und nach unter ständigem Rühren, damit keine Knollen entstehen, beigeben.
4. Zudecken und auf kleinem Feuer (Wärmestreuplatte) 45 Minuten köcheln lassen, bis die Zwiebeln ganz weich sind.
5. In der Zwischenzeit das Brot in Würfel schneiden und im Öl braun und knusprig braten.
6. Shoyu zur Suppe geben.
7. Die Suppe sehr heiss in Schalen servieren; die heissen Croûtons darüberstreuen.

Variante
Anstelle der Croûtons gebratene Mochi (Seite 71, 216) verwenden.

Holländische Erbsensuppe

Wenn im Winter der kalte, feuchte Wind von der Nordsee her über das Land bläst, kocht manche holländische Familie diese dicke, reichhaltige Suppe, die für sich eine vollständige Mahlzeit ist und traditionell mit Roggenbrot serviert wird. Sie kann auch als Vorspeise zu einer leichten Mahlzeit gereicht werden. Bereiten Sie die doppelte Menge zu; die Suppe schmeckt am zweiten Tag noch besser. Die übliche Beilage ist gebratener Speck oder Wurst, aber unser Freund Ton aus Holland schlägt weitere Alternativen vor.

1 Tasse getrocknete halbierte grüne oder gelbe Erbsen
1 Stück Kombu, 5 cm lang
2 mittlere Zwiebeln, in feine Scheiben geschnitten
1 grosser Lauchstengel, in feine Scheiben geschnitten
1 Knollensellerie, in kleine Würfel geschnitten
1 EL Maiskeimöl
1 gestrichener EL Meersalz (weniger, falls der Fond gesalzen ist)
1 Liter Wasser oder Fond
3 Lorbeerblätter
3 mittlere Karotten, in kleine Würfel geschnitten
Pfeffer, nach Belieben

Einlagen:
Entweder 150 g geräucherter Tempeh oder Tofu oder:
4 getrocknete Fu-Scheiben (Weizengluten)
Maiskeimöl zum Fritieren
2 EL Shoyu
1 EL frischer Ingwersaft
1 EL getrocknete Bonitoflocken
½ gestrichener TL Muskatnuss, gemahlen

1 Die getrockneten Erbsen waschen und über Nacht in 2½ Tassen Wasser einweichen.
2 Die Erbsen im Einweichwasser aufkochen; den Schaum abschöpfen.
3 Die Hitze reduzieren, den Kombu sauber abreiben und beigeben. Zudecken und köcheln lassen, bis die Erbsen gar sind (ca. 1 Stunde). Wasser nachgiessen, falls die Erbsen nicht mehr bedeckt sind. Im Dampfkochtopf sind die Erbsen schneller gar. Seien Sie jedoch vorsichtig, denn die Erbsen verstopfen gern das Sicherheitsventil des Topfs. (Siehe «Wissen Sie Bescheid über das Kochen im Dampfkochtopf?», Seite 64.)
4 Zwiebeln, Lauch und Sellerie zusammen mit dem Meersalz rund 5 Minuten in 1 EL Maiskeimöl dünsten.
5 Das Gemüse zu den weich gekochten Erbsen geben und mit Wasser oder Fond auffüllen, bis alles knapp bedeckt ist. 3 Lorbeerblätter beigeben.
6 Die Hitze reduzieren und den Topf auf die Wärmestreuplatte einsetzen. Zudecken und 1 Stunde köcheln lassen. Aufpassen, dass nichts anbrennt.
7 Alles mit dem Handpassiergerät passieren oder im Mixer pürieren. Die Masse sollte dick sein.
8 Die Karotten separat kochen (in Wasser, über Dampf oder gedünstet). Zur pürierten Suppe geben.
9 Die Suppe unter gelegentlichem Rühren langsam aufkochen. Mit Salz und Pfeffer nach Bedarf abschmecken. Heiss mit Brot oder nach Belieben mit einer der Suppeneinlagen servieren.

Tons Suppeneinlagen
— Der geräucherte Tempeh oder Tofu wird in kleine Würfel oder dünne Scheiben geschnitten und gibt der Suppe einen Touch, der an die normalerweise dazugehörende Wurst erinnert. In die Suppe geben und weitere 10 Minuten köcheln lassen.
— Gebratene Fu-Scheiben können geschmacklich den würzigen Speck ersetzen. Die Fu-Scheiben in Wasser einweichen, gut ausdrücken und im Maiskeimöl fritieren. Jede Scheibe in 4 Stücke schneiden. Mit 1 Tasse Wasser und den übrigen Zutaten eine Bouillon machen. Die Fu-Scheiben in der Bouillon unzugedeckt köcheln lassen, bis alle Flüssigkeit absorbiert ist. Rühren, damit nichts anbrennt. Zur Suppe geben und weitere 10 Minuten köcheln lassen.

Borschtsch
Russische Randen- oder Rote-Bete-Suppe
Diese berühmte Suppe aus Russland und Polen variiert stark von Region zu Region.

1 Liter Gemüsefond (Seite 52)
2 mittlere Zwiebeln, in Würfel geschnitten
2 mittlere Karotten, in Würfel geschnitten
¼ Weisskohl, fein geschnitten
2 mittlere Randen (rote Beten), gekocht (Seite 139), geschält, in Würfel geschnitten oder geraspelt
1 EL Zitronensaft
Meersalz und/oder Shoyu
Tofu-Sauerrahm (Seite 165) als Garnitur

1 Zwiebeln, Karotten und Kohl in einen Topf geben und mit dem Fond bedecken.
2 Deckel drauf und 30–45 Minuten köcheln lassen, bis das Gemüse weich ist. Die genaue Zeit hängt von der Grösse der Stücke ab.
3 Die Randen und den Zitronensaft beigeben. Erhitzen, aber nicht mehr aufkochen, sonst verlieren die Randen ihre rote Farbe.
4 Abschmecken und mit Meersalz und/oder Shoyu nach Belieben würzen.
5 Mit einem Tupfer Tofu-Sauerrahm darauf heiss servieren.

Varianten

- Borschtsch-Cremesuppe: Gleiches Rezept, aber am Schluss die Suppe pürieren.
- Ukrainischer Borschtsch: Am Schluss zusammen mit den Randen 1 Tasse gekochte weisse Bohnen beigeben.
- Klarer Borschtsch mit Kwass: Die traditionelle Originalversion mit Polnischem Kwass (Seite 227). Folgen Sie dem Grundrezept, verwenden Sie aber rohe, in Würfel geschnittene Randen, die Sie zusammen mit dem übrigen Gemüse in Schritt 1 beigeben, und lassen Sie den Zitronensaft weg. Am Ende von Schritt 3 durch ein Sieb abgiessen und die gekochten Gemüsestücke entfernen. Die Flüssigkeit zurück in den Topf geben und 1 Tasse Kwass (oder nach Belieben auch mehr) und Shoyu beigeben. Erhitzen, aber nicht aufkochen, da sonst die Farbe und die Enzyme des Kwass zerstört werden.
- Weihnachtsborschtsch ist ein klarer Borschtsch mit Kwass wie in Variante 3, zusätzlich aber gewürzt mit Pfefferkörnern, Nelkenpfeffer und Lorbeerblättern und mit dem Wasser von eingeweichten, getrockneten Pilzen. Die Pilze werden für die Füllung von Pierogi oder Uszaka (Seite 86) verwendet, die mit der Suppe serviert werden.
- Klarer Borschtsch ohne Kwass: Zwei rohe Randen schälen und raspeln, mit der heissen Suppe übergiessen, dann abgiessen und den Saft von 2 Zitronen beigeben.
- Kalter Borschtsch: Alle Varianten können kalt oder kühl serviert werden.

Zur

Saure Roggensuppe aus Polen

Diese wie «dschur» ausgesprochene vegetarische Suppe kam traditionell während der Fastenzeit, wenn das Essen von Fleisch untersagt war, auf den Tisch. Zur ist ein Produkt aus fermentiertem Roggenmehl, das man auch unter dem Namen Weisser Borschtsch kennt und in Polen fixfertig kaufen kann. Die Anleitung für die Herstellung zu Hause finden Sie im Kapitel «Die kleine Küchenfabrik» auf Seite 219. Es ist deutlich sauer und hat ähnliche, das Verdauungssystem stärkende Eigenschaften (Enzyme) wie Miso (siehe Seite 53). Zur sollte wie Miso nicht gekocht werden. In Polen giesst man diese Suppe gern über gekochte Kartoffeln oder Kartoffelpüree und streut gebratene Zwiebeln darüber.

3 getrocknete Pilze, eingeweicht (siehe Seite 139)
1 mittlere Zwiebel, in Würfel geschnitten
1 kleiner Lauchstengel, in Würfel geschnitten
1 kleiner Knollensellerie, in Würfel geschnitten
2 mittlere Karotten, in Würfel geschnitten
1 EL Maiskeimöl
1 Liter Wasser oder hausgemachter Gemüsefond (Seite 52)
Meersalz, nach Belieben
½ bis 1 Tasse Zur (Seite 219)
2 Lorbeerblätter
1 Prise getrockneter oder ein Zweiglein frischer Majoran

1 Das frische Gemüse im Maiskeimöl leicht dünsten.
2 Die Pilze abgiessen und das Einweichwasser zurückbehalten. Die Pilze in Würfel schneiden und zum Gemüse geben.
3 Mit Wasser oder Fond und Einweichwasser aufgiessen. Salz nach Belieben und die Kräuter beigeben. 20–30 Minuten köcheln lassen, bis das Gemüse weich ist.
4 Die Hitze auf ein Minimum reduzieren und den Zur (ungesiebt) beigeben. Unter leichtem Rühren erhitzen und gut aufpassen, dass die Suppe nicht mehr kocht. Abschmecken und nach Belieben mehr Zur beigeben. Die Suppe sollte ziemlich dick und spürbar sauer sein.

Varianten

In Polen werden oft in Stücke geschnittene harte Eier oder Wurst hinzugefügt. Probieren Sie's aus, oder ersetzen Sie die Wurst durch gut gewürzten, gebratenen oder geräucherten Tempeh oder Tofu.

Slowenische Suppe mit Waldpilzen

Die Hügel und Wälder Sloweniens sind ein Paradies für Pilzsammler, vor allem im warmen und feuchten Herbst. Viele essbare Pilzsorten eignen sich für diese Suppe, am besten der Steinpilz mit seinem ausgeprägten Geschmack. Traditionell wird die Suppe mit «Zganci» serviert, einem dicken Brei aus Hirse und Buchweizenmehl.

1 mittlere Zwiebel, fein gehackt
2 Knoblauchzehen, fein gehackt
2 EL Sonnenblumenöl
1 Prise Meersalz
2 mittlere Karotten (wenn möglich eine gelbe), in dünne Rädchen geschnitten
2 grosse Waldpilze (oder mehrere kleinere), in feine Scheiben geschnitten
1 Liter Wasser
3 kleine Kartoffeln, geschält und geviertelt
1 Lorbeerblatt
1 Prise Majoran
2 EL Shoyu
1 TL Weizenmehl oder Kuzu
1 TL Reis- oder Weinessig
als Garnitur 1 kleines Bund Petersilie, gehackt

1 Zwiebel und Knoblauch mit einer Prise Meersalz im Öl 3 Minuten sanft dünsten, bis sie weich und glasig sind.
2 Die Karotten beigeben und weitere 3 Minuten dünsten.
3 Die Pilze beigeben und weiter dünsten, bis die Pilze zusammengefallen sind und Flüssigkeit ausgetreten ist.
4 Wasser oder Gemüsefond beigeben und aufkochen.
5 Die Kartoffeln beigeben.
6 Kräuter und Shoyu beigeben und 15 Minuten köcheln lassen, bis das Gemüse weich ist.
7 Mehl oder Kuzu mit sehr wenig Wasser zu einem Brei rühren. Der Suppe beigeben und rühren, damit keine

Knollen entstehen. Aufkochen und weitere 2 Minuten köcheln lassen.
8 Vom Feuer nehmen und den Essig beigeben. Abschmecken und nach Bedarf nachwürzen.
9 Garnieren und heiss servieren.

Fischsuppe mit Tofu und Mais

Karen Acuff aus Schweden hat dieses Rezept entwickelt; es eignet sich besonders für schwangere und stillende Frauen, weil es Gemüse- und Fischprotein kombiniert, was den Körper nährt und aufbaut. Die Suppe wird aber der ganzen Familie schmecken.

1 mittlerer Lauchstengel, fein geschnitten
1 mittlere Karotte, in Würfel geschnitten
1 Kürbisschnitz, in Würfel geschnitten
2 EL Maiskeimöl
3 Tassen Wasser oder Fond
1 Tasse Maiskörner
150 g Tofu, in Würfel geschnitten
150 g Weissfisch, in Würfel geschnitten
2 EL weisses Miso (oder Gerstenmiso, wenn weisses Miso nicht erhältlich ist)
1 Prise Thymian
als Garnitur ein kleines Bund Frühlingszwiebeln oder Schnittlauch, gehackt

1 Das Gemüse rund 5 Minuten im Öl sanft dünsten, bis es weich zu werden beginnt.
2 Fond oder Wasser beigeben, zudecken und 10 Minuten köcheln lassen.
3 Tofu, Fisch und Maiskörner beigeben, zudecken und weitere 5 Minuten köcheln lassen.
4 Das Miso verrühren, den Topf vom Feuer nehmen und das Miso beigeben. Weitere 2–3 Minuten erhitzen, ohne dass es kocht.
5 Garnieren und heiss servieren.

Variante

Fettfrei: In Schritt 1 das Gemüse mit ein wenig Wasser statt Öl dünsten.

Ostküsten-Chowder

Das Wort «chowder» stammt von «chaudière», dem französischen Wort für einen grossen Kochtopf. Das Rezept wurde von den bretonischen Seeleuten entwickelt, die sich im 18. Jahrhundert an der Ostküste Nordamerikas niederliessen. Es ist eine Art Suppeneintopf mit Fisch und Meeresfrüchten, kombiniert mit typisch nordamerikanischen Landprodukten wie Mais, Kartoffeln und Kürbis. Sie wird wie eine Béchamelsauce mit der typisch französischen «Roux», einer Mehlschwitze, eingedickt. Den Speck des Originalrezepts ersetzen wir durch geräucherten oder marinierten Tofu oder Tempeh. Kochen Sie die Suppe in einem grossen, schweren Topf mit Deckel.

Es ist sehr wichtig, den Fisch und die Meeresfrüchte nicht zu lange zu kochen, denn sie werden bei zu langer Kochzeit und zu grosser Hitze zäh. Wenn Sie nicht wissen, wann Ihre Esser da sind, bereiten Sie die Suppe bis Schritt 6 zu und geben Sie den Fisch erst bei, wenn die Gäste am Tisch sitzen.

3 EL Maiskeimöl
3 mittlere Zwiebeln, in Würfel geschnitten
1 gehäufter EL Mehl
1 gestrichener TL Curry
1 Liter hausgemachter Fischfond (Seite 52), warm
1 Prise Kräutermischung
1 Lorbeerblatt
1 kleiner Hokkaido-Kürbis, in Würfel geschnitten, oder 6 mittlere Kartoffeln, in Würfel geschnitten
Meersalz
1 Prise geriebene Muskatnuss
1 Prise Cayennepfeffer
750 g Weissfisch, z.B. Dorsch, Schellfisch oder Seezunge, in Würfel geschnitten
150 g Meeresfrüchte (ohne Schale gewogen), z.B. Venusmuscheln, Kammuscheln, Miesmuscheln, Herzmuscheln oder Garnelen
½ rote Peperoni (Paprika), Kerne entfernt, in kleine Würfel geschnitten
1 Tasse Maiskörner
1 kleines Stück (120 g) geräucherter oder marinierter Tofu oder Tempeh, in kleine Würfel geschnitten
als Garnitur 1 Bund frische Petersilie, gehackt

1 Das Öl erwärmen und die Zwiebeln darin hellbraun braten.
2 Mehl und Curry einrühren und 2–3 Minuten leicht kochen.

3 Nach und nach unter ständigem Rühren den warmen Fischfond beigeben.
4 Kräuter, Lorbeerblätter, Kürbis oder Kartoffeln beigeben.
5 Mit Salz nach Belieben, Muskatnuss und Cayennepfeffer würzen.
6 Sanft aufkochen, zudecken und köcheln lassen, bis der Kürbis fast gar ist.
7 Fisch, Peperoni (Paprika), Maiskörner und Tofu oder Tempeh beigeben und 5 Minuten köcheln lassen.
8 Die Meeresfrüchte beigeben. Aufkochen, zudecken und vom Feuer nehmen.
9 Abschmecken und nach Bedarf nachwürzen.
10 Garnieren und heiss servieren.

Bouillabaisse
Mediterrane Fischsuppe

Die Stadt Marseille ist berühmt für diesen Eintopf mit Fisch und Meeresfrüchten in einer Safranbrühe. Das Original macht nicht viel Federlesens: Köpfe und Schwänze gehören dazu, und man fischt sich bei Tisch die Gräten selber aus der Suppe. Wenn Sie sie etwas feiner haben wollen, filetieren Sie den Fisch, und machen Sie aus den Fischresten einen exzellenten Fond. Typische Mittelmeerfische sind: Meerbrasse, Zackenbarsch, Meerbarbe, Aal, Makrele, Dorsch, Schellfisch und Seezunge.

Wenn Sie genügend Suppe machen und reichlich Knoblauchbrot dazu reichen, haben Sie eine volle Mahlzeit. Wenn Sie wollen, können Sie die Suppe mit der berühmten Rouille-Sauce garnieren (ein Löffel pro Portion).

1½ kg Meerfisch, sowohl mit festem als auch mit weichem Fleisch
500 g Krabben oder Hummer
12 Muscheln (Miesmuscheln)
4 EL Olivenöl
1 grosse Karotte, in dünne Rädchen geschnitten
1 mittlere Zwiebel, in feine Scheiben geschnitten
1 kleiner Lauchstengel, in feine Scheiben geschnitten
1 Knoblauchzehe, gepresst
4 Tomaten, geschält und zerkleinert
1½ Liter hausgemachter Fischfond (Seite 52) oder Wasser
Pfeffer
1 Lorbeerblatt
1 kleines Bund Petersilie, gehackt
sofern erhältlich: ein kleines Bund frisches Fenchel- und Bohnenkraut, gehackt
2 Prisen getrockneter Safran oder Safranpulver
Meersalz nach Belieben
4–6 Scheiben Brot, 1 pro Portion
nach Belieben Rouille-Sauce (Seite 172)

1 Fisch und Meeresfrüchte waschen und in grosse Stücke schneiden. Die Muscheln gut schrubben und den Bart entfernen.
2 2 EL Öl in einem grossen, schweren Topf erhitzen. Karotte, Lauch und Zwiebel beigeben und goldbraun braten.
3 Knoblauch, Tomaten und Fischfond dazugeben.
4 Fisch und Meeresfrüchte (mit Ausnahme der Muscheln), Pfeffer, Lorbeerblatt, die Kräuter und den Safran hinzufügen.
5 Deckel drauf und aufkochen. Den Rest des Olivenöls beigeben und im offenen Topf 10 Minuten stark kochen.
6 Die Miesmuscheln beigeben und 10 Minuten mitkochen.
7 Abschmecken und nach Belieben nachwürzen.
8 Das Brot toasten und in jeden vorgewärmten Teller (wenn möglich Keramik) ein Stück legen. Die heisse Suppe über den Toast giessen und sofort servieren. Nach Belieben auf jede Portion einen Löffel Rouille geben.

Variante
Die Suppe kann abgesiebt und als klare Suppe serviert werden; der Fisch kommt dann auf eine vorgewärmte Platte und wird mit dem gerösteten Brot garniert.

VORSPEISEN

Vielleicht möchten Sie anstelle einer Suppe als ersten Gang einer Mahlzeit eine kleine Vorspeise reichen. Diese erfüllt denselben Zweck wie die Ouvertüre am Anfang einer Oper oder eines Balletts: Sie dient als Einstimmung und Vorbereitung auf die nachfolgenden raffinierteren Kreationen. Sehr hungrigen Gästen serviert man am besten eine kleine Portion einer eher yang-betonten, konzentrierten Speise – um ihnen zu zeigen, dass ihr Appetit gewiss befriedigt werden wird. Wenn das Hauptgericht selbst sehr reichhaltig ist, ziehen Sie als Vorspeise vielleicht eher etwas Kühles, Leichtes, Yin-Betontes vor, wie einen Salat, das Cool Bouquet (Seite 142) oder sauer eingelegtes Gemüse (Seite 224). In jedem Fall sollte die Vorspeise klein, schmackhaft und farbenfroh sein, um die Lust auf das weitere Essen zu wecken. Im Folgenden finden Sie eine Auswahl von Rezepten, die sich dafür besonders eignen. Halbieren Sie einfach die im Rezept angegebenen Mengen.

Leichte, erfrischende Vorspeisen

- Alle Salate (Seite 161–163)
- Crudités (Seite 140)
- Cool Bouquet (Seite 142)
- Gemüsespiesse (Seite 142)
- Gefüllte grüne Wickel (Seite 143)
- Grill Provençale (Seite 144)
- Alle Algengerichte (Seite 153–159)
- Alle sauer eingelegten Gemüse (Seite 224–227)

Knusprige Vorspeisen

- Geröstete Nüsse und Kerne (Seite 104)
- Sesam-Crackers (Seite 101)
- Tortilla-Chips (Seite 104)
- Algen-Chips (Seite 105)
- Pastinaken-Chips (Seite 105)

Pasten und Dips

Mit Toast, Crackers, Chips oder Crudités servieren.
- Linsenpastete (Seite 108)
- Hummus (Kichererbsenpaste, Seite 112)
- Tofu-Miso-«Käse» (Seite 116)
- Süsser Gemüseaufstrich (Seite 146)
- Maggies Pilzterrine (Seite 146)
- Alle Dips (Seite 168–169)

Kräftige Vorspeisen

Nur sehr kleine Portionen davon servieren.
- Pilzrisotto (Seite 67)
- Japanische Sushi (Seite 69)
- Alle Teigwarengerichte (Seite 81–86)
- Lasagne (Seite 84)
- Pierogi (polnische Ravioli, Seite 85)
- Pikant gefüllte französische Crêpes (Seite 86)
- Blini (russische Buchweizenpfannkuchen, Seite 75)
- Grillierte Polentaschnitten (Seite 90)
- Gebratene Polentaschnitten (Seite 90)
- Polenta-Pizza (Seite 90)
- Alle pikanten Backwaren (Seite 96–102)
- Cocktail-Kebabs (Seite 125)
- Gemüse im Ausbackteig (Seite 150)
- Tofu, Tempeh und Seitan ausgebacken (Seite 126)
- Falafel (Seite 113)

Fisch-Vorspeisen

- Skandinavischer eingelegter Fisch (Seite 133)
- Eingepökelter Hering aus Schottland (Seite 134)
- Ceviche (in Limonen- oder Zitronensaft eingelegter Fisch, Seite 134)
- Garnelen in Aspik (Seite 129)
- Pasteis de Bacallau (fritierte Kabeljau-Plätzchen aus Portugal, Seite 132)
- Ausgebackener Fisch (Seite 133)

GETREIDE

Wissen Sie Bescheid über Getreide?

Getreidekörner waren seit jeher das wichtigste energiespendende Lebensmittel der Menschheit. Man kann sagen, dass sich die Kultur der Menschheit, mit ein paar bemerkenswerten Ausnahmen aus geografischen und historischen Gründen, parallel zum Anbau von Getreide entwickelt hat. Neben Ballaststoffen, Öl, Vitaminen und Mineralien bildet der hohe Kohlehydratgehalt des Getreides den Hauptpfeiler einer gesunden, mit der Natur verbundenen Ernährung. In einigen traditionellen Gesellschaften, wo Vollkorngetreide das Hauptnahrungsmittel ist, konsumiert eine erwachsene Person durchschnittlich ungefähr ein halbes Kilo Getreide pro Tag. In der westlichen Ernährung des 20. Jahrhunderts ist der Anteil an Vollkorngetreide viel weniger hoch als in früheren Zeiten. Sie basiert viel stärker auf raffiniertem Getreide, Zucker und Fett als Energiespender – mit fatalen Konsequenzen für Gesundheit und Ökologie. Wir empfehlen eine Rückkehr zum Vollkorngetreide und zu Vollkornprodukten als Hauptnahrungsmittel.

Die Yin- und Yang-Wirkung von Getreide

In der Übersicht auf Seite 14 zur Wirkung von Nahrungsmitteln ist gut gekochtes Getreide als Yang-Energiespender beschrieben. Die verschiedenen Getreidesorten lassen sich weiter nach feineren Yin- und Yang-Nuancen unterscheiden. Am einfachsten ist es, sich zu vergegenwärtigen, in welchem Klima ein bestimmtes Getreide gedeiht und zur traditionellen Grundnahrung gehört. Der im nordöstlichen Europa und Kanada heimische Buchweizen gilt als das yang-betonteste Getreide; es verschafft Wärme, körperliche Vitalität und Muskelkraft. Hirse, Gerste und Hafer sind ebenfalls der Yang-Seite zuzuordnen und werden in kälteren Klimazonen oft zu kräftigenden Speisen verarbeitet. Der zwischen Yin und Yang stehende Weizen wird traditionell in gemässigten Zonen und in den wärmeren Gegenden Südeuropas und des Nahen Ostens angebaut. Reis, ursprünglich nur im Fernen Osten bekannt, doch heute auch in Südeuropa (Frankreich, Italien, Spanien) und in den USA (Louisiana, Kalifornien) heimisch, neigt stärker zu Yin und eignet sich dank seiner typischen Merkmale für alle gemässigten und heissen Gebiete. Der aus Zentral- und Südamerika stammende Mais hat am stärksten Yin-Charakter; er braucht, um zu gedeihen, viel Sonne und ist daher als Nahrung am besten für warme bis heisse Bedingungen geeignet. Raffinierte Getreideprodukte, wie polierte Körner, Mehl, Flocken und Schrot, sind immer stärker yin-betont als das gröbere volle Korn. Solche raffinierten Getreideprodukte können, massvoll verwendet, von Nutzen sein, wenn eine leichtere, yin-orientierte Wirkung nötig ist (siehe dazu die Rezepte für Teigwaren, Nudeln, Bulghur, Couscous, Pierogi und Crêpes Seite 81–88).

Auf Seite 17 ist ausführlich beschrieben, wie die Kochmethode die Yin- oder Yang-Wirkung beeinflusst. Eine stärkere Yin-Wirkung erhält man, indem man das volle Korn zusammen mit Gemüse kocht (wie bei der Hirse mit süssem Gemüse, Seite 72, oder Pilzrisotto, Seite 67) oder kalt als Salat serviert wie beim Reissalat (Seite 66). Eine andere Möglichkeit ist, es mit zusätzlichem Wasser sehr weich und cremig zu kochen, wie in den Rezepten für Frühstücksgetreide beschrieben. Einen stärkeren Yang-Effekt erzielt man durch das Kochen im Dampfkochtopf, Fritieren und Backen im Ofen, wie etwa beim Grundrezept Vollreis, den Gebratenen Hirseburgern oder dem Älplertopf.

Haltbarkeit und Aufbewahrung

Das Getreidekorn ist ein natürliches Fertigprodukt mit einem Minimum an Verpackung, langer Haltbarkeit und mit der Vitalität und dem Potential von lebendiger Nahrung. Vollkorngetreide wird am besten an einem kühlen, trockenen Ort, geschützt vor Ungeziefer und Nagern, aufbewahrt. Vor dem Kochen die Körner kurz in kaltem Wasser waschen, um allen Staub zu entfernen. Für bestmöglichen Geschmack und gute Verträglichkeit ist gründliches Kochen wichtig. Ein bisschen Meersalz hilft dabei. Vollkorngetreide braucht länger, bis es gar ist, als raffinierte Produkte und muss manchmal vorher eingeweicht werden. Lassen Sie sich vom Rotationssystem (Seite 25) inspirieren, wie Sie Reste verwenden können; damit sparen Sie viel Zeit.

Wann ist Getreide gar?

Ein Blick in den Topf genügt, und Sie wissen, ob das Getreide gar ist. Es ist von gleichmässiger Farbe und

Feuchtigkeit. Die Körner erscheinen weder schwer und vollgesogen noch völlig ausgetrocknet. Wenn das Getreide während des Kochens nicht umgerührt wird, bilden sich darin Hohlräume, und in der Oberfläche entstehen Vertiefungen. Bei näherer Betrachtung sieht man, dass die einzelnen Körner offen sind; unter der Schale kommt das weisse, weiche Innere zum Vorschein. Wenn Sie mit einem langen Essstäbchen oder einem Löffel die Körner wegschieben und auf den Grund des Topfs schauen, sehen Sie, dass kein Wasser mehr übrig ist; die ganze Flüssigkeit ist von den Körnern aufgesogen worden. Die untersten Körner haben die gleiche Farbe wie alle anderen oder sind allenfalls ein wenig bräunlich-golden, aber nicht angebrannt oder verkrustet.

Gekochtes Getreide aufbewahren

Am besten halten sich gekochte Getreidereste an einem kühlen, trockenen Ort in einer Schüssel, zugedeckt mit einer Matte aus Stroh oder Bambus oder einem Tuch, so dass sie atmen können. Wenn der Kühlschrank der einzige kühle Ort in Ihrem Haus ist, decken Sie die Schüssel mit einem Teller zu, damit das Getreide nicht austrocknet und der Geschmack erhalten bleibt.

Dämpfen ist eine sanfte Methode, um Getreidereste aufzuwärmen. Legen Sie sie in ein Dämpfsieb oder direkt auf einen Teller, den Sie dann über einem Topf mit kochendem Wasser aufwärmen. Bedecken Sie den Teller mit einem Deckel oder einem zweiten Teller.

Wissen Sie Bescheid über das Kochen im Dampfkochtopf?

Wir benutzen den Dampfkochtopf häufig für Getreide und Bohnen; sie werden darin garantiert durchgekocht, behalten aber gleichzeitig ihren Nährwert. Mit dem Dampfkochtopf erspart man sich ein Drittel oder die Hälfte der normalen Kochzeit. Für Gemüse benützen wir ihn weniger häufig, weil wir der Meinung sind, dass dafür andere Methoden sich leichter kontrollieren lassen und anpassungsfähiger sind. Sehr geeignet ist er jedoch zum Kochen von grossem Gemüse am Stück, und wenn das Gemüse für Pürees und cremige Suppen ganz weich sein soll.

Moderne Dampfkochtöpfe sind einfacher im Gebrauch als ältere Modelle. Der Deckel ist leicht zu schliessen und hat ein Sicherheitsventil. Die Druckanzeiger haben unterschiedliche Formen, sind aber allesamt einfacher abzulesen als in der Vergangenheit. Weil so viele Modelle im Handel sind, ist es wichtig, dass Sie die Anleitungen der Hersteller befolgen. Es gibt jedoch ein paar Grundprinzipien, die für alle Dampfkochtöpfe gelten: Halten Sie den Dampfkochtopf in einwandfreiem Zustand. Ersetzen Sie ausgeleierte Dichtungen und Ventile. Vermeiden Sie Beulen und Schäden am Topf und am Deckel, denn sie führen zu Lecks. Reinigen Sie alle Teile regelmässig und gründlich, insbesondere das Ventil. Benützen Sie eine kleine Bürste oder blasen Sie es durch, um sicherzustellen, dass es nicht verstopft ist. Kontrollieren Sie das Ventil, bevor Sie den Topf benützen.

Achten Sie beim Füllen darauf, dass er nicht mehr als zwei Drittel mit fester Nahrung oder nicht mehr als halbvoll mit Flüssigkeit gefüllt ist. Damit bleibt Raum für die Ausdehnung während des Kochens.

Bevor Sie den Deckel schliessen, schauen Sie nach, ob die nötige Menge Wasser drin ist. Sie brauchen nur wenig zu würzen, denn der Eigengeschmack der Speisen hält sich im Dampfkochtopf besser.

Stellen Sie den Topf über grosse Hitze, bis der höchste Druck erreicht ist. Reduzieren Sie dann die Hitze so, dass der Druck auf einem mittleren Niveau bleibt. Manchmal müssen Sie ein bisschen am Ventil rütteln, um zu prüfen, ob es verstopft ist, oder um zu sehen, wie hoch der Druck ist. Das Ventil sollte einen deutlichen Zischton von sich geben, wenn Sie daran herumhantieren. Wenn es ständig zischt, ist der Druck zu hoch; wenn es kaum einen Seufzer von sich gibt, ist der Druck zu tief.

Kochen Sie die Speisen so lange wie im Rezept angegeben und lassen Sie dann den Druck ab. Sie können entweder den Topf vom Feuer nehmen und den Druck langsam absinken lassen, oder Sie stellen den Dampfkochtopf unter den Wasserhahn und lassen kaltes Wasser darüberlaufen. Bei einigen Modellen können Sie auch am Ventil Druck ablassen. Achten Sie darauf, dass in diesem Fall das Ventil nicht auf Sie gerichtet ist, damit Sie sich nicht verbrühen.

Versuchen Sie nie, den Deckel zu öffnen, bevor der Druck ganz abgelassen ist. Wenden Sie keine Gewalt an. Wenn sich der Deckel nicht öffnen lässt, warten Sie ein paar Minuten, bis der Dampf draussen ist. Er geht dann problemlos auf.

Vollreis

Vollreis für Anfänger

Eine vollständige, einfache Mahlzeit mit Vollreis (Seite 20).

Grundrezept Vollreis aus dem Dampfkochtopf

Dies ist das Grundrezept für die Zubereitung von Reis und anderem Getreide im Dampfkochtopf. Das Rezept ergibt 6 Tassen gekochten Reis.

2 Tassen Vollreis
3 Tassen Wasser
2 Prisen Meersalz

1 Reis, Wasser und Salz in den Dampfkochtopf geben.
2 Auf hohem Feuer auf maximalen Druck bringen.
3 Die Hitze reduzieren, eine Wärmestreuplatte unter den Topf geben und den Reis 45–50 Minuten kochen.
4 Den Druck ablassen.
5 Den Reis in eine Schüssel geben, vorsichtig umrühren und die Körner lockern, so dass der Dampf entweichen kann.

Variante

Wenn Sie einen trockeneren Reis wollen, verwenden Sie nur 2½ Tassen Wasser.

Grundrezept Vollreis, konventionell gekocht

2 Tassen Vollreis
4 Tassen Wasser
2 Prisen Meersalz

1 Reis, Wasser und Salz in einen schweren Schmortopf oder einen Kochtopf aus Chromstahl geben.
2 Mit einem gut schliessenden Deckel zudecken und auf hohem Feuer aufkochen.
3 Die Hitze reduzieren und eine Wärmestreuplatte darunter setzen. 75 Minuten kochen. Dann sollte das ganze Wasser absorbiert sein. Heben Sie während des Kochens den Deckel nicht ab und rühren Sie den Reis nicht um.
4 Den Reis in eine Schüssel geben, vorsichtig umrühren und die Körner lockern, so dass der Dampf entweichen kann.

Varianten à gogo

Die Zahl der Varianten des Grundrezepts für Vollreis ist endlos. Im folgenden ein paar schnelle Abwandlungen für beide Kochmethoden.

Während des Kochens beifügen:
– 2 Lorbeerblätter
– 1 Prise Safran oder Kurkuma
– fein abgeriebene Schale einer Zitrone
– ½ Tasse Nüsse oder Kerne, geröstet oder roh

Unter den fertigen Reis mischen:
– 1 oder 2 EL gehackte Petersilie oder andere frische Kräuter
– ½ Tasse geröstete Nüsse oder Kerne
– ½ Tasse fein geraspelte Karotten oder weisser Rettich
– 1 EL Zitronensaft oder Reisessig
– ½ Tasse gehacktes sauer eingelegtes Gemüse oder Sauerkraut

Lassen Sie Ihre Phantasie walten, dann wird Ihr Reis niemals langweilig!

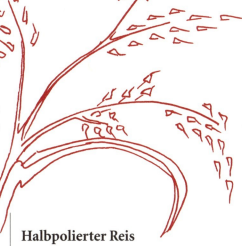

Halbpolierter Reis

Dieser Reis ist teilweise geschält. Er gleicht dem Reis aus der Zeit vor der Erfindung der Maschinen zum Schälen und Polieren, als die Körner noch von Hand geschält wurden. Er ist schneller gekocht als Vollreis; der Dampfkochtopf ist dafür nicht nötig. In gewissen Situationen kann er einen idealen Mittelweg zwischen den Alternativen weisser Reis und Vollreis darstellen.

2 Tassen halbpolierter Reis
4 Tassen Wasser
2 Prisen Meersalz

1 Reis, Wasser und Salz in einen Topf geben.
2 Mit einem gut schliessenden Deckel zudecken und auf hohem Feuer aufkochen.
3 Die Hitze reduzieren und den 25 Minuten kochen. Während des Kochens weder den Deckel abheben noch umrühren.
4 Den Reis in eine Schüssel geben, vorsichtig umrühren und die Körner lockern, so dass der Dampf entweichen kann.

Wildreis spezial

Wilder Reis ist langkörnig und dunkelbraun bis violett. Dieses Rezept ist sehr geeignet für festliche Einladungen und Weihnachtsessen.

1½ Tassen langkörniger Vollreis (Basmati ist gut)
2¼ Tassen leicht gesalzener Gemüsefond
1 kleines Bund ganze Salbeiblätter
½ Tasse Wildreis
3 Tassen Wasser
2 Prisen Meersalz

1. Den Vollreis waschen und zusammen mit dem Gemüsefond und den Salbeiblättern in den Dampfkochtopf geben. 45–50 Minuten kochen (wie im Grundrezept Vollreis Seite 65 beschrieben). Wenn Sie den Reis lieber normal kochen statt im Dampfkochtopf, nehmen Sie 3 Tassen Fond und folgen Sie der Anleitung für das Grundrezept für Vollreis, gekocht (Seite 65).
2. In der Zwischenzeit den wilden Reis mit Wasser und Salz in einem Topf mit Deckel rund 30 Minuten köcheln lassen, bis das Wasser absorbiert ist und die Körner weich, aber noch ganz sind.
3. Vom Dampfkochtopf den Druck ablassen und die Salbeiblätter entfernen.
4. Beide Reissorten in eine Schüssel geben, vorsichtig umrühren, ohne dass die Körner zerdrückt werden, und auflockern, damit der Dampf entweichen kann.

Zigeunerreis

Eine schnelle und schmackhafte Mahlzeit für Leute «on the move».

2 Zwiebeln oder 1 Lauchstengel, in feine Halbmonde geschnitten
2 Karotten, in feine Stäbchen geschnitten oder grob geraspelt
½ Peperoni (Paprika), fein geschnitten
4 Kohlblätter, in feine Streifen geschnitten
2 EL Pflanzenöl
4 Tassen gekochter Reisrest
Shoyu und Salz nach Belieben
als Garnitur geröstete Sonnenblumenkerne, gehackte Petersilie oder Frühlingszwiebeln, Senf

1. Das Öl in einer Bratpfanne auf mittlerer Flamme erhitzen. Das Gemüse in der genannten Reihenfolge beigeben, jedes 1 Minute dünsten, bevor das nächste hinzukommt. Mit jedem Gemüse eine kleine Prise Salz beigeben.
2. Die Hitze reduzieren und das Gemüse weitere 5 Minuten dünsten, bis es weich zu werden beginnt. (Wenn es anbrennt, geben Sie 1 EL kaltes Wasser dazu.)
3. Den Reis beigeben und weitere 2–3 Minuten dünsten, bis der Reis heiss ist. Shoyu darüberträufeln und die Hitze abschalten.
4. Garnieren und heiss servieren.

Varianten

- In Würfel geschnittenen Tofu oder Tempeh zusammen mit dem Reis beigeben; ergibt einen rauchigen Geschmack. Oder ein paar Tropfen Sesamöl beigeben.
- Variieren Sie das Gemüse. Praktisch jedes geht!
- Unterstreichen Sie den Zigeunercharakter, indem Sie wildes Gemüse und Pilze beigeben.
- Geben Sie etwas Scharfes dazu: 1 kleingeschnittene Chilischote (Jalapeño-Chili), gehackter Ingwer, Tabasco- oder Chilisauce.
- Erhöhen Sie den Eiweissgehalt, indem Sie Seitan oder Bohnenreste mitkochen.
- «Küstenzigeuner»-Reis: Fügen Sie Garnelen oder Fischstücke und grüne Erbsen bei; mit Zitronenschnitzen und gerösteten Noristreifen garnieren.

Reissalat

Eine schnelle Sommermahlzeit, praktisch zum Mitnehmen oder als zusätzlicher erfrischender Akzent auf einem Salatbuffet.

½ Salatgurke, geschält und in Würfel geschnitten
¼ gestrichener TL Meersalz
1 Tasse Erbsen
1 Tasse Maiskörner
2 Tassen gekochter Reisrest, kalt
2 EL Sauce Vinaigrette (Seite 164)

1. Die Gurkenwürfel mit Salz einreiben und 10 Minuten stehen lassen.
2. Erbsen und Mais in wenig Wasser weich kochen. Abkühlen lassen.
3. Die Gurkenstücke auspressen und das Salzwasser weggiessen.
4. Alles zusammen zum Reis geben.
5. In einer Salatschüssel servieren.

Varianten

- Buntes Buffet: Den Reis in eine Ringform pressen, stürzen und mit frischen Blumen, Kräutern, grünem Salat, Brunnenkresse, frischen Keimlingen oder Sonnenstrahlen aus fein geschnittenem Gemüse üppig garnieren.
- Gourmet-Reissalat: gekochte und geschälte Garnelen hinzugeben und die Sauce Vinaigrette durch die Zitronette (Seite 164, Variante) ersetzen.
- «Sunshine»: Safran oder Kurkuma kurz vor Ablauf der Kochzeit beigeben, macht den Reis schön gelb. Mit schwarzen Oliven und Radieschen garnieren.
- «Nussig»: 2 EL geröstete Kerne oder gehackte geröstete Nüsse beigeben.

Pilzrisotto

Die spezielle, cremige Konsistenz des italienischen Risottos entsteht, wenn man die Reissorte Arborio verwendet, und durch häufiges Rühren. Bei unserer Version muss der braune Reis im Dampfkochtopf gekocht werden. Brauner Arborio-Reis ist normalerweise nicht erhältlich; wir verwenden deshalb klein- oder mittelkörnigen Vollreis. Langkörniger Reis ist nicht geeignet.

Getrocknete Steinpilze geben dem Reis den exquisiten Geschmack. In Italien wird der Risotto für sich allein anstelle von Teigwaren serviert. Er muss direkt vom Herd auf den Tisch kommen; in Restaurants wird er deshalb nicht auf Vorrat zubereitet.

30 g getrocknete Steinpilze, eingeweicht (siehe getrocknete Pilze, Seite 139)
1 mittlere Zwiebel, in Würfel geschnitten
2 EL Olivenöl
2 Tassen klein- oder mittelkörniger Vollreis
ein kleines Glas trockener Weisswein (fakultativ)
3 Tassen gesalzener Gemüsefond
250 g frische Pilze, grob geschnitten
2 EL Olivenöl
1 grosse Knoblauchzehe, sehr fein gehackt
4 gehäufte EL Petersilie, fein gehackt
Meersalz und Pfeffer nach Belieben
1½ Liter gesalzener Gemüsefond

1 Die Zwiebel im Dampfkochtopf 3–4 Minuten im Olivenöl dünsten, bis sie knapp weich ist.
2 Den Reis beigeben und weitere 2–3 Minuten dünsten, bis das Öl aufgesogen ist. Vom Feuer nehmen und etwas abkühlen lassen.
3 Falls verwendet, den Wein beigeben.
4 Mit dem Fond aufgiessen. Im Dampfkochtopf 50 Minuten kochen. Den Topf dabei auf die Wärmestreuplatte stellen, damit der Reis nicht anbrennt. Anschliessend den Dampf ablassen.
5 In der Zwischenzeit die Pilze zubereiten. Die frischen Pilze und die eingeweichten Steinpilze klein schneiden. (Das Einweichwasser von den Steinpilzen beiseite stellen.)
6 Die frischen Pilze in 2 EL Olivenöl auf grossem Feuer 3–4 Minuten dünsten. Aufpassen, dass sie nicht zusammenfallen und den Saft verlieren. Die Steinpilze und die Hälfte des Knoblauchs beigeben. Die Hitze reduzieren, zudecken und 10 Minuten köcheln lassen. Salz und Pfeffer nach Belieben beigeben. Die Pilze beiseite stellen.
7 Den Gemüsefond zubereiten und das Einweichwasser der Steinpilze dazugeben. Erhitzen und heiss halten.
8 Sobald der Dampfkochtopf nicht mehr unter Druck ist, den Deckel öffnen und nachprüfen, ob der Reis nicht festgeklebt oder sogar angebrannt ist. Wenn dies der Fall ist, den Reis ohne den angebrannten Teil in einen anderen Topf geben.
9 Den heissen Fond schöpflöffelweise zum Reis geben und mit einem Holzlöffel auf mittlerer Flamme kräftig rühren, bis der Fond aufgesogen ist. Dann erst den nächsten Löffel beigeben. Der ganze Vorgang nimmt etwa 15–20 Minuten in Anspruch. Der Risotto ist fertig, wenn der Reis weich, aber immer noch körnig ist und sich zu einem cremigen Brei streichen lässt. 5 Minuten vor Ende der Garzeit Pilze, Petersilie und den restlichen Knoblauch beigeben.
10 Die Hitze abschalten, den Reis 5 Minuten zugedeckt ruhen lassen und sehr heiss servieren.

Spanische Meeresfrüchte-Paella

Dieses bei allen Spanienreisenden höchst beliebte Gericht ist ursprünglich eine Bauernmahlzeit aus der Gegend von Valencia. An der Küste wird die Paella mit Fisch zubereitet, im Inland mit Fleisch, normalerweise Huhn oder Kaninchen. Je nach Region, Saison und Familie ändern sich die Zutaten und die Zubereitungsart. Paella wird in einer weiten, flachen Spezialpfanne gekocht, Sie können aber auch eine grosse Bratpfanne verwenden. Zusammen mit reichlich grünem Salat ergibt dies eine vollständige Mahlzeit. Montse Bradford aus Barcelona hat das Rezept aus ihrer Heimat der gesunden Küche angepasst. Der Hauptunterschied liegt darin, dass der Vollreis vorgekocht und nicht, wie beim weissen Reis üblich, roh zu den übrigen Zutaten gegeben wird.

3 Tassen mittelkörniger Vollreis
7 Tassen Wasser
Meersalz
1 gestrichener TL Safranfäden (oder Kurkuma, das auch gelb färbt, aber deutlich anders schmeckt)
4 mittlere Zwiebeln, in kleine Würfel geschnitten
4 mittlere Karotten, in kleine Würfel geschnitten
4 kleine Tomaten, geschält und gehackt (siehe Seite 139)
2 Tassen frische Pilze, in dünne Scheiben geschnitten
2 kleine Tintenfische, gewaschen und in mundgerechte Stücke geschnitten
2 Tassen Muscheln
8 EL Olivenöl
4 EL Shoyu
1 grosse Knoblauchzehe, fein gehackt oder gepresst
8 grosse Garnelen, ungeschält, gewaschen
ein paar Tropfen Shoyu
als Garnitur ½ Tasse frische grüne Erbsen, weich gekocht
1 grosse rote Peperoni (Paprika), geschält, wie auf Seite 139 beschrieben, und in feine Streifen geschnitten
2 Zitronen, in Halbmonde geschnitten, dem Rand der Pfanne entlang legen
1 Bund Petersilie, gehackt

1 Den Reis mit Wasser, Salz und Safran im Dampfkochtopf 45 Minuten gar kochen (siehe Grundrezept Vollreis im Dampfkochtopf, Seite 65). Wenn der Dampf abgelassen ist, den Deckel abheben und den Topf mit einer Matte aus Stroh oder Bambus oder einem Tuch zudecken, um den

Reis warm zu halten und zugleich atmen zu lassen, bis er zur Paella gegeben wird.
2. In der Zwischenzeit alle übrigen Zutaten vorbereiten. Die Muscheln gründlich waschen und ½ Stunde in frischem Wasser einweichen; alle Muscheln wegwerfen, die sich nicht geöffnet haben.
3. Die Paellapfanne erhitzen, 6 EL Olivenöl beigeben, Zwiebeln, Tomaten und 2 Prisen Salz beigeben und alles 3–5 Minuten langsam dünsten. Karotten und Pilze dazugeben, zudecken und 15 Minuten auf mittlerer Flamme köcheln lassen. Den Tintenfisch beigeben, mit Shoyu würzen und weitere 5 Minuten dünsten.
4. In der Zwischenzeit die Muscheln in eine weite Pfanne geben, mit Wasser bedecken, zudecken und rund 10 Minuten kochen, bis sie ganz offen sind. Das Wasser abgiessen und etwa 2 Tassen davon beiseite stellen.
5. In einer weiteren Pfanne die restlichen 2 EL Olivenöl erwärmen, den Knoblauch goldgelb dünsten, die Garnelen dazugeben und auf beiden Seiten leicht dünsten. Mit ein paar Tropfen Shoyu würzen.
6. Die 2 Tassen Muschelwasser zum Gemüse und dem Tintenfisch in die Paellapfanne geben und aufkochen. Die Hitze aufs Minimum reduzieren und den gekochten Reis sorgfältig einrühren, so dass er nicht anbrennt.
7. Die Hitze abschalten. Den Reis in der Pfanne glatt streichen. Mit den Muscheln, den Erbsen, den Peperonistreifen, den Garnelen, den Zitronenscheiben und der Petersilie garnieren.
8. Vor dem Servieren die Pfanne den Gästen präsentieren, so dass sie die ganze Pracht bestaunen können.

Variante

Vegetarische Paella: Die Meeresfrüchte durch Seitan, Tempeh oder Tofu oder alles zusammen ersetzen. Bei Verwendung von frischem Tempeh und Tofu müssen beide vorher mariniert oder gebraten werden, damit sie Geschmack haben.

Reisbällchen
Für unterwegs und für Kinder

Mit kaltem, aber nicht im Kühlschrank gekühltem Reis zubereiten. Im Kühlschrank trocknen die Körner zu stark aus und die Bällchen kleben nicht schön zusammen.

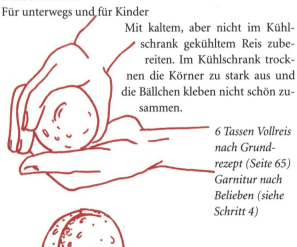

6 Tassen Vollreis nach Grundrezept (Seite 65)
Garnitur nach Belieben (siehe Schritt 4)

1. Eine Schale mit Wasser bereitstellen, um die Hände zu befeuchten, damit der Reis daran nicht kleben bleibt.
2. Mit angefeuchteten Händen eine Handvoll Reis etwa von der Grösse eines Tennisballs aufnehmen.
3. Den Reis mit den Händen kräftig drücken und nach belieben zu Kugeln, Frikadellen, Dreiecken, Würstchen usw. kneten.
4. Die Bällchen wenden in:
– gerösteten Sesamsamen oder Gomasio (Seite 230)
– gerösteten, gehackten Sonnenblumen- oder Kürbiskernen (Seite 104)
– gerösteten, gehackten Walnüssen, Mandeln oder Haselnüssen (Seite 104)
– frischen gehackten Kräutern wie Petersilie oder Schnittlauch
– Algenflocken (Ao Nori oder Tororo Kombu)
– Algenpulver (Seite 230)

Tun Sie dies, während die Reisbällchen noch feucht sind, damit die Garnitur gut haften bleibt.

Varianten

– Mini-Reisbällchen: Ideal für ein Buffet ohne Besteck und für Kinder. Die Bällchen einfach kleiner machen, etwa walnussgross. Für Kinder Fähnchen hineinstecken oder lustige Gesichter formen.
– Klebrige Reisbällchen: Den Vollreis nach Grundrezept aus ¼ Klebreis und ¾ Vollreis kochen. Damit wird der Reis klebriger und lässt sich einfacher zu Bällchen formen.

Samuraibällchen

Ein praktisch unzerstörbarer Typ Reisbällchen. Mit ihnen kann man tagelang unterwegs sein. Wir haben sie einmal einem Freund ins Militär geschickt. Er trug sie den ganzen Tag mit sich herum, und sie blieben intakt und essbar. Ein andermal vergassen wir sie an einem heissen Tag im geschlossenen Auto – sie waren immer noch gut!

Die Umeboshi-Pflaumen und Noriblätter tragen zur Haltbarkeit bei. Das Rezept ergibt 8 Bällchen.

4 Noriblätter
2 Umeboshi-Pflaumen
6 Tassen Vollreis nach Grundrezept (Seite 65), kalt, aber nicht im Kühlschrank gelagert. Im Kühlschrank trocknen die Körner zu stark aus, so dass die Bällchen nicht schön zusammenkleben.

1. Die Nori rösten (siehe Seite 157) und jedes Blatt mit einer Schere in 4 Quadrate schneiden.
2. Den Kern aus den Umeboshi-Pflaumen entfernen und die Früchte vierteln.
3. Eine Schale mit Wasser bereitstellen, um die Hände zu befeuchten, damit der Reis nicht kleben bleibt.
4. Eine Handvoll Reis etwa von der Grösse eines Tennisballs in die angefeuchteten Hände nehmen. Mit beiden Hän-

den den Reis gut zusammendrücken, so dass eine abgeflachte Kugel (wie ein Autoreifen) entsteht. Diese immer wieder in der Hand drehen und zusammendrücken, bis sie eine regelmässige, feste Form hat. Etwa 2 EL Reis übrig lassen, um die Löcher (Schritt 5) zu füllen.

5 In jedes Reisbällchen ein Loch machen und ein Pflaumenviertel ganz hineindrücken. Das Loch mit Reis verschliessen. Das Bällchen nochmals drehen und zusammendrücken, so dass es oben und unten abgeflacht ist.

6 Mit sauberen, trockenen Händen die Bällchen in Noriblätter wickeln. Nehmen Sie 2 Quadrate, und legen Sie je eines, mit der rauhen Seite nach innen, über Eck oben und unten auf das Bällchen. Wickeln Sie die Bällchen vollständig darin ein. Erneut drehen und in Form drücken.

7 Wenn sie lange halten sollen, müssen die Bälle «atmen» können. In einen Papiersack einpacken, in ein Baumwolltuch einwickeln oder in einen Korb legen. Geben Sie sie nicht in Plastiksäcke oder Schachteln, wenn sie mehr als einen halben Tag halten sollen.

Japanische Sushi

Die Sushibars, die auf der ganzen Welt von Singapur über Los Angeles bis Zürich wie Pilze aus dem Boden schiessen, servieren rohen Fisch in kleinen, dekorativen Portionen zusammen mit Reis, der mit Essig beträufelt ist, und scharfer, grüner Rettichpaste (Wasabi). Wenn Sie an der Bar sitzen, können Sie dem Sushikoch zuschauen, wie er mit unglaublicher Geschwindigkeit und Geschicklichkeit die Häppchen zubereitet.

Unsere Sushi bestehen aus Vollreis, der mit einer schmackhaften Füllung versehen und in Noriblätter eingewickelt wird. Die Japaner nennen diese Art Norimaki-Sushi. Sie sind ebenso vielseitig verwendbar wie ein Sandwich und passen genauso in einen Lunchsack wie auf eine elegante Tafel. Die Herstellung benötigt ein bisschen Übung.

Im Grundrezept wird eine Standardfüllung angegeben, die endlos variiert werden kann. Für Ideen siehe Hitparade der Sushi-Füllungen (Seite 70).

Kochutensilien:

– Sushirollmatte aus Bambus (Sudare genannt). Wenn Sie keine Sushimatte haben, können Sie auch ein sauberes, trockenes Geschirrtuch verwenden.
– Ein Spatel aus Bambus oder ein flacher Holzlöffel können bei Schritt 3 gute Dienste leisten.

4 Tassen Vollreis nach Grundrezept (Seite 65), kalt, aber nicht im Kühlschrank gelagert (Im Kühlschrank trocknen die Körner zu stark aus, so dass die Bällchen nicht schön zusammenkleben.)
4 Blätter geröstete Nori
1 TL Umeboshi-Paste oder 1 zerdrückte Umeboshi-Pflaume

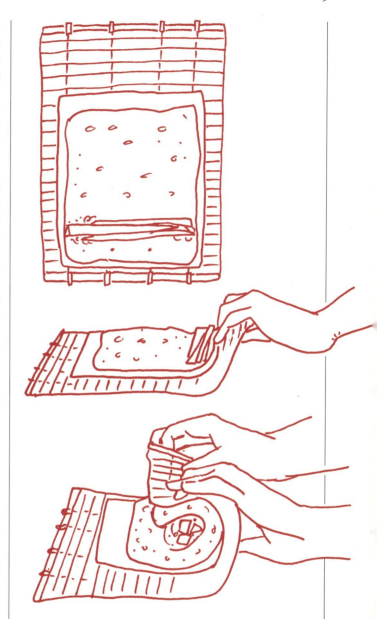

4 blanchierte Karottenstreifen, nicht länger als das Noriblatt breit ist
4 lange Frühlingszwiebelstengel oder ein Bund Schnittlauch
Würzbeilagen: Wasabipaste oder scharfer Senf, sauer eingelegter Ingwer und Japanische Shoyu-Dip-Sauce (siehe Seite 174).

1 Alle Zutaten, Kochutensilien und eine Schale Wasser bereitstellen.
2 Die Sushimatte so vor sich hinlegen, dass die Bambusbänder quer verlaufen. Ein Blatt Nori mit der glänzenden Seite nach unten quer auf die Matte legen.
3 Die Hände oder den Spatel leicht anfeuchten. 1 Tasse voll Reis nehmen und auf dem Noriblatt verteilen, oben und unten einen Rand von ca. 2 cm Breite frei lassen. Den Reis festpressen, so dass er eine Schicht von ½ cm Dicke bildet.

4 Jetzt die Füllung auf den Reis geben, und zwar auf einem ca. 1 cm breiten Streifen entlang dem Ihnen zugewandten Rand:
– zuerst eine dünne Schicht Umeboshi-Paste, rund ½ gestrichener TL,
– dann ein Streifen Karotten auf die Paste legen,
– zuletzt die Frühlingszwiebel- oder Schnittlauchstengel.

5 Jetzt mit Hilfe der Sushimatte das Noriblatt aufrollen, dabei die Matte nicht mit einwickeln. Am unteren, Ihnen zugewandten Rand beginnen und sorgfältig und regelmässig mit Druck rollen.

6 Einen Finger in Wasser tauchen und die letzten, freien 2 cm des Noriblattes befeuchten. Weiter aufrollen – das angefeuchtete Noriblatt verklebt schliesslich die ganze Rolle. Einen Moment in der aufgerollten Matte festhalten, damit die Klebestelle gut hält.

7 Die fertige Rolle beiseite legen und die Schritte 2 bis 6 für die anderen drei Rollen wiederholen.

8 Die Sushirollen quer in Scheiben schneiden. Man braucht zum Zerschneiden der Nori ein sehr scharfes Messer und ein feuchtes Tuch, um das Messer nach jedem Schnitt abzuwischen. Zuerst die beiden äusseren Enden abschneiden (und als Belohnung für die Arbeit in den Mund stecken). Jede Rolle in acht Scheiben schneiden. Sie können jede Rolle auch in 12 dünnere Scheiben schneiden, indem Sie sie zuerst halbieren, dann vierteln und jedes Viertel nochmals in 3 Scheiben schneiden. Die Sushischeiben so auf eine Platte legen, dass die Füllung sichtbar ist. (Vergleiche Varianten, Raffinierte Schnitte.)

9 Wenn die Sushi nicht sofort verzehrt werden, mit einem leicht feuchten Tuch abdecken, damit sie nicht austrocknen.

10 Attraktiv anrichten und mit den genannten Beilagen servieren.

Varianten
– Klebreis: Wenn Sie extra für Sushi Reis kochen, können Sie bis zu einem Viertel Klebreis nehmen und erhalten dadurch eine klebrigere Konsistenz.
– Saurer Reis: Die 4 Tassen gekochten Reis je nach gewählter Füllung mit 1 EL Reisessig, Zitronen- oder Orangensaft beträufeln.
– Raffinierte Schnitte: Zuerst die Enden abschneiden, dann die Rolle in vier gleich grosse Stücke schneiden. Diese diagonal zerschneiden und auf einer Platte schön anordnen.
– Ungeschnitten für unterwegs: Die Sushirolle ganz lassen, in die Sushimatte einrollen und mit einem Gummiband zusammenhalten. Wenn Sie diese Rolle im Zug verspeisen, denken Ihre Mitreisenden sicher, Sie ässen eine schwarze Wurst.
– Nudelsushi: Sushi können auch mit langen Nudeln statt Reis hergestellt werden. Verwenden Sie japanische Udon- oder Soba-Nudeln (Seite 76). Sie sind etwas glitschig bei der Verarbeitung, aber das Ergebnis schmeckt prima und sieht nach dem Schneiden hübsch aus.
– Grüne Wickel: Bei diesem Gericht aus grünem Gemüse ist die Rolltechnik die gleiche wie bei Sushi. Siehe Seite 69.
– Sushi im Ausbackteig: Wenn der unwahrscheinliche Fall eintritt, dass Sushireste übrig bleiben, können Sie diese am nächsten Tag ausbacken. Siehe Gemüse im Ausbackteig (Seite 150). Dazu Japanische Shoyu-Dip-Sauce mit geraspeltem Rettich (Seite 174, Varianten) reichen.

Hitparade der Sushifüllungen

Sie wurden nach dem Kriterium des köstlichsten Geschmacks und des farbenprächtigsten Aussehens nach dem Schneiden ausgewählt. Alle werden mit Noriblättern und Reis wie oben beschrieben hergestellt.
– «Deutsche Wurst»: ein Streifen geräucherter Tempeh oder Tofu, Senf und Sauerkraut.
– «Uramerikanisch»: Erdnussbutter mit etwas Malz vermischt, ein Streifen saure Dill-Gurken.
– «Russisches Roulette»: ein Streifen eingepökelter Hering, gekochte Rande (rote Bete), Meerrettichpaste.
– «Meeresmuscheln»: Sardinenfilet, Senf, ein Streifen rohe Gurke.
– «Lachs Deluxe»: geräucherter Lachs, Meerrettichpaste, ein Streifen rohe Gurke.
– «Knusperhappen»: Umeboshi-Paste, Frühlingszwiebeln oder Schnittlauch, geröstete Sonnenblumenkerne.
– «Regenbogen»: Umeboshi-Paste, ein blanchierter Karottenstreifen, ein hellgrünes, blanchiertes Gemüse, Senf.
– «Frühlingsrolle»: ein Streifen dünne Omelette, Frühlingszwiebel- oder Petersiliestengel, Shoyu-Dip.
– «Orientalisch»: in Sesamöl gedünstete und mit Shoyu gewürzte Karottenstreifen, blanchierte grüne Bohnen und Bohnensprossen. Den Reis mit frischem Orangensaft beträufeln, bevor Sie ihn auf die Nori legen.
– «Country & Western»: zerdrückte Tex-Mex Chili-Bohnen (Seite 111) und scharfe Sauce.

> **Wissen Sie Bescheid über Klebreis?**
>
> Klebreis ist eine orientalische Spezialität, die vor allem an Festen gereicht wird. Er ist völlig glutenfrei und wird beim Kochen süss und klebrig. Aus ihm lassen sich nahrhafte Gerichte für stillende Mütter und Rekonvaleszente zubereiten. Die rohen Körner haben einen Schimmer wie Perlen. Vollkorn-Klebreis (auch süsser Vollreis genannt) kann nach dem Rezept für Vollreis (Seite 20) oder für Gekochten Vollreis (Seite 65) zubereitet werden. Er kann auch einen Viertel der Reismenge im Grundrezept für Vollreis ersetzen. Dies empfiehlt sich vor allem dann, wenn Sie damit Reisbällchen oder Sushi machen, da er sehr gut klebt.

Mochi

Gestampfter Klebreis wird Mochi genannt. Um ihn selbst herzustellen, siehe im Kapitel «Die kleine Küchenfabrik» Seite 216. Im folgenden einige Vorschläge für die Verwendung von hausgemachtem oder gekauftem Mochi.

Verwendung von frischem Mochi

– In Misosuppe: In jeden Suppenteller einen gehäuften Esslöffel Mochi geben und die Suppe darübergiessen.
– Ohagi: Als Snack oder Teil einer Mahlzeit. Mit angefeuchteten Händen eine eigrosse Portion Mochi zu einem Ball kneten. Den Ball in gehackten und gerösteten Kernen, Nüssen oder Gomasio wenden. Weil sie sich etwas abflachen und auseinandergehen, möglichst weit auseinander auf eine Platte legen.
– Süsser Ohagi: Als Snack oder Dessert. Wie oben beschrieben Bälle formen und in gehackten und gerösteten Nüssen oder Samen oder geröstetem Sojabohnenmehl (Kinako) wenden. 1 TL Malzsirup und ein wenig abgeriebene Zitronenschale darauf geben.

Kochen mit Mochi

Alle diese Rezepte gelten für gekauften oder hausgemachten Mochi.
– Gedämpfter Mochi: Zum Aufwärmen von hausgemachten Mochi aus dem Kühlschrank oder zum Aufweichen von getrocknetem oder gekauftem Mochi: Mochi in einem Dämpfsieb 10 Minuten dämpfen, bis er weich und geschmolzen ist. Wie frischen Mochi servieren.
– Gebratener Mochi: Mochischeiben in wenig Öl in der Bratpfanne braten. Die Stücke blähen sich und gehen auf. Wenn sie zusammenkleben, einfach zerschneiden. In Suppe oder zusammen mit der typisch japanischen Garnitur von fein geraspeltem weissem (oder rotem) Rettich und Japanischer Shoyu-Dip-Sauce servieren.
– Gebackener Mochi: Den Ofen auf mittlerer Hitze (200°C) 20 Minuten vorheizen. Mochischeiben auf ein mit Backpapier belegtes Backblech legen. 10 Minuten backen, bis sie aufgehen und goldgelb werden. Servieren wie gebratene Mochi, in Suppe oder zusammen mit fein geraspeltem weissem (oder rotem) Rettich und Japanischer Shoyu-Dip-Sauce, oder aufschneiden und füllen.
– Mochi zum Gratinieren: Für im Ofen gebackene Gemüsegerichte kann Mochi anstelle von Käse zum Überbacken verwendet werden. Frischen Mochi als dünne Schicht auf das Gemüse verteilen. Mit Shoyu und ein wenig Öl beträufeln. Im Ofen bei mittlerer Hitze (200°C) 20 Minuten backen, bis der Mochi blubbert und goldgelb wird. Gekaufter Mochi kann an einer mittelfeinen Käseraffel gerieben und auf das Gemüse verteilt werden.

Ohagi-Festival

Wenn Sie sich an anspruchsvolles Handwerk machen möchten, versuchen Sie einmal folgende Leckerbissen, die in Japan zum Neujahrsfest gehören. Sie brauchen selbstgemachten Mochi und folgende Pasten, die alle von ziemlich trockener Konsistenz sein sollten:

– Süsse Adzukipaste. Adzukibohnen einweichen und kochen, bis sie weich, aber nicht wässerig sind. Eingeweichte Rosinen und/oder Malzsirup beigeben und ein paar Minuten unzugedeckt köcheln lassen. Zu einer trockenen Paste pürieren.
– Süsse Kürbispaste: Verwenden Sie zwei feste, süsse Hokkaido-Kürbisse. Kürbisse in Schnitze schneiden und zugedeckt im Ofen bei mittlerer Hitze backen, bis sie weich sind. Schälen und zerdrücken.
– Süsse Kastanienpaste: Wie für Freezin' Niesen (Seite 185)

1 Ein Küchentuch oder ein feines Käseleinen über eine Handfläche ausbreiten.
2 Mit der anderen Hand 1 TL Paste nehmen und mit einem Löffel von der Mitte aus zu einem Kreis von etwa 3 cm Durchmesser ausstreichen.
3 1 TL frischen Mochi in die Mitte des Kreises geben.
4 Das Tuch zusammenfassen, so dass Paste und Mochi zu einer Kugel geformt werden; das Tuch zusammendrehen, damit die Kugel fest und die restliche Flüssigkeit herausgepresst wird.
5 Das Tuch aufschlagen und die Kugel herausnehmen. Sie sollte Spuren von den Falten des Tuchs aufweisen. Kugeln auf einer Platte oder in einer Schachtel anrichten.

Hirse

Flaumige Hirse

Ein vollständiges Essen mit Hirse (Seite 21).

Grundrezept Hirse

Hirse gehört zu jenen Vollkorngetreidearten mit der kürzesten Kochzeit. Sie ist bekannt dafür, dass sie dem Körper Vitalität und Wärme gibt. Durch entsprechende Anpassung der Kochmethode kann man sie cremiger oder flaumiger zubereiten. Kochen Sie jeweils eine grössere Menge, und machen Sie sich ihre Vielseitigkeit zunutze. Die folgenden Hirserezepte basieren alle auf dem Grundrezept für Hirse. Das Rezept ergibt 4 Tassen gekochte Hirse.

Hirse hat einen leicht bitteren Geschmack, der aber verschwindet, wenn man sie in einem Sieb mit lauwarmem Wasser wäscht, bevor man sie kocht.

3 Tassen Wasser
2 Prisen Meersalz
1 Tasse Hirse

1 Das Wasser aufsetzen.
2 Salz und Hirse ins siedende Wasser geben.
3 Die Hitze reduzieren, zudecken und 20 Minuten köcheln lassen.
4 Vor dem Servieren 5 Minuten zugedeckt stehen lassen.

Varianten
– Flockig-locker: Nur etwa 2½ Tassen Wasser nehmen. Es ist wichtig, die Hirse erst ins Wasser zu geben, wenn dieses siedet. Zum Servieren die Hirse in eine Schüssel geben und dabei auflockern.
– Cremig: Etwa 3½ Tassen Wasser nehmen. Die Hirse ins kalte Wasser geben und zusammen aufkochen. Nach Belieben am Schluss mit einem Kartoffelstampfer zerdrücken.
– Geröstete Hirse: Wenn Sie einen nussigen Geschmack möchten, rösten Sie die Körner leicht, bis sie gerade beginnen, goldgelb zu werden. Vorher die Hirse gut waschen und trocknen. Nach dem Rösten abkühlen lassen und nach dem Grundrezept zubereiten.

Hirse mit süssem Gemüse

Jedes Gemüse, das gekocht süss schmeckt, kann zusammen mit Hirse gekocht werden. Besonders geeignet sind Zwiebeln, Hokkaido-Kürbis, Karotten, Blumenkohl, Pastinaken und Lauch. Diese Hirse kann in den folgenden Rezepten immer anstelle der gewöhnlichen Hirse verwendet werden. Das Rezept ergibt 5 Tassen gekochte Hirse.

3 Tassen Wasser
2 Prisen Meersalz
1 Tasse süsses Gemüse, klein geschnitten oder geraspelt
1 Tasse Hirse

1 Das Wasser aufsetzen.
2 Salz und Gemüse ins siedende Wasser geben und erneut aufkochen.
3 Die Hirse ins siedende Wasser geben.
4 Die Hitze reduzieren, zudecken und 20 Minuten köcheln lassen.
5 Vor dem Servieren 5 Minuten zugedeckt stehen lassen.

Hirsepüree

Hirsepüree statt Kartoffelpüree. Die gekochte Hirse mit einem Kartoffelstampfer oder dem Mixer zu einem Brei rühren.

Hirsepüree kann in den folgenden Rezepten immer anstelle der gewöhnlichen Hirse verwendet werden.

4 Tassen Hirse nach Grundrezept oder Hirse mit süssem Gemüse
½ Tasse Sojamilch (oder mehr, wenn Sie ein sehr cremiges Püree möchten)
1 EL leichtes Mandelmus
1 Prise Muskatnuss
Meersalz
Pfeffer, nach Belieben

1 Alle Zutaten zur gekochten Hirse geben und zerdrücken.
2 Abschmecken und die Konsistenz prüfen.

Gebackene Hirse

Leicht abgekühlt kann sie in Quadrate geschnitten werden. Ausgezeichnet mit Daddys Brauner Sauce (Seite 170) oder zu einem Eintopf.

4 Tassen Hirse nach Grundrezept, Hirse mit süssem Gemüse oder Hirsepüree
2 EL Maiskeimöl
1 EL Shoyu

1 Die gekochte Hirse in eine feuerfeste, gefettete Form geben. Die Oberfläche mit dem Öl bepinseln und mit Shoyu beträufeln.
2 Im Ofen bei mittlerer Hitze (200°C) 20–30 Minuten backen, bis die Oberfläche braun ist.

Hirse Duchesse

Eine raffinierte Variante für ein Festessen.

Kochutensilien:
Dressiersack mit Sterntülle, Backblech

4 Tassen warmes Hirsepüree, ziemlich fest
Öl zum Bepinseln

1 Die Hirse mit dem Dressiersack spiralförmig in kleinen Häufchen aufs Backblech spritzen.
2 Die Oberfläche mit etwas Öl bepinseln, ohne die Form zu zerstören.
3 Im Ofen bei mittlerer Hitze (200°C) 20 Minuten backen, bis sie gerade braun werden.

Hirsefrikadellen

Für unterwegs und für Kinder. Hirse nach Grundrezept oder Hirse mit süssem Gemüse verwenden. Die Frikadellen formen, wenn die Hirse noch ein wenig warm und geschmeidig ist; Hirsereste im Dampf aufwärmen.

1 Eine Schale mit Wasser bereitstellen, um die Hände zu befeuchten.
2 Hirse in der Grösse eines Tennisballs in die feuchten Hände nehmen.
3 Zusammendrücken, drehen, zusammendrücken und zu Bällen, Frikadellen, Dreiecken oder Kroketten formen. Sie können die Hirsemasse auch in Teetassen, grosse Ausstechformen, mit dem Eisportionierer und ähnlichem formen (die Formen vorher in kaltes Wasser tauchen).
4 Die Frikadellen mit gerösteten Sesamsamen, gehackter Petersilie oder Schnittlauch, Algenflocken oder Radieschen dekorieren oder in ein Noriblatt einwickeln. Die Dekoration klebt besser, wenn Sie die Frikadellen ganz frisch und noch etwas feucht sind.

Gebratene Hirseburger

Für eine schnelle Mahlzeit aus Resten oder für einen Lunch zum Mitnehmen.

2 Tassen Hirsereste nach Grundrezept (kalt)
1 mittlere Zwiebel, in kleine Würfel geschnitten
1 EL Öl
1 Prise Meersalz
1 gestrichener EL getrocknete Kräutermischung (Petersilie, Salbei, Thymian, Majoran) oder 1 EL frische Kräuter
1 EL Shoyu
eventuell ½ TL Paprika
Mehl zum Bestäuben
Öl zum Braten
als Garnitur Senf, Salat und sauer eingelegtes Gemüse

1 Die Zwiebel mit einer Prise Salz langsam im Öl dünsten, bis sie weich und glasig ist. Die Hitze abschalten, Kräuter und Paprika beigeben.
2 Dann mit der Hirse und Shoyu vermischen.
3 Zusammendrücken, drehen, zusammendrücken, bis Sie schöne, feste, leicht abgeflachte Burger haben (für Details siehe Hirsefrikadellen, links, Schritte 1–3).
4 Die Burger rundum mit Mehl bestäuben.
5 In einer Pfanne ½ cm hoch Öl heiss, aber nicht rauchheiss werden lassen.
6 Die Burger darin ausbraten. Sie sollten zischen, wenn man sie ins Öl gibt.
7 Auf beiden Seiten braun braten. Zum Wenden zwei Gabeln oder einen Holzlöffel verwenden.
8 Auf Küchenpapier oder einem Gitter abtropfen lassen.
9 Zusammen mit den Garnituren heiss servieren, oder zum Mitnehmen abkühlen lassen.

Fritierte Hirsekroketten

Für ein elegantes Festessen oder als herzhafte Zutat zu einer Suppenmahlzeit. Die Kroketten formen, wenn die Hirse noch ein wenig warm und geschmeidig ist; Hirsereste im Dampf aufwärmen.

2 Tassen Hirse nach Grundrezept, Hirse mit süssem Gemüse oder festes Hirsepüree
1 Tasse Paniermehl
Fritieröl
Japanische Shoyu-Dip-Sauce (Seite 174)

1 Die Hirse zu Kroketten formen, gut zusammenpressen (siehe Anleitung für Hirsefrikadellen, links, Schritte 1–3)
2 Die Kroketten im Paniermehl wenden, während sie noch feucht sind. (Schritte 1 und 2 können einige Stunden vor der Zubereitung des Essens erledigt werden.)
3 Zum Fritieren siehe Seite 151. Wichtig ist die richtige Temperatur des Öls: Wenn das Öl zu heiss ist, spritzt es zu sehr, und die Kroketten verbrennen; wenn es zu wenig heiss ist, fallen sie zusammen. Die Kroketten sollten Zimmertemperatur haben, wenn Sie sie ins Öl geben. Daher

die vorbereiteten Kroketten nicht in den Kühlschrank stellen; denn dadurch kühlt das Öl zu stark ab.
4 Die Kroketten im Ofen warm halten, bis alle fritiert sind.
5 Ein wenig Japanische Shoyu-Dip-Sauce darüberträufeln und sehr heiss servieren.

Schafhirtkuchen

Stellen Sie sich einen einsamen Schafhirten in seiner Hütte in den Bergen vor. Er braucht kräftiges und nahrhaftes Essen, aber er hat nur eine rudimentäre Einrichtung zum Kochen und will nicht zuviel Zeit am Herd verbringen. Könnte Ihnen doch auch so gehen, selbst in der Stadt. Das Originalrezept verlangt gehacktes Schaffleisch und Kartoffelpüree. Hier ist unsere fleischlose Variante.

Bis Schritt 6 kann es vorbereitet werden, so dass nur noch das Backen übrig bleibt. In England gehört normalerweise rotes sauer eingelegtes Gemüse dazu, entweder Randen (rote Bete) oder Rotkohl.

2 Zwiebeln, in kleine Würfel geschnitten
2 Karotten, in kleine Würfel geschnitten
2 EL Öl
Meersalz
2 Tassen Seitan, durch den Fleischwolf gedreht oder fein gehackt
Shoyu, nach Belieben
1 Prise Thymian
2 Tassen Hirsepüree (Seite 72)
2 EL Öl
1 EL Shoyu

1 Den Ofen auf mittlere Hitze (200 °C) vorheizen.
2 Zwiebeln und Karotten mit einer Prise Meersalz 5 Minuten sanft dünsten.
3 Den gehackten Seitan und den Thymian beigeben und weitere 5 Minuten dünsten. Abschmecken und nach Bedarf mit Shoyu nachwürzen; es sollte kräftig schmecken.
4 Seitan und Gemüse in eine feuerfeste Form geben.
5 Die Hirse mit mit zwei Gabeln darüber verteilen und festdrücken.
6 Die Oberfläche mit Öl bepinseln und Shoyu darüberträufeln.
7 20 bis 30 Minuten goldgelb backen.
8 Heiss servieren.

Variante

Rotation: Verwenden Sie Linsen- oder Bohneneintopf-Reste statt Seitan.

Hirsebraten zum Mitnehmen

Sehr praktisch für ein Lunchpaket; er lässt sich wie ein Sandwich mitnehmen.

2 Stangen Sellerie, in sehr kleine Würfel geschnitten
1 grüne oder rote Peperoni (Paprika) oder Karotte, in sehr kleine Würfel geschnitten
1 EL Olivenöl
1 Prise Meersalz
1 EL schwarze Oliven, entsteint, in sehr kleine Würfel geschnitten
3 Tassen Hirse nach Grundrezept, noch warm oder aufgewärmt

1 Sellerie und Peperoni zusammen mit einer Prise Meersalz im Olivenöl 10–20 Minuten sehr sanft dünsten. (Ein wenig Wasser verhindert Anbrennen.)
2 Mit den Oliven und der Hirse vermischen.
3 Eine Cakeform oder eine andere Form mit Olivenöl einfetten oder auch nur mit kaltem Wasser spülen. Die Mischung einfüllen und fest hineindrücken.
4 Kalt stellen und fest werden lassen.
5 Aus der Form nehmen und in Scheiben schneiden.

Varianten

– Gebratene Schnitten schmecken kalt oder heiss ausgezeichnet.
– Buffet: Verwenden Sie eine Ringform mit einem Loch in der Mitte. Aus der Form nehmen, die Mitte mit Brunnenkresse oder grünem Salat füllen und mit Radieschenröschen garnieren.

BUCHWEIZEN

Polnischer Buchweizen

Wenn Napoleon über Yin und Yang Bescheid gewusst hätte, hätte er wohl auf den Versuch verzichtet, Russland mit einer Armee von Weizenessern aus dem Süden zu erobern. Nach einem schrecklichen Feldzug in immer härter werdendem Winterwetter trafen die Soldaten aus dem Süden, die viel mildere Temperaturen gewöhnt waren, auf eine Armee von zähen, heissblütigen Buchweizenessern – der Rest ist Geschichte. Buchweizen ist das wichtigste Getreide in den kälteren osteuropäischen Ländern. Es ist das Getreide, das am weitesten auf der Yang-Seite steht: kräftigend, wärmend, stärkend – mit anderen Worten, perfekt, um für Ausdauer in kaltem Klima und unter extremen Bedingungen zu sorgen. Wenn Napoleon unser Buch gekannt hätte, hätte die Geschichte vielleicht eine andere Richtung genommen!

Eine nährende und schnelle Mahlzeit für kälteste Winterabende. Katrionas Onkel aus Polen erinnert sich, dass er als Kind diese «Kasza hreczana» oft zum Abendessen bekam. Mit Daddys Brauner Sauce (Seite 170) servieren.

Das Rezept ergibt eine einfache, vollständige Mahlzeit oder kann für ein spezielleres Essen durch das Gemüsebouquet (Seite 141) und sauer eingelegtes Gemüse ergänzt werden. Weil Buchweizen in Beschaffenheit und Nährwert getrockneten Bohnen sehr ähnlich ist, ist es nicht empfehlenswert, diese miteinander zu kombinieren. Tofu oder Fu hingegen sind gute Ergänzungen zu Buchweizen.

Das Rezept kann auch als Füllung für Polnische Kohlwickel (Seite 147) dienen.

1 mittlere Zwiebel, in feine Würfel geschnitten
1 EL Maiskeimöl
Meersalz
2 Tassen Buchweizengrütze (geröstet oder roh)
4 Tassen Wasser
5 getrocknete Pilze, eingeweicht (siehe getrocknete Pilze, Seite 139)
2 EL Shoyu
Kräuter (Thymian, Rosmarin oder Salbei), nach Belieben

1. Die Zwiebel mit einer Prise Salz sanft dünsten, bis sie weich und glasig ist.
2. Die Buchweizengrütze in einem Sieb spülen und zu den Zwiebeln geben. Zusammen weiterdünsten. Bei geröstetem Buchweizen (dunkelbraun, Geruch nach Toast) genügt 1 Minute. Bei rohem Buchweizen (helle Farbe, kein Toastgeruch) 5 Minuten dünsten, bis er beginnt, braun zu werden. Die Pfanne beiseite stellen.
3. Das Wasser (einschliesslich Einweichwasser der Pilze) aufkochen.
4. Die Pilze in kleine Würfel schneiden und ins Wasser geben.
5. Wenn das Wasser kocht, Buchweizen, Zwiebeln, Shoyu und allenfalls Kräuter beigeben.
6. Die Hitze reduzieren, Deckel drauf, 20 Minuten köcheln lassen. Vom Feuer nehmen und zugedeckt weitere 5 Minuten stehen lassen, bis die Flüssigkeit aufgesogen ist.
7. Mit Brauner Sauce übergiessen und heiss servieren.

Blini
Russische Buchweizenpfannkuchen

Diese kleinen Pfannkuchen aus einem Gärteig aus Buchweizenmehl werden in Russland mit Kaviar und Sauerrahm serviert. Geräucherter Fisch, Dorschrogen oder geräucherter Tofu oder Tempeh können als Alternative zu Kaviar serviert werden. Mit Hiziki-Kaviar (Seite 156) ergibt es eine prima vegetarische Version. Wenn Sie keine Milchprodukte verwenden möchten, nehmen Sie als Ersatz für den Sauerrahm Tofu-Sauerrahm (Seite 165). Beachten Sie, dass Buchweizenmehl frisch gemahlen sein muss, denn nach 2 Wochen wird es sehr bitter. Es kann ganz einfach selber gemahlen werden, indem Sie die Buchweizengrütze (geröstet oder roh) ein paar Sekunden in einer Kaffeemühle mahlen. Blini können als erster Gang, als leichter Lunch oder als einfaches Abendessen serviert werden. Das Rezept ergibt 12–16 kleine Pfannkuchen.

2/3 Tasse (100 g) Buchweizenmehl
2/3 Tasse (100 g) Haushaltmehl
1/2 gestrichener TL Meersalz
1 Tasse Wasser oder Sojamilch, gewärmt
1 TL Malzsirup
5 g frische Hefe
4 EL Bier
zusätzliches Mehl oder Wasser, je nach Konsistenz
Öl zum Braten
150 g geräucherter Fisch, Tofu oder Tempeh oder Hiziki-Kaviar (Seite 156)
1/2 Tasse Tofu-Sauerrahm (Seite 165)
4 EL gehacktes Frühlingszwiebelgrün oder Schnittlauch

1. Mehl und Salz in eine gewärmte Teigschüssel geben.
2. Den Malzsirup im warmen Wasser oder der Sojamilch auflösen. In 2 EL davon die Hefe verrühren.
3. Im Mehl eine Mulde formen und die warme Flüssigkeit und die Hefe hineingeben. Das Mehl in die Flüssigkeit rühren und schlagen, bis der Teig glatt ist. Das Bier beigeben und noch einmal kneten.
4. Die Schüssel mit einem feuchten Tuch bedecken und den Teig an einem warmen Ort 1 Stunde gehen lassen. Die Konsistenz des Teigs überprüfen. Er sollte dick sein wie geschlagener Rahm. Falls nötig Mehl oder Wasser beigeben.

5 Eine Bratpfanne erhitzen und so viel Öl beigeben, dass der Boden bedeckt ist. Aus je 1 EL Teig kleine Pfannkuchen backen; mehrere Pfannkuchen gleichzeitig braten. Der Teig sollte von selber zu runden, etwa ½ cm dicken Küchlein zerlaufen. Während des Bratens geht er auf und bildet Blasen und Löcher. Wenden und beidseitig goldbraun braten.

6 Aus der Pfanne nehmen und im Ofen warm halten, bis alle Blini gebacken sind. Auf vorgewärmten Tellern mit dem geräucherten Fisch, Tofu oder Tempeh servieren; je einen Löffel voll Sauerrahm mit dem gehackten Zwiebelgrün dazugeben.

Varianten
- Natürliche Gärung: Statt frischer Hefe einen Sauerteigstarter oder mehr Bier verwenden: 1 Tasse Bier statt einer Tasse Wasser. Beide Versionen in einem warmen Raum 6–8 Stunden aufgehen lassen.
- Üppigere Version: Zusätzlich ein Ei verwenden. Eiweiss und Eigelb trennen, und das Eigelb bei Schritt 2 in die warme Flüssigkeit geben. Das Eiweiss schaumig schlagen und nach Schritt 4 unter den Teig ziehen. In diesem Fall nur 200 statt 250 Milliliter Wasser oder Sojamilch beigeben.

Gebratene Soba
Japanische Buchweizennudeln

Eine beliebte Speise in den japanischen Nudel-Shops. Soba sind Buchweizennudeln, die entweder aus reinem Buchweizenmehl oder gemischt mit Weizenmehl hergestellt werden. Bei letzteren hält der Teig besser zusammen und sind daher einfacher zu verarbeiten. Da japanische Nudeln bereits Salz enthalten, benötigt man im Kochwasser nur ganz wenig Salz. Für weitere Tips zum Kochen von Teigwaren siehe Seite 81.

Bei uns sind gebratene Soba als die spätnächtlichen Lebensretter von Mario Binetti in die Geschichte eingegangen!

5 Liter Wasser
1 EL Meersalz
500 g Sobanudeln
2 Zwiebeln oder 1 Lauchstengel, fein geschnitten
2–3 Karotten, in Stäbchen geschnitten oder grob geraspelt nach belieben ½ rote Peperoni (Paprika), in feine Streifen geschnitten, oder ein paar Pilze, gescheibelt
5 Blätter Grün- oder Weisskohl oder Chinakohl, fein geschnitten
5 EL Pflanzenöl
Meersalz
2½ EL Shoyu
5 EL gehackte Frühlingszwiebel oder Schnittlauch als Garnitur
Japanische Shoyu-Dip-Sauce mit Ingwer (Seite 174, Varianten)

1 Das Wasser aufkochen und salzen.
2 In der Zwischenzeit das Gemüse wie angegeben vorbereiten.
3 Sobald das Wasser kocht, die Soba beigeben und im offenen Topf 7–10 Minuten weich kochen. Nicht verkochen, da die Nudeln sonst beim anschliessenden Braten brechen. Durch ein Löchersieb abgiessen und mit kaltem Wasser abschrecken. Abtropfen lassen.
3 Das Öl in einer grossen Bratpfanne auf mittlerem Feuer erhitzen. Das Gemüse in der angegebenen Reihenfolge beigeben, jeweils eine kleine Prise Meersalz beigeben und 1 Minute dünsten, bis das nächste in die Pfanne kommt. Die Hitze reduzieren und das Gemüse 5 Minuten weiter dünsten, bis es weich zu werden beginnt. (Wenn es anbrennt, einfach 1 EL kaltes Wasser dazugeben.)
4 Die gekochten Nudeln beigeben und zusammen mit dem Gemüse braten, bis alles heiss und gut vermischt ist.
5 Shoyu darüberträufeln und umrühren. Vom Feuer nehmen.
6 Garnieren und sehr heiss mit der Dip-Sauce servieren.

Varianten
- Eiweissbombe mit Ei: 2–4 Eier verklopfen und am Ende von Schritt 4 beigeben. Rühren, bis das Ei fest ist.
- Vegetarische Eiweissbombe: Verwenden Sie Tofu, Tempeh oder Seitan. In Würfel oder Scheiben schneiden und bei Schritt 3 nach allen Gemüsensorten beigeben.
- Pikant: Anstelle der Ingwer-Dip-Sauce den Ingwer oder Pfeffer in die Bratpfanne geben oder Senf oder Chili dazu servieren.
- Gemüse variieren: Sie können praktisch jede Form von festem Gemüse verwenden, zum Beispiel Sellerie, grüne Bohnen, weisser Rettich.
- Soba durch Udon-Weizennudeln ersetzen.

Pizzocheri
Italienische Buchweizenteigwaren

Die gebirgige Region des Veltlins (Norditalien) hat diese Spezialität, die aussieht wie dunkle Tagliatelle, hervorgebracht. Hier ist eine Version dieses traditionellen Rezepts ohne Milchprodukte. Für zusätzliche Tips zum Kochen von Teigwaren siehe Seite 81.

2 Tassen Béchamelsauce (Seite 169)
5 Liter Wasser
2 EL Meersalz
500 g Blumenkohl, Broccoli oder Mangold oder eine Mischung davon, in mundgerechte Stücke zerteilt
3 Kartoffeln, in mundgerechte Stücke geschnitten
500 g Pizzocheri

1 Die Béchamelsauce zubereiten und warm halten.
2 Das Wasser in einem grossen Topf aufkochen und salzen.
3 Sobald das Wasser kocht, das Gemüse beigeben. 5 Minuten kochen, dann die Pizzocheri beigeben. Gut umrühren

und unzugedeckt 12–15 Minuten kochen, bis die Nudeln weich sind. Die Teigwaren nicht verkochen, da sie sonst zerbrechen.
4 Das Wasser abgiessen.
5 Die Béchamelsauce darüber giessen und sofort servieren.

WEIZEN

Wissen Sie Bescheid über Dinkel?

Dinkel ist eine uralte Weizenart (Triticum spelta), welche die Grundnahrung der Kelten in der Eisenzeit darstellte. Er ist von hohem Wuchs, kräftig und biegsam und von Natur aus gegen Krankheiten und Schädlinge resistent. Sein hoher Glutengehalt ergibt ein Mehl, das für Brot und Seitan geeignet ist; er hat zudem einen ausgezeichneten Nussgeschmack. Menschen mit einer Allergie gegen moderne Weizensorten können unter Umständen Dinkel vertragen. Bis ins 20. Jahrhundert wurde Dinkel in Europa weitherum angebaut, doch dann gab man mit der Mechanisierung der Landwirtschaft den Anbau unter dem Vorwand auf, die Sorte sei schwer zu dreschen. Mittlerweile wurde das technische Problem gelöst, und sowohl in der Landwirtschaft wie in der Küche stösst der Dinkel wieder auf Interesse.

Er ist in den verschiedenen Ländern und verschiedenen Namen bekannt: in Frankreich als «épautre», in Italien als «farro», in Holland und Belgien als «spelt» und in England als «spelt» oder «bearded wheat».

Das Getreide, das man in Deutschland unter dem Namen Grünkern kennt, stammt von derselben Pflanze, wird aber grün, das heisst unreif geerntet und in einem Ofen geröstet, was ihm einen unverkennbar rauchigen Geschmack verleiht.

Die Rezepte für Dinkel können auch mit Vollkornweizen (Triticum aestivum) gekocht werden. In einem schweren Topf gekocht werden die Gerichte am besten.

Dinkel kann als eigene Mahlzeit oder als Basis für eines der folgenden Rezepte serviert werden.

Grundrezept Dinkel

2 Tassen Dinkel
4 Tassen Wasser
2 Prisen Meersalz

1 Den Dinkel 6–8 Stunden in der abgemessenen Menge Wasser einweichen.
2 Aufkochen und allfälligen Schaum abschöpfen.
3 Das Salz beigeben, zudecken und auf kleinem Feuer 1 Stunde köcheln lassen.
4 Vom Feuer nehmen und 15 Minuten zugedeckt stehen lassen, bis alles Wasser aufgesogen ist.

Variante

Die gleichen Zutaten im Dampfkochtopf 45 Minuten kochen.

Toskanischer Dinkeleintopf

Ein sehr altes Rezept aus der Toskana. Mit Salat und Oliven servieren.

Dinkel nach Grundrezept, frisch gekocht oder im Dampf aufgewärmt
2 Zwiebeln, in Würfel geschnitten
1 Karotte, in Würfel geschnitten
1 Stangensellerie, in Würfel geschnitten
2 EL Olivenöl
ca. 200 g Pilze, in Würfel geschnitten
4 Knoblauchzehen, gepresst
1 TL frischer Rosmarin, gehackt
1 EL frische Petersilie, gehackt
1 EL Tomatenpüree
1 Tasse Wasser oder Gemüsefond
Meersalz und Pfeffer nach Belieben

1 Zwiebeln, Karotte und Sellerie mit einer Prise Salz im Olivenöl 10 Minuten sanft dünsten.
2 Pilze, Knoblauch, Kräuter und Tomatenpüree beigeben und weitere 5 Minuten dünsten.
3 Wasser oder Fond zusammen mit dem gedünsteten Gemüse zum warmen Dinkel geben. Mit Meersalz und Pfeffer abschmecken.
4 Zudecken und 15 Minuten köcheln lassen.
5 Die Hitze abschalten und zugedeckt 15 Minuten stehen lassen, bis alles Wasser absorbiert ist.

Variante

Den toskanischen Dinkeleintopf zum Füllen von Gemüse verwenden (siehe Gefüllte Zucchini und Zwiebeln, Seite 149). Dafür sollte das Gemüse besonders fein geschnitten sein.

Italienischer Dinkelsalat

Schmackhaft, erfrischend und nahrhaft – eine ideale Getreidespeise für wärmeres Wetter.

Dinkel nach Grundrezept, abgekühlt
2 Zwiebeln, in kleine Würfel geschnitten
1 Karotte, in dünne Stäbchen geschnitten oder grob geraspelt
2 EL Olivenöl
1 TL Fenchelsamen
1 Fenchelknolle, in kleine Würfel geschnitten
1 Bund Radieschen, in kleine Würfel geschnitten
1 EL Weinessig
Meersalz und Pfeffer nach Belieben

1 Zwiebeln und Karotte mit einer Prise Meersalz und den Fenchelsamen im Olivenöl 10 Minuten dünsten. Abkühlen lassen.
2 Zusammen mit dem rohen Gemüse und den Gewürzen zum Dinkel geben und vermischen.

Wissen Sie Bescheid über Bulghur?

Traditioneller Bulghurweizen oder Burghul sind vorgekochte, an der Sonne getrocknete, geriebene (zum Entfernen der Kleie) und in einer Steinmühle aufgebrochene Vollkorn-Weizenkörner. Dadurch entstehen harte, brüchige Körner, die leicht zu transportieren, schnell gekocht und widerstandsfähig gegen Insekten sind, was sie ideal für nomadisierende Völker macht. Bulghur ist ein wichtiges Getreide für eine Reihe von Mittelmeervölkern wie Armenier, Syrer, Libanesen, Türken und Kurden. Man kennt es in Griechenland und Zypern in Ziegenmilchjoghurt eingelegt und getrocknet unter dem Namen «Pourghuri». Heutzutage wird Bulghur industriell hergestellt. Er ist in verschiedenen Grössen erhältlich. Verwenden Sie den feinkörnigen für Tabuleh und den gröberen für Pilaf.

Tabuleh

Libanesischer Bulghursalat

Tabuleh ist ein Salat mit ausschliesslich rohen Zutaten, der attraktiv aussieht und nach frischen Kräutern riecht. Er ist ideal für heisses Wetter und ist bis zu zwei Tage haltbar, wenn er zugedeckt an einem kühlen Ort aufbewahrt wird. Wenn feinkörniger Bulghur nicht erhältlich ist, mahlen Sie den groben wenige Sekunden in einer elektrischen Kaffeemühle, oder nehmen Sie Couscous. Wenn möglich sollte die Petersilie von der südlichen Sorte mit den glatten Blättern sein, denn sie ist würziger als die nördliche, gekrauste Sorte. Wenn möglich sollten auch die Zwiebeln von der roten, süsseren Sorte sein.

Serviert wird es bergartig auf eine Platte gehäuft, rund herum mit Lattichblättern garniert und dazu Pittabrot (Seite 221). Sowohl das Brot als auch die Salatblätter werden dazu verwendet, um den Tabuleh zu schöpfen.

2 Tassen (400 g) feinkörniger Bulghur
4 Tassen Wasser zum Einweichen
1 grosse Gurke, in kleine Würfel geschnitten (schälen, wenn die Haut hart ist)
1 gestrichener TL Meersalz
6 grosse Tomaten, geschält (siehe Seite 139), entkernt und in Würfel geschnitten (insgesamt 3 Tassen)
1 kleine rote Zwiebel, in sehr feine Würfel geschnitten (2 EL)
1 grosses Bund glattblättrige Petersilie, sehr fein gehackt (4 gehäufte EL)
1 kleines Bund frische Minze, sehr fein gehackt (2 EL)
1½ gestrichene TL Meersalz
6 EL Olivenöl
6 EL frischer Zitronensaft von 1–2 Zitronen
nach Belieben Pfeffer
als Garnitur knackige Kopfsalatblätter und Pittabrot

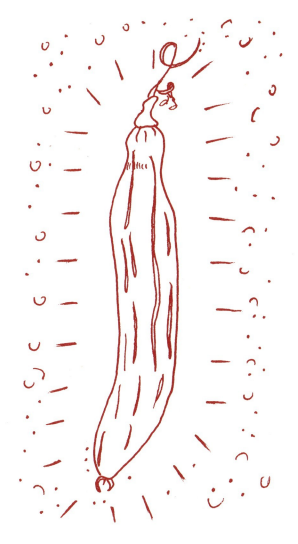

1. Bulghur in einem Sieb waschen, bis das Wasser klar ist. Abtropfen lassen. In eine Schüssel geben und in 4 Tassen Wasser rund 45 Minuten einweichen.
2. In der Zwischenzeit das Gemüse vorbereiten. Die Gurkenwürfel mit 1 gestrichenen TL Salz bestreuen.
3. Ein Löchersieb mit einem Küchentuch auslegen. Den Bulghur durch das Tuch abgiessen, die Ecken des Tuchs zusammennehmen und so viel Flüssigkeit wie möglich herauspressen. Den Bulghur in eine Schüssel geben.
4. Die Gurkenstücke auspressen, das salzige Wasser weggiessen und die Gurkenwürfel zum Bulghur geben. Das Wasser von den Tomatenwürfeln abgiessen und diese zum Bulghur geben. Alle anderen Zutaten beigeben. Gut mischen und abschmecken.
5. Kühl servieren.

Bulghur-Pilaf

Pilaf wird traditionellerweise auf einer grossen Platte serviert. Darüber wird frischer Joghurt gegossen. Wenn Sie eine Alternative zum Milchprodukt wollen, verwenden Sie Soja-Joghurt oder Tofu-Sauerrahm (Seite 165) oder Tahini-Knoblauch-Sauce (Seite 166). Pilaf passt zu jeder Eiweiss- oder Gemüsespeise und wird üblicherweise mit Salat und sauer eingelegtem Gemüse serviert.

2 Tassen (400 g) grobkörniger Bulghur
4 EL Öl (Oliven-, Sesam- oder Sonnenblumenöl)
1 grosse Zwiebel, in kleine Würfel geschnitten
3 mittlere Karotten, in dünne Rädchen geschnitten
¼ eines Weisskohlkopfs, fein geschnitten
¼ Tasse blanchierte ganze Mandeln
1 Liter Fond oder Salzwasser, heiss
als Garnitur gehackte Petersilie

1. Den Bulghur in einem Sieb waschen, bis das Wasser klar ist. Gut abtropfen lassen.
2. Das Öl in einem Topf erhitzen und die Zwiebel darin weich dünsten. Karotten und Kohl beigeben und weitere 3 Minuten dünsten. Bulghur und Mandeln beifügen und nochmals 2–3 Minuten unter stetigem Rühren dünsten.
3. Den heissen Fond oder das Wasser beigeben, aufkochen, zudecken und die Hitze reduzieren. 20 Minuten köcheln lassen. Vom Feuer nehmen und zugedeckt 10 Minuten stehen lassen.
4. Mit einer Gabel auflockern und auf einer grossen Platte, mit Petersilie bestreut, heiss servieren.

Varianten

Es gibt im Mittelmeerraum viele lokale Varianten von Pilaf. Die gebräuchlichsten Zutaten sind:
- Eiweiss: 1 Tasse gekochte Kichererbsen, rote Kidney-Bohnen oder ganze braune Linsen. Sie werden in Schritt 3 mit dem Fond dazugegeben. Oder dünne Streifen Seitan zusammen mit den Zwiebeln in Schritt 2 mitdünsten. Die Version vom Schwarzen Meer verwendet Garnelen: Sie werden in Schritt 1 vor den Zwiebeln gedünstet und nach etwa 10 Minuten Kochzeit in Schritt 3 auf den Bulghur gelegt.
- Gemüse: Zusätzlich können Sellerie, Tomaten, rote und grüne Peperoni (Paprika), Pilze oder Spinat verwendet werden. Am Schluss von Schritt 2 beigeben.
- Nüsse und Kerne: Pinienkerne, Haselnüsse, Walnüsse, Sesamsamen. Sie können am Schluss von Schritt 2 beigegeben werden oder separat gebraten und zuletzt als Garnitur darübergestreut werden.
- Getrocknete Früchte: Rosinen, Sultaninen, Datteln, Aprikosen, Pflaumen. Grosse Früchte werden zerkleinert. Sie können zusammen mit der Flüssigkeit in Schritt 3 beigegeben oder separat gebraten und zuletzt darübergestreut werden.
- Gewürze: Basilikum, Dill, Minze, Knoblauch, Kümmel, Bockshornklee, Paprika, Pfefferschoten, Lorbeerblätter. Der Saft eines Granatapfels gibt ihm eine spezielle süss-saure Note. Normalerweise wird nur eines oder allenfalls zwei dieser speziellen Gewürze verwendet.

Nordafrikanisches Couscous mit Marga und Saucen

Jean Torné, der Geschäftsführer des Restaurants am IMI Kiental, wuchs in Algerien auf. Von ihm stammt dieses traditionelle Rezept, das in ganz Nordafrika und überall dort, wo Nordafrikaner leben und ihre Couscous-Restaurants betreiben, wie etwa in Frankreich, sehr populär ist.

Wir geben an dieser Stelle das traditionelle Couscousrezept, das einfach zu machen ist und ein gutes Resultat ergibt. Es ist zeitraubend, aber parallel dazu kann man das Marga zubereiten. Wenn Sie es schneller haben möchten, vergleichen sie unser Supereinfaches Couscous rechts.

Wissen Sie Bescheid über Couscous?

Couscous wird aus dem Griess des Durumweizens gemacht, aus dem auch Teigwaren (Spaghetti) bestehen. Der Weizengriess wird befeuchtet und gerieben, bis 2 oder 3 Weizenkörner in der für Couscous typischen Bällchenform zusammenkleben. Traditionell wurde diese Arbeit von den Frauen von Hand erledigt; mit rhythmisch-regelmässigen Bewegungen bearbeiteten sie den Griess auf hölzernen Tabletts und unterhielten sich gleichzeitig; anschliessend wurde das Couscous zum Trocknen an der Sonne ausgebreitet. Heutzutage wird das meiste Couscous, das in Europa konsumiert wird, in Marseille industriell hergestellt. Couscous in der Schachtel ist normalerweise vorgekocht, d.h. im Dampf erhitzt und getrocknet, damit es schneller kocht. Es sind auch Vollkorn- und raffinierte Versionen erhältlich.

Marga ist ein würziger Gemüseeintopf aus dem billigsten lokalen Gemüse und Kichererbsen (Rezept Seite 146).

Wenn Sie Couscous nach alter Tradition servieren wollen, häufen Sie es bergartig auf eine grosse Platte, machen eine Mulde in der Mitte und giessen den Eintopf hinein. Nordafrikanischer Stil heisst: Alle essen mit den Fingern von einer gemeinsamen Platte. Europäisch heisst: In einem flachen Teller individuell servieren und mit einer Gabel essen.

Als Würzbeilagen dienen scharfe und würzige Saucen. Zu dieser Mahlzeit wird immer tunesische Harissa (scharfe Pfefferschotenpaste) gereicht. Sie können sie kaufen oder selber machen (siehe Seite 174).

Eine gute Ergänzung ist die scharfe marokkanische Früchtesauce (Seite 175).

Kochutensilien:

Das Couscous wird, auf einem Küchentuch ausgebreitet, in einem Dampfkocher über Wasser oder über dem Marga-Eintopf gegart werden, wodurch er einen besonderen Geschmack bekommt. Als Alternative nehmen Sie ein Sieb, das gut auf einen Topf passt. Das Ganze muss mit einem Deckel versehen sein.

2 Tassen (500 g) Couscous
2 TL Olivenöl
1 gestrichener TL Meersalz

1 Das Couscous auf einer grossen Platte verteilen und mit 100 ml kaltem Wasser beträufeln. 10 Minuten stehen lassen; die Körner klumpen sich zusammen.
2 Im Dampfkocher Wasser oder den recht flüssigen Marga-Eintopf erhitzen. Den Dämpfeinsatz darübersetzen und mit einem Küchentuch auslegen.
3 1 TL Olivenöl mit den Fingern unter das Couscous ziehen, damit sich die Körner wieder voneinander lösen.
4 Das Couscous auf den Dämpfeinsatz schütten und mit einem Deckel zudecken. Im Dampf 20–30 Minuten garen. (Bei grösseren Mengen dauert's länger.)
5 Das Couscous in eine Schüssel geben und nochmals 20–30 Minuten stehen lassen.
7 Das Meersalz in 100 ml heissem Wasser auflösen. Das gesalzene Wasser und 1 TL Olivenöl zum Couscous in die Schüssel geben und mit den Fingern gleichmässig verteilen. Lassen Sie es durch Ihre Finger rieseln wie Sand, bis alles Wasser und Öl aufgesogen ist. Wenn das Couscous noch zu heiss ist, verwenden Sie dafür einen Holzlöffel.
8 Das Couscous im Küchentuch nochmals 30 Minuten im Dampf über dem Eintopf oder dem Wasser kochen.
9 Sehr heiss servieren.

Supereinfaches Couscous

Hier ein Rezept, das ebenfalls sehr gut und in seiner Einfachheit und Geschwindigkeit einfach unschlagbar ist.

2 Tassen Couscous
2 Tassen Wasser oder Gemüsefond
2 Prisen Meersalz, wenn der Fond ungesalzen ist

1 Wasser oder Fond aufkochen.
2 Salz und Couscous beigeben.
3 Sofort vom Feuer nehmen.
4 Zudecken und 15 Minuten stehen lassen.
5 Auflockern und servieren.

Varianten

– Zwiebel-Couscous: Eine fein geschnittene Zwiebel dünsten, bis sie weich und glasig ist. Couscous beigeben und eine weitere Minute dünsten. Wasser oder Fond siedend beigeben, vom Feuer nehmen, zudecken und 15 Minuten stehen lassen.
– Couscous-Pudding: Statt 2 Tassen nehmen Sie 4 Tassen Wasser. Einige Rosinen und einen Vanillestengel im Wasser kochen, bevor Sie das Couscous beigeben. Einen Löffel voll Malz und geröstete Nüsse oder Kerne darüber geben und servieren.

Österreichische Knödel

Die Österreicher lieben Knödel. Es gibt sie in den verschiedensten Formen und Arten, meist werden sie mit Suppe oder Sauce serviert. Dieses Rezept stammt vom englischen Koch Gerard Dewhurst, der es von der Grossmutter seiner österreichischen Frau Gudrun hatte. Gudruns Grossmutter verwendete zwar keinen Tofu, aber wir nehmen hier welchen, damit die Knödel auch ohne Eier leicht bleiben und gut zusammenhalten.

Servieren Sie die Knödel mit Klarer Suppe (Seite 53) oder Gulasch (Seite 121). Knödel können in einer Mahlzeit das Getreide ersetzen. Wenn sie bereits Getreide enthält, reduzieren Sie die Menge Knödel entsprechend. Das Rezept ergibt 24–30 nussgrosse Knödel.

300 g frischer, fester Tofu
1 Tasse Weizengriess
1 Tasse Paniermehl
2 EL Mais- oder Sonnenblumenöl
Meersalz und Pfeffer, nach Belieben
2 EL gehackte Petersilie oder andere frische oder
getrocknete Kräuter nach Belieben

1. Den Tofu von Hand fein zerkrümeln.
2. Weizengriess, Paniermehl, Öl und Gewürze beigeben.
3. Mindestens 30 Minuten stehen lassen, damit Paniermehl und Weizengriess die Flüssigkeit aufsaugen können.
4. Die Masse gut durcharbeiten, so dass sie zusammenhält.
5. Mit sauberen, feuchten Händen jeweils nussgrosse Portionen zu Kugeln kneten. Auf eine Platte legen.
6. In einem grossen Topf 5 cm hoch leicht gesalzenes Wasser aufkochen.
7. Die Hitze reduzieren, so dass das Wasser knapp unter dem Siedepunkt köchelt. Mit einem Schaumlöffel die Knödel sorgfältig ins köchelnde Wasser geben.
8. Die Knödel 10 Minuten ohne Deckel köcheln lassen, bis sie gar sind. Wenn das Wasser zu stark sprudelt, fallen sie auseinander. Wenn sie gar sind, steigen sie an die Oberfläche. Um zu prüfen, ob sie weich sind, einen zerschneiden. Sie sollten kompakt und trocken sein. Mit dem Schaumlöffel aus dem Wasser nehmen und abtropfen lassen.
9. Heiss in klarer Suppe oder mit einer reichhaltigen Sauce servieren.

Varianten

- Grösse variieren: Die Knödel können so gross wie Golfbälle oder so klein wie Murmeln sein. Im Topf muss so viel Wasser sein, dass die Knödel ganz bedeckt sind. Die Kochzeit variiert je nach Grösse.
- Geschmack variieren: Sie können verschiedene Kräuter oder auch fein geschnittene und gedünstete Zwiebeln beigeben. Geräucherter oder marinierter Tofu ergibt einen besonderen Touch, während fein gehackte Sardellen ihnen eine eher fischige Note geben.

Teigwaren, Nudeln und Crêpes aus Weizenmehl

Wissen Sie, wie man Teigwaren kocht?

Es gibt kaum Leute, die Teigwaren nicht mögen. Vermutlich sind sie das Lieblingsgericht der heutigen Welt. Es mag seltsam klingen, ist aber wahr, dass die Italiener die Technik, aus Wasser und Mehl einen Teig zu formen, erst im 17. Jahrhundert von chinesischen Seeleuten lernten. Die berühmtesten Teigwaren Europas kommen aus der Gegend von Neapel, wo besonders glutenreicher Durumweizen wächst, der den Teigwaren den richtigen Biss verleiht. Ausgemahlen oder als Vollkorn, biologisch oder nicht, frisch oder getrocknet – Teigwaren sind in allen möglichen Sorten und Formen erhältlich.

Teigwaren kochen ist zwar nicht schwer, aber es gibt schon ein paar Feinheiten, über die wir uns bei italienischen Köchen erkundigt haben. Hier sind die wichtigsten Tips. Selbstverständlich ist es Ihnen freigestellt, welche davon Sie befolgen wollen, aber denken Sie daran: In Italien ist dies eine ganz ernste Angelegenheit!

Kaufen Sie die qualitativ besten Teigwaren, auch wenn sie ein wenig mehr kosten.

Menge: Als erster Gang genügen 50–60 g pro Person. Für eine volle Mahlzeit rechnen Sie rund 100 g pro Person. Bei frischen Teigwaren brauchen Sie nur etwa die Hälfte dieser Mengen.

Mit Wasser sollten Sie grosszügig sein – mindestens 1 Liter pro 100 g Teigwaren. Das ist kein Witz. Genügend sprudelndes Wasser ist das Geheimnis guter Teigwaren. Sie brauchen also einen grossen Topf. Bei frischen Teigwaren genügt ein halber Liter Wasser pro 100 g Teigwaren. Rechnen Sie genügend Zeit für das Aufkochen des Wassers ein, und benützen Sie einen Deckel, um Energie zu sparen.

Europäische Teigwaren, die ohne Salz hergestellt werden, müssen gesalzen werden. Geben Sie 1 gehäuften TL Salz pro Liter Wasser bei. Japanische Teigwaren sind bereits gesalzen und können in nur halb so stark gesalzenem Wasser gekocht werden.

Das Timing ist entscheidend. Teigwaren sollten sofort gegessen werden, wenn sie gar sind, bevor sie zusammenkleben. Der Pasta-Koch ist deshalb froh, wenn die Gäste bereits am Tisch sitzen, wenn er die Teigwaren ins Wasser wirft. Vielleicht bildete sich aus diesem Grund in Italien die Tradition der ausgiebigen Antipasti heraus: Den Gästen wird so das Warten aufs Essen verkürzt. Auf keinen Fall stellt man eine Portion zur Seite für eine Person, die später kommt. Eher wiederholt man für sie nochmals die ganze Prozedur.

Sprudelnd kochen! Das Wasser soll kräftig sprudeln, wenn man die Teigwaren hineingibt, und dies soll während der ganzen Kochzeit auch so bleiben. Lange Teigwaren breitet man fächerartig aus und taucht sie mit etwas Druck vollständig ins Wasser. Zu Beginn ein paarmal kurz rühren, um sicherzustellen, dass sie nicht aneinander kleben. Keinen Deckel mehr aufsetzen, sobald die Teigwaren im Wasser sind, sonst kochen sie über. Während des Kochens können Sie die sogenannte Schockmethode anwenden, die bei östlichen Köchen verbreitet ist: 2- bis 3mal giessen Sie 1 Tasse kaltes Wasser hinzu. Damit wird der Kochvorgang beschleunigt und die Hitze ins Herz der Teigwaren getrieben.

Wann sind sie gar? Ein Anlass für endlose Diskussionen, zu der jedermann etwas beizutragen hat. Die Süditaliener lieben sie «al dente», das heisst, wenn sie noch ein wenig Biss haben. Die Norditaliener ziehen sie etwas länger gekocht und weicher vor. Auf der Packung sind oft Kochzeiten angegeben, die Ihnen als Richtlinie dienen können, aber am besten ist, Sie nehmen immer wieder eine Nudel heraus und probieren. Mit der Zeit sind Sie fähig, den Zustand mit den Fingern zu prüfen und brauchen nicht mehr abzubeissen, und wenn Sie sehr viel Erfahrung haben, sehen Sie den Teigwaren an, ob sie gar sind. Man hat uns versichert, dass an dem Gerücht, dass die Italiener die Teigwaren an die Wand schmeissen, um zu schauen, ob sie kleben bleiben, nichts dran ist …

Abgiessen. Machen Sie ein Sieb oder ein Löcherbecken bereit. Sie können das Kochwasser zurückbehalten und für eine Suppe verwenden, wenn Sie wollen. Die japanischen Köche bestehen darauf, die Teigwaren zu spülen, wenn das Wasser abgegossen ist. Sie tun dies mit kaltem oder warmem Wasser, je nach dem, ob die Teigwaren kalt oder warm serviert werden.

Servieren. Wie schon gesagt, die Teigwaren müssen sofort und heiss serviert werden. Die Sauce wird entweder darübergegossen oder separat auf den Tisch gestellt, so dass sich alle selber bedienen können.

Saucen zu Teigwaren
– Siehe: Spaghetti al Presto (Seite 22)
– Drei einfache Saucen für Teigwaren (Seite 170)
– Drei klassische italienische Saucen für Teigwaren (Seite 171)

Spaghetti al Presto
Eine vollständige Spaghettimahlzeit für zwei Personen (Seite 22).

Teigwarensalat
Eine wunderbare Sommerspeise oder Bestandteil eines Buffets zu jeder Jahreszeit. Nehmen Sie kurze Teigwaren wie Maccaroni oder Muscheln.

5 Liter Wasser für die Teigwaren
500 g kurze Teigwaren
1 Liter Salzwasser für das Gemüse
1 kleiner Blumenkohl, in mundgerechte Röschen zerlegt
4 Karotten, in mittlere Rädchen geschnitten
1 Tasse Erbsen oder grüne Bohnen, in Stücke von 1 cm Länge geschnitten
1 Bund Frühlingszwiebeln oder Schnittlauch, gehackt
Sauce: Sie haben die Wahl zwischen Sauce Vinaigrette (Seite 164), Zitronen-Sesam-Sauce (Seite 23, 165), Zitronen-Senf-Sauce (Seite 165), Tofusauce (Seite 165), Mandelmussauce (Seite 167). Oder probieren Sie eine andere Sauce aus!
als Garnitur Petersilie, Brunnenkresse, frische Keimlinge, Salatblätter, Oliven, Radieschen-Röschen usw.

1 Die Teigwaren kochen, abgiessen, mit kaltem Wasser spülen und abtropfen lassen. An einem kühlen Ort stehen lassen.
2 Das Gemüse separat in siedendem Salzwasser blanchieren, bis es knapp weich, aber noch knackig ist. Aus dem kochenden Wasser nehmen und in eine Schüssel mit kaltem Wasser tauchen. Gut abtropfen und an einem kühlen Ort stehen lassen.
3 Kurz vor dem Servieren Teigwaren und Gemüse in einer grossen Schüssel vermengen, die gehackten Frühlingszwiebeln und die Sauce Ihrer Wahl beigeben. Gut mischen und auf einer Platte mit den Garnituren anrichten.

Japanische Nudeln in Bouillon
Dieses Rezept ist ideal für eine schnelle, vollständige Mahlzeit. Wir verwenden japanische Udon aus Weizen, aber Sie können genausogut auch Soba aus Buchweizen verwenden. Das Gericht kann allein oder mit Gebratenen Tofuschnitten (Seite 114) oder Gebratenem Tempeh (Seite 118) serviert werden. Die Garni-

turen sind integraler Bestandteil des Gerichts und sollten nicht weggelassen werden; am besten bereiten Sie sie im voraus zu. Das Gemüse in der Bouillon und die gebratenen Zutaten müssen genau dann bereit sein, wenn die Nudeln gar sind. Alles wird in grossen Suppentellern serviert und mit Stäbchen gegessen. In Japan darf man ohne weiteres schlürfende und schmatzende Geräusche von sich geben. Viel Spass!

5 Liter Wasser für die Nudeln
500 g Udon-Nudeln
1½ Liter ungesalzener Fond, entweder:
Japanischer Algenfond (Seite 52)
oder Fond aus getrockneten japanischen Pilzen (Seite 52)
oder Japanischer Bonito-Fond (Seite 53)
gebratener Tofu (Seite 114) oder Gebratener Tempeh (Seite 118)
1 Broccoli, in mundgerechte Röschen zerteilt
1 Stange Lauch oder 2 Zwiebeln, in sehr kleine Würfel geschnitten
4 Karotten, in sehr dünne Stäbchen geschnitten
6 EL Shoyu
als Garnitur gehackte Frühlingszwiebeln oder Schnittlauch, geröstete Noristreifen, weisser Rettich oder Radieschen (geraspelt) oder geröstete Kerne

1 Das Wasser aufkochen und die Nudeln kochen (ca. 12–15 Minuten).
2 In der Zwischenzeit den Fond zubereiten.
3 Währenddem beides kocht, alles Gemüse und die Garnituren vorbereiten und den Tofu oder Tempeh braten (und warm halten).
4 Sobald der Fond soweit ist, durch ein Sieb giessen, noch einmal aufkochen und den Broccoli beigeben. 2–3 Minuten kochen, bis er knapp weich und schön grün ist. Herausnehmen und abtropfen lassen. Lauch und Karotten in den Fond geben und 3–5 Minuten weich kochen. Vom Feuer nehmen, Shoyu beigeben und warm stellen.
5 Wenn die Nudeln gar sind, abgiessen und mit heissem Wasser spülen. Einen Moment abtropfen lassen, dann auf die Teller verteilen. Das Gemüse mit dem Fond darüber giessen, Broccoli und gebratenen Tofu oder Tempeh darauf geben.
6 Grosszügig garnieren und sehr heiss servieren.

Variante

Ingwer-Fond: 1 EL Saft aus frischem Ingwer ganz am Schluss dem Fond beigeben – sensationell!

Nabe

Japanisches Fondue

Der Begriff Nabe bezeichnet einen japanischen Keramiktopf mit Deckel. Verschiedene, farbenfrohe Zutaten werden vorgekocht und dann am Tisch in einem klaren Shoyu-Fond erhitzt. Entweder haben alle Essenden einen eigenen Topf, oder in der Mitte steht einer für alle. In diesem Fall fischen alle mit ihren Chopsticks nach ihren Lieblingsstücken. Dadurch entsteht eine gemütliche Gruppenatmosphäre, die für Wärme in kalten Zeiten sorgt – genauso wie ein Schweizer Käsefondue. Wenn Sie keinen Nabe-Topf haben, können Sie auch einen gewöhnlichen Topf mit Deckel verwenden.

Eine Reihe von Würzbeilagen vervollständigt dieses Festessen (siehe Würzbeilagen für Nabe, Seite 174).

250 g gekochter Tofu (Seite 114)
5 Stücke runder Fu (1 Stück pro Person)
5 Liter leicht gesalzenes Wasser für die Nudeln
500 g Udon- oder Soba-Nudeln oder halb-halb
1½ Liter ungesalzener Fond, entweder:
Japanischer Algenfond (Seite 52)
oder Fond aus getrockneten japanischen Pilzen (Seite 52)
oder Japanischer Bonito-Fond (Seite 53)
Shoyu nach Belieben für den Fond
1 Lauchstange
5 Karotten
1 weisser Rettich (oder ein halber, wenn er sehr gross ist)
1 Broccoli
5 Blätter Chinakohl
1 Bund Brunnenkresse
Würzbeilagen für Nabe (Seite 174)
als Garnitur gehackte Frühlingszwiebeln oder Schnittlauch, geröstete Noristreifen, geröstete Kerne

1 Die Würzbeilagen und Garnituren im voraus zubereiten und kühl aufbewahren.
2 Den Fu in warmem Wasser einweichen.
3 Die Nudeln kochen, bis sie fast weich sind. Abgiessen und mit kaltem Wasser spülen. Zur Seite stellen und gut abtropfen lassen. Wenn Sie sowohl Udon- als auch Soba-Nudeln verwenden, kochen Sie sie separat.
4 In der Zwischenzeit den Fond zubereiten. Sobald er bereit ist, durch ein Sieb giessen, Shoyu nach Belieben beigeben und warm stellen, bis er in Schritt 7 gebraucht wird.
5 Das Gemüse und die Eiweissspeisen vorbereiten. Die Stücke sollen so gross sein, dass sie mit Stäbchen leicht aufgenommen und in höchstens zwei Bissen gegessen werden können. In jedem Fall sollten Sie separat knapp gar gekocht und bei Zimmertemperatur bereit gestellt werden. Das Kochwasser kann, wenn nötig, verwendet werden, um den Fond zu strecken.

Fu	Wasser herauspressen, in 8 Stücke schneiden	mit Tofu köcheln lassen
Tofu	in 4 cm grosse, 2 cm dicke Würfel schneiden	10 Minuten köcheln lassen
Lauch	diagonal in 2 cm dicke Scheiben schneiden	dämpfen
Karotten	diagonal in ½ cm dicke Scheiben schneiden	blanchieren
weisser Rettich	in ½ cm dicke Rädchen schneiden	blanchieren
Broccoli	in mundgerechte Röschen teilen	blanchieren
Chinakohl	in 2 cm breite Streifen schneiden	blanchieren
Brunnenkresse	die dicksten Stiele entfernen	roh belassen

6 Die vorbereiteten Nudeln, Eiweissspeisen und Gemüse häufchenweise an verschiedenen Stellen im Nabe-Topf aufschichten; auf attraktive Präsentation achten. Mit dem Fond knapp bedecken; die oberste Spitze der Zutaten sollte gerade noch aus der Flüssigkeit herausragen und Farbe bekennen.

7 Zudecken und langsam erhitzen, bis der Fond fast wieder siedet. Wenn Sie ein Fondue-Rechaud haben, können Sie dies am Tisch tun. Oder Sie erhitzen den Topf in der Küche und halten ihn auf dem Tisch nur noch warm.

8 Wenn Sie einen einzigen gemeinsamen Topf verwenden, geben Sie Stäbchen zum Herauspicken der einzelnen Stücke und Löffel für den Fond auf den Tisch.

9 Garnituren und Würzbeilagen auf separaten Tellern anrichten, von denen sich alle nach ihrem Gusto bedienen.

Varianten
– Gemüse variieren: Zum Beispiel Kefen (Zuckererbsen), grüne Bohnen, ganze Radieschen, ganze Mini-Maiskolben oder Scheiben von grossen Maiskolben, Pastinaken, Bodenkohlrabi (Kohlrüben), kleine Zwiebeln (ganz) oder Zwiebelringe, Blumenkohl, jede Art Kohl oder grünes Gemüse. Wählen Sie nach den Kriterien Geschmack und Farbkontrast.
– Nehmen Sie spezielle orientalische Gemüsesorten. Zum Beispiel Lotuswurzeln, 1 bis 2 dicke Scheiben pro Person. Getrocknete über Nacht einweichen; dann das Einweichwasser mit Shoyu, ein wenig Mirin und ein paar Tropfen geröstetem Sesamöl würzen und die Lotuswurzeln 30 Minuten knapp bedeckt köcheln lassen, bis die Flüssigkeit aufgesogen ist. Sie sollten weich, aber noch ein wenig knackig sein. Oder Klettenwurzel: 1 Wurzel diagonal in Scheiben von ½ cm Dicke schneiden, in ein wenig geröstetem Sesamöl 5 Minuten dünsten; knapp mit Wasser bedeckt, das mit Shoyu und ein wenig Mirin gewürzt ist, 30 Minuten köcheln lassen, bis das Wasser aufgesogen ist und die Scheiben weich sind. Oder Shiitake-Pilze: 1 bis 2 pro Person (siehe Getrocknete Pilze, Seite 139) 1 Stunde einweichen, den Stiel entfernen und den Hut knapp bedeckt im Einweichwasser, das mit Shoyu, ein wenig Mirin und Reisessig gewürzt ist, köcheln lassen, bis das Wasser aufgesogen ist und die Pilze weich sind.

– Nabe mit Tempura: Statt dem Tofu und Fu im obigen Rezept machen Sie ausgebackenen Tofu und/oder Tempeh und/oder Seitan (Seite 120). Die ausgebackenen Stücke werden nicht im Nabe-Topf mitgeköchelt, sondern, damit sie nicht aufweichen, auf die im Fond gegarten Nudeln gelegt. Dazu reicht man Japanische Shoyu-Dip-Sauce.
– Fisch-Nabe: Festfleischiger Fisch oder grosse Garnelen können statt oder zusammen mit Tofu und Fu verwendet werden. Den Fisch in ein wenig Fond vorkochen, bis er knapp gar ist. Verwenden Sie Fischfond (Seite 52) oder Bonitofond (Seite 53).
– Fond variieren: Sie können auch eine Miso-Bouillon verwenden oder eine leicht eingedickte Kuzu-Shoyu-Bouillon.
– Würzbeilagen und Garnituren variieren. Achten Sie auf Kontraste in Geschmack, Farbe und Konsistenz.

Lasagne

Lasagne ist eine Spezialität der Emilia Romagna, der Region rund um die Stadt Bologna, die berühmt ist für die Offenheit und den Humor ihrer Bewohner. Das Original besteht aus Schichten von Lasagne-Teigblättern, gehacktem Rindfleisch und Béchamelsauce. Die folgende fleischlose Variante für die Naturkostküche wurde von Mario Ribolini, Küchenchef des Restaurants im IMI Kiental, geschaffen. Lasagne kann als Hauptgang mit grünem Salat oder in kleineren Portionen als erster Gang serviert werden.

Kochutensilien:
Sie brauchen eine feuerfeste Form aus Glas oder Porzellan, etwa 20 x 30 cm und 5 cm hoch.

1 Rezeptmenge Seitan-Sauce-Bolognese (Seite 172)
1 Liter Béchamelsauce (doppelte Rezeptmenge Seite 169)
3 Liter Wasser mit Salz und 1 EL Öl für die Teigwaren
250 g Lasagne-Teigblätter, grün oder weiss
Öl zum Bepinseln der Gratinform

1 Machen Sie die Sauce Bolognese und die Béchamelsauce. Sie sollten fertig sein, bevor Sie sich an Schritt 3 machen.

2 In der Zwischenzeit Wasser für die Lasagne aufsetzen und Ofen auf mittlere Hitze (200 °C) vorheizen.

3 Wenn das Wasser kocht, Salz und Öl beigeben und die Lasagne-Teigblätter (etwa 5 gleichzeitig) ins Wasser geben. Leicht in Bewegung halten, damit sie nicht zusammenkleben. Etwa 3–4 Minuten kochen, so dass sie nur halb gar sind. Mit einem Schaumlöffel aus dem Wasser heben und in kaltes Wasser tauchen. Mit dem Schaumlöffel herausnehmen und auf einem trockenen Küchentuch 1 Minute abtropfen lassen. In dieser Weise alle Lasagne-Teigblätter kochen. Mario sagt, die Lasagne solle sofort fertiggestellt werden, wenn die Teigwaren gekocht sind, da sie sonst austrocknen.

4 Die Gratinform mit Öl auspinseln und schichtweise die Zutaten in folgender Reihenfolge einfüllen: Lasagneblät-

ter, Seitan-Bolognese, Béchamelsauce; dann nochmals Lasagneblätter, Seitan-Bolognese und Béchamelsauce; abschliessen mit einer Schicht Lasagneblätter und Béchamelsauce. (Die gekochten Lasagneblätter können mit der Schere aufs richtige Mass zugeschnitten werden.)
7 Die Lasagne 30 Minuten im mittelheissen Ofen backen.
8 Nach dem Backen ca. 10 Minuten stehen lassen, damit sich das Gericht setzen kann. Das Zerteilen und Servieren ist dann einfacher.

Variante

Paniermehl oder geriebene, getrocknete Mochi (Seite 71) auf die oberste Schicht streuen, um eine Kruste zu erhalten. (Im Originalrezept sind es geriebener Parmesan und Butterflöckchen.)

Pierogi
Polnische Ravioli

Dieses beliebte polnische Gericht stammt aus der slawischen Volksküche. Der Name soll auf den dreieckigen Militärhut des 18. Jahrhunderts zurückgehen. In traditionellen polnischen Haushalten gibt es einmal pro Woche Pierogi, meistens in genügender Menge, dass man sie am ersten Tag frisch und am nächsten Tag nochmals aufgebraten servieren kann. Heutzutage können Pierogi fertig gekauft werden; in den USA sind sie inzwischen zu einer beliebten Delikatesse geworden. Kross gebackene Pierogi oder die nahen Verwandten Uszaka (Öhrchen) werden mit klarem Borschtsch (Seite 58) an Wigilia, am Heiligen Abend, aufgetischt.

Es gibt viele Füllungen und Garnituren für Pierogi, pikante wie süsse. Wir geben Ihnen hier ein paar traditionelle Lieblingsfüllungen und eine Version mit Meeresfrüchten. Entscheiden Sie, welche Füllung und Garnitur Sie wollen, bevor Sie mit dem Teig beginnen. Es macht besonderen Spass, bei dieser Arbeit Gesellschaft zu haben.

Drei pikante Pierogi-Füllungen

Jedes Rezept ergibt genug Füllung für eine ganze Menge Pierogi.

Alle Füllungen sollten feucht und nicht allzu flüssig sein. Sie können am Vortag hergestellt und kühl gelagert werden.

Füllung 1: Pilze und Sauerkraut

50 g getrocknete und eingeweichte Pilze (siehe Getrocknete Pilze, Seite 139)
1 Zwiebel, in kleine Würfel geschnitten
1 EL Öl
250 g Sauerkraut, zerkleinert
2 Lorbeerblätter
1 Prise Majoran
1 Prise Nelkenpfeffer
nach Belieben ½ Tasse gehackter Seitan
Meersalz und Pfeffer, nach Belieben

1 Die Pilze abgiessen und das Einweichwasser zurückbehalten. Die Pilze fein schneiden.
2 Die Zwiebel 5 Minuten im heissen Öl dünsten. Pilze, Sauerkraut, Kräuter, Gewürze und nach Belieben gehackten Seitan beigeben. Mit dem Einweichwasser der Pilze ablöschen.
3 1 Stunde zugedeckt köcheln lassen. Nach Bedarf mit Salz und Pfeffer abschmecken.

Füllung 2: Russische Pierogi
beliebt in Lwow, Ostpolen

500 g Kartoffeln
100 g Tofu
2 Zwiebeln, in Würfel geschnitten
2 EL Öl
Salz und Pfeffer, nach Belieben

1 Die Kartoffeln kochen und zu Püree zerdrücken.
2 Den Tofu 10 Minuten in siedendem Salzwasser kochen. Abkühlen lassen und zerdrücken.
3 Die Zwiebeln 3 Minuten im heissen Öl dünsten, bis sie glasig, aber noch knackig sind.
4 Alles miteinander verrühren und mit Salz und Pfeffer nach Belieben abschmecken.

Füllung 3: Arame und Zwiebeln

Eine Idee von polnischen Studenten am IMI in Kiental. Bereiten Sie die Arame mit Zwiebeln und Karotten nach dem Rezept auf Seite 154 zu, wobei Sie die Karotten weglassen und die doppelte Menge Zwiebeln nehmen.

Pikante Pierogi-Garnituren

Einige Ideen, um die traditionelle Garnitur mit fein gewürfeltem Speck zu ersetzen:
1 Fein geschnittene Zwiebel, mit etwas Salz in Pflanzenöl gedünstet. Auch Knoblauch passt dazu.
2 In Pflanzenöl gebratenes Paniermehl.
3 In kleine Würfel geschnittener marinierter oder geräucherter Tempeh, in Pflanzenöl gebraten.

Pierogi-Teig

Die Teigmenge ergibt 40–50 Pierogi. Das reicht für 6–7 Personen und die obligatorischen Reste zum Aufbraten am nächsten Tag.

2⅔ Tassen (500 g) Haushaltmehl
½ gestrichener TL Meersalz
ca. 1 Tasse heisses Wasser für den Teig
Mehl zum Ausrollen
4 Liter Wasser und 2 gestrichene EL Meersalz zum Kochen

Kochutensilien:

Runde Ausstechformen von 7–8 cm Durchmesser, ein Weinglas oder eine Teetasse gleicher Grösse.

Teig herstellen

1. Das Mehl sieben und mit dem Salz in eine Schüssel geben.
2. In der Mitte eine Mulde formen und das heisse Wasser hineingeben. Zu einem Teig rühren und 5–10 Minuten kneten, bis er weich, aber nicht klebrig ist (Konsistenz wie Ohrläppchen).
3. Der Teig kann jetzt etwa eine halbe Stunde zugedeckt mit einem feuchten Tuch ruhen.

Teig ausrollen und schneiden

4. Den Teig in 4 Stücke teilen. Während Sie den einen Teil verarbeiten, den restlichen Teig zudecken, damit er nicht austrocknet.
5. Den Teig dünn (ca. 1 mm) ausrollen. Verwenden Sie genügend Mehl, damit er nicht kleben bleibt.
6. Kreise von etwa 7–8 cm Durchmesser ausstechen. Sie können auch Quadrate mit 7 cm Seitenlänge ausschneiden.

Pierogi füllen

Übung macht den Meister!

7. 1 TL Füllung in die Mitte jeder Teigrondelle legen und diese zur Hälfte falten. So viel Füllung nehmen, dass die Pierogi prall gefüllt sind, die Füllung aber nicht nach aussen quillt, da die Pierogi sonst nicht recht zusammenhalten. Quadrate falten Sie diagonal zu Dreiecken.
8. Die Ränder zusammendrücken. Es braucht kein Wasser, um den Teig zusammenzukleben.
9. Die gefüllten Pierogi auf einem Küchentuch, einem Tablett oder einer grossen Platte ausbreiten. Sie dürfen einander nicht berühren. Mit einem zweiten Küchentuch bedecken, damit sie nicht austrocknen. Schritte 5–9 wiederholen, bis der ganze Teig verarbeitet ist.

Kochen und Servieren

10. Rund 4 Liter Wasser in einem weiten Topf aufkochen und salzen. Etwa 6–7 Pierogi vorsichtig eines nach dem anderen ins Wasser geben. An die Oberfläche auftauchen und 3–5 Minuten köcheln lassen. Die genaue Kochzeit hängt von der Dicke des Teigs und der Art der Füllung ab. Mit einem Schaumlöffel herausheben, gut abtropfen lassen und einzeln auf eine vorgewärmte Platte legen, ohne dass sie sich berühren. In dieser Weise alle Pierogi kochen, auch diejenigen, die für den nächsten Tag vorgesehen sind. Der Kochvorgang kann beschleunigt werden, wenn Sie mehrere Töpfe aufsetzen. Die fertigen Pierogi können im schwach aufgeheizten Backofen warm gehalten werden, aber passen Sie auf, dass sie nicht austrocknen.
11. Heiss mit der Garnitur Ihrer Wahl servieren.

Varianten

- Aufbraten: Übrig gebliebene Pierogi können am nächsten Tag in ein wenig Öl gebraten und als zweite Mahlzeit serviert werden.
- Mit Ei angereicherter Teig: Ein Ei verklopfen und in Schritt 2 zum Mehl geben. In diesem Fall weniger Wasser nehmen (½ Tasse) und kalt zum Teig geben. Beim Falten der Pierogi in Schritt 7 die Ränder befeuchten, damit sie besser zusammenkleben.
- Uszaka (Öhrchen) als Beilage für den Weihnachts-Borschtsch (Seite 85): Die traditionelle Füllung besteht aus getrockneten Pilzen. Diese werden gekocht, abgegossen, klein geschnitten und mit gedünsteten Zwiebeln, Paniermehl, Salz und Pfeffer vermischt. Die Kochflüssigkeit wird dem Borschtsch beigegeben. Teigzubereitung, Füllen und Kochen bleiben sich gleich, aber machen Sie die Pierogi aus kleinen Quadraten (3–4 cm Kantenlänge), füllen Sie sie mit je ½ TL Füllung und falten Sie sie zu Dreiecken.
- Kross gebackene Pierogi: Statt die Pierogi zu kochen, auf ein eingeöltes Backpapier legen und im auf 200 °C vorgeheizten Backofen 15 Minuten backen, bis sie goldbraun sind.
- Fritiert: Statt die Pierogi zu kochen, fritieren Sie sie, immer ein paar zusammen (nach Anleitung Seite 151). Sie brauchen etwa 3 Minuten, um goldbraun zu werden.

Pikant gefüllte französische Crêpes

Einer der Höhepunkte der nordfranzösischen Küche. Die hauchdünnen Pfannkuchen bilden die Basis für eine endlose Reihe von Füllungen, süss oder pikant. Pfannkuchen in ir-

gendeiner Form gehören im mittleren und nördlichen Europa vielerorts zum Karnevals- oder Fasnachtsbrauchtum. Das traditionelle Rezept enthält Eier und Milch, aber wie Sie sehen werden, sind diese Zutaten nicht unbedingt erforderlich. Das wichtigste Zubehör für gute Crêpes ist die richtige Bratpfanne: eine mittelschwere Stahlpfanne mit flachem Boden. Eine neue Pfanne reiben Sie mit Öl ein und streuen eine dünne Schicht Salz darauf, dann auf kleinem Feuer rund 10 Minuten erhitzen. Die Pfanne abkühlen lassen und mit einem Küchenpapier Öl und Salz herauswischen. Wenn die Pfanne einmal so behandelt wurde, dürfen Sie sie nie mehr mit Spülmittel waschen. Wischen Sie sie nach Gebrauch einfach mit einem feuchten Tuch aus. Crêpes können auch auf einer flachen Spezialplatte zubereitet werden. In diesem Fall brauchen Sie einen speziellen Löffel zum Auftragen des Teigs.

Viele Köche betonen, dass der Teig mehrere Stunden vor Gebrauch hergestellt werden muss, aber wir haben festgestellt, dass es auch geht, wenn der Teig frisch ist. Eine Crêpe zu machen ist eine kleine Kunst und braucht ein wenig Übung; machen Sie Ihren ersten Versuch also vielleicht nicht gerade, wenn Sie Gäste haben. Die erste kommt sowieso nie so gut heraus wie die nachfolgenden. Verzweifeln Sie also nicht, versuchen Sie's einfach weiter. Als Hauptgang servieren Sie zwei Crêpes pro Person. Das Rezept ergibt 6–7 Crêpes von einem Durchmesser von 18 cm.

1 1/3 Tassen (200 g) Haushaltmehl
1/2 gestrichener TL Salz
ca. 300 ml Wasser
Maiskeimöl zum Braten

1 Mehl, Salz und die Hälfte des Wassers mischen und 5 Minuten zu einem dicken Teig schlagen. Dann nach und nach den Rest des Wassers beigeben, bis ein dünner Teig entsteht. Die Konsistenz des Teigs ist entscheidend, aber es ist schwer, allgemeine Richtlinien dafür aufzustellen, da jede Mehlsorte unterschiedlich viel Wasser absorbiert. Er sollte etwa so dick sein wie Rahm. Wenn Sie beim Ausbacken der Crêpes sehen, wie sie werden, können Sie die Konsistenz des Teigs noch durch Zugabe von Mehl oder Wasser verändern. (Viele Köche sind der Meinung, der Teig dürfe nicht geschlagen, sondern nur sanft gerührt werden. Versuchen Sie beide Methoden.)
2 Die Bratpfanne auf mittlerem Feuer erhitzen.
3 Etwa 1 TL Maiskeimöl in die Pfanne geben. Die Pfanne nach allen Seiten kippen, so dass der ganze Boden mit Öl bedeckt ist. Das überflüssige Öl in einen Behälter abgiessen und für die nächste Crêpe verwenden.
4 Mit einem Suppenschöpflöffel oder einer Tasse etwa 50 ml Teig in die Pfanne schöpfen. Die Pfanne sofort nach allen Seiten kippen, so dass sich der Teig als dünne Schicht auf dem ganzen Boden verteilt.
5 Mit einem Tafelmesser den äusseren Rand der Crêpe vom Boden heben, so dass sie nicht anklebt. Auf mittlerem Feuer 1–3 Minuten weiter backen, bis die Unterseite goldbraun ist.
6 Die Crêpe wenden. Könner tun dies, indem sie die Crêpe in die Luft werfen und ihr mit dem Handgelenk den nötigen Dreh geben, so dass sie gewendet in die Pfanne zurückfällt. Anfänger verwenden besser einen Spatel.
7 Die andere Seite etwa 1–3 Minuten goldbraun backen. Aus der Pfanne nehmen und in der gleichen Weise die übrigen Crêpe backen.
8 Am besten ist es, sie sofort zu servieren. Die Füllung hineingeben und zur Hälfte falten. Wenn dies nicht möglich ist, weil zum Beispiel nicht alle gleichzeitig essen, stellen Sie sie warm.
9 Kalte Crêpes kann man in ganz wenig Gemüsefond in der Bratpfanne aufwärmen. Verwenden Sie dafür nie Öl, da sie sonst hart und trocken werden.

Varianten
- Für reichhaltigere Crêpes können Sie dem Teig ein Ei und/oder Sojamilch statt Wasser beigeben.
- Crêpes de Blé Noir: Buchweizen-Crêpes sind typisch für die Bretagne und die Normandie und passen bestens zu pikanten Füllungen. Ersetzen Sie etwa die Hälfte des Weissmehls durch Buchweizenmehl. (Verwendet man mehr als die Hälfte Buchweizenmehl, hält der Teig nicht mehr zusammen.) Buchweizenmehl ist nicht lange haltbar; wenn Sie also keine Quelle für frisches Mehl in der Nähe haben, machen Sie sich Ihr eigenes, indem Sie Buchweizengrütze in der Kaffeemühle mahlen.
- Crêpes-Reste (wenn es die überhaupt je gibt): Zusammenrollen, in dünne Streifen schneiden und in eine klare Suppe geben.

Pikante Füllungen für französische Crêpes

Füllung 1: Vegetarischer Luxus für 6 Crêpes
1 Rezeptmenge Béchamelauce (Seite 169)
2 mittlere Zwiebeln, in Halbmonde geschnitten, gedämpft
2 Karotten, schräg in 1/2 cm dicke Rädchen geschnitten
1 Broccoli, in mundgerechte Röschen zerteilt, blanchiert
4 Kartoffeln oder 1 Schnitz Kürbis, in mundgerechte Stücke geschnitten, weich gekocht

1 Die Béchamelsauce und alles Gemüse im voraus zubereiten und warm halten, während Sie die Crêpes machen.
2 Auf jede fertige Crêpe auf die eine Hälfte eine reichliche Portion Gemüse geben und grosszügig mit Sauce übergiessen. Die andere Hälfte darüberschlagen und als Garnitur einen Schlitz anbringen, in den man ein Karottenrädchen und ein Broccoliröschen steckt.

Füllung 2: Florentinisch
Mit Muskatnuss gewürzter Spinat und ein pochiertes Ei pro Crêpe. Füllen wie oben beschrieben.

Füllung 3: Kedgeree
Diese englische Spezialität aus der Kolonialzeit in Indien – der Name kommt vom Hindiwort «khicari» – besteht aus

einer Kombination von Reis, geräuchertem Fisch (z.B. Schellfisch) und hartgekochten Eiern. Mit Béchamelsauce übergiessen.

Füllung 4: Pilze
Verwenden Sie die Pilzkuchenfüllung (Seite 99).

Füllung 5: Frühlingsrolle
Mit Zündholzgemüse (Seite 144) und Süss-saurer Sauce (Seite 170)

… und so weiter – der Phantasie sind keine Grenzen gesetzt!

GERSTE

Wissen Sie Bescheid über Gerste?

Gerste ist eine widerstandsfähige Getreidesorte, die in kühlen, feuchten und gebirgigen Gegenden gut gedeiht. Sie war für viele Bewohner Nordeuropas das Grundgetreide, bevor Weizen und Hafer aufkamen. Die Hülse muss durch Dreschen vom Korn getrennt werden, wobei allerdings auch die Kleie entfernt wird. Gerste gibt es in verschiedenen Qualitäten, von ganz dunkel bis gräulichweiss. Die dunkleren Typen sind am wenigsten raffiniert und brauchen länger zum Kochen.

Gerste kann auch zusammen mit Reis gekocht werden (siehe Vollreis im Dampfkochtopf, Seite 65). Nehmen Sie 1 Tasse Reis, 1 Tasse Gerste, 3½ Tassen Wasser, 2 Prisen Salz. Der Kochvorgang bleibt gleich.

Schottische Gerstensuppe
Eine dicke Gerstensuppe mit Gemüse (Seite 56).

Gerste mit Zwiebeln im Dampfkochtopf
Die gedünsteten Zwiebeln geben dem Getreide einen runden, süsslichen Geschmack.

2 Tassen Vollkorngerste
4 Tassen Wasser
2 Zwiebeln, in feine Halbmonde geschnitten
2 EL Öl
¼ gestrichener TL Meersalz

1 Die Gerste über Nacht in Wasser einweichen. Gut abtropfen lassen und das Wasser beiseite stellen.
2 Die Zwiebeln im Öl goldbraun dünsten.
3 Die Gerste zu den Zwiebeln geben und 5 Minuten mitdünsten. Beiseite stellen und leicht abkühlen lassen.
4 Die Gerste mit den Zwiebeln in den Dampfkochtopf geben, das Einweichwasser und Salz beifügen.
5 Auf hohem Feuer auf maximalen Druck bringen.
6 Die Hitze reduzieren und auf kleinstem Feuer (Wärmestreuplatte) 1 Stunde kochen.
7 Druck ablassen.
8 Die Gerste in eine Schüssel geben, umrühren und auflockern, damit der Dampf entweichen kann.

Älplertopf
Ähnliche Rezepte gibt es in vielen Regionen Europas, wo Berglandwirtschaft betrieben wird. Der Topf wird am Morgen, wenn man aufs Feld geht, auf den Holzherd gestellt, und am Abend, wenn man zurückkommt, ist das Gericht fertig. Es ist eine wunderbar nahrhafte Speise für kalte Tage und eig-

net sich deshalb auch für Stadtmenschen, die den ganzen Tag an der Arbeit sind. Jeder grosse feuerfeste Topf mit Deckel kann verwendet werden, aber in einem Keramiktopf wird sie am besten. Mit sauer eingelegtem Gemüse servieren.

1 Tasse Vollkorngerste
¼ Tasse getrocknete Erbsen oder Bohnen
1 Liter Fond oder Wasser, gesalzen
2 Zwiebeln, in mundgerechte Stücke geschnitten
2 Karotten, in mundgerechte Stücke geschnitten
1 dicke Scheibe Knollensellerie oder ein kleines Stück Petersilienwurzel, in Würfel geschnitten
2 EL Maiskeim- oder Sonnenblumenöl
2 Lorbeerblätter

1 Gerste und Erbsen über Nacht in 2 Tassen Wasser einweichen. Abgiessen. Das Einweichwasser kann für den Fond verwendet werden.
2 Das Gemüse 5 Minuten im Öl in einem Topf dünsten. Gerste und Bohnen darauf schichten und den Fond und die Lorbeerblätter beigeben.
3 Auf dem Herd aufkochen, dann zudecken und in den auf mittlere Hitze (160°C) vorgeheizten Ofen schieben.
4 2 Stunden garen. Für eine Garzeit von 3–4 Stunden stellen Sie die Ofentemperatur nur auf 140°C. Wenn Sie den Topf den ganzen Tag im Ofen lassen wollen, sollte sie nicht mehr als 110°C betragen.

MAIS

Polenta

Eine sehr beliebte Mahlzeit aus den Maisanbaugebieten Norditaliens, verewigt in manchen italienischen Canzoni, und in den Grotti des Tessins und des Veltlins immer noch gang und gäbe. Traditionell wurde die Polenta während einer Stunde in einem grossen, runden Kupferkessel über einem offenen Holzfeuer gerührt. Am besten wird der Geschmack mit ganz frischem oder leicht geröstetem Mais. Servieren Sie zur Polenta einen kräftigen Eintopf mit Seitan, Tempeh, Bohnen und Gemüse. Kochen Sie einen grossen Topf voll, damit ein genügend grosser Rest für unsere wunderbaren Varianten bleibt!

5 Tassen Wasser
¼ gestrichener TL Meersalz
1½ Tassen (270 g) Polentamais (feiner bis mittelgrober Maisgriess)
1 EL Olivenöl

1 Wasser und Salz in einen tiefen, schweren Topf geben und auf mittlerem Feuer erhitzen.
2 Sobald das Wasser kocht, die Hitze reduzieren und mit der einen Hand den Mais langsam einstreuen, während man mit der anderen Hand mit einem Holzlöffel rührt, um Klumpenbildung zu verhindern.

3. Wenn die Polenta kocht und dick wird, die Hitze möglichst weit zurückschalten und eine Wärmestreuplatte unterstellen, damit nichts anbrennt.
4. Die Kochzeit beträgt etwa 1 Stunde (unzugedeckt). Die Polenta häufig, alle 5–10 Minuten, rühren. (In Italien gibt es elektrische Rührwerke, die die Polenta ständig in Bewegung halten.)
5. Gegen Ende der Kochzeit sollte die Konsistenz ziemlich dick sein und die Polenta am Topfrand und am Löffel kleben bleiben. Während den letzten 5 Minuten 1 EL Olivenöl beigeben.
6. Heiss und direkt aus dem Topf servieren oder in eine Schüssel anrichten. Traditionell wird sie auf einem Holzbrett serviert.
7. Den Topf am besten über Nacht einweichen, damit er am nächsten Morgen einfacher zu reinigen ist.

Varianten
- Polenta mit Belag: Kinder lieben die Kombination von cremiger Weichheit und einem knusprigen Belag. Rösten Sie ½ Tasse Paniermehl in 1 EL Maiskeimöl, bis es goldbraun ist. Geröstete Kerne sind eine andere Möglichkeit.
- Nach Schweizer Art: Probieren Sie eine gröbere Maissorte, die Sie etwas länger kochen, und nehmen Sie Gemüsefond statt Wasser.
- Polenta Valtellina: Im Veltlin wird gerne etwa 10 Prozent Buchweizenmehl beigegeben. Beliebt ist dort auch die Zugabe von Käsebrocken und Butter während den letzten Minuten Kochzeit. Sie erhalten eine ähnliche Wirkung, wenn Sie während den letzten Minuten Tofu-Miso-«Käse» (Seite 116) oder geräucherten Tofu und 2 zusätzliche EL Olivenöl beigeben.

Grillierte Polentaschnitten

Polentareste in ca. 1 cm dicke Scheiben schneiden, auf gut eingeöltes Backpapier legen, mit Öl bepinseln und im heissen Ofen backen oder grillieren, bis die Oberfläche goldgelb ist. Wunderbar zum Frühstück, als Zwischenverpflegung, Lunch oder zum Mitnehmen. Grosszügig mit Ahornsirup übergossen, erhalten Sie ein süsses Dessert.

Gebratene Polentaschnitten

Wie grillierte Polentaschnitten, aber in ein wenig Maiskeimöl gebraten statt grilliert.

Polenta-Pizza

Eine zweite Mahlzeit aus dem Polentatopf. Machen Sie von Anfang an die doppelte Menge. Von der fertigen Polenta die Hälfte noch heiss auf ein eingeöltes Backblech geben und etwa 1 cm dick ausstreichen. Beim Abkühlen wird sie fest. Für die nächste Mahlzeit nach Gutdünken belegen, z.B. mit gedünsteten Zwiebeln, Lauch, Pilzen, dünnen Scheiben marinierten Tofus oder Tofu-Miso-«Käse», Tomaten oder Tomatenpüree, Oliven, Oregano usw., und 10 Minuten im heissen Ofen backen. Polenta-Pizza ist ideal für eine grosse Familie, wo alle Mitglieder zu verschiedenen Zeiten nach Hause kommen. Einfach unter den Ofengrill geben und erhitzen.

Südstaaten-Maisbrot

In Texas, der Heimat von Marlise, wird Mutters heisses Maisbrot zum Abendessen mit geschmolzener Butter und Ahornsirup gereicht, zusammen mit Bohnen, dem Kraut der weissen Rübe und Apfelsauce. Ideal auch für zwischendurch und zum Frühstück. Reste können im Dampf aufgewärmt werden, wenn Sie das Brot heiss haben möchten; es schmeckt aber auch kalt gut.

Kochutensilien:

Eine ziemlich tiefe, runde Gratinform von etwa 20 cm Durchmesser oder eine rechteckige oder quadratische Form. Mit einer Form dieser Grösse wird das Brot in der Mitte etwa 5 cm hoch. In einer grösseren Form wird es flacher. Traditionell wird zum Backen eine schwere Eisenbratpfanne benutzt, in der sich am ehesten eine Kruste bildet.

Öl zum Bepinseln der Gratinform
2 Tassen feines Maismehl (am besten frisch in einer Steinmühle gemahlen)
2 Tassen Haushaltmehl
3 gestrichene EL Backpulver
½ gestrichener TL Meersalz
½ Tasse Reismalz
1 Tasse Sojamilch
1 Tasse Apfelsaft
¼ Tasse leichtes Maiskeimöl

1. Ofen und Gratinform auf 200 °C vorheizen.
2. Die trockenen Zutaten sieben und gut mischen.
3. Die flüssigen Zutaten verrühren.
4. Trockene und flüssige Zutaten langsam und sanft während 1 Minute zusammenrühren; es soll eine dickflüssige Masse entstehen. Es spielt keine Rolle, wenn sie noch ein paar Klumpen hat.
5. In die heisse Gratinform giessen. Bei 200 °C 40–50 Minuten backen, bis die Kruste dunkelbraun ist (in einer flacheren Form weniger lang). Sie können nachprüfen, ob das Brot innen gar ist, indem Sie eine Stricknadel hineinstecken; wenn sie sauber bleibt, ist es durchgebacken. Falls das Brot oben zu dunkel wird, bevor es innen gebacken ist, decken Sie es mit Alufolie ab.
6. Sofort servieren.

Variante

Jalapeño-Maisbrot: Dem Teig 1 EL in winzige Stückchen geschnittenen frischen Jalapeño-Chili beigeben.

Wissen Sie Bescheid über Quinoa?

Quinoa war ein Grundnahrungsmittel in verschiedenen zentral- und südamerikanischen Kulturen und galt als besonders gute Quelle von Ausdauer und Anpassungsfähigkeit. Die winzigen runden Körner sind schnell gekocht und wunderbar leicht und gut verdaulich. Seltsamerweise wird nach dem Kochen der Keimling sichtbar. Botanisch ist es kein Getreide, da es aber sehr ähnliche Ernährungs- und Geschmackseigenschaften besitzt, haben wir es ins Kapitel Getreide genommen. Es kann gut für die Pilaf-Rezepte mit Bulghur (Seite 79) und für Tabuleh (Seite 78), aber auch für alle Rezepte mit Reis, Hirse und Couscous verwendet werden.

Unserer Erfahrung nach enthält Quinoa oft winzige, harte Steine. Es lohnt sich daher, es vor dem Waschen gut zu verlesen und die Steinchen zu entfernen.

Quinoa Grundrezept

4 Tassen Wasser
2 Prisen Meersalz
2 Tassen Quinoa

1. Das Wasser aufkochen.
2. Salz und Quinoa beigeben.
3. Erneut zum Sieden bringen, die Hitze reduzieren, zudecken und 20 Minuten köcheln lassen.
4. Weitere 5 Minuten zugedeckt stehen lassen.
5. In eine Schüssel geben und die Körner etwas auflockern.

Wissen Sie Bescheid über Amaranth?

Amaranth war einst ein wichtiges Getreide verschiedener zentral- und südamerikanischer Völker. Er ist besonders reich an Eiweiss und Calcium und wächst selbst auf schlechten Böden und in trockenen Gegenden.

Die Körner sind winzig klein und glänzen, wenn sie gekocht sind. Sie können Amaranth genau gleich kochen wie Quinoa oder zusammen mit anderem Getreide wie Reis oder Bulghur; versuchen Sie's mit einem Anteil von rund 20–30 Prozent Amaranth.

Amaranth kann auch zum Keimen gebracht werden (siehe Seite 216).

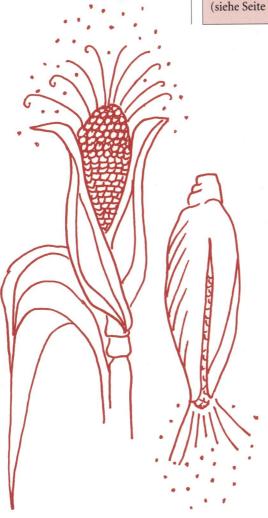

FRÜHSTÜCKSGETREIDE-GERICHTE

Zu Porridge, Brei oder Grütze gekochtes Getreide ist in den meisten Kulturen ein uraltes Frühstücksgericht. Die in der modernen westlichen Welt beliebteste Version von Getreidefrühstück sind die fertigen knusprigen Müesli- und Flockenmischungen mit Milch. Viele von ihnen sind allerdings nichts anderes als raffiniertes Mehl und Zucker, die nur Kalorien enthalten und sonst gar nichts. Dies ist einigermassen paradox, denn der Erfinder der gerösteten Maisflocken, der Cornflakes, Dr. J. H. Kellogg, war zeit seines Lebens auf der Suche nach den Zusammenhängen zwischen Ernährung und Gesundheit, und die von ihm entwickelten Flocken waren Gesundheitskost im besten Sinne. Die ersten Kellogg-Produkte zur Zeit der Jahrhundertwende waren in der Tat aus Vollkorngetreide, angereichert mit Gerstenmalz. Heute führen zahlreiche Reformhäuser und Bioläden eine Reihe von gerösteten Vollkornflocken, aber solche ohne Zuckerzusatz sind relativ schwer erhältlich. Wenn Sie auf Milchprodukte verzichten wollen, verwenden Sie Getreideschleim, Mandelmilch, Sojamilch oder Fruchtsaft.

Vollkornporridge
Die «Wolldeckenmethode»

Während Sie das Geschirr vom Abendessen abwaschen, können Sie den Porridge für den nächsten Tag zubereiten. Über Nacht dick eingewickelt, kocht er in der eigenen Wärme gleichsam für sich weiter – und Sie sparen Zeit und Energie. Dies ist eine der besten Methoden, ein traditionelles Frühstücksgetreide nach Grossmutterart zuzubereiten.

1 Tasse Vollreis, Vollkornhafer, -gerste
oder eine Mischung davon
5 Tassen Wasser
2 Prisen Meersalz

1 Das Getreide waschen und zusammen mit dem Salz und dem Wasser in einen schweren Topf oder den Dampfkochtopf geben.
2 Zudecken und aufkochen oder auf maximalen Druck bringen. ½ Stunde kochen lassen.
3 Vom Feuer nehmen.
4 Den Topf ganz in eine Wolldecke oder ein grosses Kissen wickeln, so dass die Wärme erhalten bleibt.
5 Über Nacht stehen lassen.
6 Am Morgen das Getreide langsam erwärmen und mit einem Holzlöffel kräftig zu einem Brei verrühren.

Öko-Porridge

Ein Weg, jeden Getreiderest zu verwerten – ökologisch und ökonomisch.

2 Tassen Vollkorngetreidereste
3 Tassen Wasser

1 Getreide und Wasser in einen Topf mit schwerem Boden geben.
2 Aufkochen, zudecken und auf der Wärmestreuplatte ½ Stunde köcheln lassen.
3 Mit einem Holzlöffel kräftig zu einem Brei verrühren.

Haferflocken-Porridge

1½ Tassen Haferflocken
1 Liter Wasser
2 Prisen Meersalz

1 Alle Zutaten in einen schweren Topf geben und über Nacht einweichen.
2 Am Morgen unter gelegentlichem Rühren sanft aufkochen. 10 Minuten köcheln lassen. Den Topf nur halb zudecken, damit nichts überkocht.

Birchermüesli

Eine gesunde Mahlzeit, die Anfang dieses Jahrhunderts von Dr. Bircher-Benner erfunden wurde. Der Name ist die schweizerische Verkleinerungsform von Mus. Es besteht aus einer Mischung von Getreideflocken, Nüssen, getrockneten und frischen Früchten und Milch, die aber auch durch Getreideschleim, Mandelmilch, Sojamilch oder Fruchtsaft ersetzt werden kann. In der Deutschschweiz ist es sehr beliebt als Frühstückgericht, als sommerliches Abendessen oder für zwischendurch, aber auch in Deutschland und Grossbritannien ist es bekannt.

Man kann fixfertige Müeslimischungen kaufen oder das Müesli nach Geschmack selber herstellen. Unsere Version ohne Milchprodukte können Sie am Vortag zubereiten, wenn Sie das Müesli eher cremig möchten, oder unmittelbar vor dem Essen, wenn es noch ein bisschen Biss haben soll. Das Rezept ergibt 1½ Liter Müesli.

2 Tassen feine Haferflocken
1 Tasse gemischte Flocken oder Müeslimischung
3 Tassen Apfelsaft oder Getreideschleim, Mandel- oder Sojamilch
2 EL Rosinen

2 EL gehackte Nüsse (roh oder geröstet)
2 frische Äpfel
nach Belieben 1 EL Süssmittel, z.B. Malz oder Fruchtsaftkonzentrat

1. Die Flocken in einer Schüssel mischen und den Apfelsaft beigeben.
2. Die Rosinen und Nüsse darunter mischen.
3. Die Äpfel entkernen (eventuell schälen) und in kleine Stücke schneiden oder raspeln. Unter die Flocken mischen.
4. Mindestens 10 Minuten stehen lassen, damit die Flocken die Flüssigkeit aufsaugen können und besser verdaulich werden. Das Müesli kann auch mehrere Stunden oder über Nacht an einem kühlen Ort stehen gelassen werden.
5. In tiefen Tellern oder Schalen kühl servieren.

Varianten
– Verschiedene frische Früchte verwenden. Ein typisches Sommermüesli enthält Erdbeeren, Himbeeren oder Kirschen. Im Herbst sind es Trauben oder Pflaumen.
– Verschiedene getrocknete Früchte können die Rosinen ersetzen: Zwetschgen, Aprikosen, Äpfel oder Birnen. Grosse Früchte zerkleinern.
– Maximal die Hälfte der Flüssigkeit kann durch Kukichatee (Seite 211) ersetzt werden.

Knuspermüesli
Ein knuspriges Frühstücksgetreidegericht mit Getreideschleim, Mandelmilch, Sojamilch oder Fruchtsaft. Siehe Seite 192.

Tsampa
Tibetischer Gersten-Buchweizen-Porridge

Verbessern Sie mit diesem Frühstück vom Dach der Welt Ihre Ausdauer und Ihre Widerstandskraft. Das tibetische Original wird in Schwarztee gekocht und mit Yakbutter gewürzt. Der Geschmack ist unnachahmlich ... Wir ersetzen diese Zutaten durch Kukichatee und Öl. Sie brauchen eine Mühle zum Mahlen des Getreides, es sei denn, Sie können frischgemahlene Gerste und frischgemahlenen Buchweizen kaufen.

1 Liter Kukichatee (Seite 211)
1½ Tassen Gerste (ungemahlen)
½ Tasse Buchweizengriess
¼ gestrichener TL Salz
2 EL Pflanzenöl

1. Den Kukichatee zubereiten, abgiessen und abkühlen lassen.
2. Gerste und Buchweizen zu Mehl mahlen.
3. Das Mehl in einer trockenen Bratpfanne auf mittlerem Feuer leicht braun rösten. Abkühlen lassen.
4. Den Kukichatee salzen, in einen Topf geben und erhitzen. Bevor er warm ist, unter ständigem Rühren das geröstete Mehl hineinrieseln lassen. Weiterrühren, bis die Flüssigkeit kocht.
5. Auf kleinste Hitze reduzieren (Wärmestreuplatte), zudecken und 1½ Stunden köcheln lassen.
6. Kurz vor dem Servieren das Öl einrühren. Heiss servieren.

Variationen für Frühstücksgetreidebrei
Hier sind einige Ideen für den Anfang, wie Sie den Geschmack variieren können:
– Reis-, Gersten- oder Maismalz
– Ahornsirup
– Dörrfrüchtekompott (Seite 178)
– Rosinen oder andere gehackte Dörrfrüchte
– Getreideschleim (Seite 207)
– Sojamilch
– Mandelmilch (Seite 189, 190)
– Zimt
– Malzpulver mit Zimt
– geröstete Nüsse und Kerne (Seite 104), gemahlen oder gehackt
– gewärmtes Malz mit Nussmus (ein paar Tropfen Wasser beigeben, damit es cremig wird)
– Gomasio (Seite 230)
– Miso (mit Wasser verdünnen und als Farbtupfer auftragen)

Amerikanischer Brunch
Ein amerikanischer Sonntagsbrunch kann eine mussevolle Angelegenheit sein, mit Kaffee ohne Ende und Zeitungen, so dick wie Telefonbücher, oder aber ein eher hektisches Ereignis, wie etwa in der Kirchgemeinde oder im Pfadfinderlager. Ein Brunch beginnt nicht allzu früh am Morgen und kann sich ohne weiteres in den Nachmittag hineinziehen. Pfannkuchen und Muffins gehören zu jedem echten amerikanischen Brunch.

Amerikanische Pfannkuchen

Mark Berry aus Michigan führte uns ins Reich der Pfannkuchen ein. Sie gehören zu einem Frühstück, für das man genügend Zeit hat, einen Sonntagsbrunch zum Beispiel. Sie sind immer ein süsser Genuss, auch wenn sie mit Schinken, Ei und Wurst auf den Tisch kommen. Dazu gibt es eine Vielzahl verschiedener Garnituren (siehe unten, Pfannkuchen-Garnituren).

Wie viele Pfannkuchen kann man essen? Mark meint, vernünftig für einen Brunch wären etwa 3 pro Person. Es gibt allerdings legendäre Figuren, die 100 aufs Mal verdrückt haben sollen. Das Rezept ergibt 4–6 Pfannkuchen.

Kochutensilien:

Eine gute, solide, grosse Bratpfanne und eine Backschaufel zum Wenden der Pfannkuchen.

Trockene Zutaten, insgesamt 1 Tasse:
1 EL Pfeilwurzelmehl
¼ gestrichener TL Meersalz
1½ gestrichene TL Backpulver
Haushaltmehl, bis die Tasse voll ist

Flüssige Zutaten, insgesamt 1 Tasse:
1 EL leichtes Öl
2 EL Süssmittel, z.B. Malz oder Fruchtsaftkonzentrat
Wasser, Sojamilch oder Apfelsaft oder eine Kombination davon
je nach Konsistenz, zusätzliches Mehl oder Wasser
Öl zum Braten

Wenn der Teig im voraus zubereitet wird, sollte das Backpulver erst im allerletzten Moment dazukommen; es muss gleichmässig eingerührt werden.

1. Die Bratpfanne auf kleinem Feuer durch und durch heiss werden lassen.
2. Die trockenen Zutaten in eine Schüssel geben.
3. Die flüssigen Zutaten in einen Krug geben.
4. In der Mitte des Mehls eine Mulde formen, die Flüssigkeit hineingiessen und das Mehl 2 Minuten verrühren, bis ein Teig etwa von der Konsistenz von ungeschlagenem Vollrahm entsteht. Falls nötig noch Wasser oder Mehl beigeben.
5. Die Hitze etwas erhöhen. Die Temperatur muss hoch genug sein, damit die Pfannkuchen in 2–3 Minuten pro Seite braun werden. Wenn sie zu niedrig ist, dauert es länger; wenn sie zu hoch ist, verbrennt die Aussenseite, und innen sind sie noch roh. Sie merken beim ersten Pfannkuchen, den Sie backen, ob die Temperatur stimmt.
6. Etwa 1 EL Öl in die heisse Pfanne geben und verteilen.
7. Aus dem Teig Pfannkuchen ausbacken, etwa ½ Tasse pro Pfannkuchen. Der Teig soll zischen, wenn er in die Pfanne kommt. An der Oberfläche entstehen Blasen, weil das Backpulver wirkt. Sobald alle aufgeplatzt sind, ist die eine Seite gar. Wenden Sie den Pfannkuchen und braten Sie die andere Seite goldbraun. Aus der Pfanne nehmen und mit dem restlichen Teig ebenso verfahren. Manchmal wird der Teig während des Ausbackens dicker; in diesem Fall etwas Wasser beigeben. Sie können die Grösse der Pfannkuchen variieren. Nehmen Sie nur 2 EL Teig für münzgrosse Pfannkuchen. Oder machen Sie sie beliebig gross, so wie es die Pfanne zulässt.
8. Sie können die Pfannkuchen im leicht vorgeheizten Ofen warm stellen, wenn Sie alle aufs Mal servieren wollen.

Varianten

Um Pfannkuchen zu variieren, können Sie die Zusammensetzung des Teigs verändern oder ihm weitere Zutaten zufügen. Spielen Sie mit den verschiedenen Möglichkeiten und wählen Sie zusätzlich eine Garnitur nach Belieben.

Andere Zusammensetzung des Teigs

- Mais-Pfannkuchen: Fügen Sie 2 EL frisch gemahlenes gelbes Maismehl der Mehlmischung bei.
- Buchweizen-Pfannkuchen: Fügen Sie 2 EL frisch gemahlenes Buchweizenmehl der Mehlmischung bei.
- Gewürz-Pfannkuchen: Fügen Sie ½ gestrichenen TL Zimt oder Vanillepulver der Mehlmischung bei.
- Mit Ei angereichert: Fügen Sie ein Ei den flüssigen Zutaten bei. Der Pfannkuchen wird dann dichter. Wenn Sie ihn luftiger haben wollen, trennen Sie Eigelb und Eiweiss. Geben Sie das Eigelb zu den flüssigen Zutaten, schlagen Sie das Eiweiss steif und ziehen Sie es unter den Teig, bevor Sie ihn in die Pfanne geben.
- Hefe-Pfannkuchen: Verwenden Sie Hefe statt Backpulver. Siehe Blini (Seite 75).

Zutaten zum Teig

Alle Zutaten werden erst kurz bevor er gebraten wird, in den fertigen Teig gegeben.

- Kräuter-Pfannkuchen: Dem Teig 2 EL gehackte frische Kräuter (z.B. Schnittlauch oder Petersilie) oder eine Prise getrocknete Kräuter beigeben.
- Zwiebel-Pfannkuchen: Dem Teig 1 fein gehackte und kurz gedünstete Zwiebel beigeben.
- Heidelbeer-Pfannkuchen: Ein Evergreen in den USA! ½ Tasse frische oder tiefgefrorene Heidelbeeren kurz vor dem Ausbacken dem Teig beigeben. Die Heidelbeeren zuvor mit Mehl bestäuben, damit sie beim Ausbacken nicht platzen. Passt grossartig zum Maismehlteig.
- Pfannkuchen mit frischen Früchten: ½ Tasse irgendeiner frischen, in kleine Stücke geschnittenen Frucht, z.B. Äpfel, Birnen.

Pikante Pfannkuchen-Garnituren

- In feine Würfel geschnittene und mit etwas Salz in Pflanzenöl gedünstete Zwiebeln
- In Scheiben geschnittener, marinierter oder geräucherter Tofu oder Tempeh, in Pflanzenöl gebraten
- Gomasio (Seite 230)

Süsse Pfannkuchen-Garnituren
- Ahornsirup oder konzentrierter Fruchtsirup
- Ahorn-Pekan: gehackte, geröstete Pekannüsse und Ahornsirup
- Jede Art gehackte und geröstete Nüsse, z.B. Haselnüsse, Walnüsse, Mandeln, zusammen mit irgendeinem Süssmittel wie Ahornsirup, Fruchtsaftkonzentrat, Malz
- Frische Früchte, z.B. fein geschnittene Erdbeeren
- Früchtesauce (Seite 189)
- Konfitüre (Seite 231)
- Dörrfrüchtekompott (Seite 178)
- Geschlagener Kanten-Rahm (Seite 191)
- Glace/Eis (Seite 181)

PS: An einem Pfannkuchen-Brunch mit internationaler Beteiligung in Kiental sorgten folgende Vorschläge für einiges Erstaunen: Dries aus Antwerpen schlug Thunfisch mit Mayonnaise und Salat oder Sardinen in Tomatensauce vor. Von Friedrich aus Hamburg stammte der Vorschlag von Quark mit Bananen, und Dorota aus Breslau in Polen sprach sich für süssen Quark mit Rahm, Vanille und Rosinen aus. Jedem Tierchen sein Pläsierchen ... Ach ja: Mark liebt sie ganz einfach mit Butter drauf!

Muffins

In den USA gehören Muffins zu den Favoriten für einen Brunch oder eine Zwischenmahlzeit mit Kaffee. Siehe die Rezepte für Apfelmuffins (Seite 197) und «Ein Muffin, zehntausend Muffins» (Seite 197).

PIKANTE BACKWAREN

Pizzateig

Der Weizenanbau rund um Neapel und das feurige Temperament der Neapolitaner gaben der Welt zwei berühmte Gerichte: Pizza und Pasta. Man sagt, die neapolitanischen Seeleute hätten die Idee für Pizza vom Pittabrot aus dem Nahen Osten abgeleitet. Erst in Italien wurde daraus die weltberühmte Spezialität.

2⅔ Tassen (500 g) Haushaltmehl
3 gestrichene TL Meersalz
2 EL Olivenöl
15 g frische oder 7 g Trockenhefe
1¼ Tassen lauwarmes Wasser
zusätzliches Mehl fürs Kneten und Ausrollen
Öl zum Bepinseln des Backblechs
Belag (siehe Liste unten)

1 Mehl und Salz in einer Schüssel verrühren und das Öl von Hand darunter mischen.
2 Die Hefe in etwas lauwarmem Wasser (vom den bereitgestellten 1¼ Tassen) auflösen.
3 In der Mitte eine Mulde formen, die Hefe hineingeben, einrühren und genügend lauwarmes Wasser dazugeben, so dass ein knetbarer Teig ensteht. (Beginnen Sie mit 1¼ Tassen, und fügen Sie, wenn nötig, noch mehr dazu.)
4 Den Teig kneten und immer wieder mit Mehl bestäuben, damit er nicht klebt. Etwa 10 Minuten kneten, bis er weich und elastisch ist.
5 Den Teig in eine saubere, trockene Schüssel geben, mit einem feuchten Tuch bedecken und 1 Stunde an einem warmen Ort gehen lassen. In der Zwischenzeit die Zutaten für den Belag vorbereiten.
6 Den Teig noch einmal 3 Minuten kräftig durchkneten.
7 Den Teig in so viel Portionen teilen, wie Sie Pizze machen wollen. Sie können die Grösse variieren oder auch nur eine einzige grosse, rechteckige Pizza machen.
8 Den Ofen auf 220 °C vorheizen.
9 Den Teig ½ cm dick auf genügend Mehl, damit er nicht klebt, ausrollen.
10 Den ausgerollten Teig auf eingefettete Kuchenbleche legen und – nicht zu üppig – belegen.
11 15–20 Minuten im vorgeheizten Ofen backen. Nach 8 Minuten zum ersten Mal kontrollieren, dann alle 2 Minuten. Die Pizza ist fertig, wenn sie etwas aufgegangen ist, Blasen bildet und die Ränder braun werden.

Pizzabeläge

Eine hausgemachte Pizza lässt viel mehr Raum für Kreativität und schmeckt auch noch viel besser als eine Fertigpizza mit dem ewig gleichen Käse und den Tomaten. In einer guten Pizzeria in Italien hat man die Wahl zwischen rund 50 verschiedenen Zutaten, mit denen der Teig belegt wird. Lassen Sie also Ihre Phantasie walten. Der traditionelle Käse ist zart schmelzender Mozzarella aus Büffelmilch, der aber heutzutage nicht leicht zu bekommen ist. Der im Handel übliche Mozzarella ist aus Kuhmilch hergestellt und deutlich fader im Geschmack.

Am besten nehmen Sie Tomaten aus der Dose; sie sind geschält und fixfertig (Pelati). Achten Sie darauf, dass sie ohne Zucker- und Säurezusatz sind. Die Flüssigkeit abgiessen und die Tomaten in einem Sieb abtropfen lassen. Die Tomaten dünn auf dem Teig verteilen. Tomatenpüree ist nicht geeignet; es ist zu kräftig. Gut sind selbstverständlich auch frische Tomaten.

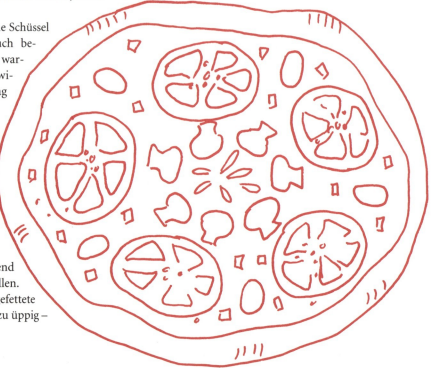

Merke: Eine Pizza ist auch dann noch eine Pizza, wenn sie weder Käse noch Tomaten enthält! Siehe unten.

Klassisch
Italienisch für den Anfang
- Margherita: Tomaten, Mozzarella, frisches Basilikum
- Napoli: Tomaten, Mozzarella, Sardellen, Oregano
- Romana: Tomaten, Mozzarella, Sardellen, Kapern, Oregano
- Funghi: Tomaten, Mozzarella, Pilze
- Siciliana: Tomaten, Mozzarella, Oliven, Sardellen, Oregano

Pizze ohne Käse
- Marinara: Tomaten, Knoblauch, Oregano
- Pugliese: Tomaten, Zwiebeln
- Quattro Stagioni: Die Pizza ist in vier Sektoren unterteilt. Tomaten gehören auf alle vier, dann ein weiteres Gemüse (für jede Jahreszeit bzw. auf jeden Sektor ein anderes). Häufig mit Pilzen, Artischocken, roten Peperoni (Paprika) und einem Ei oder Schinken, aber denkbar ist jedes Gemüse.
- Jede der oben erwähnten klassischen Pizze, aber ohne Käse
- Zwiebeln: in feine Ringe geschnittene Zwiebeln, 5 Minuten in Öl gedünstet
- Tofu-Miso-«Käse» (Seite 116) als Ersatz für Mozzarella, in dünne Scheiben geschnitten

Pizze ohne Tomaten
Auf allen erwähnten Pizze können die Tomaten weggelassen werden. Damit die Pizza nicht zu trocken wird, legen Sie eine Lage gedünstete Zwiebeln als unterste Schicht auf den Teig. Oder pürieren Sie Zwiebeln und Karotten und streichen Sie die Paste auf den Teig. Wenn Sie einen Ersatz für das Rot der Tomaten haben möchten, geben Sie Randen (rote Bete) dazu.

Vorgehen
Bereiten Sie den Belag zu, während der Teig aufgeht (Schritt 5). Belegt wird die Pizza in Schritt 10, kurz vor dem Backen. Ausnahmen:
- Heikle oder schnell garende Zutaten: erst 3 Minuten vor Ende der Backzeit darauf legen.
- Kräuter, getrocknet oder frisch: unmittelbar nach dem Backen darüberstreuen.

Alle Beläge können mit ein paar Tropfen Olivenöl ergänzt werden. Unmittelbar nach dem Backen darüberträufeln.

Glasur für pikante Backwaren
Eine einfache Glasur für alle folgenden Rezepte, damit Kuchen und Crackers Glanz bekommen.

1 EL Maiskeimöl
1 EL Shoyu

Zusammen verrühren und Kuchen oder Crackers vor dem Backen bepinseln.

Kathleens Narrensicherer Kuchenboden
Dieser leichte, knusprige, auf der Zunge schmelzende Kuchenboden geht auf ein Rezept zurück, das wir vor über 15 Jahren von einer unserer Lehrerinnen, der Amerikanerin Kathleen Bellici, erhalten haben. Das Geheimnis liegt darin, dass zum einen die Zutaten kalt sein müssen und zum anderen der Teig so wenig wie möglich geknetet wird. Folgen Sie den Anweisungen ganz genau, und er wird immer gelingen. Der Teigboden eignet sich für alle folgenden Kuchenrezepte.

Das Rezept ergibt genug Teig für einen gedeckten Kuchen von 25 cm Durchmesser oder zwei ungedeckte gleicher Grösse.

2 Tassen (300 g) Haushaltmehl
1 EL feine Haferflocken
1 EL feines Mais-, Reis- oder Pfeilwurzelmehl
½ gestrichener TL Meersalz
½ Tasse leichtes Maiskeimöl oder ein anderes leichtes Öl
ca. ½ Tasse kaltes Wasser
(Für einen süssen Kuchen nach Belieben 2 EL Ahornsirup beigeben; in diesem Fall weniger Wasser nehmen.)
Öl zum Einfetten der Kuchenbleche
zusätzliches Mehl zum Ausrollen des Teigs

1. Alle Zutaten sollten kalt sein. Das Mehl und das Öl dürfen sogar aus dem Kühlschrank kommen.
2. Alle Mehlsorten und das Salz in eine Schüssel geben.
3. Das Öl dazugeben und mit einem Messer einrühren. Die Mischung sieht jetzt ziemlich unappetitlich aus, etwa wie grober Sand. Genau so soll sie aussehen!
4. Wasser beigeben. Die benötigte Menge richtet sich nach dem Mehltyp. Der Teig sollte alles Wasser absorbieren und dabei weder klitschnass noch staubtrocken sein. Den Teig kurz mit einem Messer durcharbeiten (nicht mit den Händen; sie sind zu warm). Nun sieht der Teig noch schlimmer aus, mit Streifen, Wirbeln und Knollen. Versuchen Sie gar nicht, daraus einen glatten Teig zu machen.
5. Es gibt Spezialisten, die in dieser Phase den Teig, mit einem feuchten Tuch zugedeckt, 30 Minuten im Kühlschrank stehen lassen. Wenn es in Ihren Stundenplan passt, können Sie ihn auch mehrere Stunden drin lassen. Wenn Sie keine Zeit haben, können Sie auch gleich beim nächsten Schritt weiterfahren.
6. Den Ofen auf mittlere Temperatur (200 °C) vorheizen. Backblech(e) mit Öl einreiben.

7 Den Teig halbieren. Eine Hälfte 2 mm dick ausrollen, idealerweise auf kühlem Marmor, aber jede andere kühle Arbeitsfläche geht auch. Diese zusätzlich mit Mehl bestäuben, damit der Teig nicht klebt.
8 Den Teig aufs Backblech legen, gut in die Ecken drücken, aber den Teig nicht auseinanderziehen.
9 Mit einem scharfen Messer den überstehenden Teig abschneiden. (Damit allenfalls Löcher abdecken.)
10 Den Teig mit einer Gabel einstechen, damit er beim Backen keine Blasen wirft, oder getrocknete Bohnen darauf verteilen, damit er flach bleibt. Schritte 7–10 für die zweite Hälfte des Teigs wiederholen. Entweder für einen zweiten Kuchen oder als Deckel für den ersten verwenden.
11 Für Füllungen, die gebacken werden müssen, den Kuchenboden 5 Minuten vorbacken. Für bereits fertig gekochte Füllungen den Teigboden goldgelb backen. Er sollte trocken und knusprig sein. Backzeit: insgesamt 10–15 Minuten.

Französischer Zwiebelkuchen

Nehmen Sie die halbe Rezeptmenge von Kathleens Narrensicherem Kuchenboden (Seite 97).

1 Kuchenboden von 25 cm Durchmesser, 15 Minuten vorgebacken
1 kg Zwiebeln, in feine Scheiben geschnitten
2 Knoblauchzehen, gehackt oder gepresst
1 EL geröstetes Sesamöl
2 Lorbeerblätter
2 EL Shoyu
½ kleiner Block geräucherter Tofu oder Tempeh, in kleine Würfel geschnitten
1 gestrichener TL Kuzu oder Pfeilwurzelmehl

1 Zwiebeln und Knoblauch im Öl dünsten, 2 EL Wasser, Shoyu und die Lorbeerblätter beigeben. Zudecken und auf kleinem Feuer 30 Minuten köcheln lassen. Den geräucherten Tofu oder Tempeh während den letzten 5 Minuten beigeben.
2 Das Kuzu mit ein wenig kaltem Wasser vermischen. Zu den Zwiebeln geben, gut umrühren, bis er andickt.
3 Die Füllung auf Zimmertemperatur abkühlen lassen und auf den Kuchenboden verteilen. Fertig.

Cremiger Karottenkuchen

Nehmen Sie die halbe Rezeptmenge von Kathleens Narrensicherem Kuchenboden (Seite 97).

1 Kuchenboden von 25 cm Durchmesser, 15 Minuten vorgebacken
1 kg Karotten, in mundgerechte Stücke geschnitten
3 EL Maiskeimöl
½ TL Meersalz
2 Zweige frischer oder 1 TL getrockneter Rosmarin

1 Die Karotten mit dem Salz in einer schweren Pfanne 5 Minuten im Öl dünsten. Nicht braun werden lassen.
2 Die Hitze reduzieren, den Rosmarin beigeben.
3 Zudecken und 1 Stunde sanft köcheln lassen, bis die Karotten sehr weich sind. Etwas Wasser beifügen, um das Anbrennen zu verhindern.
4 Den Rosmarin herausnehmen. Die Karotten zerdrücken oder pürieren – manche lieben's gröber, andere cremiger. Es sollte etwa 3 Tassen Püree ergeben.
5 Den Kuchenboden bis zum Rand damit füllen und warm oder kalt servieren.

Variante

Würziger Karottenkuchen: Für ein Aroma aus tausendundeiner Nacht ersetzen Sie den Rosmarin durch je 1 gestrichenen TL gemahlenen Kreuzkümmel und Koriander. Geben Sie die Gewürze in den letzten 5 Minuten des Kochvorgangs in Schritt 3 hinzu.

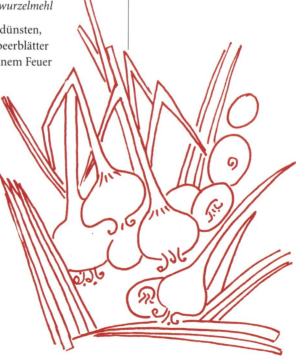

Pilzkuchen

Nehmen Sie die halbe Rezeptmenge von Kathleens Narrensicherem Kuchenboden (Seite 97).

Diese Pilzfüllung ist übrigens auch auf einem Toast ganz ausgezeichnet.

1 Kuchenboden von 25 cm Durchmesser, 15 Minuten vorgebacken
500 g Pilze, in ½ cm dicke Scheiben geschnitten
3 EL Maiskeimöl
2 Prisen Meersalz
2 Knoblauchzehen, gehackt oder gepresst
2 Lorbeerblätter
1 EL Mehl
1 Tasse Sojamilch oder Gemüsefond
1 TL Shoyu
1 EL Mirin oder Weisswein
1 Prise Muskatnuss
Meersalz nach Belieben

1 Die Pilze mit dem Meersalz im Maiskeimöl dünsten, bis sie zusammengefallen sind.
2 Knoblauch und Lorbeerblätter beigeben, die Hitze so weit wie möglich reduzieren, zudecken und die Pilze im eigenen Saft 20 Minuten köcheln lassen.
3 Knoblauch und Lorbeerblätter herausnehmen und die Pilze offen weiter köcheln lassen, bis die Flüssigkeit verdunstet ist.
4 In der Zwischenzeit Sojamilch oder Gemüsefond wärmen.
5 Wenn die Pilzflüssigkeit verdampft ist, das Mehl beigeben, mit einem Holzlöffel gut einrühren und 2–3 Minuten leicht braun werden lassen. Die Pfanne vom Feuer nehmen.
6 Die warme Sojamilch oder den Fond zu den Pilzen giessen, kräftig rühren, um Klumpenbildung zu vermeiden. Es entsteht eine dicke Sauce.
7 Shoyu, Mirin, Muskatnuss und Salz beigeben. Auf kleinem Feuer zugedeckt 10 Minuten köcheln lassen.
8 Die Füllung auf den Kuchenboden giessen. 15 Minuten stehen lassen. Warm oder kalt servieren.

Spanakopita
Griechischer Gemüsekuchen

Eine berühmte Spezialität aus den Bäckereien Griechenlands. Der blättrige Teig mit der Füllung aus Spinat und Fetakäse ist sehr schmackhaft und nahrhaft, aber Ihrer wird natürlich noch bessser. Als Snack zwischendurch, ideal auch für unterwegs, oder als Teil einer Mahlzeit servieren.

1 Rezeptmenge von Kathleens Narrensicherem
Kuchenboden, ungebacken (Seite 97)
siedendes, gesalzenes Wasser zum Kochen des Tofus
150 g Tofu
1 EL weisses Miso
1 EL Umeboshi-«Essig»
1 mittlere Zwiebel, in dünne Ringe geschnitten
300 g Spinat oder Grün von Krautstielen, grob geschnitten
1 kleines Bund wilde Kräuter, z.B. Brennesseln
oder Löwenzahn
2 EL Olivenöl
Meersalz
1 kleines Bund Fenchelblätter oder Pulver aus gemahlenen Fenchelsamen
ein paar schwarze Oliven
Mehl zum Ausrollen des Teigs
Öl zum Bepinseln des Kuchenblechs

1 Den Teig für den Kuchenboden herstellen. Bevor Sie ihn ausrollen, mit einem feuchten Küchentuch zugedeckt stehen lassen und in der Zwischenzeit die Füllung zubereiten.
2 Den Tofu zugedeckt 5 Minuten im siedenden Salzwasser kochen. Abgiessen und abkühlen lassen.
3 Den Tofu mit den Fingern grob zerkrümeln. Mit dem weissen Miso und dem Umeboshi-«Essig» vermischen und marinieren. Der Tofu kann auch mehrere Stunden eingelegt werden, wenn er im Kühlschrank aufbewahrt wird.
4 Das Olivenöl in eine grosse Pfanne geben und die Zwiebeln darin 5 Minuten sanft dünsten, bis sie weich und glasig, aber noch nicht braun sind.
5 Das gehackte Gemüse mit einer Prise Meersalz zu den Zwiebeln geben und weiter dünsten, bis das Gemüse zusammengefallen ist.
6 Den Tofu mitsamt der Marinade beigeben und vermischen.
7 Vom Feuer nehmen, Oliven und Fenchel beigeben. Abschmecken und nach Bedarf nachwürzen. Die Füllung beiseite stellen.
8 Den Ofen auf 200 °C vorheizen.
9 Die Hälfte des Teigs 2 mm dick ausrollen. In ein eingefettetes Backblech geben und mit einer Gabel einstechen. Bei 200 °C 10 Minuten ohne Füllung vorbacken.
10 Die Füllung auf dem Teig verteilen und mit der anderen Hälfte des ausgerollten Teigs bedecken.
11 15 Minuten bei 200 °C weiterbacken.
12 Die Hitze auf 150 °C reduzieren und weitere 10 Minuten backen.
13 Warm oder kalt servieren.

Tofu-Quiche

Quiche Lorraine ist eine Spezialität aus Lothringen, französisch Lorraine genannt. Das Original wird mit Eiern, Speck und Rahm gemacht; wir nehmen statt dessen Tofu und geräucherten Tempeh. Wir verwenden einen etwas anderen Kuchenboden, weil die Füllung so reichhaltig ist, aber Sie können auch Kathleens Narrensicheren Kuchenboden (Seite 97) nehmen. Die klassische Form für diese Quiche ist aus Keramik und hat einen gerippten Rand, aber Sie können auch ein gewöhnliches Kuchenblech benutzen. Servieren Sie die Quiche heiss oder kalt mit Salat. Das Rezept ergibt eine Quiche von 25 cm Durchmesser.

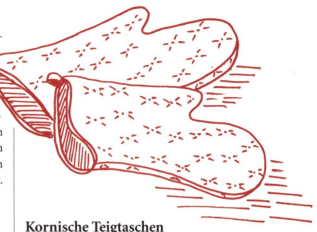

3 oder 4 grosse Zwiebeln, in dünne Scheiben oder kleine Würfel geschnitten
2 EL Maiskeimöl
1½ Tassen (225 g) Haushaltmehl
¼ gestrichener TL Meersalz
¼ Tasse Maiskeimöl
ca. ⅜ Tassen kaltes Wasser
Mehl zum Ausrollen des Teigs
125 g (1 Tasse) fester, frischer Tofu
1 Tasse Sojamilch oder Fond
1 gestrichener TL Meersalz
¼ gestrichener TL gemahlener weisser Pfeffer
⅛ gestrichener TL gemahlene Muskatnuss
3 gestrichene EL Mehl
nach Belieben ½ kleiner Block geräucherter Tempeh, in kleine Würfel geschnitten

1. Die Zwiebeln sehr langsam im Öl dünsten, bis sie weich, süss und braun sind. Das dauert etwa 30 Minuten. Fügen Sie ab und zu Wasser bei, um das Anbrennen zu verhindern.
2. In der Zwischenzeit den Ofen auf 200 °C vorheizen und aus Mehl, Meersalz, Öl und Wasser einen Teig herstellen. Machen Sie ihn genau gleich wie Kathleens Narrensicheren Kuchenboden (Seite 97). Den Teig für dieses Rezept ein bisschen dicker ausrollen, ca. 3 mm dick. Den Teig ins Kuchenblech geben und mit einer Gabel einstechen. Die Ränder mit Zeigefinger und Daumen bördeln. 10–15 Minuten bei 200 °C vorbacken, bis er hell-golden und knusprig ist.
3. Während der Kuchenboden im Ofen ist, für die Füllung Tofu, Sojamilch oder Fond, Salz, Pfeffer, Muskatnuss und Mehl in den Mixer geben und glattrühren.
4. Den Kuchenboden aus dem Ofen nehmen und Ofentemperatur auf 180 °C reduzieren.
5. Die gedünsteten Zwiebeln auf dem Kuchenboden verteilen und die Tempehwürfel darüberstreuen. Den gemixten Tofu darüber verteilen.
6. Wieder in den Ofen schieben und bei 180 °C ungefähr 30 Minuten backen, bis die Füllung luftig und hellbraun ist.
7. Die Quiche kann heiss oder kalt serviert werden.

Kornische Teigtaschen

Eine vollständige Mahlzeit zum Mitnehmen, von den Ehefrauen der kornischen Minenarbeiter in Südwestengland als Verpflegung für ihre Männer erfunden. Das Original wird mit Fleisch, Kartoffeln, Zwiebeln und Karotten gefüllt. Wir nehmen statt dessen Seitan, Reste von Bohnen oder Getreide und gekochtes oder rohes, klein geschnittenes Gemüse. Sorgen Sie dafür, dass die Füllung würzig wird. Sie können Kräuter und Gewürze beifügen. Die Füllung muss ziemlich feucht, darf aber nicht allzu saftig sein. Das Rezept ergibt 6 mittlere Taschen.

½ Rezeptmenge von Kathleens Narrensicherem Kuchenboden, ungebacken (Seite 97)
2 Tassen würzige Füllung
Mehl zum Ausrollen des Teigs
Öl zum Einfetten des Backblechs

1. Den Teig in sechs gleich grosse Portionen teilen.
2. Jede Portion etwa 2 mm dick zu einer Kreisfläche von 10–12 cm Durchmesser ausrollen.
3. 1 EL Füllung auf die untere Hälfte des Kreises geben, 1 cm Rand lassen.
4. Den Rand mit Wasser befeuchten und die obere Teighälfte darüberschlagen, so dass ein Halbmond entsteht. Die Ränder mit einer Gabel aufeinanderdrücken und so zusammenkleben.
5. Mit einem scharfen Messer oben dreimal einschneiden.
6. Die Taschen auf einem eingefetteten Backblech bei 200 °C 15 Minuten backen, bis sie braun sind.
7. Wenn rohes Gemüse in der Füllung ist, die Hitze auf 150 °C reduzieren und weitere 10–15 Minuten backen.
8. Die Teigtaschen abkühlen lassen und mit einer Serviette in den Lunchbeutel packen.

Varianten

– Reis-Curry-Füllung: 1 Zwiebel in Würfel schneiden, in 1 EL Olivenöl weich dünsten, vom Feuer nehmen und folgende Gewürze beigeben: je ½ gestrichener TL Kümmel, Koriander und Kurkuma sowie 1 Prise Chilipulver und 1 Prise Majoran. Die gewürzten Zwiebeln mit Resten von Reis und Bohnen und beliebigem, in Würfel geschnittenem Gemüse vermengen (2 Tassen).

- Süsse Teigtaschen: Eine Füllung aus frischen, rohen, in Würfel geschnittenen Äpfeln oder Birnen machen und Rosinen, Nüsse und Zimt dazugeben. Nach Belieben gekochten Reis dazugeben. Ein grossartiges Dessert oder eine süsse Zwischenmahlzeit.
- Mini-Teigtaschen: Diese eleganten kleinen Teigtaschen können als Amuse-bouches, als Snacks zu Getränken oder als Teil eines Menüs gereicht werden. Machen Sie aus der gleichen Teigmenge 12 Portionen, jede mit einem TL Füllung gefüllt.

Aramestrudel

Ein prima Gericht, mit dem man Leute von Meeresgemüse überzeugen kann, die es sonst nie zu probieren gewagt hätten. Es macht sich auch gut auf einem Buffet.

½ Rezeptmenge von Kathleens Narrensicherem Kuchenboden, ungebacken (Seite 97)
Mehl zum Ausrollen des Teigs
doppelte Rezeptmenge Arame mit Zwiebeln und Karotten (Seite 154)
Öl zum Einfetten des Backblechs
Glasur für pikante Backwaren (Seite 97)

1 Den Ofen auf 180 °C vorheizen.
2 Den Teig ca. 2 mm dick zu einem langen Oval ausrollen.
3 Die Arame muss trocken sein; überschüssige Flüssigkeit abgiessen. Die Arame auseinanderziehen, so dass sie bis auf einen 2 cm breiten Rand den ganzen Teig bedeckt. Von der Längsseite her aufrollen und die Ränder mit kaltem Wasser verkleben.
4 Auf ein gefettetes Backblech geben.
5 Den Strudel mit der Glasur bepinseln und mit einem scharfen Messer die Oberfläche ein paarmal schräg einschneiden.
6 Bei mittlerer Hitze (180 °C) 20 Minuten goldbraun backen.
7 15 Minuten abkühlen lassen, um das Zerschneiden zu erleichtern.

Sesam-Crackers

Kathleens Narrensicherer Teig ergibt auch hervorragende hausgemachte Crackers, die sich gut in einem luftdicht verschlossenen Behälter halten, wenn es Ihnen gelingt, sie rechtzeitig vor gefrässigen Mäulern zu verstecken.

Man weiss wirklich nie, wann man einen Hit landet: Als Katriona diese Crackers zum erstenmal auftischte, war ihrem Ehemann endgültig klar, dass er die richtige Frau geheiratet hat.

Machen Sie Kathleens Narrensicheren Kuchenboden (Seite 97), mit folgenden Änderungen:
1 Wenn Sie das Mehl und das Meersalz in Schritt 2 vermengen, geben Sie 1 Tasse geröstete Sesamkerne und 1 TL gehackten Rosmarin dazu.
2 Den Teig 3 mm dick ausrollen und auf ein eingefettetes Backblech geben. Oder direkt im Blech ausrollen.
3 Die Glasur nach Rezept (Seite 97) machen und die Oberfläche des Teigs damit bepinseln.
4 Mit einer Gabel einstechen.
5 Mit einem Messer oder einem Pizzaschneider den Teig in Quadrate, Rechtecke oder Rhomben schneiden.
6 Die Crackers 10–15 Minuten bei mittlerer Hitze (180 °C) backen. Nach 8 Minuten nachschauen, ob Sie allenfalls das Blech drehen müssen. Die Crackers sind fertig, wenn sie goldbraun sind.
7 Sofort vom Blech nehmen und auf einem Gitter auskühlen lassen.

Varianten
- Anstelle von Sesam können Sie geröstete gehackte Mandeln, Mohnsamen oder Selleriesamen verwenden.
- Wenn Sie vom Kuchenbacken Teigreste haben, können Sie sie einfach ausrollen, Samen darauf drücken, mit Öl und Shoyu bepinseln und backen.

Vivis Strand-Crackers

Dieses Rezept kreierte Vivianne Binetti im Alter von 7 Jahren.

2 Tassen (300 g) Haushaltmehl
2 Prisen Meersalz
6 EL Maiskeimöl
12 EL Wasser
2 Tassen Hiziki-Reste oder Arame-Algen (Seite 153)
1 Handvoll (ca. 100 g) frischer Tofu

1 Den Ofen auf 200 °C vorheizen.
2 Mehl, Salz und Öl vermischen.
3 Das Wasser beigeben und alles zu einem Teig rühren.
4 Den Teig in zwei gleich grosse Portionen teilen und zu identischen Formen ausrollen.
5 Den Tofu mit den Händen unter die Algen kneten, so dass alles zusammenhält. Diese Mischung auf eine der ausgerollten Teigflächen geben. Mit der anderen Teigfläche zudecken und vorsichtig zusammenpressen.
6 Mit einer runden Ausstechform Plätzchen ausstechen und auf ein eingefettetes Backblech geben. Die Oberfläche mit Öl bepinseln. Aus den übrigbleibenden Abschnitten «Murmeln» formen.
7 10 Minuten bei 200 °C goldgelb backen.

Teigschnecken

Diese Schnecken macht die 5jährige Francesca aus Teigresten, die von Mutters Kuchen übrigbleiben.

ein paar walnussgrosse Teigkugeln
ein paar Rosinen

1 Die Teigkugeln von Hand zu einer fingerdicken Schlange rollen.
2 Einige Rosinen in den Teig drücken.
3 Die Schlange zu einer Schnecke aufrollen, so dass die Rosinen innen liegen und der Kopf der Schnecke etwas herausragt. Zwei kleine Hörner aus Teig formen und mit Wasser ankleben.
4 Auf einem eingefetteten Backblech bei 200°C etwa 15 Minuten backen.

Sandwiches und pikante Snacks

Computerburger

Die perfekte Mahlzeit aus Linsen oder Bohnen für den Büromenschen.

1 Linsenburger (Seite 108)
2 Vollkornbrötchen
sauer eingelegtes Gemüse, Senf, Salatblätter

Die Brötchen mit Senf bestreichen, Salatblätter und den Burger darauf legen und mit sauer eingelegtem Gemüse nach Wahl garnieren. Den Burger in ein Salatblatt oder eine Papierserviette einwickeln, damit Ihre schöne Computertastatur keine Fettflecken kriegt.

Ideen für Sandwichfüllungen

Im Folgenden ein paar Ideen, womit Sie Sandwiches auch noch füllen können. Zu allen Füllungen passen frischer Salat, Sprossen, Gurkenscheiben und sauer eingelegtes Gemüse.

Miso-Tahini-Aufstrich

1 EL Miso, 3 EL Tahini und 1 TL Malzsirup mischen und mit Wasser verdünnen, bis die Paste streichbar ist. Sie kann mit Nussmus oder durch Zugabe von fein geriebener Zitronen- oder Orangenschale oder Schnittlauch variiert werden. Der Aufstrich ist im Kühlschrank ein paar Tage haltbar.

Schnelle Bohnenpaste

Bohnen- oder Linsenreste zusammen mit 1 TL Tahini und 1 TL Miso zerdrücken.

Folgende Rezepte eignen sich ebenfalls als Sandwichfüllung:

– Linsenpastete (Seite 108)
– Hummus (Seite 112)
– Tofu-Miso-«Käse» (Seite 116)
– Süsser Gemüseaufstrich (Seite 146)
– Maggies Pilzterrine (Seite 146)
– Tofu-Dip (Seite 168)
– Tofu-«Hüttenkäse» (Seite 168)
– Thunfischsalat (Seite 130)
– Gebratener Tofu (Seite 115)
– Seitan-Steak (Seite 120)
– Gebratener Tempeh (Seite 118)

Amerikanisches Sandwich

John Montagu, der vierte Earl of Sandwich, gilt als Erfinder dieser Zubereitungsart, die inzwischen die Welt erobert hat. Um das Kartenspiel nicht unterbrechen zu müssen, liess er sich sein Rindfleisch zwischen zwei Brotscheiben eingeklemmt an den Spieltisch bringen. Die Amerikaner haben aus dieser improvisierten Mahlzeit ein Nationalgericht mit endlosen Abwandlungsmöglichkeiten gemacht. Das folgende Rezept ist eine mehrschichtige Sache und attraktiv genug, dass Sie es auch Gästen anbieten können. Es kann als ideale Lösung für eine Zusammenkunft dienen, deren Hauptzweck nicht das Essen ist, wo es aber doch etwas zu beissen geben muss. Wenn Sie nach etwas ganz Schnellem suchen, lesen Sie das Rezept Erdnussbutter-Sauerkraut-Sandwich auf Seite 23.

Als Brot kann man Vollkorn- oder Weissbrot nehmen. Servieren Sie die Sandwiches mit Tortilla-Chips und Salatblättern. Wenn Sie nicht abwaschen wollen, nehmen Sie Papierteller oder Servietten. Oder, besonders ökologisch, wickeln Sie sie in grosse Salatblätter. Das Rezept ergibt 6 grosse Sandwiches.

Kochutensilien:

12 lange Holzspiesschen (können zusätzlich verziert werden)

12 Scheiben Brot, höchstens 1 cm dick geschnitten
½ Tasse Mayonnaise oder Tofumayonnaise (Seite 165)
2 Bund Schnittlauch, fein gehackt
½ Tasse Sauerkraut, gehackt
2 mittlere Karotten, geraspelt
1 Rezeptmenge Gebratener Tempeh (Seite 118), quer halbiert
1 EL Senf
als Garnitur zusätzliche Salatblätter, Tortilla-Chips, Petersilie, Kresse, Radieschenröschen

1 Alle Zutaten vorbereiten und in separaten Gefässen in der Reihenfolge bereit stellen, wie Sie sie verwenden werden.

2 Sandwiches belegen: Mayonnaise aufs Brot streichen, Schnittlauch darüberstreuen, ein Salatblatt darauf legen (es darf auch ein bisschen überhängen), mit Sauerkraut belegen, geraspelte Karotten darüberstreuen, gebratene Tempeh-Scheiben darauf legen und mit einer dünnen Schicht Senf bestreichen, zuletzt noch ein Salatblatt oben

drauf. Eine zweite Brotscheibe mit Mayonnaise bestreichen und als Deckel auflegen.
3 Das ganze Sandwich sorgfältig, aber kräftig zusammendrücken.
4 Mit 2 langen Holzspiesschen an zwei gegenüberliegenden Ecken fixieren.
5 Mit einem scharfen Messer das Sandwich diagonal zwischen den Ecken ohne Spiesschen durchschneiden.
6 Wenn Sie die Sandwiches im voraus zubereiten, legen Sie ein feuchtes Tuch darüber, damit sie nicht austrocknen.
7 Die Sandwiches zusammen mit den Garnituren auf eine Platte oder ein Tablett legen.

Varianten
– Ein anderes Eiweissprodukt nehmen: Entweder Gebratener Seitan (Seite 120) oder Gebratener Tofu (Seite 118).
– Das Gemüse durch frische Keimlinge oder Gurkenscheiben variieren oder ergänzen.
– Statt Mayonnaise einen anderen Aufstrich verwenden (siehe Ideen für Sandwichfüllungen, Seite 103).

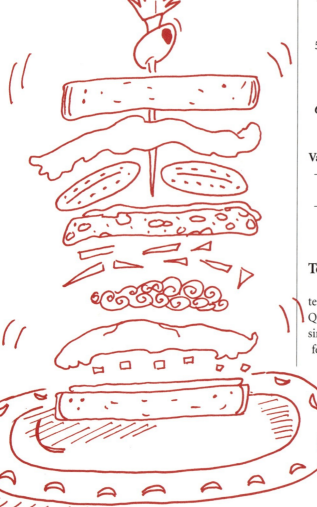

Geröstete Nüsse und Kerne

Salzige Nüsse sind prima als Snack oder zusammen mit einem Drink als Aperitif vor dem Essen.

2 Tassen (250 g) Nüsse und Kerne: Haselnüsse, Mandeln, Walnüsse, Erdnüsse, Sonnenblumenkerne, Kürbiskerne (Wenn Sie mehr als eine Sorte verwenden, jede einzeln zubereiten.)
1 EL Shoyu für salzigen Geschmack
oder 1 EL Umeboshi-«Essig» für salzig-sauren Geschmack

1 Den Ofen auf mittlere Hitze (180°C) vorheizen.
2 Jede Sorte Nüsse oder Kerne einzeln in einem Sieb waschen und gut abtropfen lassen.
3 Die Nüsse und Kerne separat auf Backbleche geben. In der Mitte des Ofens rösten, bis sie knapp hellbraun sind (je nach Grösse der Nüsse etwa 8–12 Minuten). Alle 3–5 Minuten den Ofen öffnen und die Nüsse mit einem Holzlöffel drehen und wenden, damit alle gleichmässig geröstet werden. Sie sind fertig, wenn sie durch und durch honigfarben sind. Brechen Sie eine auseinander, um nachzusehen. Lassen Sie sie nicht dunkelbraun werden, sonst schmecken sie unangenehm bitter.
4 Auf einer Platte ausbreiten und sofort mit Shoyu oder Umeboshi-«Essig» beträufeln, solange sie noch ganz heiss sind.
5 Noch einmal 5 Minuten in den Ofen geben, damit sie trocknen. Dabei den Ofen besser abstellen oder die Tür offen lassen, damit die Nüsse und Kerne nicht zu dunkel werden.
6 Den Vorgang für jede Sorte wiederholen, bis alle geröstet sind. Dann können sie alle vermischt werden.

Varianten
– Pikant: Zusammen mit dem Shoyu 1 Prise Cayennepfeffer oder 1 TL frischen Ingwersaft dazugeben.
– Süss-salzig: Zum Shoyu ein wenig Mirin (Reiswein) geben.

Tortilla-Chips

Die in Mexiko und den Südstaaten der USA heiss geliebten Tortilla-Chips sind mitterweile auch hierzulande in guter Qualität in Bioläden und in Reformhäusern erhältlich. Sie sind wunderbare Snacks und Appetitanreger und passen perfekt zu einer Guacomole (Seite 169) oder als Ergänzung zu einer Tex-Mex-Mahlzeit mit Chilibohnen (Seite 111) oder Gebratenen Bohnen (Seite 111). Es macht Spass, sie selber herzustellen. Die Chips sind am besten, wenn sie sofort, frisch und knusprig, genossen werden. Werden sie im voraus zubereitet, kann man sie vor dem Servieren entweder kurz im heissen Ofen aufbacken oder ein zweites Mal frittieren.

1 Tasse feines gelbes Maismehl
1 Tasse gesiebtes Vollkornmehl (auch 80-Prozent-Mehl genannt)
1 gestrichener TL Meersalz
ca. 1 Tasse Wasser
Mehl zum Ausrollen des Teigs

1. Mehl und Salz vermischen.
2. Genügend Wasser beigeben, damit ein fester Teig entsteht. Nicht kneten.
3. Den Teig auf einer kühlen, mit Mehl bestreuten Arbeitsfläche so dünn wie möglich ausrollen.
4. Mit einem Teigrädchen in Quadrate oder Dreiecke schneiden. (Ein scharfes Messer geht auch.)
5. Die Chips frittieren. Immer ein paar zusammen, wie in der Anleitung zum Frittieren (Seite 151) beschrieben. Frittieren Sie sie, bis sie goldfarben und knusprig sind. Auf einem Gitter abtropfen lassen.

Algen-Chips

Ein schmackhafter und ungewöhnlicher Snack; ausgezeichnet mit einem Drink. Siehe die Rezepte für Kombu-Chips (Seite 158) und Frittierten Mekabu (Seite 158). Mit Zitronenschnitzen garnieren.

Pastinaken-Chips

Verschaffen Sie der bescheidenen Pastinake mit dieser ungewöhnlichen Zubereitung einen grossen Auftritt!

2 mittlere Pastinaken, gut gebürstet, ungeschält
Fritieröl
feines Meersalz

1. Die Pastinaken in papierdünne Scheiben schneiden.
2. Die Chips frittieren. Immer ein paar zusammen, wie in der Anleitung zum Frittieren (Seite 151) beschrieben. Frittieren Sie sie, bis sie goldfarben und knusprig sind. Auf einem Gitter abtropfen lassen.
3. Mit feinem Meersalz bestreuen.

Popcorn

Schnell und einfach als Snack oder als Dessert. Kinder haben sie besonders gern. Sie sind am besten, wenn sie superfrisch, noch warm auf den Tisch kommen.

½ Tasse (60 g) Popcorn
1 EL Maiskeimöl
Dazu eines oder zwei der folgenden Gewürze:
feines Meersalz, ein paar Tropfen Shoyu, ein paar Tropfen Umeboshi-«Essig», geschmolzene Butter, Chili-Pulver, Curry-Pulver oder Bierhefe

1. Einen mittelgrossen Topf mit Deckel auswählen.
2. Den Topf wärmen und Maiskeimöl in einer dünnen Schicht auf dem Boden verteilen.
3. Drei Maiskörner hineingeben, zudecken und warten, bis die Körner aufspringen; dann ist die richtige Temperatur erreicht.
4. Jetzt den Rest der Körner hineingeben, zudecken und die Körner aufspringen lassen. Immer wieder den Topf schütteln, damit nichts anbrennt.
5. Wenn das Aufspringen aufhört, die Popcorn in eine Schüssel geben und eines oder zwei der oben genannten Gewürze dazugeben.

Eiweiss

Hülsenfrüchte: Getrocknete Bohnen, Erbsen und Linsen

Wissen Sie Bescheid über Hülsenfrüchte?

Bohnen gehören zusammen mit Erbsen und Linsen zur botanischen Familie der Leguminosen oder Hülsenfrüchte. Die Samen dieser Pflanzen sind eiweissreich. Sie spielten in der Ernährung des Menschen schon immer eine wichtige Rolle als Eiweissspender. Archäologische Untersuchungen haben an den Tag gebracht, dass Sojabohnen in China schon vor 3000 Jahren, Linsen in Ägypten vor 4000 Jahren und Bohnen in Mexiko gar bereits vor 9000 Jahren gegessen wurden.

Ernährungswissenschaftliche Untersuchungen um die Jahrhundertwende ergaben, dass Leguminosen nicht alle acht essentiellen Aminosäuren, das heisst jene Eiweisskomponenten, die der menschliche Körper nicht selber herstellen kann, enthalten. Dies hatte zur Folge, dass man sie als «minderwertiges» Eiweiss betrachtete und zum Schluss kam, allein tierisches Eiweiss decke den Bedarf des Menschen. Diese Auffassung lässt die ganz zentrale Tatsache ausser Acht, dass Leguminosen immer mit Getreide zusammen verzehrt wurden und die in den Leguminosen fehlende Aminosäure Methionin im Getreide im Überfluss vorkommt. Dem Getreide mangelt es dafür an Lysin, was wiederum in den Leguminosen gut vertreten ist. Wenn die beiden zusammen in der gleichen Mahlzeit gegessen werden, nehmen wir alle essentiellen Aminosäuren auf. Das darin enthaltene Eiweiss ist also genauso wertvoll wie tierisches Eiweiss, hat aber den Vorteil, fettarm und cholesterinfrei, reich an Ballaststoffen und viel ökonomischer und umweltverträglicher zu sein. Zudem braucht der menschliche Körper deutlich weniger Eiweiss als das, was heutzutage in der westlichen Gesellschaft davon vertilgt wird. Viele Menschen könnten ihren Eiweisskonsum ohne negative Folgen reduzieren.

Die Yin- und Yang-Wirkung von pflanzlichem Eiweiss

Die Übersicht auf Seite 14/15 zeigt deutlich die unterschiedliche energetische Wirkung von tierischem und pflanzlichem Eiweiss. Das gesamte Pflanzenreich ist stärker yin-betont, während das Reich der Tiere eher yang-bestimmt ist. Daher ist pflanzliches Eiweiss von Hülsenfrüchten und Getreide leichter und besser verdaulich als tierisches Eiweiss und lässt sich auch ohne Rückgriff auf Extreme einfacher ausbalancieren. Innerhalb der tierischen Eiweissprodukte lassen sich weitere Abstufungen machen: Fisch, der zu einer entwicklungsgeschichtlich früheren Stufe gehört, neigt mehr zu Yin als auf dem Land lebende Tiere, die stärker yang-lastig sind. Milch ist flüssig, süss und stärker yin-betont als das Tier selbst; daher neigen Milch und Milchprodukte stärker zum Yin-Pol als Fleisch. Eier andererseits stellen das konzentrierte Potential des Tieres als Ganzes dar und besitzen daher unter den tierischen Produkten die stärkste Yang-Wirkung.

Verdaulichkeit

Viele Leute finden, Hülsenfrüchte seien schwer verdaulich. Das Problem bei der Verdauung von Leguminosen ist die unüblich komplexe Zusammensetzung der Stärke (aus Stachyose und Raffinose). Das Geheimnis im Umgang mit ihnen liegt in der Zubereitung, im Zauber des Kochens.

Wissen Sie, wie man Hülsenfrüchte kocht?

Gründlich waschen und einweichen

Hülsenfrüchte enthalten häufig ein paar Steinchen. Leeren Sie sie also auf ein Küchentuch und verlesen Sie sie sorgfältig. Gut waschen und abtropfen lassen. Getrocknete Bohnen und Erbsen müssen 4–8 Stunden in kaltem Wasser (Menge: etwa 2½mal so viel wie Bohnen) eingeweicht werden. Linsen brauchen etwas weniger Zeit, etwa 1 Stunde, oder können auch ohne Einweichen gekocht werden. Die Einweichzeit kann verkürzt werden, indem man warmes Wasser verwendet. (Sie können testen, ob die Bohnen genügend lange eingeweicht sind, indem Sie eine spalten. Die Schnittflächen sollten glatt und von gleichmässiger Farbe sein.) Während des Einweichens werden etwa 10 Prozent der ungewöhnlich komplexen Stärken von Enzymen in Zucker umgewandelt. (In Sprossen sind sie zu 100 Prozent umgewandelt.) Zu lang eingeweichte Bohnen können anfangen zu gären; wenn Sie sie also nicht sofort kochen, bewahren Sie sie im Kühlschrank auf.

Einweichwasser weggiessen

Wenn Sie eine empfindliche Verdauung haben, schütten Sie das Einweichwasser weg, um allen Problemen aus dem Weg zu gehen, denn das Wasser enthält Elemente, welche die Verdauung der Bohnen erschweren können. Um auch die ins Wasser übergegangenen Nährstoffe zu nützen, kochen manche Leute die Hülsenfrüchte im Einweichwasser und gehen davon aus, dass richtiges Kochen die Bestandteile, welche die Verdauungsprobleme hervorrufen, eliminiert.

Schaum abschöpfen

Verwenden Sie einen Schaumlöffel oder ein Sieb, um den Schaum abzuschöpfen, der sich beim Kochen an der Oberfläche bildet. Lassen Sie die Bohnen zuerst während 10 Minuten kräftig sprudelnd im offenen Topf kochen, ehe Sie sie zugedeckt köcheln lassen oder in den Dampfkochtopf geben.

Gut gar kochen

Es ist sehr wichtig, Hülsenfrüchte so lange zu kochen, bis sie vollständig weich sind. Damit entfernen Sie 85 Prozent der unverdaulichen komplexen Stärke. Kochen im Dampfkochtopf ist ideal für grosse und mittelgrosse Hülsenfrüchte. Kleinere wie Adzukibohnen und Linsen können in einem gewöhnlichen Topf gekocht werden; sie sollten immer ganz mit Wasser bedeckt sein. Verkürzen Sie die in den Rezepten angegebenen Kochzeiten nicht. Die Kochzeit ist immer genau auf die entsprechende Art der Hülsenfrüchte abgestimmt. Einige brauchen 30–40 Minuten, andere bis zu 1½ Stunden. Lassen Sie den Druck nach einer Stunde ab und prüfen Sie, ob sie gar sind. Sie müssen wirklich durch und durch weich sein. (Es kann vorkommen, dass Hülsenfrüchte überhaupt nicht weich werden. Dies vor allem dann, wenn sie sehr alt sind. Nehmen Sie, wenn immer möglich, Bohnen, Erbsen und Linsen der letzten Ernte.)

Kombu mitkochen

Geben sie von Anfang an ein Stück Kombu dazu. Diese Algenart hilft, die Bohnen weich zu kriegen und fügt ihnen zudem Mineralien bei. Wischen Sie den Kombu mit einem feuchten Tuch ab, um das Salz zu entfernen.

Salz

Geben Sie Salz oder Shoyu erst hinzu, wenn die Hülsenfrüchte weich sind. Wenn Sie vorher salzen, werden sie nicht weich.

Schockmethode

Giessen Sie zwei- oder dreimal während des Kochens kaltes Wasser hinzu. Damit treiben Sie die Hitze in die Bohnen hinein. Diese Methode eignet sich nicht für das Kochen im Dampfkochtopf, da Sie dabei immer wieder den Deckel öffnen müssten.

Kräuter und Gewürze

Einige Kräuter und Gewürze verbessern die Verdaulichkeit der Bohnen. Dazu gehören Rosmarin, Thymian, Majoran, Salbei, Oregano, Kümmel, Koriander, Kurkuma, Senf, Knoblauch, Chili und Ingwer. Auch ein wenig rohe Zwiebel oder gehackter Schnittlauch oder Frühlingszwiebeln als Garnitur können helfen.

Gründliches Kauen

Die Verdauung der komplexen Kohlehydrate findet in erster Linie bereits im Mund durch das Kauen und die Einwirkung der im Speichel enthaltenen Enzyme statt. Deshalb müssen alle Hülsenfrüchte, Getreide und Gemüse ausgiebig gekaut werden.

Bohnenreste

Lassen Sie Reste abkühlen, bevor Sie sie in den Kühlschrank stellen. Sie halten sich ungefähr drei Tage. Einzelne Portionen nach Bedarf aufwärmen.

Linseneintopf

Das Rezept für diese vollständige, einfache Mahlzeit mit Linsen finden Sie auf Seite 21.

Linseneintopf nach Grossmutterart

Vervollständigen Sie dieses Gericht nach altem Rezept durch eine Getreidespeise, ein kurz gekochtes grünes Gemüse, sauer eingelegtes Gemüse und eine Würzbeilage zu einer ganzen Mahlzeit.

1 Tasse braune oder grüne ganze Linsen
2 Tassen Wasser
1 Stück Kombu oder Wakame, 5 cm lang
4 EL Öl
2 mittlere Karotten, in Würfel geschnitten
2 mittlere Zwiebeln, in Würfel geschnitten
1 EL Miso oder ein gestrichener TL Meersalz
1 gestrichener EL Senf
als Garnitur 1 kleines Bund Petersilie, Schnittlauch oder anderes frisches Grünzeug, fein gehackt

1 Die Linsen waschen und mit dem Wasser in einen schweren Topf geben. Auf hohem Feuer aufkochen, den Schaum von der Oberfläche abschöpfen, Kombu dazugeben und auf kleinem Feuer köcheln lassen. (Für Details siehe oben, «Wie man Hülsenfrüchte kocht».)
2 Die Karotten und Zwiebeln 5 Minuten im Öl dünsten.
3 Zu den Linsen geben. Es sollte alles knapp mit Wasser bedeckt sein. Kontrollieren Sie während des Kochens immer wieder den Wasserstand und giessen Sie, wenn nötig, Wasser nach.
4 Weitere 15–20 Minuten köcheln lassen, bis die Linsen und das Gemüse weich sind.
5 Miso oder Salz und den Senf beigeben, gut umrühren und weitere 5 Minuten köcheln lassen.
6 Den Kombu ganz darin lassen, in kleine Stücke schneiden oder entfernen.
7 Garnieren und heiss in einer Schüssel oder direkt aus dem Topf (so bleibt er länger heiss) servieren.

Varianten

– Gemüse variieren: Verwenden Sie Lauch anstelle der Zwiebeln, jedes andere Wurzelgemüse (z.B. Sellerie) statt Karotten.
– Schärfere Würzung: Geben Sie zusammen mit der Zwiebel eine gehackte Knoblauchzehe dazu. Fügen Sie 1 TL Curry oder Chili mit dem Gemüse bei und lassen Sie den Senf weg.
– Für eine fettfreie Version lassen Sie Schritt 3 weg.
– Machen Sie mit den Resten eine Suppe, indem Sie Wasser oder Fond dazugeben.

Linsenburger

Eine beliebte und schmackhafte Art und Weise, Linsen zu servieren. Jede Art Linsen eignet sich: ganze braune oder grüne oder halbe rote. Es kann auch jede andere Art gekochter Bohnen oder Erbsen verwendet werden. Burger sind ideal für ein Picknick oder für den Lunch im Büro oder in der Schule (siehe Computerburger, Seite 103).

1¼ Tassen Reste von gekochten Linsen oder Bohnen, ohne Flüssigkeit (entspricht ½ Tasse roher Linsen)
1 EL Miso
ca. ½ Tasse Paniermehl oder feine Haferflocken oder eine Mischung davon
1 kleine Zwiebel, in kleine Würfel geschnitten
1 EL Öl
Gewürze: Wählen Sie zwischen Thymian, Salbei, Ingwer, Paprika und Cayennepfeffer
Mehl zum Bestäuben der Oberfläche, ca. ½ Tasse
Öl zum Braten

1 Die Linsen- oder Bohnenreste in eine Schüssel geben und mit dem Miso zerdrücken.
2 So viel Paniermehl und/oder Haferflocken beigeben, dass eine weiche, aber feste Masse entsteht. Die Menge hängt davon ab, wie feucht die Bohnen sind.
3 Die Mischung 15 Minuten stehen lassen, bis alle Flüssigkeit aufgesogen ist.
4 In der Zwischenzeit die Zwiebel 5 Minuten im Öl sanft dünsten, bis sie weich ist. Kräuter und Gewürze beigeben und vom Feuer nehmen.
5 Die Zwiebel unter die Bohnen mischen.
6 Daraus 4–6 Burger formen. Die Technik ist die gleiche wie für Hirseburger (Seite 73).
7 Die Burger mit Mehl bestäuben.
8 In einer Bratpfanne ½ cm Öl hoch erhitzen und die Burger auf beiden Seiten braten. Am einfachsten wenden Sie sie mit zwei Gabeln.
9 Herausnehmen und auf Haushaltpapier oder einem Gitter abtropfen lassen.

Linsenpastete

Diese Pastete ist einfach zuzubereiten. Jede Art Linsen kann verwendet werden: ganze braune oder grüne oder halbe rote. Es kann auch jede andere Art gekochter Bohnen oder Erbsen verwendet werden. Die Pastete ist fest genug, dass man sie schneiden, aber trotzdem weich genug, dass man sie aufs Brot streichen kann.

1¼ Tassen Reste von gekochten Linsen oder Bohnen, ohne Flüssigkeit (entspricht ½ Tasse roher Linsen)
1 Zwiebel, in kleine Würfel geschnitten
1 Knoblauchzehe, fein gehackt oder gepresst
2 EL Öl
1 gestrichener TL Gemüsefondpaste

1 Tasse warmes Wasser
1 gestrichener TL gehackte frische oder ½ gestrichener TL getrocknete Kräuter wie Rosmarin, Thymian oder Salbei
1 gehäufter TL Agar-Agar-Flocken
1 TL Umeboshi-«Essig»
2 gehäufte EL feine Haferflocken
1 gestrichener TL leichtes Tahini

Gelee (fakultativ):
1 Tasse Wasser
2 EL Shoyu
1 EL Mirin oder Weisswein
1 gehäufter TL Agar-Agar-Flocken
1 kleines Bund frische Kräuter (dieselben wie für die Pastete)

1. Zwiebel und Knoblauch im Öl 5 Minuten sanft dünsten, bis sie glasig sind.
2. Die Gemüsefondpaste im warmen Wasser auflösen und zusammen mit den Kräutern, Agar-Agar und dem Umeboshi-«Essig» zu den Zwiebeln geben. Sehr sanft 10 Minuten offen köcheln lassen.
3. Zusammen mit Haferflocken und Tahini zu den gekochten Linsen geben und 5 weitere Minuten köcheln lassen. Mit dem Stabmixer zu drei Vierteln verquirlen, so dass noch Stückchen erkennbar sind.
4. In ein Gefäss, das 2 Tassen fasst, füllen und 2 Stunden an einem kühlen Ort stehen lassen. (Wenn Sie die Pastete am Stück aus dem Gefäss stürzen wollen, spülen Sie es vor dem Füllen mit kaltem Wasser aus.)
5. Das Gelee wird wie folgt hergestellt: Die Agar-Agar-Flocken 15 Minuten in dem mit Shoyu und Wein vermischten Wasser köcheln lassen. Die Menge reduziert sich auf eine ½ Tasse. Die Kräuter auf die kalte Pastete legen und das Gelee darübergiessen. An einem kühlen Ort fest werden lassen.

Grundrezept Hülsenfrüchte

Für Kidneybohnen, Kichererbsen, Borlottibohnen (auch Pintobohnen genannt), weisse Bohnen, Sojabohnen, Adzukibohnen oder jede andere kleine oder mittelgrosse Bohnensorte.

Kochen im Dampfkochtopf ist empfehlenswert, weil es schnell geht und die Verdaulichkeit fördert. Wenn Sie ohne Dampf kochen wollen, vergleichen Sie die Variante. Zum Kochvorgang im Detail siehe «Wissen Sie, wie man Hülsenfrüchte kocht?» auf Seite 106.

1 Tasse getrocknete Bohnen (ergibt 3–4 Tassen gekochte Bohnen)
1 Stück Kombu, 5 cm lang
1 gestrichener TL Meersalz
als Garnitur Schnittlauch oder fein gehackte Frühlingszwiebel

1. Die Bohnen waschen und in 2½ Tassen kaltem Wasser 4–8 Stunden einweichen.
2. Abtropfen lassen und das Einweichwasser weggiessen.
3. Die Bohnen in den Dampfkochtopf geben und mit frischem Wasser bedecken.
4. Auf mittlerem Feuer aufkochen und den Schaum mit einem Schaumlöffel von der Oberfläche abschöpfen.
5. Den Kombu mit einem feuchten Tuch abreiben und zu den Bohnen geben.
6. Den Dampfkochtopf schliessen. Sobald der Druck hoch ist, die Hitze reduzieren (Wärmestreuplatte) und 1 Stunde kochen. (Die genaue Kochzeit variiert von Sorte zu Sorte. Lassen Sie nach 1 Stunde den Druck ab und sehen Sie nach, ob sie gar sind. Sie müssen ganz weich sein.)
7. Salz dazugeben und weitere 10 Minuten köcheln lassen.
8. Heiss und direkt aus dem Topf servieren, jede Portion garnieren.

Variante

Kochen ohne Dampfkochtopf: Kochen Sie die Bohnen in einem Topf mit Deckel und kontrollieren Sie immer wieder, ob die Bohnen mit Wasser bedeckt sind. Falls nötig Wasser nachgiessen. Rechnen Sie mit mindestens doppelt so langer Kochzeit wie im Dampfkochtopf.

Bohnentopf für die ganze Familie

Ein kräftiges Eiweissgericht, das eine hungrige Familie sättigt oder eine Einzelperson ein paar Tage lang am Leben erhält. Mit einem Getreidegericht und einem Blattgemüse oder einem Salat servieren. Sie können jede beim Grundrezept links erwähnte Sorte verwenden.

*2 EL Öl
2 mittlere Zwiebeln oder 1 grosser Lauchstengel, fein geschnitten
1 Prise Meersalz
3 Karotten (oder dieselbe Menge Kürbis oder Pastinaken), in mundgerechte Stücke geschnitten
Bohnen nach Grundrezept (ergibt 3–4 Tassen gekochte Bohnen)
Wasser vom Bohnenkochen, durchgesiebt
2 Lorbeerblätter
1 EL Miso
als Garnitur Schnittlauch oder Frühlingszwiebeln, gehackt*

1 Die Zwiebeln oder den Lauch mit dem Salz im Öl dünsten, die Karotten oder anderes Gemüse nach 2 Minuten dazugeben. Alles zusammen 5 weitere Minuten dünsten.
2 Die Bohnen auf das Gemüse schichten. So viel Wasser dazugeben, dass das Gemüse bedeckt ist. (Die Bohnen brauchen nicht im Wasser zu sein, da sie ja schon gekocht sind.)
3 Alles zum Köcheln bringen, die Lorbeerblätter beigeben und ½ Stunde köcheln lassen, bis das Gemüse weich ist.
4 Den Miso in einigen Esslöffeln Bohnenwasser zu einem Brei rühren, in den Topf geben, umrühren und weitere 5 Minuten köcheln lassen.
5 Abschmecken, nach Bedarf nachwürzen und die Konsistenz überprüfen. Der Eintopf sollte dick und würzig sein. Wenn er zu dünn ist, haben Sie folgende Möglichkeiten, ihn einzudicken:
– etwas Pfeilwurzelmehl, Kuzu oder feine Maisstärke (Maizena) in kaltem Wasser auflösen und zum Eintopf geben. Gut rühren, um Klumpenbildung zu verhindern;
– oder ein paar Esslöffel Eintopf herausnehmen, durch ein Sieb drücken oder mixen und zurück in den Topf geben.
6 Heiss servieren. Jede Portion einzeln garnieren.

Gebackene Bostoner Bohnen

Traditionell werden für dieses Gericht die kleinen weissen Pintobohnen verwendet, aber jede andere Sorte geht auch. In Grossbritannien sind die Bohnen aus der Dose – auf Toast angerichtet – zu einem Nationalgericht geworden.

*3 Tassen nach Grundrezept gekochte Bohnen (Seite 109)
Wasser vom Bohnenkochen, durchgesiebt
2 mittlere Zwiebeln, fein gehackt
2 EL Öl
3 EL dunkles Gerstenmalz
2 EL Tomatenpüree
1 EL Senf
1 TL Apfelweinessig*

1 Den Ofen auf mittlere Hitze (180 °C) vorheizen.
2 Die Zwiebeln im Öl 5 Minuten glasig dünsten.
3 Zwiebeln und Gewürze zu den Bohnen geben. Genügend Flüssigkeit dazugeben; die Mischung soll saftig sein.
4 In eine etwa 5 cm tiefe feuerfeste Form geben und zugedeckt 2 Stunden backen.
Sie können das Gericht auch länger bei niedriger Temperatur backen, z.B. 4 Stunden bei 150 °C oder 6–8 Stunden bei 120 °C.

Varianten

Für eine nahrhaftere Version geben Sie eine vegetarische Wurst dazu oder fritierten Seitan oder Tempeh.

Drei-Bohnen-Salat

Dieser ausgezeichnete Bohnensalat muss mindestens eine Stunde ziehen; er kann auch am Vortag zubereitet werden.

*1 Tasse gekochte Kichererbsen, Wasser abgegossen, abgekühlt (⅓ Tasse rohe Bohnen)
1 Tasse gekochte rote Kidneybohnen, Wasser abgegossen, abgekühlt (⅓ Tasse rohe Bohnen)
1½ Tassen frische grüne Bohnen, in 3 cm lange Stücke geschnitten
½ rote Zwiebel, in feine Scheiben geschnitten
oder 2 oder 3 feine Frühlingszwiebeln, fein geschnitten
2 Knoblauchzehen, gepresst
2 EL frische Petersilie, fein gehackt
½ Tasse Zitronen-Sesam-Sauce (Seite 23, 165)*

1 Kichererbsen und Kidneybohnen separat kochen und abkühlen lassen (siehe Grundrezept Seite 109). Verkochen Sie sie nicht! Sie sollen weich, aber noch fest sein.
2 Die grünen Bohnen in wenig Salzwasser 3–5 Minuten blanchieren, bis sie weich, aber noch knackig und grün sind. Abgiessen und abkühlen lassen.
3 Alle Zutaten einschliesslich der Sauce miteinander vermengen. Zudecken und an einem kühlen Ort mindestens 1 Stunde ziehen lassen. Wenn Sie in der Nähe sind, können Sie ab und zu mal umrühren. Lässt man den Salat länger, bis 24 Stunden stehen, wird der Geschmack immer besser.

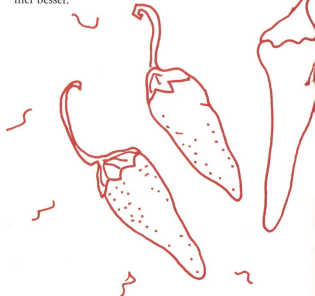

Tex-Mex Chili-Bohnen

Mexikanisches Essen nach der Art der texanischen Nachbarn jenseits der Grenze, dafür ist Marlise Spezialistin. Die Bohnen können mit Reis oder heissem Maisbrot (Seite 90) serviert werden. Reichen Sie dazu einen Salat.

3 Tassen gekochte rote Kidney- oder Pintobohnen oder
1 Tasse rohe Bohnen
1 mittlere Zwiebel, in Würfel geschnitten
1 Knoblauchzehe, gepresst
4 EL Öl
1 gestrichener TL Kümmel
½ gestrichener TL Chilipulver
Meersalz nach Belieben
Tabasco nach Belieben

1 Die Bohnen kochen (siehe Grundrezept Seite 109).
2 Zwiebel und Knoblauch im Öl dünsten.
3 Zusammen mit den Gewürzen zu den Bohnen geben, gut vermischen und 15 Minuten köcheln lassen.
4 Abschmecken und nach Belieben nachwürzen. Wer es schärfer mag, gibt noch ein wenig mehr Tabasco hinzu.

Variante

Chili sin carne: Geben Sie zusammen mit den Zwiebeln 200 g Seitan dazu.

Gebratene Bohnen

Eine wundervolle Methode zur Verwertung von Bohnenresten. Servieren Sie sie auf Tacos oder Tortillas oder als Dip für Tortilla-Chips (Seite 104). Dazu ein fein geschnittener Eisbergsalat.

2 Tassen Bohnenreste, ohne Wasser (Kochwasser beiseite stellen)
1 Zwiebel, in Würfel geschnitten
1 Knoblauchzehe, gepresst
4 EL Öl
fakultative Gewürze:
1 gestrichener TL Kreuzkümmel
1 gestrichener TL Koriander
½ TL Chilipulver
½ Tasse Sojamilch oder Kochwasser von den Bohnen
2 Lorbeerblätter
2 EL Miso

1 Zwiebel und Knoblauch im Öl weich dünsten.
2 Vom Feuer nehmen und die fakultativen Gewürze beigeben.
3 Die Bohnen dazugeben und mit einer Gabel gut drei Viertel davon zerdrücken.
4 Sojamilch, Lorbeerblätter und Miso dazugeben und 15 Minuten köcheln lassen.
5 Abschmecken und nach Belieben nachwürzen.
6 Tacos oder Tortillas damit füllen und heiss servieren. Oder als Dip zu Tortilla-Chips servieren.

Variante

Nachos: Gekaufte knusprige Tortilla-Chips auf ein Backblech geben. Die gebratenen Bohnen darüber verteilen, mit geriebenem Käse bestreuen und 5 Minuten im heissen Ofen (250 °C) backen, bis der Käse geschmolzen ist.

Energiespendender Sojabohneneintopf

In diesem reichhaltigen, energiespendenden Sojabohneneintopf werden einige orientalische Spezialitäten als Zutaten verwendet. Wenn Sie diese nicht bekommen können, ersetzen Sie sie einfach durch andere. Mit Vollreis und blanchiertem Blattgemüse servieren.

2 Tassen gelbe Sojabohnen, über Nacht in 5 Tassen Wasser eingeweicht
1 Stück Kombu, 5 cm lang
1 Shiitake-Pilz
5 grosse Stücke Lotuswurzel
eine kleine Handvoll getrockneter weisser Rettich
1 Stangensellerie, in Würfel geschnitten
1 mittlere Karotte, in Würfel geschnitten
1 Klettenwurzel (gleiche Menge wie Karotte), in Würfel geschnitten
1 EL geröstetes Sesamöl
1 Prise Meersalz
100 g Seitan, in Würfel geschnitten
1 EL Miso
1 TL frisch geraspelter Ingwer
als Garnitur 1 kleines Bund Schnittlauch, gehackt

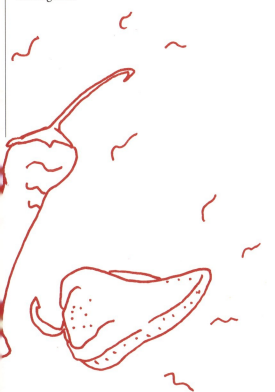

1 Die Sojabohnen mit dem Einweichwasser in den Dampfkochtopf geben und ohne Deckel aufkochen.
2 Im offenen Topf 10 Minuten kochen lassen; den Schaum abschöpfen.
3 Zudecken, auf maximalen Druck bringen und 1¼ Stunden kochen. Dampf ablassen und die Bohnen abgiessen, die Kochflüssigkeit beiseite stellen.
5 In der Zwischenzeit die trockenen Zutaten, nur knapp mit kaltem Wasser bedeckt, in separaten Gefässen einweichen. Den Kombu nur 10 Minuten einweichen, sonst wird er schleimig. Die anderen Zutaten dürfen etwa 1 Stunde im Wasser bleiben. Alle ausdrücken und fein schneiden. Das Einweichwasser kann in Schritt 9 zum Kochen verwendet werden, aber probieren Sie vorher, ob es nicht zu salzig oder zu bitter ist.
6 Während die Bohnen kochen, das frische Gemüse mit einer Prise Meersalz 5 Minuten im Öl sanft dünsten. Vom Feuer nehmen.
7 Den in Scheiben geschnittenen Kombu unter das Gemüse mischen.
8 Die getrockneten Zutaten darauf schichten und den in Würfel geschnittenen Seitan beifügen.
9 Zuletzt die abgetropften Bohnen darauf geben. Giessen Sie gerade so viel Bohnen-Kochwasser dazu, dass das getrocknete Gemüse bedeckt ist. Denken Sie daran, das Einweichwasser der getrockneten Zutaten mitzuverwenden.
10 Deckel drauf und 45 Minuten köcheln lassen. Ab und zu kontrollieren und nach Bedarf Wasser nachgiessen. Am Ende sollte fast alles Wasser aufgesogen sein.
11 Den Miso mit wenig Wasser zu einem Brei rühren und zusammen mit dem Ingwersaft dazugeben. Sorgfältig rühren, damit die Bohnen und das Gemüse nicht zerfallen. Ein paar weitere Minuten köcheln lassen.
12 Heiss und direkt aus dem Topf servieren. Jede Portion einzeln garnieren.

Süsse schwarze Sojabohnen

In Japan sagt man, dieses Gericht gebe eine klare und schöne Singstimme. Mit Vollreis und Gemüse servieren.

2 Tassen schwarze Sojabohnen, über Nacht mit
½ gestrichenen TL Salz in 2 Tassen Wasser eingeweicht
(Das Salz verhindert, dass sich die Haut ablöst.)
2 EL Shoyu
1 EL Reismalz (oder Mirin oder Ahornsirup)

1 Die Bohnen zusammen mit dem gesalzenen Einweichwasser in den Dampfkochtopf geben und ohne Deckel aufkochen.
2 Im offenen Topf 10 Minuten kochen; den Schaum abschöpfen.
3 Deckel drauf und 1¼ Stunden kochen. Dampf ablassen und den Deckel entfernen.
4 Shoyu dazugeben und ohne Deckel köcheln lassen, bis die Bohnen fast trocken und glänzend sind.
5 Das Malz dazugeben und den Topf leicht schütteln, damit sich das Malz gleichmässig verteilt und die Bohnen mit einer süssen Schicht überzieht. Nicht mit dem Löffel untermischen, sonst zerfallen die Bohnen. Achten Sie nach dem Beigeben des Malzes darauf, dass nichts anbrennt.

Hummus
Kichererbsenpaste

Versetzen Sie sich mit dieser würzigen Paste in den Nahen Osten. Hummus ist ein Standardgericht in der Türkei, in Libanon und Israel. Zum Pürieren der Kichererbsen eignet sich am besten ein Handpassiergerät. Notfalls geht es auch im Mixer, aber dabei bleibt die Haut der Erbsen drin, was den Hummus weniger gut verdaulich macht. Zudem hält er sich weniger lang.

Normalerweise wird Hummus kalt mit warmem Pittabrot (Seite 221) serviert, das man in die Paste tunkt; dazu gibt es Oliven und Salat. Crackers, Tortilla-Chips und Reisküchlein sind gute Alternativen zum Brot. Oder probieren Sie's mit rohem oder leicht blanchiertem Gemüse, z.B. in Stengel geschnittenem Sellerie oder Karotten, die in den Hummus getaucht werden. Dieses Gericht eignet sich als Vorspeise oder als eine nahrhafte Zwischenmahlzeit, als Sandwichbelag oder Teil eines kalten Buffets.

Hummus hält sich nur einen oder zwei Tage im Kühlschrank. Lassen Sie ihn vor dem Servieren eine Stunde bei Raumtemperatur stehen, damit er seinen vollen Geschmack entwickeln kann. Das Rezept ergibt 2 Tassen Hummus.

1 Tasse Kichererbsen
2 EL Knoblauchöl (Seite 228)
oder 2 EL Olivenöl mit einer gepressten Knoblauchzehe
1 EL leichte Tahini-Paste
1 EL frischer Zitronensaft
1 gestrichener TL Meersalz
als Garnitur ein paar Tropfen Olivenöl, Paprikapulver, schwarze Oliven, Petersilie, Zitronenschnitze

1 Die Kichererbsen waschen und über Nacht in 3 Tassen Wasser einweichen.
2 Im Dampfkochtopf aufkochen. Den Schaum abschöpfen.
3 Rund 1½ Stunden im Dampfkochtopf garen, bis die Erbsen ganz weich sind.
4 Absieben und das Kochwasser beiseite stellen.
5 Die Kichererbsen im Handpassiergerät pürieren, dabei so viel Wasser beigeben, dass ein dickes Püree entsteht.
6 Alle Gewürze beigeben und, falls nötig, nochmals Kochwasser beigeben, bis die gewünschte dicke, cremige Konsistenz erreicht ist. Nachdem das Hummus abgekühlt ist, nochmals abschmecken und nachwürzen. Jede Geschmacksnote sollte deutlich spürbar sein, ohne dass eine dominiert.
7 Farbenfroh garniert in einer flachen Schale anrichten.

Falafel

Diese würzigen, fritierten Kichererbsen-Plätzchen werden im Nahen Osten überall auf der Strasse verkauft. Normalerweise erhält man sie zusammen mit Salat in einer Tasche aus Pittabrot (Seite 221), mit Tahini-Knoblauch-Sauce (Seite 166) beträufelt. Falafel werden meistens als Zwischenmahlzeit oder Vorspeise serviert, können aber auch zusammen mit Couscous und Gemüse eine vollständige Mahlzeit bilden.

In unserem Rezept werden so wie im Originalrezept rohe Kichererbsen verwendet, die 24 Stunden eingeweicht wurden. (Wir haben auch mit vorgekochten Kichererbsen experimentiert, mussten aber feststellen, dass die Falafel dann beim Fritieren leicht zerfallen und zerplatzen.) Das Rezept ergibt 12 Falafel.

1 Tasse (190 g) Kichererbsen, während 24 Stunden in
3 Tassen Wasser eingeweicht
1 TL Meersalz
1 kleine Zwiebel, sehr fein gehackt
1 Knoblauchzehe, sehr fein gehackt oder gepresst
1 Bund flachblättrige Petersilie, sehr fein gehackt
(2 gehäufte EL)
1½ gestrichene TL Kreuzkümmel, gemahlen
1½ gestrichene TL Koriander, gemahlen
⅛ gestrichener TL Cayennepfeffer
1 EL Zitronensaft
Öl zum Fritieren

1 Die Kichererbsen abgiessen und mit dem Salz im Mixer grob pürieren, bis sie aussehen wie Brotkrumen. Es soll keine Paste ergeben.
2 Das Erbsenpüree in eine Schüssel geben und die übrigen Zutaten mit einer Gabel darunter mischen. Die Mischung sollte locker und krümelig sein.
3 Mit feuchten Händen die Masse zu 1½ cm dicken Plätzchen von etwa 5 cm Durchmesser formen. Machen Sie sich keine Sorgen, wenn sie krümelig und unordentlich ausssehen – das soll so sein. Wenn Sie wollen, können Sie auch kleinere Bällchen formen.
4 Jeweils einige aufs Mal 2 bis 3 Minuten auf jeder Seite fritieren, bis sie rötlichbraun werden.
5 Auf Küchenpapier oder einem Gitter abtropfen lassen und bis zum Servieren warm halten.

TOFU

Wissen Sie Bescheid über Tofu?

Tofu ist ein sehr leicht verdauliches, proteinreiches Nahrungsmittel aus Sojabohnen, das eine ideale Ergänzung zu Getreide darstellt.

Um Tofu herzustellen, wird erhitzter Sojamilch ein Gerinnungsmittel zugesetzt – vergleichbar dem der Kuhmilch zugefügten Lab. Den besten Tofu erhält man mit dem traditionellen Gerinnungsmittel Nigari (Magnesiumchlorid, das bei der Raffinierung von grauem Meersalz als Nebenprodukt anfällt). Das Eiweiss gerinnt und bildet Klümpchen, die dann zu Tofu gepresst werden. Durch den Gerinnungsprozess der Sojamilch werden die Eiweisse der Sojabohne leichter verdaulich.

Tofu oder Sojaquark ist im Fernen Osten schon seit Jahrhunderten ein hochgelobtes Nahrungsmittel. In den letzten Jahren hat er auch in den USA und in Europa zahlreiche Anhänger gefunden. Er ist besonders bei einer vegetarischen und fettarmen Ernährung sehr wertvoll und kann auch von Menschen mit Allergien gegen Milchprodukte und Weizen bedenkenlos genossen werden. Tofu ist ziemlich fad; unsere Rezepte arbeiten deshalb mit würzigen Marinaden und Saucen. Frischer Tofu kann einige Tage im Kühlschrank aufbewahrt werden; er muss mit Wasser bedeckt sein, das täglich zu wechseln ist.

Im Unterschied zu Seitan und Tempeh ist Tofu stark yin-betont; er gilt im Fernen Osten als kühlendes, die sexuelle Energie dämpfendes Nahrungsmittel und wurde deshalb auch von den Mönchen gegessen. Die Yin-Wirkung des Tofus kann durch die Hitze des Kochvorgangs und eine salzige Würzung, zum Beispiel Shoyu, ausgeglichen werden. In süssen und/oder kalten Gerichten verwendet hat Tofu extreme Yin-Wirkung.

Methode, um Tofu fester zu machen

Diese Methode wenden Sie an, wenn Sie Tofu braten oder fritieren wollen. Wickeln Sie ihn in ein sauberes und trockenes Küchentuch und legen Sie ein mittelschweres Gewicht (ca. 250 g) darauf. Lassen Sie den Tofu 20 Minuten stehen, dann wickeln Sie ihn wieder aus; die Feuchtigkeit ist jetzt im Küchentuch.

Gebackener Tofu

Eine vollständige Mahlzeit für zwei Personen – siehe Seite 21.

Gekochter Tofu

Die einfachste Art und Weise, um Tofu schmackhaft zuzubereiten. Er kann im eigenen Kochsud als Suppe, mit Nudeln oder in einem Menü mit Vollkorngetreide und Gemüse oder Salat serviert werden.

2 Blöcke Tofu (ca. 500 g)
1 Tasse Wasser
4 EL Shoyu
2 EL Mirin
als Garnitur gehackter Schnittlauch oder Frühlingszwiebeln oder frisch gepresster Ingwersaft

1 Den Tofu in gleich grosse Stücke schneiden, 1–2 Stücke pro Person.
2 In eine Pfanne geben, würzen und mit Wasser bedecken.
3 Aufkochen und 10 Minuten köcheln lassen.
4 Garnieren und heiss im Kochsud servieren.

Gebackener marinierter Tofu

Dieses Tofugericht bekommt seinen Geschmack von der reichhaltigen Marinade. Als Teil eines Menüs mit Vollkorngetreide und Gemüse oder Salat servieren.

2 Blöcke Tofu (ca. 500 g)
2 EL Shoyu
1 EL Öl
1 TL Senf, geraspelter Ingwer oder gehackter Knoblauch
als Garnitur Petersilie oder gehackte Frühlingszwiebel

1 Überschüssiges Wasser aus dem Tofu entfernen und den Block in etwa 1 cm dicke Scheiben schneiden.
2 Die Scheiben in eine feuerfeste Form geben.
3 Shoyu, Öl und Senf in einer Tasse miteinander vermischen und über die Tofuscheiben giessen. 15 Minuten stehen lassen.
4 Im mittelheissen Ofen (180 °C) 15 Minuten backen, bis die Marinade aufgesogen ist.
5 Garnieren und sehr heiss direkt aus der Form servieren.

Varianten

– Vor dem Backen Paniermehl darüberstreuen.
– Experimentieren Sie mit verschiedenen Marinaden. Gute Zutaten sind 1 EL Reis- oder Weinessig oder 1 EL Mirin oder Kochwein.
– Die Marinierzeit kann länger sein, sogar mehrere Stunden im Kühlschrank. Je länger, desto stärker der Geschmack.

Gebratene Tofuschnitten

Dies ist grundsätzlich das gleiche Rezept wie der gebackene marinierte Tofu, nur ist die Garmethode eine andere. Der Tofu muss dafür fest sein (siehe Seite 113).

Zusammen mit Vollkorngetreide und Gemüse oder Salat servieren.

2 Blöcke Tofu (ca. 500 g)
2 EL Shoyu
1 EL Öl
1 TL Senf, geraspelter Ingwer oder gehackter Knoblauch
Mehl zum Bestäuben (ca. 2 EL)
Öl zum Braten
als Garnitur Petersilie und roher, geraspelter Rettich

1 Überschüssiges Wasser aus dem Tofu entfernen und den Block in etwa 1 cm dicke Scheiben schneiden.
2 Die Scheiben in eine Schüssel geben.
3 Shoyu, Öl und Senf in einer Tasse vermischen und über die Tofuscheiben giessen. 15 Minuten stehen lassen.
4 Die Marinade abgiessen und beiseite stellen.
5 Die Tofuscheiben in Mehl wenden.
6 So viel Öl, dass es den Boden der Bratpfanne knapp bedeckt, erhitzen und die Tofu-Schnitten auf beiden Seiten goldbraun braten.
7 Mit der Marinade begiessen, garnieren und heiss servieren.

Tip: Wenn Ihnen beim Braten eine der Schnitten auseinanderfällt, zerdrücken Sie den Tofu mit einer Gabel, geben Sie die Masse in eine attraktive Schale und tun Sie so, als ob es so vorgesehen gewesen wäre …

Panierte Tofu-Schnitzel

Die Zubereitung dieses Gerichts erfordert einige Zeit, aber das Resultat ist hervorragend und den Aufwand wert. Servieren Sie es mit einer Vollkornspeise und Gemüse oder Salat. Allfällige Reste passen hervorragend in ein Lunchpaket.

2 Blöcke Tofu (ca. 500 g)
2 EL Shoyu
1 EL Öl
1 TL Senf, geraspelter Ingwer oder gehackter Knoblauch
1 Tasse Mehl
½ Tasse Wasser
1 Tasse Paniermehl
Pflanzenöl zum Braten
als Garnitur Radieschenröschen oder geraspelte Radieschen

1 Überschüssiges Wasser aus dem Tofu entfernen und den Block in etwa 1 cm dicke Scheiben schneiden.
2 Die Scheiben in eine Schüssel geben.
3 Shoyu, Öl und Senf in einer Tasse vermischen und über die Tofuscheiben giessen. 15 Minuten stehen lassen.

4. Die Marinade abgiessen, beiseite stellen und allenfalls als zusätzliche Würze über die gebratenen Schnitzel giessen.
5. Drei flache Schüsseln oder tiefe Teller für die Panade bereitmachen: in der ersten ½ Tasse Mehl, in der zweiten ein Teig aus ½ Tasse Mehl und ½ Tasse Wasser, in der dritten Paniermehl.
6. Jede Tofuscheibe in dieser Reihenfolge in Mehl, Mehlteig und Paniermehl wenden. Jedesmal gut damit überziehen.
7. In einer Bratpfanne Öl erhitzen und die Schnitzel auf mittlerem Feuer auf beiden Seiten knusprig braten.
8. Aus der Pfanne nehmen und auf einem Gitter oder Haushaltpapier abtropfen lassen.
9. Garnieren und sehr heiss servieren.

Schnell gebratene Tofuwürfel

Für dieses Gericht mit Käsegeschmack ist kein Marinieren nötig. Kinder lieben es auf Nudeln oder mit Gemüse. Es kann als Eiweissbeilage in einer Mahlzeit oder als Snack dienen.

2 Blöcke Tofu (ca. 500 g), in Würfel von 1 cm Kantenlänge geschnitten
4 EL Maiskeimöl
1 gestrichener EL Miso (braun oder weiss)
1 gestrichener EL Mirin oder Maismalz
1 gestrichener TL Umeboshi-«Essig»

1. Die Tofuwürfel 3–5 Minuten im Öl braten. Immer wieder umrühren, damit sie auf allen Seiten goldgelb werden.
2. Die Gewürze beigeben und 5 Minuten köcheln lassen, bis die Flüssigkeit aufgesogen ist.
3. Heiss servieren.

Verquirlter Tofu

Ersatz für Rührei. Eignet sich zum Frühstück, Brunch oder als leichtes Mittag- oder Abendessen. Mit Toast servieren.

1 kleine Zwiebel oder das Weisse eines Lauchstengels, sehr fein gehackt
1 Karotte (oder gleiche Menge Kürbis), sehr fein geraspelt
4 EL Maiskeimöl
2 Blöcke Tofu (ca. 500 g), zerkrümelt
1 gestrichener TL Meersalz
Pfeffer nach Belieben
nach Belieben ¼ gestrichener TL Kurkuma
(sorgt für eine tiefgelbe Farbe)
als Garnitur Toast-Dreiecke und Petersilie

1. Das Gemüse im Maiskeimöl 5 Minuten sanft dünsten, bis es weich ist.
2. Den zerkrümelten Tofu und die Gewürze beigeben, gut umrühren und weitere 5–10 Minuten dünsten, bis alles weich und gut vermischt ist. Es sollte gerade noch fest und feucht sein. Abschmecken und allenfalls nachwürzen.
3. Garnieren und heiss servieren.

Tofuburger Deluxe

Das Rezept ergibt 12 kleine Burger.

130 ml Wasser
¼ gestrichener TL Gemüsefondpaste
100 ml Couscous
1 grosse Zwiebel, in kleine Würfel geschnitten
1 grosse Karotte, in kleine Würfel geschnitten
1 Stück Stangensellerie, in kleine Würfel geschnitten
1 EL Olivenöl
1 Prise Meersalz
250 g frischer Tofu
2 EL Gerstenmiso
2 EL fein gehackte Petersilie
1 gestrichener TL gehackter frischer oder ½ TL getrockneter Thymian oder Salbei
ca. 1 Tasse Paniermehl
ca. ½ Tasse Mehl
Öl zum Braten oder Frittieren
Würzbeilage: Japanische Shoyu-Dip-Sauce (Seite 174)

1. Das Wasser aufkochen, die Gemüsepaste darin auflösen und das Couscous beigeben. Vom Feuer nehmen, zudecken und 15 Minuten stehen lassen, während Sie die anderen Zutaten zubereiten.
2. Zwiebel, Karotte und Sellerie zusammen mit einer Prise Meersalz 5 Minuten im Olivenöl dünsten, dann 1 EL Wasser beigeben und sehr sanft 5–10 Minuten köcheln lassen, bis alles weich ist. Aufpassen, dass nichts anbrennt; falls nötig, einen weiteren EL Wasser beigeben. Vom Feuer nehmen und abkühlen lassen.

3 Den Tofu mit den Fingern in eine Schüssel krümeln. Das Couscous und das gekochte Gemüse darunter mischen. Miso, Kräuter und Paniermehl beigeben, gut mischen und mit den Händen kneten. Die genaue Menge Paniermehl hängt von der Feuchtigkeit der Mischung ab. Sie sollte leicht und feucht sein und gut zusammenkleben. Abschmecken und allenfalls nachwürzen.
4 Die Masse an einem kühlen Ort 15 Minuten stehen lassen.
5 Aus der Masse 12 kleine Burger formen, wie bei den Hirsefrikadellen (Seite 73) beschrieben.
6 Mit trockenen Händen jeden Burger so im Mehl wenden, dass er rundum davon bedeckt ist.
7 Die Burger braten oder fritieren (Anleitung zum Fritieren Seite 151). Auf einem Gitter oder Haushaltpapier abtropfen lassen.
8 Mit Shoyu-Dip-Sauce beträufeln und wenn möglich heiss servieren. Sie schmecken allerdings auch kalt gut.

Geräucherter Tofu Provençale

Zu diesem farbenfrohen Sommergericht aus Südfrankreich passt Reis oder Bulghur und ein grüner Salat. Zu den provenzalischen Kräutern gehören Thymian, Majoran, Rosmarin, Oregano, Basilikum, Salbei, Petersilie. Wenn geräucherter Tofu nicht zu haben ist, verwenden Sie marinierten wie für den Gebackenen marinierten Tofu (Seite 114).

3 mittlere Zwiebeln, grob gehackt
1 Knoblauchzehe, gepresst
500 g Tomaten, geschält (siehe Seite 139) und grob zerteilt
4 EL Olivenöl
2 Blöcke geräucherter Tofu (ca. 400 g), in Würfel von 1 cm Kantenlänge geschnitten
1 EL Olivenöl
1 Handvoll schwarze Oliven, entsteint und halbiert
1 gehäufter TL frische oder 1 gestrichener TL getrocknete provenzalische Kräuter
als Garnitur frische Petersilie

1 Zwiebeln und Knoblauch im Olivenöl 5–10 Minuten dünsten, bis sie weich und glasig, aber nicht braun sind.
2 Die Tomaten beigeben und 10 Minuten zugedeckt köcheln lassen, bis eine dicke Sauce entsteht.
3 Die Tofuwürfel separat in 1 EL Öl 5 Minuten braten. Zusammen mit den Oliven und Kräutern auf die Sauce geben, zudecken und weitere 10 Minuten köcheln lassen.
4 Abschmecken; normalerweise ist kein Salz mehr nötig, denn der Tofu und die Oliven haben viel Eigengeschmack.
5 Garnieren und heiss servieren.

Tofu-Miso-«Käse»

So zubereiteter Tofu kann in vielen Rezepten als Käseersatz dienen, zum Beispiel anstelle von Streichkäse in Sandwiches, als Reibkäse für einen Gratin oder statt Mozzarella auf einer Pizza. (Zur Verwendung von Tofu-Miso-«Käse» siehe weiter unten.) Der «Käse» muss mindestens 48 Stunden mariniert werden; je länger, desto besser.

Siedendes Salzwasser
1 Block frischer Tofu (ca. 250 g)
1 Tasse Misopaste (Miso aus Gerste oder Vollreis ist am besten)

1 Den Tofu am Stück knapp mit siedendem Wasser bedeckt 3 Minuten köcheln lassen. Abtropfen und abkühlen lassen.
2 Den Block auf eine kleine Platte oder einen Teller geben und auf allen Seiten (auch unten) mit einer ziemlich dicken Schicht Miso bedecken. Falls nötig das Miso mit ein paar Tropfen Wasser verdünnen, damit es gut streichbar ist.
3 An einem kühlen Ort oder im Kühlschrank mindestens 48 Stunden stehen lassen, so dass das Miso ganz in den Tofu eindringen kann. Sie können ihn auch 4–5 Tage stehen lassen; dann wird der «Käse» noch stärker.
4 Vor der Verwendung die Miso-Schicht sorgfältig wegkratzen. (Es kann, kühl aufbewahrt, innerhalb von zwei Tagen für Suppen und Saucen verwendet werden. Länger ist es nicht haltbar, weil es Wasser aus dem Tofu enthält.)

Verwendung

– Als Aufstrich für Sandwiches und belegte Brötchen. Im Mixer oder Suribachi-Mörser (siehe Seite 229) pürieren. Nach Belieben Kräuter und andere Gewürze beigeben.
– Auf Gratins. Mit ein bisschen zusätzlichem Öl zerkrümeln und auf Gerichte streuen, die im Ofen gebacken werden. Nach Belieben auch mit Paniermehl kombiniert. Bei 180 °C 15–20 Minuten backen, damit eine Kruste entsteht. Entsprechend weniger lang dauert es unter dem Backofengrill.
– Auf Pizza. Siehe Pizza-Beläge (Seite 96) und Polenta-Pizza (Seite 90). Den «Käse» dünn schneiden. Mit ein paar Tropfen Olivenöl beträufeln und vor dem Backen auf der Pizza verteilen.

Tofu-«Hüttenkäse»

Siehe Seite 168.

Salade Niçoise vegetarisch

Das Rezept für Salade Niçoise mit Fisch finden Sie auf Seite 130. Die vegetarische Version wird mit tiefgefrorenem Tofu zubereitet, der eine Konsistenz wie Fisch bekommt. Legen Sie den Tofu am Stück für 24 Stunden ins Tiefkühlfach des Kühlschranks.

Dieser Salat kann mit Brot als Hauptspeise oder in kleineren Portionen als Vorspeise serviert werden.

500 g grüne Bohnen, geputzt und in 3 cm lange Stücke geschnitten
250 g tiefgefrorener Tofu, aufgetaut und in 1 cm grosse Stücke geschnitten
2 EL schwarze Oliven, entsteint
1 EL Kapern
1 EL grüne Nori-Flocken (Ao nori)
4 EL Sauce Vinaigrette (Seite 164)
nach Belieben gekochte Kartoffeln, Tomaten, hartgekochte Eier, Gurken, rote Peperoni (Paprika), Frühlingszwiebeln, Kräuter
1 knackiger Kopfsalat

1 Die Bohnen in leicht gesalzenem Wasser 5 Minuten blanchieren, bis sie weich, aber immer noch hell und knackig sind. In kaltem Wasser abschrecken und abtropfen lassen.
2 Alle anderen Zutaten (mit Ausnahme des Kopfsalats) und die Sauce Vinaigrette dazugeben und 30 Minuten ziehen lassen.
3 Den Salat waschen und trocken schleudern. In mundgerechte Stücke reissen oder schneiden und in die Salatschüssel geben. Kurz vor dem Servieren die Tofu-Mischung auf dem Salat anrichten.

Marinierter Arame-Tofu-Salat
Siehe Seite 154.

Tofusaucen und -Dips
– Tofusauce (Seite 165)
– Tofu-Sauerrahm (Seite 165)
– Tofumayonnaise (Seite 165)
– Grüne Göttin (Seite 166)
– Thousand Island (Seite 166)
– Tofu-Tartar (Seite 166)
– Tofu-Dip (Seite 168)
– Tofu-«Hüttenkäse» (Seite 168)
– Tofu-Tzatziki (Cremiger Tofu-Gurken-Dip Seite 168)

TEMPEH

Wissen Sie Bescheid über Tempeh?

Tempeh ist ein beliebtes fermentiertes Sojaprodukt aus Indonesien, das aus weich gekochten Sojabohnen und einem speziellen Treibmittel (Sporen von Rhizopus, einem essbaren Pilz, die bei 29–31 °C rund 24 Stunden bebrütet werden) hergestellt wird. Der Gärungsprozess ergibt ein kompaktes Vollwertnahrungsmittel mit wenig gesättigten Fetten, hohem Eiweissgehalt und guter Verdaulichkeit bei tiefem Cholesterinwert. Im Unterschied zu Tofu ist Tempeh, da er aus den ganzen Sojabohnen hergestellt wird, relativ yang-betont.

Tempeh sollte vor dem Essen immer gekocht werden. Seine feste Konsistenz macht ihn zu einem geeigneten Ersatz für Fleisch, z.B. für Schweine-, Rind-, Geflügel- oder Truthahnfleisch. Er kann in Scheiben oder Stücke geschnitten, gebraten, fritiert, gebacken, grilliert und mariniert werden. An seinen leichten Gär- oder auch Pilzgeschmack, vergleichbar mit jenem von reifem Käse, muss man sich manchmal erst gewöhnen. Richtiges Würzen mit Shoyu, Meersalz und Kräutern und gutes Kochen ist entscheidend, wenn man ein schmackhaftes Resultat erreichen will. Tempeh, der einen starken Ammoniakgeruch hat und überreif scheint, sollte man nicht mehr verzehren. Graue Flecken oder schwarze Kreise bedeuten Sporenbildung und sind ungefährlich. Tempeh ist im Kühlschrank etwa eine Woche haltbar, kann aber auch tiefgefroren werden und hält sich dann entsprechend länger.

Gekochter Tempeh

Dies ist das Grundrezept für Tempeh und der erste Arbeitsgang für viele der folgenden Tempeh-Rezepte. Tempeh wird normalerweise auf diese Art vorgekocht, um ihn gut verdaulich zu machen und ihm Geschmack zu verleihen. Sonst kann er auch vor oder nach dem Braten oder Schmoren mariniert werden, wie im anschliessenden Rezept.

1 Stück Kombu, 5 cm lang
500 g roher Tempeh
ca. 2 Tassen Wasser (Tempeh knapp bedeckend)
2 EL Shoyu
allenfalls zusätzlich, je nachdem, wofür der Tempeh gebraucht wird:
Knoblauch
frischer Ingwer
Mirin
Lorbeerblätter oder andere Kräuter und Gewürze

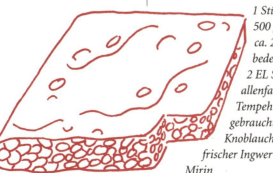

1 Den Kombu abreiben und in einen Topf geben, der gerade so gross ist, dass das Stück Tempeh Platz hat.
2 Den Tempeh darauf legen.
3 Wasser, Shoyu und zusätzliche Gewürze beigeben.
4 Aufkochen, zudecken und 20 Minuten köcheln lassen; das meiste Wasser wird dann aufgesogen sein.

Der Tempeh ist nun als einfaches Gericht essbereit oder kann in einem der folgenden Rezepte verwendet werden. So hält er sich übrigens auch, zugedeckt im Kühlschrank, ein paar Tage.

Varianten

Tempeh verbindet sich gut mit saurem Geschmack. Sie können den Shoyu durch Umeboshi-«Essig» oder halb Shoyu, halb Reisessig ersetzen. Weniger Shoyu gibt auch eine hellere Farbe, was je nach Gericht wünschenswert ist.

Marinierter Tempeh

Geeignet zum Braten, Grillieren, Schmoren oder Fritieren. Zwei Methoden: Der rohe Tempeh wird entweder vor dem Kochen oder nach dem Kochen mariniert.

Marinade:
2 EL Wasser
4 EL Shoyu
1 EL Reis- oder Weinessig

Zusätzliche Zutaten, je nachdem, wofür der Tempeh verwendet wird:
2 EL Öl (nützlich bei nachfolgendem Grillieren oder Schmoren)
1 gehäufter TL Malzsirup
¼ gestrichener TL Chilipulver oder Senf
2 Knoblauchzehen, gepresst
1 gute Prise Thymian und Oregano
500 g roher Tempeh

1 Die Marinade herstellen.
2 Entweder: Den Tempeh in dünne Scheiben oder kleine Stücke schneiden und 30 Minuten oder länger marinieren. Sie können auch grössere Stücke marinieren, aber dann dringt die Marinade nicht so tief ein. Abgiessen und nach Rezept weiter verarbeiten.
Oder: Den Tempeh in feine Scheiben schneiden, dünsten, braten, grillieren, schmoren oder fritieren und dann heiss 5–10 Minuten in die Marinade legen.

Tempeh-Eintopf

Ein einfaches Alltagsgericht zusammen mit Getreide und einem Blattgemüse als Beilage.

2 EL Öl
2 Zwiebeln (oder 1 Lauchstengel), halbiert und in dünne Scheiben geschnitten
1 Prise Meersalz
3 Karotten (oder die gleiche Menge Kürbis oder Pastinaken), in mundgerechte Stücke geschnitten
1 Stengel Sellerie, in mundgerechte Stücke geschnitten
500 g roher Tempeh, in mundgerechte Stücke geschnitten
2 Tassen Wasser oder Fond
2 Lorbeerblätter
2 EL Shoyu
als Garnitur gehackte Petersilie oder Frühlingszwiebeln

1 In einer Kasserolle die Zwiebeln mit einer Prise Salz im Öl dünsten, das andere Gemüse nach 2 Minuten beigeben. Alles zusammen weitere 5 Minuten dünsten.
2 Den Tempeh auf das Gemüse legen und mit Wasser oder Fond bedecken.
3 Aufkochen, die Lorbeerblätter beigeben, zudecken und 30 Minuten köcheln lassen, bis das Gemüse weich ist.
4 Den Shoyu beigeben, umrühren und weitere 5 Minuten köcheln lassen.
5 Abschmecken und nach Bedarf nachwürzen und, falls nötig, verdünnen oder eindicken. Der Eintopf sollte dick und würzig sein. Wenn die Mischung zu dünn ist, haben Sie folgende Möglichkeiten, sie zu binden:
– etwas Pfeilwurzelmehl, Kuzu oder feine Maisstärke (Maizena) in kaltem Wasser auflösen und einrühren. Gut rühren, um Klumpenbildung zu verhindern;
– oder ein paar Esslöffel Eintopf herausnehmen, durch ein Sieb drücken oder mixen und in den Topf zurückgeben;
– oder einen Block getrocknete Mochi raspeln, beigeben und 5 Minuten köcheln lassen.
6 Garnieren und heiss direkt aus dem Topf servieren.

Varianten

– Für eine reichhaltigere Version: Den rohen Tempeh am Stück in Öl braten, dann klein schneiden.
– Für eine fettfreie Version: Das Gemüse in Wasser dünsten (Schritt 1).

Gebratener Tempeh

Dies kann Teil einer Mahlzeit mit Getreide und Gemüse sein, passt aber auch wunderbar über Nudeln in Bouillon (Seite 82) oder als Sandwich-Belag: siehe Amerikanisches Sandwich mit Tempeh (Seite 103).

2 EL Öl
gekochter Tempeh nach Rezept Seite 117, ganz, in grosse oder kleine Stücke geschnitten
als Garnitur Senf und gehackter Schnittlauch oder Frühlingszwiebeln

1. Eine dünne Schicht Öl in der Bratpfanne erwärmen und den Tempeh beidseitig goldbraun braten.
2. Auf einem Gitter abtropfen lassen und heiss mit der Garnitur servieren.

Variante

Der Tempeh kann auch roh in dünnen Scheiben, wie beim Marinierten Tempeh (Seite 118) beschrieben, zuerst gebraten und dann mariniert werden.

Süss-saurer Tempeh

Für eine wundervolle Mahlzeit mit einem Hauch Fernost komponieren Sie ein Menü mit Reis, süss-saurem Tempeh und Gado-Gado-Gemüse (Seite 142).

Gebratener Tempeh nach Rezept Seite 118
1 Rezeptmenge Süss-saure Sauce (Seite 170)
als Garnitur gehackter Schnittlauch oder Frühlingszwiebeln

1. Die Sauce zubereiten und warm halten.
2. Den Tempeh braten, mit Sauce bedecken und mit der Garnitur heiss servieren.

Tempeh Chasseur an Weisswein und Kräutern

Ein wunderbares Gericht, inspiriert vom klassischen französischen Rezept für gebratenes Huhn. Sein Name verweist auf den Herbst und die Verwendung von Waldpilzen. Dazu passt gut Reis, Hirsepüree (Seite 72) oder Hirse Duchesse (Seite 73), dazu Gemüse und/oder Salat.

500 g Tempeh, in grosse Stücke geschnitten
4 EL Oliven- oder Maiskeimöl
200 g frische Pilze, klein geschnitten (wenn möglich Waldpilze)
1 mittlere Zwiebel oder 2 Frühlingszwiebeln,
in feine Würfel geschnitten
½ Tasse Weisswein
2 Tassen Fond oder Wasser
1 EL Shoyu
1 kleines Bund frischer Kerbel, gehackt
1 Estragonzweig, gehackt
Meersalz nach Belieben
1 TL Kuzu oder Pfeilwurzelmehl
als Garnitur gehackte Petersilie

1. Das Öl in der Pfanne erhitzen und den Tempeh darin auf beiden Seiten hellbraun braten. Herausnehmen und auf einen Teller geben; das Öl in der Pfanne lassen.
2. Pilze und Zwiebel im gleichen Öl weich dünsten, dann Wein, Fond und Shoyu dazugeben.
3. Die Tempeh-Stücke in die Sauce geben, die Hitze reduzieren, zudecken und 30 Minuten köcheln lassen.
4. Die frischen Kräuter beigeben.
5. Abschmecken und nach Bedarf mit Meersalz nachwürzen.
6. Kuzu oder Pfeilwurzelmehl in sehr wenig kaltem Wasser anrühren und unter ständigem Rühren, so dass sich keine Klümpchen bilden, zur Sauce geben, um sie zu binden.
7. Garnieren und heiss servieren.

Ungarisches Gulasch

Das Rezept auf Seite 121 kann auch mit Tempeh anstelle von Seitan zubereitet werden.

Tempeh-Kohlwickel

Ein leichtes, sättigendes fettfreies Gericht. Dazu Reis oder anderes Getreide servieren.

4–6 grosse Chinakohl-Blätter (1 pro Person),
die Blattrippe herausgeschnitten
500 g roher Tempeh, in 4–6 Portionen geschnitten,
ca. 4 x 6 cm
2–3 Tassen Japanischer Algenfond (Seite 52)
2 EL Shoyu
1 TL frisch gepresster Ingwersaft
1 TL Kuzu oder Pfeilwurzelmehl

1. Die Kohlblätter kurz (etwa 2 Minuten) blanchieren oder dämpfen, gerade so, dass sie faltbar sind. Abgiessen und abkühlen lassen.
2. Jede Tempeh-Portion in ein Kohlblatt einrollen und mit einem Zahnstocher fixieren.
3. Die Kohlwickel in eine Kasserolle legen, die gerade so gross ist, dass sie darin Platz haben.
4. Japanischen Algenfond darübergiessen, bis sie halb bedeckt sind. Shoyu und Ingwersaft beigeben.
5. Zudecken und 20 Minuten köcheln lassen, bis sie weich sind.
6. Die Kohlwickel herausnehmen und auf eine Platte geben, den Saft in der Pfanne lassen. Warm stellen.
7. Das Kuzu in sehr wenig kaltem Wasser auflösen und zum Saft in die Pfanne geben. Unter ständigem Rühren zum Kochen bringen und eindicken. Abschmecken; wenn nötig, Wasser, Shoyu oder Ingwer beigeben.
8. Die Sauce über die Kohlwickel giessen und heiss servieren.

Varianten

- Für eine kürzere Kochzeit und damit die Kohlblätter knackig und hell bleiben, statt rohem gekochten Tempeh (Seite 117) verwenden. In diesem Fall kann die Kochzeit der Wickel auf 5–10 Minuten verkürzt werden.
- Statt Chinakohl Blätter z.B. von Federkohl, Grünkohl, Weisskohl verwenden. Wenn Sie Weisskohl nehmen, beachten Sie die Tips zur Zubereitung bei den Polnischen Kohlwickeln (Seite 147).
- Für eine reichhaltigere Variante mit Öl ersetzen Sie einfach den rohen durch gebratenen Tempeh (Seite 118); reduzieren Sie die Kochzeit der Wickel auf 5–10 Minuten.

SEITAN

Wissen Sie Bescheid über Seitan?

Seitan – man kennt ihn auch unter dem Namen «Weizenfleisch» – ist ein eiweissreiches Produkt aus Weizenmehl, das sich in vielen traditionellen Rezepten gut als Ersatz für Fleisch eignet. Beim Herstellungsprozess (zum Selbermachen siehe «Die kleine Küchenfabrik», Seite 214) wird der eiweissreiche Teil des Weizens, das Gluten, herausgelöst und zu einer Masse geformt, die gekocht und gewürzt werden kann. Seitan ist leicht selber herzustellen, ist aber auch zunehmend fertig an verschiedenen Orten erhältlich. Seitan ist eiweissreich, fett- und kalorienarm und hat einen vollen, abgerundeten Geschmack. Da er aus Getreide hergestellt ist und aufgrund seiner Kompaktheit und Salzigkeit ist Seitan ziemlich yang-betont.

Er kann in unterschiedlicher Konsistenz und in verschiedenen Geschmacksrichtungen auf mancherlei Art zubereitet werden, vom Burger bis zum Eintopf. Seitan kann im eigenen Saft im Kühlschrank bis eine Woche aufbewahrt werden.

Seitan-Steaks

Ein Gericht, das auch den kritischen (gesundheitsbewussten) Fleischesser zufriedenstellt. Servieren Sie es mit Getreide und einer Gemüsebeilage oder Salat.

500 g Seitan (100 g pro Person), in 1 cm dicke Scheiben geschnitten
½ Tasse Mehl
Öl zum Braten
als Garnitur Brunnenkresse oder Petersilie

1. Die Seitan-Scheiben im Mehl wenden.
2. Öl in der Bratpfanne erhitzen und die Steaks auf mittlerem Feuer braten.
3. Aus der Pfanne nehmen und auf einem Gitter oder Haushaltpapier abtropfen lassen.
4. Garnieren und heiss servieren.

Seitan-Steaks mit Zwiebeln

500 g Seitan (100 g pro Person), in 1 cm dicke Scheiben geschnitten
½ Tasse Mehl
Pflanzenöl zum Braten
2 mittlere Zwiebeln, in dünne Scheiben geschnitten
1 EL Shoyu

1. Die Seitan-Scheiben im Mehl wenden.
2. Öl in der Bratpfanne erhitzen und die Zwiebeln auf mittlerem Feuer weich dünsten. Mit Shoyu beträufeln. Die

Zwiebeln mit dem Schaumlöffel herausheben, so dass das meiste Öl in der Pfanne bleibt. Die Zwiebeln warm halten.
3 Die Seitan-Steaks in der gleichen Pfanne beidseitig braun braten. Auf einem Gitter oder Haushaltpapier abtropfen lassen.
4 Heiss mit den Zwiebeln servieren.

Wiener Schnitzel

Im klassischen Wiener Rezept wird Kalbfleisch verwendet, darum sollte der Seitan für diese Variante idealerweise hell und zart sein. Normalerweise serviert man Kartoffelsalat und Bier dazu. Es kann aber auch mit Getreide und Gemüse oder Salat auf den Tisch kommen.

500 g Seitan (100 g pro Person), in grosse, dünne, maximal ½ cm dicke Stücke geschnitten
1 Tasse Mehl
½ gestrichener TL Meersalz
½ Tasse Wasser
2 Tassen Paniermehl
Pflanzenöl zum Braten
als Garnitur Zitronenschnitze

1 Das Mehl mit dem Meersalz vermischen.
2 In 3 flachen Schalen oder tiefen Tellern Folgendes bereitstellen: in der ersten ½ Tasse Mehl, in der zweiten ½ Tasse Mehl, vermischt mit ½ Tasse Wasser, und in der dritten Paniermehl.
3 Jedes Stück Seitan der Reihe nach in Mehl, Mehlteig und Paniermehl tunken. Jedesmal gut darin wenden.
4 Öl in der Bratpfanne erhitzen und die Schnitzel beidseitig auf mittlerem Feuer braten.
5 Aus der Pfanne nehmen und auf einem Gitter oder Haushaltpapier abtropfen lassen.
6 Mit der Garnitur heiss servieren.

Scallopini Milanese

Diese Mailänder Schnitzel sind jenen aus Wien sehr ähnlich: gleiche Panade und gleiche Garnitur. Die Scheiben sind auch ½ cm dick, aber kleiner. Ausserdem werden sie fritiert und nicht in der Pfanne gebraten.

Ungarisches Gulasch

Dieses bekannteste Gericht der ungarischen Küche ist ein reichhaltiger Eintopf aus einheimischem Gemüse, Gewürzen und Fleisch. Typische Zutaten sind Zwiebeln, grüne Peperoni (Paprika), Geflügel- oder Rindfleisch und Paprikapulver, doch variieren die Zutaten, die Mengen und die Süsse oder Schärfe des verwendeten Paprikapulvers sehr stark von Region zu Region. Wir geben Ihnen hier eine vegetarische Version, in der das Fleisch durch Seitan oder Tempeh und der Speck durch Maiskeimöl ersetzt wird. Gulasch ist sehr flüssig, fast wie eine Suppe, und wird mit dem Löffel gegessen. Normalerweise gehören dazu Brot, Kartoffeln in der Schale oder ungarische Knödel (Tarhonya). Wir servieren dazu auch Polenta (Seite 89) oder im Winter gebratene Polentascheiben (Seite 90). Ungarns Nachbarland Österreich hat das Gericht ebenfalls in seine Küche aufgenommen. Hier wird es mit österreichischen Knödeln (Seite 81) serviert. Eingelegte Dill-Gurken sind eine ideale Beilage zu diesem Gericht.

2 grosse Zwiebeln, in Scheiben oder Würfel geschnitten
500 g Seitan oder Tempeh, in mundgerechte Stücke geschnitten
6 EL Maiskeimöl
1 EL ungarisches Paprikapulver
2 Tassen Tomaten, geschält und zerteilt
2 grüne, gelbe oder rote Peperoni (Paprika), in Streifen oder Würfel geschnitten
1½ Tassen gesalzener Gemüsefond
Shoyu nach Belieben

1 Die Zwiebeln im Maiskeimöl goldgelb braten.
2 Den Seitan oder Tempeh dazugeben und braten, bis er braun zu werden beginnt.
3 Vom Feuer nehmen und Paprikapulver einrühren. Es ist sehr wichtig, dass der Paprika nicht anbrennt. Ein paar Minuten beiseite stellen.
4 Tomaten, Peperoni (Paprika) und Fond beigeben und erneut aufs Feuer stellen.
5 Im geschlossenen Topf 30 Minuten köcheln lassen, bis das Gemüse weich ist. Ein wenig Wasser oder Fond beigeben, damit nichts anbrennt.
6 Abschmecken und nach Belieben Shoyu beigeben.
7 Heiss in Suppentellern servieren. Wenn Sie das Gulasch mit Knödeln, Kartoffeln oder Polenta servieren, geben Sie diese zuerst auf den Teller und giessen das Gulasch darüber.

Varianten

– Österreichisch: Zusammen mit den Peperoni (Paprika) 1 TL Kümmelkörner beigeben.
– Gulaschsuppe: Nehmen Sie 1 Liter gesalzenen Gemüsefond anstelle von 1½ Tassen.

Seitan à la Bourguignonne (mit Rotweinsauce)

Für dieses Gericht haben wir ein klassisches Rezept aus dem Burgund für Rindfleisch in Rotwein übernommen und angepasst. Reichhaltig und sättigend.

Das Marinieren braucht Zeit, am besten 12 Stunden über Nacht, mindestens aber 2 Stunden.

Dazu passen sehr gut Reis oder Hirse sowie eine leichte Beilage mit Gemüse und/oder Salat.

500 g Seitan, in mundgerechte Stücke geschnitten
1 Bouquet garni aus 1 Lorbeerblatt, 1 Thymianzweig, Petersilie, 1 Knoblauchzehe, 4 Pfefferkörnern
400 g Perlzwiebeln (Saucenzwiebeln), geschält, ganz, oder 4 mittlere Zwiebeln, in dicke Scheiben geschnitten.
4 mittlere Karotten, in dicke Rädchen geschnitten
1 Stengel Sellerie, in Würfel geschnitten
100 g frische Pilze, kleine ganz, grössere in Stücke geschnitten
1 Tasse Rotwein
2 Tassen Wasser oder Fond
2 EL Shoyu
4 EL Pflanzenöl

1. Die Seitanstücke in eine Glas- oder Keramikform geben.
2. Die Kräuter und Gewürze für das Bouquet garni in ein Tüchlein binden und zum Seitan geben.
3. Das Gemüse darauf schichten.
4. Rotwein, Fond oder Wasser und Shoyu zu einer Marinade vermischen und über den Seitan und das Gemüse giessen. Zugedeckt an einen kühlen Ort oder in den Kühlschrank stellen. Mindestens 2 Stunden, wenn möglich aber über Nacht stehen lassen.
5. Abgiessen. Die Marinade und Gewürzsäcklein zurückbehalten.
6. Den Seitan im Öl braten. Aus der Pfanne nehmen.
7. Das Gemüse im gleichen Öl dünsten.
8. Gemüse und Gewürzsäcklein in eine feuerfeste Form geben, den Seitan darauf schichten und alles mit der Marinade begiessen.
9. Aufkochen und während einer Stunde auf dem Herd köcheln oder im Ofen bei 140 °C schmoren lassen.
10. Abschmecken und nach Belieben mit zusätzlichem Shoyu nachwürzen. Heiss servieren.

Variante

Wenn Sie hausgemachten Seitan verwenden, brauchen Sie ihn nicht vorzukochen. Sie können den rohen Seitanteig nehmen, in mundgerechte Stücke schneiden und goldgelb fritieren. Der Seitan geht auf und fällt wieder zusammen, wenn er abkühlt. Weiter wie im Rezept beschrieben. Verlängern Sie die Marinade mit 1 Tasse Wasser und 2 EL Shoyu.

Seitan-Salmi

Dies ist ein sehr reichhaltiger Seitan-Eintopf, der auf einem norditalienischen Rezept für Hasenpfeffer und andere Wildgerichte beruht. Dazu wird Polenta (Seite 89) serviert.

Den Seitan über Nacht oder mindestens 2 Stunden marinieren.

500 g Seitan, in mundgerechte Stücke geschnitten
1 Bouquet garni aus 1 Lorbeerblatt, 1 Thymianzweig, 1 Knoblauchzehe, 4 Pfefferkörnern, 2 Wacholderbeeren
5 Zwiebeln, in dicke Scheiben geschnitten
5 Karotten, in dicke Rädchen geschnitten
2 Stengel Sellerie, in Stücke geschnitten
1½ Tassen Rotwein
2 Tassen Wasser oder Fond
2 EL Shoyu
150 g frische Pilze, grob geschnitten
1 EL Olivenöl
2 Knoblauchzehen, fein gehackt
1 Bund Petersilie, fein gehackt
1 Prise Meersalz
schwarzer Pfeffer
3 EL Olivenöl
als Garnitur Brunnenkresse oder Petersilie

1. Den Seitan in der einen Hälfte einer Glas- oder Keramikform verteilen.
2. Die Zutaten zum Bouquet garni in ein Baumwolltüchlein binden und zum Seitan geben.
3. Das Gemüse in die andere Hälfte der Form geben.
4. Rotwein, Fond oder Wasser und Shoyu zu einer Marinade mischen und über den Seitan und das Gemüse giessen. Die Form bedecken und an einen kühlen Ort oder in den Kühlschrank stellen. Mindestens 2 Stunden, wenn möglich aber über Nacht stehen lassen.
5. Den Seitan und das Gemüse separat in der Marinade köcheln. Seitan und Gemüse nebeneinander im gleichen Topf kochen. Mindestens 1 Stunde köcheln lassen, bis das Gemüse sehr weich und die Flüssigkeit auf die Hälfte reduziert ist.
6. In der Zwischenzeit die Pilze im Öl 3 Minuten scharf anbraten. Knoblauch, Petersilie und Salz beigeben und auf kleinem Feuer 3 weitere Minuten dünsten. Die Platte ausschalten, Pfeffer beigeben, zudecken und warm halten.
7. Den Seitan aus dem Sud heben und warm stellen. Das Gewürzsäcklein entfernen. Das Gemüse zusammen mit der restlichen Flüssigkeit und 3 EL Olivenöl pürieren. Am einfachsten geht dies mit dem Stabmixer im Topf.
8. Seitan und Pilze zum pürierten Gemüse geben und langsam wieder aufwärmen. Abschmecken und falls nötig mit zusätzlichem Shoyu nachwürzen.
9. Garnieren und heiss servieren.

Seitanbraten mit Zitronen-Petersilien-Füllung

Ein wunderbarer Braten für ein Weihnachtsessen oder eine andere besondere Gelegenheit im Winter. (Für ein vollständiges Weihnachtsmenü siehe Seite 39.) Er wird aus rohem Seitanteig gemacht, der normalerweise nicht im Laden erhältlich ist. Folgen Sie den Anweisungen zum Selbermachen auf Seite 214. Das Rezept für die Zitronen-Petersilien-Füllung stammt von Katrionas Mutter; sie verwendete sie zum Füllen von Huhn. Sie können sie nach Belieben durch irgendeine andere Füllung ersetzen. Mit heisser Daddys Brauner Sauce servieren (Seite 170).

Es braucht etwas Übung, alle Bestandteile der Mahlzeit gleichzeitig heiss bereit zu haben. Dabei hilft, so viel wie möglich am Vortag vorzubereiten (siehe bei den Schritten 1, 2 und 5).

Kochutensilien:
– Sie brauchen einen Kochtopf, der gross genug ist, um den gerollten Seitan (ca. 20 cm) aufzunehmen, ohne dass Sie ihn biegen müssen, er sollte aber auch nicht zu gross sein, denn der Seitan muss von der Bouillon bedeckt sein. Ideal ist eine ovale Form oder ein Fischtopf.
– Küchenfaden zum Binden des Bratens

2 Tassen roher Seitanteig aus 1 kg Mehl (Seite 215)

Zitronen-Petersilien-Füllung:
150 g frische Brotbrösel (aus 2 Tage altem Brot im Mixer selbst herstellen)
1 Bund frische Petersilie, gehackt
Schale von 1 oder 2 Zitronen, fein gerieben
½ gestrichener TL Salz
Pfeffer nach Belieben
2 EL Maiskeimöl
1 Tasse (100 g) frischer Tofu, zerkrümelt, oder 1 Ei, geschlagen

Bouillon:
1 Liter Wasser (oder so viel, dass der Braten bedeckt ist)
2 EL Shoyu
2 EL Rotwein
2 EL Öl
1 kleine Zwiebel
1 kleine Karotte
1 Knoblauchzehe
1 Stück Kombu, 5 cm lang
2 Lorbeerblätter, 3 Scheiben frischer Ingwer, ein paar Pfefferkörner, 3 Gewürznelken, 3 Nelkenpfefferbeeren, eine Messerspitze Muskatnuss

1 Den Seitanteig herstellen. Er kann am Tag zuvor zubereitet und mit Wasser bedeckt bis zu 24 Stunden im Kühlschrank aufbewahrt werden.

2 Die Füllung zubereiten. Alle Zutaten vermischen. Sie sollte ziemlich feucht sein und beim Zusammendrücken kleben. Sie kann auch am Vortag zubereitet und zugedeckt im Kühlschrank 24 Stunden aufbewahrt werden.

3 Auf einer angefeuchteten Arbeitsfläche den Seitan zu einem ½ cm dicken Rechteck formen. Es ist wichtig, dass er nicht reisst, damit die Bouillon in Schritt 5 nicht eindringt. Wenn er dennoch reisst, sorgfältig wieder zusammenkneten.

4 Die Füllung auf dem Teig verteilen; die Ränder freilassen. Von der Längsseite her den Seitanteig aufrollen und die Enden fest zusammendrücken, so dass sie gut zusammenhalten. Auch die Schmalseiten zusammendrücken. Die Rolle mit Faden binden, einmal der Länge nach und etwa drei- bis viermal der Breite nach, so dass eine feste, stabile Rolle entsteht. Der Faden muss so straff sein, dass er gut hält, den Seitan aber nicht zerreisst oder einschneidet.

5 Die Rolle in den Kochtopf geben. Vorsicht, damit sie nicht auseinanderbricht! Mit Wasser bedecken und die Gewürze für die Bouillon beigeben. Langsam aufkochen und 40 Minuten köcheln lassen.

Der Braten kann bis und mit Schritt 5 am Vortag vorbereitet werden. Lassen Sie den Seitan in der Bouillon auskühlen. Beim Braten (Schritt 7) zusätzliche 15–20 Minuten fürs Aufwärmen zugeben.

6 Den Ofen auf 220 °C vorheizen.

7 Den Braten vorsichtig in einen gefetteten Bräter geben, 1 cm hoch Bouillon beigeben, mit Folie bedecken und 20 Minuten im heissen Ofen braten. Die Folie entfernen und weitere 20 Minuten braten. Alle 5 Minuten mit Bouillon übergiessen.

8 Aus dem Ofen nehmen und 10 Minuten ruhen lassen, bevor Sie ihn mit einem sehr scharfen Messer in dünne Scheiben schneiden. Während der Braten ruht, bereiten Sie mit der restlichen Bouillon eine Braune Sauce zu (Rezept Seite 170).

9 Warm mit sehr heisser Brauner Sauce servieren.

Kombinierte Eiweisse Tofu, Tempeh und Seitan

Gerichte, in denen mehrere pflanzliche Eiweissprodukte kombiniert werden, sind besonders nahrhaft und daher geeignet für kaltes Wetter, schwere Arbeit und um zuzunehmen.

Polnischer Jägereintopf

Das Original dieses reichhaltigen Wintergerichts verwendet verschiedene Fleischsorten und Wurst, die zusammen mit Sauerkraut und Dörrfrüchten gekocht werden. Wir nehmen drei verschiedene pflanzliche Eiweisse und bereiten daraus ein kräftiges Mahl zur Stärkung der Ausdauer. Der Eintopf kann mit Hirse, Polenta, Reis oder Brot serviert werden. Frisch blanchiertes Grüngemüse rundet das Gericht ab.

50 g getrocknete Pilze, eingeweicht (siehe Getrocknete Pilze, Seite 139)
100 g getrocknete Zwetschgen oder Äpfel, eingeweicht
150 g Sauerkraut
2 EL geröstetes Sesamöl (oder ein anderes, wenn es nicht erhältlich ist)
3 mittlere Zwiebeln, in feine Scheiben geschnitten
1 Prise Meersalz
¼ Weisskohl, fein geschnitten
2 EL Shoyu
150 g Seitan, in mundgerechte Stücke geschnitten
150 g Tofu, in mundgerechte Stücke geschnitten
150 g geräucherter (oder gewöhnlicher) Tempeh, in mundgerechte Stücke geschnitten
Maiskeimöl zum Braten
6 Lorbeerblätter
1 TL Wacholderbeeren
1 Rosmarinzweig

1. Die Pilze abgiessen und fein schneiden. Das Einweichwasser beiseite stellen.
2. Die Früchte abgiessen, klein schneiden (von den Zwetschgen den Stein entfernen). Das Einweichwasser beiseite stellen.
3. Das Sauerkraut auspressen, die Flüssigkeit beiseite stellen, klein schneiden.
4. Die Zwiebeln mit dem Meersalz im Sesamöl dünsten, bis sie gerade weich werden.
5. Kohl, Sauerkraut, Pilze und Früchte beigeben. Das Einweichwasser der Pilze, der Früchte, die Flüssigkeit vom Sauerkraut und noch so viel Wasser dazugeben, bis die Zutaten knapp bedeckt sind. 2 EL Shoyu beigeben. Auf kleine Flamme stellen, zudecken und 30 Minuten köcheln lassen.
6. In der Zwischenzeit Seitan, Tempeh und Tofu in Maiskeimöl braten.
7. Zusammen mit den Kräutern zum Eintopf geben. Wenn nötig, etwas Wasser dazugeben, damit alles bedeckt ist. Alles zusammen weitere 30 Minuten köcheln lassen. Abschmecken und nach Bedarf nachwürzen. Der Eintopf sollte am Schluss dickflüssig, aber nicht zu wässerig sein.
8. Heiss und direkt aus dem Topf servieren.

Variante

Schlank und rank: Eine einfachere, weniger reichhaltige Version wird nur mit Seitan und ohne oder nur mit ganz wenig Öl gemacht. Dafür die Zwiebeln in wenig Wasser (Schritt 3) dünsten und das Braten des Seitans in Schritt 5 einfach weglassen.

Shish Kebabs

Für dieses äusserst beliebte Gericht werden die Zutaten auf einen Spiess gesteckt und über Holzkohle grilliert. Ideal für eine Grillparty im Freien! Die Spiesse können aber auch unter dem Backofengrill im heissen Ofen gebraten werden. Der Name ist arabisch: «Shish» heisst Spiess und «kabab» gebratenes Fleisch. In unserer Version verwenden wir pflanzliches Eiweiss und Gemüse. Andere Sprachen, andere Bezeichnungen: Französisch heissen sie «brochettes», italienisch «spiedini» und bei uns «Spiesschen».

Rechnen Sie mindestens 1 Stunde fürs Marinieren ein.

Mit Reis, Bulghur, Couscous, Quinoa oder Salat aus diesen Getreiden servieren, zusätzlich ein Gemüse und grüner Salat.

Würzbeilagen: Daddys Braune Sauce (Seite 170) aus der verbleibenden Marinade, Süss-saure Sauce (Seite 170), Scharfes Erdnuss-Relish (Seite 175), Grossmutter Forresters Chutney (Seite 228), Piccalilli (Seite 229), Tomatenketchup (Seite 174), Harissa (Seite 174), Scharfe marokkanische Früchtesauce (Seite 175). Das Rezept ergibt 8 Spiesse von 15 cm Länge.

Kochutensilien:

– Um über Holzkohle zu grillieren, muss das Feuer 30 Minuten vorher angezündet werden, so dass die Spiesse über der rotglühenden Kohle gebraten werden können. Ansonsten den Backofen oder Backofengrill sehr heiss vorheizen.
– Spiesse: Fleisch und Fisch werden normalerweise auf Metallspiesse gesteckt. Die vegetarische Version kommt mit feinen Bambusspiessen aus. Wenn Sie diese 1 Stunde in Wasser einlegen, bevor Sie die Zutaten darauf stecken, werden sie die Hitze heil überstehen.

Marinade:
2 EL Öl
5 EL Shoyu
2 EL Reis- oder Weinessig
1 gehäufter TL Malzsirup
¼ gestrichener TL Chilipulver oder Senf
2 Knoblauchzehen, gepresst
je 1 kräftige Prise Thymian und Oregano
2 Zwiebeln, senkrecht in Viertel geschnitten

1 Karotte und 1 Zucchini, diagonal in 2 mm dicke Rädchen geschnitten
1 Peperoni (Paprika), rot, gelb oder grün, senkrecht in Viertel geschnitten, dann jedes Viertel in 2 Dreiecke
8 Champignons
siedendes Salzwasser zum Blanchieren des Gemüses
500 g fester Tofu, Tempeh oder Seitan oder eine Mischung aus allen dreien (100 g pro Person), in mundgerechte Stücke geschnitten

1 Die Marinade anrühren und in eine weite Schüssel geben.
2 Die Gemüse 30 Sekunden in siedendem Salzwasser blanchieren, jede Sorte getrennt. Die Stücke sofort heiss in die Marinade legen.
3 Tofu, Tempeh und Seitan in die Marinade geben. Vorsichtig mischen, so dass alles mit der Marinade bedeckt ist.
4 An einem kühlen Ort mindestens eine oder mehrere Stunden stehen lassen.
5 Den Backofen oder Backofengrill auf 240 °C vorheizen.
6 Die marinierten Zutaten auf Spiesse stecken, abwechselnd Gemüse und Eiweissprodukt. Auf die Farben achten. Das geschnittene Gemüse so aufstecken, dass es möglichst wenig Platz wegnimmt.
7 10 Minuten grillieren oder backen, nach 5 Minuten wenden.
8 Heiss servieren.

Varianten

- Rohes Gemüse: Überspringen Sie Schritt 2 (Blanchieren). Gründe fürs Blanchieren: Das Gemüse nimmt den Geschmack der Marinade besser auf, lässt sich besser auf den Spiess stecken, wird schneller gar, ohne dass es aussen verbrannt und die Küche voller Rauch ist. Im Freien spielt dieser Punkt allerdings keine Rolle.
- Fisch-Kebabs: Siehe Seite 131.
- Die Zutaten für die Marinade können Sie nach Gusto variieren. Fürs Grillieren ist es gut, wenn Öl dabei ist. Gewürze und Kräuter nach Belieben.

Cocktail-Kebabs

Mini-Kebabs sind ein prima Appetithappen oder Cocktailsnack. Nehmen Sie winzige Spiesse, zum Beispiel hölzerne Zahnstocher. Die Spiesschen können zum Anrichten in einen Kohlkopf gesteckt werden (unten ein Stück wegschneiden, so dass er gut steht). Er sieht dann aus wie ein Igel!

Im Folgenden ein paar Vorschläge, was Sie auf den Spiess stecken können. Die Varianten sind aber schier endlos:

- blanchierte Karottenrädchen, Würfel von Tofu-Miso-«Käse» (Seite 116), Oliven
- blanchierte Federkohlblätter, gebratener Tempeh (Seite 118), sauer eingelegte Zwiebeln, Senf
- dicke Radieschenscheiben, gebratenes Seitan-Steak (Seite 120), sauer eingelegte Gurken

Singapur-Satay mit scharfem Erdnuss-Relish

In den Strassenrestaurants Singapurs können Sie die Köstlichkeiten aus Malaysia, China und Indonesien auf kleinstem Raum geniessen. In dem fröhlichen Gewimmel finden Sie mit Sicherheit auch die indonesische Spezialität Satay: kleine Fleischstücke auf einem dünnen Bambusspiess, die auf dem Holzkohlengrill goldbraun und knusprig gebraten werden. Wir ersetzen das Schweine- oder Geflügelfleisch des Originals durch Tempeh, Seitan oder Tofu. Statt über Holzkohle können Sie die Spiesse auch im sehr heissen Backofen (unter dem Backofengrill) braten. Sie können sie auch fritieren. Weichen Sie die Bambusspiesse zuvor eine Stunde in Wasser ein, damit sie nicht anbrennen. Mit Reis und scharfem Erdnuss-Relish servieren. Das Rezept ergibt 8 Satay-Spiesse von 10 cm Länge.

500 g Tempeh (oder Seitan oder Tofu), in Würfel von 1½ cm Kantenlänge geschnitten

Marinade:
2 EL Wasser
4 EL Shoyu
1 EL Reis- oder Weinessig
2 EL Sesamöl (weglassen, wenn Sie fritieren)
1 gehäufter TL Malzsirup
¼ gestrichener TL Chilipulver
2 Knoblauchzehen, gepresst

Öl zum Fritieren (fakultativ)
Scharfes Erdnuss-Relish (Seite 175)

1. Die Zutaten zur Marinade vermengen und über die Tempehwürfel giessen. 30 Minuten oder länger marinieren.
2. Abgiessen und die Marinade beiseite stellen. Den Tempeh auf die Bambusspiesse stecken.
3. Entweder auf dem Grill oder im sehr heissen Ofen (240°C) braten, ab und zu mit Marinade übergiessen; oder fritieren, wie auf Seite 151 beschrieben.
4. Sehr heiss mit Relish servieren.

Choucroute garnie

Ein typisches Gericht aus dem Elsass und den angrenzenden Gebieten in Frankreich, Deutschland und der Schweiz. Es wird lange in einem schweren Emailtopf gekocht und ist ein typisches Wintergericht. Im tiefen Winter können Sie es ausschliesslich mit Sauerkraut machen, im Herbst und im Frühling nehmen Sie noch frischen Weisskohl dazu. Das «garnie» besteht in der Regel aus Wurst und Speck; wir ersetzen es durch verschiedene pflanzliche Eiweissspender. Normalerweise werden dazu Brot und Kartoffeln serviert, aber auch Reis, Hirse oder Dinkel passen gut.

3 Zwiebeln, in feine Scheiben geschnitten
4 Karotten, in grosse Stücke geschnitten
1 weisse Rübe, in grosse Stücke geschnitten
2 EL Öl (1 EL davon wenn möglich geröstetes Sesamöl)
500 g rohes Sauerkraut oder 250 g Sauerkraut und 250 g Weisskohl
2 Lorbeerblätter
1 Tasse Bier
1 EL Shoyu
ca. 2 Tassen Wasser

Wählen Sie 2 oder 3 Eiweissspender:
1 vegetarische Wurst pro Person
½ grosse Scheibe Fu, eingeweicht, ausgepresst, halbiert
Seitan, Tofu oder Tempeh, gebraten oder fritiert, 50 g pro Person
1 roter Apfel, ungeschält, aber entkernt, in 8 Stücke geschnitten

1. Zwiebeln, Karotten und die weisse Rübe in einem schweren Topf im Öl dünsten.
2. Wenn das Sauerkraut gesalzen ist, in kaltem Wasser spülen. Fein hacken und in den Topf geben, dazu Lorbeerblätter, Bier, Shoyu und Wasser, bis alles bedeckt ist (ca. 2 Tassen).
3. 2 Stunden köcheln lassen.
4. In den letzten 15 Minuten die Eiweissspender dazugeben und zum Schluss die Apfelstücke oben darauf legen.
5. Abschmecken und nach Bedarf nachwürzen. Heiss servieren.

Vegetarische Paella

Eine Paella mit Tofu, Tempeh oder Seitan finden Sie als Variante beim Rezept für die spanische Meeresfrüchte-Paella (Seite 67).

Tofu, Tempeh und Seitan ausgebacken

Rechnen Sie 100 g pflanzliches Eiweiss pro Person (eine oder mehrere Sorten).

Vorbereitungen:

Den Tofu, wie auf Seite 113 beschrieben, auspressen, damit er fester wird. Den gepressten Tofu in Würfel von 2 cm Kantenlänge oder in 1 cm dicke Scheiben schneiden.

Seitan abgiessen und die Flüssigkeit sorgfältig auspressen; in Stücke von 2 cm Kantenlänge oder in 1 cm dicke Scheiben schneiden.

Tempeh in 2 x 2 cm grosse Quadrate oder 4 x 4 cm grosse diagonal in Dreiecke schneiden. Den rohen Tempeh marinieren (siehe Seite 118).

Kochen:

Wie beim Gemüse im Ausbackteig auf Seite 150 beschrieben.

Getrocknete pflanzliche Eiweissprodukte: Fu und getrockneter Tofu

Einsamkeits-Eintopf mit getrocknetem Tofu

Getrockneter Tofu wird in den Bergen Japans durch natürliches Gefriertrocknen hergestellt. Der Einsamkeits-Eintopf ist ein eiweissreiches Gericht, das ganz aus getrockneten Zutaten gemacht wird. Er ist ideal für Wanderungen und Trekkings, wo das mitzuschleppende Gewicht eine Rolle spielt, oder in allen Situationen, in denen man nicht ohne weiteres in einem Laden Frischwaren kaufen kann. Eine Person kann für sich allein die ganze Menge herstellen und dann zwei Tage davon leben. Mit Vollkorngetreide, Nudeln oder Brot servieren, und dazu ein Klacks Senf.

10 Stück getrockneter Tofu
5 getrocknete Shiitake-Pilze (siehe Getrocknete Pilze, Seite 139)
2 EL getrocknete Zwiebelflocken
1 Stück Kombu, 5 cm lang
½ Liter Wasser
1 EL getrocknete Bonitoflocken
2 oder 3 Pakete Instant-Misosuppe (genug für ½ Liter Suppe)
Senf

1 Tofu, Shiitake und Zwiebeln knapp bedeckt 30 Minuten einweichen. Wenn Sie wenig Zeit haben, können Sie sie auch nur 15 Minuten in warmem Wasser einweichen. Den Kombu nur 10 Minuten einlegen. Alles Einweichwasser wird zum Kochen verwendet.
2 Das Wasser aus den eingeweichten Zutaten auspressen und beiseite stellen. Alles fein schneiden.
3 In einen Topf mit Deckel zuunterst Kombu, Pilze und Zwiebeln geben. Bonitoflocken darüberstreuen und oben darauf die Tofuscheiben legen.
4 Das Einweichwasser auf ½ Liter ergänzen.
5 Die Instant-Misosuppe einrühren und über die Zutaten im Topf giessen.
6 Zugedeckt auf kleinem Feuer 30 Minuten köcheln lassen.

Fu-Zwiebel-Eintopf

Fu ist wie Seitan ein Weizenglutenprodukt, aber getrocknet. Dadurch ist er sehr leicht und lange haltbar. Er wird entweder in Form von flachen Blättern oder von dicken Scheiben unterschiedlicher Grösse verkauft. Er hat sehr wenig Geschmack und muss mariniert werden.

Das Rezept ergibt ein schmackhaftes, nahrhaftes Gericht, ist leicht zuzubereiten und sehr praktisch, wenn keine Frischprodukte erhältlich sind.

5 Blätter oder grosse Scheiben Fu
1 Tasse warmes Wasser
3 mittlere Zwiebeln, in grosse Stücke geschnitten
2 EL Öl (evtl. ein Teil geröstetes Sesamöl)
1 Tasse ungesalzener Gemüsefond oder Japanischer Bonitofond (Seite 53)
2 Lorbeerblätter
2 EL Shoyu
1 EL Mirin oder Weisswein
1 TL Kuzu oder Pfeilwurzelmehl
als Garnitur Schnittlauch oder Frühlingszwiebeln, gehackt

1 Den Fu in eine Schüssel geben und warmes Wasser darübergiessen. 15 Minuten stehen lassen.
2 Die Flüssigkeit auspressen und den Fu in mundgerechte Stücke schneiden.
3 Die Zwiebeln im Öl rund 5 Minuten dünsten, bis sie glasig werden.
4 Die Fu-Stücke beigeben und weitere 2 Minuten dünsten.
5 Fond, Lorbeerblätter, Shoyu und Mirin beigeben.
6 Zudecken und 20–30 Minuten köcheln lassen, bis die Zwiebeln weich sind.
7 Den Kuzu in sehr wenig kaltem Wasser auflösen, dem Eintopf beigeben und umrühren, bis er andickt.
8 Abschmecken und nach Bedarf nachwürzen.

Fritierter Fu

Ein schnelles und schmackhaftes Eiweissgericht, das gut in eine einfache Mahlzeit mit Getreide und Gemüse passt. Mit Daddys Brauner Sauce (Seite 170) oder Japanischer Shoyu-Dip-Sauce (Seite 174) servieren.

8–12 grosse Scheiben Fu (2 pro Person)
½ Liter Wasser
2 EL Shoyu
Fritieröl

1 Den Fu in eine Schüssel geben, warmes Wasser und Shoyu darübergiessen. 15 Minuten zum Einweichen und Marinieren stehen lassen.
2 Die Flüssigkeit aus dem Fu herauspressen. Sie kann für eine Braune (Seite 170) oder eine andere Sauce verwendet werden.
3 Den Fu gemäss der Anleitung auf Seite 151 fritieren.

NÜSSE

Nüsse sind reich an Eiweiss und Öl. Kleine Mengen davon werden in vielen Rezepten dieses Buches dazu verwendet, die Gerichte anzureichern und spannende Kontraste in Geschmack und Konsistenz zu schaffen.

Nussbraten

Eine beliebte vegetarische Alternative zum Festbraten (siehe Weihnachtsessen, Seite 39). Die Nüsse können Sie in der Kaffeemühle selber frisch mahlen oder bereits gemahlen kaufen. Mit Daddys Brauner Sauce (Seite 170) servieren.

1⅓ Tassen Wasser
½ gestrichener TL Gemüsefondpaste
1 Tasse Couscous
2 mittlere Zwiebeln, in kleine Würfel geschnitten
2 mittlere Karotten, in kleine Würfel geschnitten
1 Stengel Sellerie, in Würfel geschnitten
2 EL Öl
1 Prise Meersalz
2 Tassen gemahlene Nüsse, gemischt und ungesalzen
(Mandeln, Haselnüsse, Walnüsse oder Erdnüsse)
2 EL Gerstenmiso
1 gestrichener TL frischer gehackter oder
½ TL getrockneter Thymian oder Salbei
schwarzer Pfeffer nach Belieben

1 Das Wasser aufkochen, den Gemüsefond darin auflösen und das Couscous beigeben. Die Platte ausschalten, den Topf zudecken und 15 Minuten stehen lassen, während Sie die anderen Zutaten zubereiten.

2 Zwiebeln, Karotten und Sellerie zusammen mit einer Prise Meersalz 5 Minuten im Öl dünsten, dann 1 EL Wasser dazugeben, zudecken und sehr sanft weitere 5–10 Minuten köcheln lassen, bis sie weich sind. Gut aufpassen, dass nichts anbrennt; falls nötig einen zusätzlichen Esslöffel Wasser beigeben. Vom Feuer nehmen und abkühlen lassen.

3 Das Couscous mit dem gegarten Gemüse und den Nüssen vermischen. Miso und Kräuter beigeben, gut vermischen und mit den Händen kneten. Die Masse sollte leicht und feucht sein und gut zusammenhalten. Geben Sie etwas Wasser dazu, wenn sie Ihnen zu trocken vorkommt. Abschmecken und nach Belieben nachwürzen.

4 Die Masse in eine gefettete Gratinform geben. Bei 200 °C 30–40 Minuten backen.

5 Aus dem Ofen nehmen, 5 Minuten in der Gratinform abkühlen lassen, dann stürzen und in Scheiben schneiden.

6 Warm mit sehr heisser Brauner Sauce (Seite 170) servieren. Reste sind auch kalt gut.

FISCH

Wissen Sie Bescheid über Fisch?

Fisch ist die einzige tierische Nahrung, die wir als Hauptbestandteil in unsere Rezepte aufgenommen haben. Wenn tierische Produkte Teil Ihrer Ernährung sein sollen, nehmen Sie Fisch, denn er ist dank seines geringen Fettgehalts bedeutend gesünder als Fleisch oder Milchprodukte. Die fettreichen Arten mit dunklem Fleisch sind eine sehr gute Quelle für Vitamin D und B_{12}, die in einer strikt vegetarischen Diät zu kurz kommen können.

Achten Sie beim Kauf von frischem Fisch auf folgende Merkmale: frischer, angenehmer Geruch; helle, klare Augen; hellrosa Kiemen; glänzende, feste Schuppen, die sich nicht leicht vom Körper lösen lassen; Muscheln müssen geschlossen sein.

Finden Sie heraus, wann in Ihrer Gegend frischer Fisch angeliefert wird. Bitten Sie den Fischhändler, den Fisch für Sie auszunehmen. Nach dem Kauf kühl aufbewahren und vor dem Kochen noch einmal waschen. Am besten verwerten Sie ihn am gleichen Tag. Fisch kann gut eingefroren werden, was eine gute Alternative zu frischem Fisch darstellt, obschon sich der Geschmack und die Konsistenz ein wenig verändern. Die Fischzucht findet zunehmend Verbreitung, da die wilden Fischbestände stark abnehmen (bekannt bei Forellen und Lachs). Zuchtfisch ist eher zu meiden, denn Sie wissen nicht, was ihm gefüttert und ob er nicht mit Chemikalien behandelt wurde.

Fischsuppen

Siehe Seite 60–61.

Garnelen in Aspik

Ein kaltes Gericht für eine leichte Sommermahlzeit, als Vorspeise anstelle von Suppe oder als Teil eines Partybuffets. Mit Mandelmussauce (Seite 167) oder Grüner Göttin (Seite 166) oder Thousand Island (Seite 166) und einem grünen Salat servieren.

Kochutensilien:
Eine Form von 1 Liter Inhalt oder Einzelförmchen

2 Tassen Gemüsefond (Seite 52), ungesalzen
1 gehäufter EL (5 g) Agar-Agar-Flocken
2½ EL Shoyu
3 EL Umeboshi-«Essig»
¼ Tasse Erbsen
¼ Tasse Maiskörner
¼ Tasse Karotten, in kleine Würfel geschnitten
1 Tasse (200 g) Garnelen, gekocht und geschält
¼ Tasse Gurke, in kleine Würfel geschnitten

1. Den Gemüsefond durchsieben, so dass er ganz klar ist. Die Agar-Agar-Flocken hineinstreuen und 15 Minuten köcheln lassen, bis sie aufgelöst sind. Den Fond, falls nötig, mit Wasser wiederum auf 2 Tassen ergänzen. Shoyu und Umeboshi-«Essig» beigeben. Beiseite stellen und etwas abkühlen lassen.
2. Die Gemüse separat blanchieren, bis sie knapp gar sind. Abgiessen und zusammen mit den Garnelen und den Gurkenwürfeln in die Form legen. (Die Form zuvor mit kaltem Wasser ausspülen.)
3. Den Agar-Agar-Fond in die Form giessen. An einem kühlen Ort 2 Stunden stehen lassen. Aspik in einer tiefen Form braucht etwas länger. Am Schluss in den Kühlschrank stellen.
4. Aus der Form auf eine flache Platte stürzen. Der Aspik sollte so fest sein, dass er in Scheiben geschnitten werden kann.

Varianten

– Verwenden Sie selbst gemachten Fischfond (Seite 52).
– Die Garnelen können teilweise durch Tofuwürfel ersetzt oder für eine vollständig vegetarische Version ganz weggelassen werden.
– Verwenden Sie anderes Gemüse; die Gesamtmenge sollte aber 2 Tassen nicht übersteigen. Probieren Sie's mit klein geschnittenen grünen Bohnen oder in kleine Würfel geschnittenem weissem Rettich. Dekorativ sind auch gekochte Maccaroni.

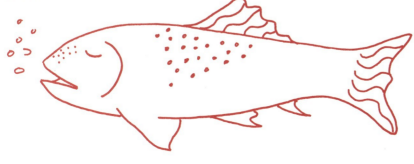

Thunfischsalat

Ein beliebtes Standardrezept in den USA für eine schnelle Mahlzeit, einen Snack oder als Sandwichfüllung.

1 knackiger Kopfsalat
250 g Thunfisch aus der Dose, zerteilt
½ Tasse Mayonnaise oder Tofumayonnaise (Seite 165)
1 grosse Essiggurke, fein gehackt
1 hartgekochtes Ei, gehackt (fakultativ)

1 Den Salat waschen und abtropfen lassen. In mundgerechte Stücke reissen und in eine Schüssel geben.
2 Alle anderen Zutaten vermengen.
3 Kurz vor dem Servieren auf die Salatblätter schichten.

Salade Niçoise

Ein herzhafter Fischsalat aus Südfrankreich, mit Brot als Hauptspeise oder in kleineren Portionen als Vorspeise. Eine vegetarische Version finden Sie auf Seite 116.

500 g grüne Bohnen
1 knackiger Kopfsalat
250 g Thunfisch aus der Dose
2 EL schwarze Oliven, entsteint
1 EL Kapern
Sauce Vinaigrette (Seite 164)
Weitere Zutaten, nach Belieben: gekochte Kartoffeln, Tomaten, hart gekochte Eier, Sardellen, rote Peperoni (Paprika), Frühlingszwiebeln, Kräuter

1 Die Bohnen putzen und in 3 cm lange Stücke schneiden. In leicht gesalzenem Wasser 5 Minuten blanchieren. Mit kaltem Wasser abschrecken und abtropfen lassen.
2 Den Salat waschen und abtropfen lassen. In mundgerechte Stücke reissen oder schneiden und in eine Schüssel geben.
3 Alle anderen Zutaten vermengen. Wenn Sie wollen, können Sie sie ein wenig ziehen lassen.
4 Kurz vor dem Servieren auf die Salatblätter schichten.

Fischfilets auf Lauch

Eine einfache und unkomplizierte Art, Fisch zuzubereiten; dazu passt gut Reis, Hirse, Quinoa oder Couscous.

750 g frische Fischfilets (150–200 g pro Person)
1 EL Olivenöl
½ gestrichener TL Salz
Saft von 2 Zitronen
frisch gemahlener weisser Pfeffer, nach Belieben
2 mittlere Lauchstengel, fein geschnitten
als Garnitur Petersilie und Zitronenschnitze

1 Die Fischfilets waschen und in einer Schüssel mit der aus Öl, Salz, Zitronensaft und nach Belieben frisch gemahlenem weissem Pfeffer angerührten Marinade bedeckt 30 Minuten stehen lassen.
2 Den Ofen auf mittlere Hitze (180 °C) vorheizen.
3 Den Lauch auf dem Boden einer feuerfesten Form verteilen.
4 Die Fischfilets darauf legen und die Marinade darübergiessen.
5 Die Form mit einem Deckel oder Alufolie zudecken.
6 15–30 Minuten im Ofen garen. Die genaue Kochzeit hängt von der Dicke der Filets ab. Sie sind gar, wenn das Fischfleisch weich und nicht mehr durchsichtig ist und leicht zerfällt.
7 Garnieren und direkt aus der Form heiss servieren.

Gefüllte Fischwickel

Ein leckeres fettfreies Rezept für Süsswasser- oder Meeresfische, z.B. Barsch, Scholle oder Seezunge.

Fischfilets, 2 kleine (ca. 200 g) pro Person
Saft einer Zitrone
1 EL Shoyu
2 EL Paniermehl
¼ gestrichener TL Meersalz
2 EL Wasser
1 Bund Petersilie, fein gehackt
Schale einer Zitrone, fein gerieben
½ Tasse Wasser

1 Die Fischfilets in eine Schüssel geben und die aus Zitronensaft und Shoyu angerührte Marinade darüber giessen. Nicht länger als 30 Minuten stehen lassen.
2 In der Zwischenzeit Paniermehl, Salz, 2 EL Wasser, Petersilie und Zitronenschale für die Füllung vermengen.
3 1 TL Füllung auf jedes Filet legen, vom breiten Ende her aufrollen und mit einem Zahnstocher verschliessen.
4 Die Fischröllchen in eine Kasserolle mit Deckel geben, in der sie gerade Platz haben, ohne dass sie zusammengedrückt werden. Die Marinade und ½ Tasse Wasser beigeben.
5 Zugedeckt 10–15 Minuten köcheln lassen. Die Röllchen sind gar, wenn das Fischfleisch weich und nicht mehr durchsichtig ist und leicht zerfällt.

Grillierte Lachssteaks

Ein Gericht für den Holzkohlengrill im Freien oder den Backofengrill. Wunderbar mit Brot und Salat. Diese Zubereitung eignet sich auch für andere fettreiche Fischsorten mit festem Fleisch wie Meeräsche, Hering und Makrelen (siehe Variante).

Kochutensilien:

Für das Garen auf dem Holzkohlengrill muss das Feuer mindestens 30 Minuten vorher angezündet werden, so dass der Fisch über der rotglühenden Kohle gegrillt werden kann. Beim Grillen im Backofen legen Sie den Fisch auf einen Rost, und schieben Sie darunter eine Tropfschale ein; diese eventuell mit Alufolie auslegen, damit sie einfacher zu reinigen ist.

4–6 Lachskoteletts, je 200 g (1 pro Person), ca. 2 cm dick geschnitten, Mittelgräte nicht entfernt
4 EL Pflanzenöl
¼ gestrichener TL Meersalz
1 EL Zitronensaft
1 kleines Bund Petersilie, Schnittlauch oder Dill, gehackt

1. Die Lachskoteletts in eine Schüssel geben und mit der Marinade aus Öl, Salz, Zitronensaft und Kräutern übergiessen. An einem kühlen Ort höchstens 30 Minuten stehen lassen; wenn Sie den Fisch länger marinieren, wird er hart.
2. Den Grill auf mittlere Temperatur vorheizen.
3. Die Lachskoteletts auf jeder Seite etwa 5 Minuten bei mittlerer Hitze hellbraun grillieren. Behalten Sie sie ständig im Auge, denn sie dürfen unter keinen Umständen verbrennen. Nach Belieben ein- oder zweimal mit Marinade bepinseln oder übergiessen.
4. Um zu prüfen, ob der Fisch gar ist, nehmen Sie ihn vom Grill und stechen Sie mit einem scharfen Messer zwischen Fleisch und Mittelgräte ein. Wenn es gar ist, löst sich das Fleisch leicht von der Mittelgräte und ist nicht mehr durchsichtig. Wenn das Fleisch noch durchscheinend ist, ist es noch nicht gar. Vorsicht aber, dass Sie den Fisch nicht übergaren, sonst wird das Fleisch faserig und trocken.

Variante

Andere Fischsorten: Ganze Äschen, Heringe und Makrelen müssen ausgenommen, gewaschen und der Kopf entfernt werden (Äschen ausserdem schuppen). Die Haut auf beiden Seiten mit einem scharfen Messer schräg ca. ½ cm tief einschneiden. Marinieren und grillieren wie oben beschrieben.

Fisch-Kebabs

Festfleischiger Fisch kann für grillierte Kebabs auf Spiesse gesteckt werden. Geeignet sind Lachs, Meerbrasse, Barsch, Seebarbe, Makrele, Kabeljau, Schellfisch. Erkundigen Sie sich beim Fischhändler nach allenfalls geeigneten einheimischen Fischsorten.

Dazu Reis oder Bulghur, Couscous, Quinoa oder einen Salat aus diesen Getreidesorten sowie Gemüse und grünen Salat servieren. Das Rezept ergibt 8 Kebabs von 15 cm Länge.

Kochutensilien:
– Für das Garen auf dem Holzkohlengrill muss das Feuer mindestens 30 Minuten vorher angezündet werden, so dass über der rotglühenden Kohle grilliert werden kann. Den Elektro- oder Backofengrill auf 240 °C vorheizen.
– Spiesse: Fisch wird normalerweise auf Metallspiesse gesteckt.

Marinade:
2 EL Olivenöl
1 TL Meersalz
2 EL Zitronensaft
1 gehäufter TL Malzsirup
¼ gestrichener TL Chilipulver oder Senf
1 Knoblauchzehe, gepresst
je 1 grosse Prise Dill und Petersilie, frisch oder getrocknet

1 Peperoni (Paprika), rot, gelb oder grün, senkrecht in Viertel geschnitten, dann jedes Viertel in 2 Dreiecke
8 Champignons
siedendes Salzwasser zum Blanchieren des Gemüses
1 kg festfleischiger Fisch (siehe oben), in Stücke von etwa 3 cm Seitenlänge geschnitten

1. Die Marinade anrühren und in eine Schüssel geben.
2. Die Peperonistücke und Pilze separat in Salzwasser 30 Sekunden blanchieren und sofort heiss in die Marinade geben.
3. Den Fisch zum Gemüse in die Marinade geben. Sorgfältig vermischen, so dass alles mit Marinade bedeckt ist.
4. An einem kühlen Ort höchstens 30 Minuten stehen lassen.
5. Den Grill oder Backofen vorheizen.
6. Die marinierten Zutaten auf Spiesse stecken, abwechselnd ein Stück Fisch und ein Stück Gemüse, so dass eine schöne, farbenfrohe Komposition entsteht. Die Peperoni und Pilze senkrecht aufstecken, so dass sie wenig Platz brauchen.
7. Auf beiden Seiten je 5 Minuten grillieren.
8. Sofort heiss servieren.

Gebackener ganzer Fisch

Eine sehr einfache Art und Weise, einen ganzen Fisch im Ofen zu backen. Sie brauchen eine feuerfeste Form mit Deckel oder Alufolie zum Bedecken. Kleinere Fische können Sie auch einzeln in Alufolie einwickeln und in der Folie servieren.

Viele Fischsorten eignen sich für diese Zubereitung, vor allem Lachs, Äsche, Hering und Makrelen. Entweder kleinere Fische (1 pro Person) oder einen grösseren für alle zusammen.

Der Fisch muss gewaschen, ausgenommen und geschuppt sein (vom Fischhändler erledigen lassen). Den Kopf können Sie dranlassen oder, wenn Sie wollen, separat für einen Fischfond auskochen. Die Flossen können mit der Schere abgeschnitten werden. Gräten drinlassen.

Der Fisch kann so, wie er ist, oder gefüllt gebacken werden.

1 ganzer frischer Fisch von 1–1½ kg für 4–6 Personen oder je 1 kleiner Fisch (ca. 200–250 g) pro Person
1 EL Zitronensaft
1 gestrichener TL Meersalz
Öl zum Bepinseln der Form

Pilzfüllung (fakultativ):
200 g frische Pilze, in Scheiben geschnitten
1 kleine Zwiebel, fein gehackt
2 EL Öl
¼ gestrichener TL Meersalz
1 kleines Bund Petersilie, fein gehackt
½ TL Zitronensaft
Pfeffer, nach Belieben

1 Den Ofen auf mittlere Hitze (180 °C) vorheizen.
2 Den gewaschenen, ausgenommenen Fisch innen mit Zitronensaft einreiben und mit Salz bestreuen.
3 Für die Füllung Pilze und Zwiebel 2 Minuten im Öl dünsten, Salz beigeben, zudecken und 5 Minuten köcheln lassen. Petersilie, Zitronensaft und nach Belieben Pfeffer dazugeben.
4 Eine ofenfeste Form mit Öl bepinseln und den Fisch hineinlegen. Falls verwendet, den Fisch füllen.
5 Die Form mit einem Deckel oder Alufolie zudecken und in den Ofen schieben. Die Garzeit hängt von der Grösse des Fischs ab. Kleinere Fische (200–250 g) brauchen etwa 20 Minuten, ein Fisch von 1 kg ca. 40 Minuten. Zum Prüfen, ob er gar ist, stecken Sie an der dicksten Stelle ein scharfes Messer zwischen Rückgrat und Fleisch hinein. Wenn der Fisch gar ist, löst sich das Fleisch leicht von der Mittelgräte und ist nicht mehr durchsichtig. Übergaren Sie ihn aber nicht, sonst wird das Fleisch faserig und trocken.

Fisch-Tofu-Stäbchen

Kinder lieben sie heiss. Mit Instant-Tomatenketchup (Seite 174) servieren

150 g Tofu
150 g Kabeljaufilet
1 mittlere Zwiebel, in sehr kleine Würfel geschnitten
1 mittlere Karotte, fein gerieben
Meersalz
Paniermehl
Öl zum Fritieren

1 Den Tofu am Stück in ein sauberes Küchentuch einwickeln und mit einem mittelschweren Gewicht (ca. 250 g) beschweren. 30 Minuten stehen lassen. Die überschüssige Flüssigkeit wird vom Tuch aufgesogen.
2 In der Zwischenzeit den Fisch knapp mit Wasser bedeckt 5–10 Minuten köcheln lassen, bis er gar ist. Abgiessen und abkühlen lassen.
3 Den Fisch mit den Fingern in eine Schüssel zerkrümeln und sorgfältig darauf achten, dass keine Gräten dabei sind. Den Tofu ebenfalls zerkrümeln, Gemüse und Salz beigeben. Von Hand gut miteinander vermengen und kneten.
4 Die Masse zu Stäbchen formen und im Paniermehl wenden.
5 In wenig Öl braten. Auf Küchenpapier oder einem Gitter abtropfen lassen.
6 Heiss servieren.

Pasteis de Bacallau
Fritierte Kabeljauplätzchen

Dieses Gericht ist in Portugal sehr beliebt. Es wird dort in vielen Bars angeboten und in Restaurants oft als Vorspeise zum Wein serviert. Als Hauptspeise passt Reis und Salat dazu.

Der getrocknete Kabeljau muss mindestens 24 Stunden in viel Wasser eingelegt werden.

250 g getrockneter Kabeljau (Klippfisch), 24 Stunden in reichlich Wasser eingelegt
250 g Kartoffeln
½ Zwiebel, sehr fein gehackt
3 Knoblauchzehen, sehr fein gehackt
1 EL Petersilie, fein gehackt
ein wenig Muskatnuss, gemahlen
2–3 Eier
nach Belieben, 1 kleines Glas Portwein
Salz und Pfeffer
Öl zum Fritieren

1 Den Fisch mit frischem Wasser bedeckt aufkochen, zudecken und sehr sanft 30 Minuten köcheln lassen. Wenn der Fisch zu stark oder zu lange gekocht wird, wird er hart. Abgiessen und abkühlen lassen. Haut und Gräten

entfernen. Den Fisch von Hand sehr fein zerkrümeln. Sorgfältig darauf achten, dass keine Gräten drinbleiben.
2 Die Kartoffeln in der Schale kochen. Abgiessen und abkühlen lassen, dann schälen und pürieren.
3 Fisch, Kartoffeln, Zwiebel, Knoblauch und Petersilie in einer Schüssel vermischen. 2 geschlagene Eier darunter ziehen und die Masse von Hand mischen und kneten. Sie sollte feucht sein und zusammenhalten. Die Konsistenz ist abhängig von der Kartoffelsorte und der Grösse der Eier. Wenn sie zu trocken ist, ein drittes Ei dazugeben.
4 Mit Salz und Pfeffer abschmecken. Wenn der Kabeljau sehr salzig war, braucht es vielleicht kein zusätzliches Salz.
5 Aus der Masse mit zwei gleich grossen Löffeln ovale Plätzchen formen. Einen Löffel voll Masse nehmen, den zweiten Löffel umgekehrt darauf setzen, darüber fahren und die Masse aus dem ersten Löffel übernehmen. Vom einen Löffel in den anderen gleiten lassen, bis das Plätzchen die ovale Form behält. Sie können die Plätzchen im voraus formen und auf einem eingefetteten Blech bereit halten oder sie unmittelbar vor dem Kochen machen und laufend sofort ins heisse Öl geben.
6 Die Plätzchen goldbraun fritieren (siehe Anleitung zum Fritieren, Seite 151). Auf einem Gitter abtropfen lassen. Heiss oder kalt servieren.

Ausgebackener Fisch

Dafür können dünne Filets von irgendeinem Fisch verwendet werden, Haut und Gräten müssen vollständig entfernt sein. (Entfernen Sie, wenn nötig, die feinen Gräten mit einer Pinzette.) Rechnen Sie 100 g pro Person, und schneiden Sie die Filets in mundgerechte Stücke. Weiterfahren, wie beim Gemüse im Ausbackteig (Seite 150) beschrieben.

Zu ausgebackenem Fisch wird in Japan traditionell Wasabi (japanischer Meerrettich) oder mit Ingwersaft aromatisierte Shoyu-Dip-Sauce (Seite 174) serviert.

Das Öl, das Sie zum Fritieren von Fisch verwendet haben, sollten Sie nur für Fisch weiter verwenden. Filtern Sie es und beschriften Sie es entsprechend.

EINGELEGTER FISCH

Hausgemachter eingelegter Fisch ist einfach herzustellen und enthält weniger Salz als Fertigprodukte. Der verwendete Fisch sollte sehr frisch sein. Von den folgenden drei Rezepten sind die ersten beiden typisch für nördliche Länder. Für den Skandinavischen eingelegten Fisch ist Hering ideal, kann aber durch einen anderen fettreichen Fisch ersetzt werden. Das dritte Rezept kommt aus Zentralamerika und verwendet weissen Meeresfisch.

Skandinavischer eingelegter Fisch

Sehr gut mit Hering, aber auch mit anderen festen, fettreichen Süsswasser- oder Meeresfischen. Hier im IMI Kiental verwenden wir Felchen aus dem Thunersee.

In kleine Stücke geschnitten, zusammen mit Roggenbrot oder anderem dunklem Brot als Snack oder Vorspeise servieren. Das Brot kann zuvor mit einem passenden Aufstrich bestrichen werden. Der eingelegte Fisch passt auch auf belegte Brötchen.

Kochutensilien:
1 grosses Glas oder Steinguttopf

500 g Fischfilets mit der Haut
1/3 Tasse Reis-, Wein- oder Apfelweinessig, mit 2/3 Tasse Wasser gemischt

Zum Einlegen:
1/4 Tasse Reis-, Wein- oder Apfelweinessig
4 EL Öl
1 EL Mirin, süsser Wein oder Maismalz
2 EL Shoyu
1 gestrichener TL Meersalz
nach Belieben Kräuter und Gewürze, z.B. Lorbeerblätter, Pfefferkörner, rohe Zwiebelscheiben oder Knoblauch

1 Die Fischfilets waschen und abtropfen lassen. Locker in das Glas oder den Steinguttopf füllen.
2 Mit der Essig-Wasser-Mischung übergiessen und 24 Stunden an einem kühlen Ort stehen lassen.
3 Die Flüssigkeit weggiessen.
4 Die Zutaten zum Einlegen gut miteinander vermischen und über den Fisch im Topf giessen.
5 An einem kühlen Ort oder im Kühlschrank aufbewahren. Der eingelegte Fisch ist nach zwei Tagen fertig und hält sich etwa eine Woche.
6 In Stücke schneiden und kalt auf Roggenbrot servieren.

Eingepökelter Hering aus Schottland

Ein schottisches Rezept für gekochten eingelegten Fisch, bei dem die feinen Gräten des Herings aufgelöst werden. Als Vorspeise oder Snack mit Brot servieren oder als Teil eines Buffets.

Kochutensilien:

Feuerfestes Gefäss aus Glas oder Keramik mit Deckel (oder mit Alufolie zudecken)

500 g Hering, gewaschen und ausgenommen, ohne Kopf
½ kleine Zwiebel, in feine Scheiben geschnitten
3 Lorbeerblätter
1 gestrichener TL Meersalz
ein paar Pfefferkörner oder Chilischoten
½ Tasse Reis-, Wein- oder Apfelweinessig
½ Tasse Wasser
1 TL Reis-, Mais- oder Gerstenmalz

1. Die Heringe waschen und abtropfen lassen. Jeden vom Kopfende her aufrollen, so dass die Haut aussen liegt.
2. Die aufgerollten Fische so in eine feuerfeste Form füllen, dass sie aufgerollt bleiben. Falls nötig, mit Zahnstochern fixieren, aber wenn sie eng beieinander liegen, ist dies unnötig.
3. Zwiebelringe und Lorbeerblätter dazwischen legen.
4. Salz und Gewürze darüberstreuen.
5. Essig, Wasser und Malz miteinander vermischen und über die Heringe giessen. Sie sollten etwa halb von der Flüssigkeit bedeckt sein.
6. Mit Deckel oder Alufolie zudecken und im Ofen bei mittlerer Hitze (180°C) rund 20 Minuten backen. Die Flüssigkeit sollte sieden. Mit einer Nadel prüfen, ob der Fisch weich ist.
7. Abkühlen lassen und in den Kühlschrank stellen. Die Heringe halten sich einige Tage.
8. Kalt mit Brot servieren.

Ceviche

In Limonen- oder Zitronensaft eingelegter Fisch

Ein Freund in Costa Rica (Zentralamerika) schickte uns dieses präkolumbische Rezept für eingelegten Meeresfisch. Ceviche oder Seviche gibt es neben Zentralamerika auch in Mexiko, Panama und Peru. Jedes Gebiet hat seine eigene Methode, den Fisch zu schneiden und zuzubereiten. Geeignet sind Meeresfische mit festem Fleisch wie Brasse, Barsch, Seebarbe, Makrele, Kabeljau, Schellfisch und Seezunge. Ceviche wird als Hauptspeise kalt mit Scheiben von gekochten Süsskartoffeln, gekochten grünen Bananen oder Maiskolben serviert, dazu ein Schuss Chilisauce. Sie können kleinere Mengen auch als Vorspeise oder als Teil eines Buffets reichen.

500 g frischer weisser, festfleischiger Meeresfisch, in 2 cm grosse Stücke geschnitten
1 kleine Zwiebel, in sehr kleine Würfel geschnitten
¼ rote Peperoni (Paprika), in sehr kleine Würfel geschnitten
1 kleiner Stangensellerie, in sehr kleine Würfel geschnitten
½ Tasse frisch gepresster Limonen- oder Zitronensaft
½ Tasse Wasser
1 TL frisch gepresster Ingwersaft
1 gestrichener TL Meersalz
1 kleines Bund frische, ganze Korianderblätter

1. Das Gemüse zusammen mit dem Fisch in ein Glas oder einen Keramiktopf legen.
2. Die restlichen Zutaten vermischen und über den Fisch giessen. Er sollte ganz von Flüssigkeit bedeckt sein.
3. 6–8 Stunden in den Kühlschrank stellen. Das Fischfleisch wird durch das Einlegen weiss.
4. Garnieren und kalt servieren. Mögliche Beilagen siehe oben.

Essen für unterwegs und fürs Lagerfeuer

Alle Gerichte in diesem Kapitel können auf einem offenen Feuer zubereitet werden. Draussen ein Feuer anzuzünden ist eine Kunst, vor allem, wenn das Holz nass ist. Vergessen Sie also nicht Papier, trockenes Holz zum Anfeuern und Zündhölzer! Denken Sie auch daran, dass ein offenes Feuer bei Wind und Trockenheit gefährlich ist. Bauen Sie mit Steinen eine Feuerstelle, und löschen Sie das Feuer gründlich, wenn Sie die Feuerstelle verlassen.

Die Suppe, das Getreide und das Pan-o-Ramen können auch auf einem Campingkocher zubereitet werden (aus Sicherheitsgründen im Freien).

Thermosflocken

Wenn Sie unterwegs zwar kein Feuer machen können, aber heisses Wasser zur Verfügung haben (z.B. von einem Restaurant oder in einer Berghütte), ist dieses Porridge ideal. Sie brauchen eine Thermosflasche, die mindestens 2 Tassen Wasser fasst; eine mit weiter Öffnung ist besonders gut, um den Porridge heraus zu bekommen. Das Rezept ist für eine Person berechnet. Sie können die Mengen selbstverständlich multiplizieren, wenn Sie ihn für mehrere Leute machen wollen, brauchen dann allerdings eine entsprechend grössere Flasche.

⅓ Tasse feine Haferflocken
1 kleine Prise Salz
1 Tasse siedendes Wasser

1 Flocken und Salz in die Flasche geben.
2 Mit dem siedenden Wasser auffüllen und die Flasche verschliessen.
3 Ein paar Minuten schütteln, damit sich alles gut vermischt.
4 Einige Stunden oder über Nacht stehen lassen. Der Porridge sollte noch warm sein, wenn Sie ihn essen.

Reise-Müesli

Ein Überlebensrezept von unserem Freund Ronald Kotzsch – Esoteriker, Globetrotter, Wanderer und Makrobiotiklehrer.

Sie brauchen ein Gefäss, das 1 Liter fasst und einen Deckel hat, so dass man den Inhalt schütteln kann; ideal ist Glas oder Keramik. Wenn Sie campieren, verwenden Sie einen kleinen Topf aus rostfreiem Stahl, und rühren Sie den Inhalt kräftig, statt ihn zu schütteln. Als Verpflegung für mehrere Tage können Sie die trockenen Zutaten in einem grossen Sack vermengen.

Ronald sagt, am besten werde das Müesli mit frischen Flocken aus einer Flockenmühle.

2 Tassen Haferflocken
½ Tasse Hirseflocken
¼ Tasse Buchweizengriess
4 EL Rosinen
4 EL Kürbiskerne, gehackt
2 EL Haselnüsse, gehackt
2 Prisen Meersalz
Wasser zum Auffüllen

1 Die trockenen Zutaten in einem 1-Liter-Gefäss mit Deckel mischen.
2 Mit Wasser auffüllen.
3 Das Gefäss kräftig im Uhrzeigersinn schütteln.
4 Mindestens 1 Stunde, besser 8 Stunden oder über Nacht stehen lassen. Je länger, desto cremiger wird es.

Varianten

– Die Getreideflocken variieren. Der Hafer muss allerdings mindestens einen Anteil von 60 Prozent ausmachen.
– Nüsse und Kerne variieren. Nehmen Sie z.B. Sonnenblumenkerne oder Mandeln. Sie können sie auch rösten.
– Die Früchte variieren. Nehmen Sie z.B. gedörrte Äpfel, Zwetschgen, Datteln, Aprikosen.
– Frische Früchte können zerschnitten kurz vor dem Servieren beigegeben werden.
– Zusätzliches Süssmittel, z.B. Fruchtsaftkonzentrat, kann kurz vor dem Servieren beigegeben werden.
– Verwenden Sie mehr oder weniger Wasser, um die gewünschte Konsistenz zu erhalten.

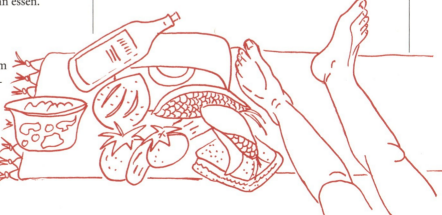

Pfadfindersuppe

Gerade richtig für einen Tag im Wald oder am Fluss mit den Kindern. Sie brauchen nur einen Kochtopf, ein scharfes Taschenmesser und ein Feuer. Genau wie bei den Pfadfindern. Alle Zutaten lassen sich leicht im Rucksack mittragen. Wasser nehmen Sie an Ort und Stelle. Wenn Sie das Wasser mittragen müssen, waschen Sie das Gemüse vor dem Weggehen zu Hause. Die «Schnitztechnik» ist eine uralte Methode, um Gemüse zu zerkleinern, wenn Ihnen kein Rüstbrett zur Verfügung steht. Es gibt 2 Varianten: Entweder vom Körper weg schnitzen, so wie Sie einen Bleistift spitzen. Gut für Karotten. Oder gegen den Daumen schnitzen. Gut für Zwiebeln, aber passen Sie auf Ihren Daumen auf!

Mit Brot, Reisbällchen oder Schnitten vom Hirsebraten servieren.

1 Liter Wasser
2 mittlere Zwiebeln, geschält
4 Karotten, gewaschen
2 oder 3 Päckchen Instant-Misosuppe (für 4–6 Portionen)

1 Das Wasser aufkochen.
2 Mit dem Taschenmesser das Gemüse direkt in den Kochtopf schnetzeln.
3 Aufkochen und 15 Minuten kochen (zugedeckt, wenn der Topf einen Deckel hat; falls nicht, müssen Sie Wasser nachgiessen, um die Verdunstung auszugleichen.)
4 Vom Feuer nehmen und Instant-Misosuppe beigeben.
5 Mit dem Brot direkt aus dem Topf essen.

Varianten
- Es klappt mit jedem Gemüse. Wir haben Zwiebeln und Karotten genommen, weil sie im Verhältnis am wenigsten Platz im Rucksack brauchen und am meisten Geschmack geben.
- Wilde Kräuter, die Sie an Ort und Stelle sammeln, können am Schluss beigegeben werden.

Geröstetes Getreide für unterwegs

Wenn Sie unterwegs sind und Vollkorngetreide kochen möchten, können Sie sich eine Menge Zeit und Mühsal sparen, wenn Sie das Getreide im voraus waschen und rösten. So vorbereiteter Vollreis ist auch ohne Dampfkochtopf in 30 Minuten gar. Die Methode ist ebenfalls empfehlenswert für Hirse, Weizen, Gerste und Buchweizen.

Bereiten Sie jede Getreidesorte separat vor. Mischen Sie sie erst nach dem Rösten.

1 Das Getreide waschen und in einem Sieb abtropfen lassen. Reiben Sie das Sieb von aussen mit einem Küchentuch ab, um die Feuchtigkeit aufzusaugen.
2 Eine Bratpfanne auf kleinem Feuer vorheizen.
3 Das Getreide in die heisse Bratpfanne geben und mit einem Holzlöffel ständig in Bewegung halten. Die Getreidekörner werden geröstet und öffnen sich.
4 So lange rösten, bis die Getreidekörner ganz trocken und goldfarben sind.
5 Auf einen grossen Teller oder eine Platte leeren und abkühlen lassen.
6 Die Körner können nun in feste Plastikbehälter verpackt und auf die Reise mitgenommen werden. Sie kochen schneller als rohes Getreide, brauchen aber etwas mehr Kochwasser als im Grundrezept angegeben.

Pan-o-Ramen

Eine währschafte Eintopfmahlzeit für ein langes Trekking, wo jedes mitgeschleppte Gramm zählt. Sie können die Zutaten in einer Berghütte dem Hüttenwart übergeben, damit er sie für Sie zubereitet, oder Sie können sie am Lagerfeuer selber kochen. Die Kerne sind eine wichtige Zutat: Sie enthalten Fett und Eiweiss. Menge für 1 hungrige Person:

1 Paket Ramen-Nudeln mit Instant-Bouillon
1 Paket getrocknete Gemüsemischung (ungefähr 20–30 g)
1 Liter Wasser
1 Handvoll geröstete Kerne (Seite 104)

1 Das getrocknete Gemüse und die Instant-Bouillon ins Wasser geben, aufkochen und 15 Minuten kochen lassen.
2 Die Ramen beigeben; mit einem Stecken rühren, damit die Nudeln nicht zusammenkleben. Weitere 5–10 Minuten köcheln lassen, bis die Nudeln weich sind und den grössten Teil der Bouillon aufgesogen haben.
3 Die gerösteten Kerne darüber streuen und heiss essen, während Sie die Aussicht geniessen.

Varianten
- Frisches Gemüse anstelle des getrockneten verwenden, wenn Sie nicht allzu lange unterwegs sind. Das Gemüse gewaschen und klein geschnitten in einem Plastikgefäss mitnehmen. Rund 250 g reichen für eine hungrige Person.
- Eiweiss kann in Form von getrocknetem Tofu oder Fu beigefügt werden (2 Stücke pro Person). Zuerst das Wasser aufwärmen, dann den Tofu oder Fu 5 Minuten einweichen, so dass er biegsam wird. Ausdrücken, mit dem Taschenmesser in kleine Stücke schneiden und zurück ins Wasser geben. Dann weiter mit Schritt 1 des Rezepts.

Einsamkeits-Eintopf

Dieses Gericht mit hohem Eiweissgehalt ist für lange Trekkings geeignet, wo ein möglichst kleines Gewicht im Rucksack eine zentrale Rolle spielt, oder für alle Situationen, in denen frische Nahrungsmittel nicht so ohne weiteres erhältlich sind. Siehe Rezept Seite 127.

Gemüsespiesse mit Tofu-Dip

Für ein Picknick an einem schattigen Ort oder mit einer Kühltasche, in der Sie das Gemüse und den Tofu kühl halten können.
- Gemüsespiesse (Seite 142)
- Tofu-Dip (Seite 168)

Teddybär-Picknickpäckchen mit Tofu oder Fisch

Für ein Picknick mit Lagerfeuer oder über dem Holzkohlengrill im eigenen Garten. Ein Päckchen pro Person marinieren und einpacken, bevor Sie aus dem Haus gehen. Nehmen Sie Brot, Reisbällchen oder Schnitten von Hirsebraten als Beilage mit.

Tofupäckchen

1 Rezeptmenge gebackener marinierter Tofu (Seite 114), Schritte 1–3. (Lassen Sie für Kinder Senf, Ingwer und Knoblauch weg.)
ungefähr 200 g frische Pilze, gebürstet und grob geschnitten
ein paar frische oder getrocknete Kräuter

1 Den Tofu mindestens 15 Minuten marinieren.
2 Schneiden Sie für jedes Päckchen ein quadratisches Stück Alufolie (ca. 15 x 15 cm).
3 Legen Sie ein paar Pilzscheiben in die Mitte der Folie.
4 Eine Portion Tofu darauf, Kräuter darüber streuen und das Päckchen zusammenfalten.
5 Die Päckchen in einem Plastikgefäss mit Deckel zum Picknickplatz transportieren, damit nichts ausläuft.
6 Nachdem das Feuer mindestens ½ Stunde voll gebrannt hat, auseinanderharken, so dass ein Bett von glühender Asche entsteht. Die Päckchen auf die Glut legen und auf jeder Seite 10 Minuten backen. Auspacken und prüfen, ob der Inhalt gar ist.

Fischpäckchen

Anstelle des marinierten Tofus ein mariniertes Fischfilet (rund 100 g) in jedes Päckchen legen. Das Rezept ist genau gleich wie für den Tofu; zur Marinade kann man noch Zitronensaft geben.

Mais fürs Lagerfeuer

1 Maiskolben pro Person
Maiskeimöl und Meersalz oder Umeboshi-Paste

1 Wenn der Maiskolben noch von den Blättern umhüllt ist, lassen Sie sie dran. Ansonsten wickeln Sie ihn in Alufolie.
2 Nachdem das Feuer mindestens ½ Stunde voll gebrannt hat, auseinanderharken, so dass ein Bett von glühender Asche entsteht. Die Maiskolben direkt auf die Glut legen und auf jeder Seite 10 Minuten backen.
3 Auspacken und prüfen, ob der Mais gar ist.
4 Mit einem Tropfen Maiskeimöl und Salz bestreut verteilen. Achtung, Teddybären, die Dinger sind heiss! Abkühlen lassen und erst dann hineinbeissen.

Kartoffeln im Feuer

1 oder 2 mittlere Kartoffeln pro Person
Maiskeimöl und Meersalz

1 Die Kartoffeln waschen, aber nicht schälen. Mit einer Gabel rundum einstechen. Jede einzeln in Alufolie einpacken.
2 Nachdem das Feuer mindestens ½ Stunde voll gebrannt hat, auseinanderharken, so dass ein Bett von glühender Asche entsteht. Die eingewickelten Kartoffeln direkt auf die Glut legen und auf jeder Seite 15 Minuten braten. Manchmal dauert es auch eine ganze Stunde, bis sie gar sind.
3 Auspacken und nachschauen, ob die Kartoffeln soweit sind.
4 Mit einem Tropfen Maiskeimöl und Salz bestreut verteilen.

Brot am Stecken

1 Tasse roher Pittabrot-Teig (Seite 221)
1 Tasse Mehl zum Formen des Teigs

1 Den Brotteig in einem Plastikgefäss zum Picknickplatz transportieren. Denken Sie daran, dass der Teig auf dem Weg fermentiert, besonders, wenn Sie lange unterwegs sind oder wenn es sehr heiss ist. Halten Sie ihn möglichst kühl.
2 Jede Person nimmt ein Stück Teig in der Grösse eines Pingpongballs und rollt es zwischen den Händen zu einer fingerdicken Schlange. Zusätzlich Mehl nehmen, wenn der Teig klebt.
3 Die Schlange um einen langen Stecken wickeln und diesen über die Glut halten, bis der Teig hellbraun gebacken ist.
4 Vom Stecken nehmen und knabbern.

Apfel am Stecken

Spiessen Sie einen Apfel auf einen langen Stecken und braten Sie ihn über der Glut. Bissfest oder gut durchgebacken – diese Äpfel machen immer Spass.

GEMÜSE

Wissen Sie Bescheid über Gemüse?

Gemüse gibt es in allen möglichen Formen und Grössen und mit den unterschiedlichsten Charaktereigenschaften (siehe Kapitel 1, Seite 16 unter «Kühler», «Erquicker» und «Stabilisatoren»). Wir unterscheiden, wie dies in der makrobiotischen Küche üblich ist, zwischen Wurzelgemüse, Blattgemüse und rundem Gemüse. Um die Yin- und Yang-Qualitäten festzustellen, beobachten Sie am besten, wie das Gemüse an der Pflanze wächst und welchen Teil der Pflanze es darstellt. Wurzelgemüse, besonders dann, wenn die Wurzeln lang sind und tief ins Erdreich dringen, ist am stärksten yang-betont. Rundes, auf Bodenhöhe wachsendes Gemüse, wie Zwiebel und Kürbis, wirkt ausgeglichen und stabilisierend. Gemüse in Blattform ist aufwärts gerichtet und yin-betont. Die Übergänge zwischen Wurzelgemüse, rundem Gemüse und Blattgemüse können fliessend sein; so besitzt ein rundes Wurzelgemüse wie der Bodenkohlrabi (Kohlrübe) sowohl Merkmale der Wurzel- wie auch der runden Gemüse, und ein runder Kohlkopf oder Chicoréesprossen haben Eigenschaften der runden und der Blattgemüse. Gemüse, das sich keiner dieser drei Gruppen eindeutig zuordnen lässt, ist immer deutlich yin-betont, so etwa grüne Bohnen, Gurken und Pilze, die sich in der Übersicht auf Seite 16 alle unter den «Kühlern» finden.

Beachten Sie auch, zu welcher Jahreszeit das Gemüse reift: Frühlingsgemüse hat die stärkste aufwärts strebende Yin-Tendenz, Sommergemüse die voll entwickelte Yin-Form, Herbstgemüse besitzt sanft reifende Yang-Qualitäten, und im Winter ziehen sich die Kräfte in die Wurzeln zurück und geben lang anhaltende Yang-Energie und Ausdauer.

Das beste Gemüse ist biologisch angebautes, frisch geerntetes Saisongemüse aus der Region, in der Sie leben. Damit Sie etwas mehr Abwechslung haben, können Sie ein paar tiefgefrorene oder auf andere Art haltbar gemachte Gemüsesorten dazu nehmen. Achten Sie darauf, dass kein Zucker und keine Chemikalien verwendet wurden.

Die Zusammensetzung des Gemüses verändert sich schon innerhalb weniger Stunden nach der Ernte dramatisch. Wenn das Gemüse sorgfältig behandelt wird, bleibt es länger gut. Schwere Erde sollte vor dem Einlagern entfernt werden. Die meisten Gemüsesorten halten sich am besten an einem kühlen, trockenen Ort, also in einem kühlen Keller oder in der Gemüseschublade des Kühlschranks. Blattgemüse und Stengel sollten Feuchtigkeit haben, damit sie nicht welken.

Wenn immer möglich sollte Gemüse erst unmittelbar vor der Verarbeitung gewaschen und geschnitten werden. Spülen Sie heikles Gemüse wie Tomaten, Kopfsalat, Sommerkürbis nur leicht unter kaltem Wasser. Robustere Gemüsesorten können mit einer Bürste aus natürlichen Borsten geschrubbt werden, um Sand und Dreck zu entfernen. In der Schale stecken häufig am meisten Vitamine und Mineralien. Es ist deshalb besser, wenn immer möglich biologisches Gemüse zu kaufen und es nur leicht zu bürsten, statt zu schälen. Katriona hat ihre eigene Methode entwickelt, um zu entscheiden, ob sie ein verholztes, gelbes oder braunes Stück des Gemüses oder das Kraut wegwerfen soll: Sehen Sie es sich an, und fragen Sie sich, ob Sie auch so sein möchten. Wenn es gesund und kraftvoll aussieht, lassen Sie's dran, wenn nicht, geben Sie's auf den Kompost, damit es sich wieder in den Kreislauf einfügt.

Schneiden Sie Gemüse gleichmässig dick, damit alle Stücke gleichzeitig gar sind. Wählen Sie die Art des Schnitts je nach dem Resultat, das Sie erreichen wollen. Kleine Würfel oder geraspelt für Suppen und Saucen, bei denen der Geschmack in die Flüssigkeit übergehen soll. Dünne Stäbchen eignen sich für schnelles Kochen auf grossem Feuer (Wok). Dünne Schnitze und gerade oder schräg geschnittene Scheiben eignen sich zum Blanchieren oder Kochen im Dampf, da sie relativ schnell gar sind, der Geschmack aber drin bleibt. Broccoli und Blumenkohl können in Röschen zerteilt werden. Verwenden Sie grosse Stücke oder ganzes Gemüse für lange Kochzeiten auf kleinem Feuer. Dabei bleibt der Eigengeschmack erhalten, und die Süsse der Zutaten wird verstärkt (z.B. in Schmortöpfen, bei gebackenen Gemüse oder Gemüsepüree). Besondere Schnitte wie Dreiecke, Rechtecke und andere Formen bringen Pfiff ins Essen, sei es zu einem besonderen Anlass oder in der Alltagsküche. Stellen Sie die verschiedenen Gemüsesorten separat bereit, und waschen Sie Messer und Rüstbrett, bevor Sie ein anderes Gemüse schneiden. Ein scharfes Messer und ein robustes, ebenes Rüstbrett sind absolut unerlässlich.

Sorgfältiges Abmessen von Wasser und Öl, Einhalten der Kochzeiten, Überwachen der Hitze und präzises Würzen sind in der feinen Gemüseküche von allergrösster Bedeutung. Die eine Methode verlangt viel Wasser (Blanchieren, Sieden), die andere wenig (Schmortopf, Dünsten in Wasser), beider Ziel ist jedoch, den Geschmack zu unterstützen und zu verstärken, und nicht, ihn zu vermindern. Kleines oder grosses Feuer, kräftiges, mittleres oder leichtes Würzen, schnelles oder langsames Kochen haben entscheidenden Einfluss auf das Resultat. Wie die Kochtechniken die Yin- und Yang-Wirkung beeinflussen, ist auf Seite 17 erklärt. Die ersten drei Rezepte dieses Kapitels, Crudités, Gedämpftes und Blanchiertes Gemüse (Seite 141), sind eher Yin-Gerichte. Eine starke, für die kalte Jahreszeit passende Yang-Wirkung haben die Goldglasierten Karotten (Seite 145), Gebackenes Wurzelgemüse mit Rosmarin (Seite 148) oder Gemüse im Ausbackteig (Seite 150). Achten Sie bei der Garprobe auf Farbe, Konsistenz und Geruch. Kosten Sie, bevor Sie nachwürzen. Probieren Sie alles aus, dann ist Kochen befriedigend und abwechslungsreich. Entscheidend sind am Schluss Ihre eigene Erfahrung und Ihr persönlicher Geschmack.

Menüplanung mit Gemüse: Was nehme ich?

Gemüse ist auch in vielen Rezepten der anderen Kapitel enthalten (siehe Suppen, Getreide, Eiweiss). Wenn die Mahlzeit bereits reichhaltig ist, wird sie am besten durch eine sehr leichte und einfache Gemüsebeilage ergänzt, z.B. Gedämpftes Gemüse (Seite 140), Blanchiertes Gemüse (Seite 141), wassersautiertes Grüngemüse (Seite 143) oder einen einfachen grünen Salat. Richtig eingesetzt, können diese scheinbar simplen Gerichte dazu dienen, das Gleichgewicht einer Mahlzeit fein auszutarieren.

Wenn das übrige Essen eher einfach ist, nehmen Sie ein reichhaltigeres Gemüsegericht.

Mengen

Wir rechnen 150 g rohes Gemüse als durchschnittliche Richtgrösse pro Person und Mahlzeit. In den folgenden Gemüserezepten werden also für 4–6 Portionen rund 500 g Gemüse verwendet. Wenn die Mahlzeit aber bereits in anderen Gerichten Gemüse enthält (z.B. Suppe, Salat), können Sie die Menge entsprechend anpassen.

In einigen Rezepten beträgt die Menge mehr oder weniger als 500 g. Der Grund liegt darin, dass das betreffende Gemüse oder die Kochart ausgiebiger ist als im Durchschnitt. Passen Sie die Menge Ihrem Menü und Ihren Bedürfnissen an.

Spezielle Vorbereitung verschiedener Gemüse

Einige der in den Rezepten verwendeten Gemüsesorten verlangen eine besondere Vorbereitung.

Rande (Rote Bete)

Rohe Randen (rote Beten) werden unzerschnitten gekocht, damit Geschmack und Farbe erhalten bleiben. Waschen Sie sie, aber schälen Sie sie nicht. Kochen wie folgt:

– im Dampfkochtopf mit Wasser bedeckt: 15–20 Minuten;
– im Wasser köcheln: 30–40 Minuten;
– Backen im Ofen, bei mittlerer Temperatur: 1½ Stunden.

Wenn die Knollen gar sind, giessen Sie das Wasser ab und lassen Sie sie abkühlen. Sobald sie kalt genug sind, dass Sie sie in der Hand halten können, schälen und in mundgerechte Stücke oder kleinere Würfel schneiden oder raspeln.

Um rote Flecken an Ihren Händen zu vermeiden, tragen Sie Handschuhe. Wenn Saft auf das Tischtuch tropft, bestreuen Sie den Fleck sofort mit Salz oder Zitronensaft. Dann das Tischtuch in kaltem Wasser 24 Stunden einweichen und anschliessend so heiss wie möglich waschen.

Tomaten

Um Tomaten zu schälen, blanchieren Sie sie ein paar Sekunden in siedendem Wasser.

Peperoni (Paprika)

Um Peperoni die Haut abzuziehen, halten Sie sie direkt in die Gasflamme und rösten Sie die Haut, bis sie ganz schwarz ist. Dann in kaltem Wasser die verkohlte Haut abziehen. Der Länge nach halbieren und Stengel und Samen entfernen.

Grössere Mengen können im sehr heissen Ofen geröstet werden. Die Haut wird dann eher braun als schwarz. Wie oben in Wasser schälen.

Getrocknete Pilze

Getrocknete Pilze geben einem Gericht einen speziellen und deutlich anderen Geschmack als frische Pilze. In Japan wird der getrocknete Shiitake für seinen Geschmack und seine heilenden Eigenschaften hoch geschätzt. In Polen werden etwa 5 Sorten getrocknete Waldpilze in der Küche eingesetzt. In Italien verleiht der getrocknete Steinpilz vielen Gerichten ein aussergewöhnliches Aroma. Jeder Pilz hat seinen eigenen Geschmack. Wenn jedoch die spezielle, im Rezept verlangte Sorte nicht zu haben ist, können Sie sie ohne weiteres durch eine andere ersetzen.

Es gibt bei Pilzen verschiedene Qualitäten. Billige Qualitäten europäischer Pilze enthalten in der Regel viel Sand. Nachdem Sie sie eingeweicht haben, untersuchen Sie sie mit den Fingern gut nach Sand, und waschen Sie sie nötigenfalls unter dem laufenden Wasser.

Alle Sorten werden entweder knapp bedeckt in kaltem Wasser über Nacht eingeweicht oder in warmem während 1 Stunde. Schneiden Sie zähe oder faserige Teile weg. Das Einweichwasser ist sehr schmackhaft. Sieben und zum Kochen verwenden.

Crudités

Rohe Gemüsestäbchen, die mit einer Sauce, einem Dip oder einer Paste serviert werden. Sehr beliebt als Vorspeise, Snack oder Teil eines Buffets.

Geeignet sind alle Saucen und Dips (Seite 164–68), ausserdem: Linsenpastete (Seite 108), Hummus (Seite 112), Tofu-«Hüttenkäse» (Seite 168), Süsser Gemüseaufstrich (Seite 146).

2 mittlere Karotten
3 Selleriestangen
1 Kohlrabi
1 kleiner weisser Rettich oder 1 Bund Radieschen
1 Kopf Chicorée
Sauce, Dip oder Paste: siehe oben
als Garnitur Salatblätter, Brunnenkresse, frische Keimlinge, Radieschenröschen, Oliven

1 Das Gemüse in elegante lange Stäbchen schneiden, so dass sie einfach zu greifen, in den Dip zu tauchen und abzubeissen sind.
2 Auf einer Platte mit den Garnituren attraktiv anrichten.
3 Dazu Sauce, Dip oder Paste und ein Körbchen mit Brot oder Crackers auf den Tisch stellen.

Gedämpftes Gemüse

Geeignet für Wurzel-, Blatt- oder rundes Gemüse. (Weiches Gemüse wie Tomaten und Auberginen eignet sich nicht.)

Diese Methode erhält den Geschmack und den Nährwert des Gemüses am besten. Wenn Sie das Gemüse gern heiss auf dem Tisch haben, dämpfen Sie es erst ganz zuletzt. Sie können das Gemüse aber auch dämpfen und später kalt servieren.

Sie brauchen dazu ein Dämpfsieb oder einen Dämpfeinsatz, die in einen Topf mit Deckel passen:

– zusammenfaltbares Sieb mit Füssen, aus rostfreiem Stahl; passt in jeden Topf;
– chinesischer Bambuskorb; passt auf einen Topf, der etwas grösser als der Korb ist;
– spezieller Topf mit integriertem Dämpfeinsatz;
– improvisiert mit einem Löcherbecken oder Sieb über einem Topf, der ein wenig grösser ist.

Immer zuerst das Wasser sieden lassen, bevor Sie das Gemüse im Siebeinsatz hineingeben, sonst verliert es viel von seinem Geschmack.

500 g Gemüse, eine oder mehrere Sorten, geschnitten
Wasser
Meersalz

1 In den Topf 2 cm hoch Wasser geben und zugedeckt aufkochen, das Salz beigeben und das Dämpfsieb hineinstellen.
2 Das Gemüse in das Sieb geben und den Topf sofort zudecken. Am besten ist es, verschiedene Gemüsesorten separat zu kochen, da die Kochzeiten verschieden sind; oder sie schichten sie entsprechend der Kochzeit übereinander. Bei ungefähr gleicher Kochzeit die Gemüsesorten eher nebeneinander anordnen, als sie durcheinander zu mischen.
3 Die Kochzeiten sind je nach Gemüse und Schnittart verschieden. Zartes Grüngemüse oder fein geschnittenes Gemüse ist vielleicht schon nach ½ Minute gar, während grössere Stücke 20 Minuten benötigen. Prüfen Sie mit einer Nadel oder einem scharfen Messer, ob das Gemüse gar ist. Es sollte knapp weich und noch ein wenig knackig sein.
4 Herausnehmen und auf einen Teller legen. Wenn es warm bleiben soll, eine Bambusmatte oder ein Baumwolltuch darüberlegen.

Varianten

Mit einer leichten Sauce servieren: Mit Zitronensaft und ein paar Tropfen Shoyu oder mit Shoyu und ein paar Tropfen frisch gepresstem Ingwersaft beträufeln.

Blanchiertes Gemüse

Geeignet für Wurzel-, Blatt- oder rundes Gemüse. (Weiches Gemüse wie Tomaten und Auberginen eignet sich nicht.)

Diese einfache Kochmethode für den Alltag ergibt intensiv farbiges, knackiges Gemüse voller Geschmack und Vitamine.

Es wird in einem Topf ohne Deckel gekocht. Ein Schaumlöffel ist praktisch, um das Gemüse aus dem siedenden Wasser zu fischen.

Wenn Sie das Gemüse gern heiss auf dem Tisch haben, kochen Sie es erst ganz zuletzt. Ansonsten können Sie das Gemüse jederzeit so zubereiten und kalt servieren.

500 g Gemüse, eine oder mehrere Sorten, geschnitten
Wasser
Meersalz

1 In einen Topf 4 cm hoch Wasser geben, zudecken und aufkochen. Eine grosse Prise Salz dazugeben.
2 Immer nur eine Handvoll Gemüse aufs Mal ins siedende Wasser geben. (Die Wassertemperatur sinkt zu stark ab, wenn Sie alles auf einmal hineingeben, und das Gemüse wird matschig und fad.) Wegen der verschiedenen Kochzeiten ist es am besten, jede Gemüsesorte separat zu kochen. Gemüse mit milderem Geschmack und hellerer Farbe zuerst, damit sie nicht von einem stärkeren Geschmack und dunklerer Farbe übertönt werden.
3 Die Kochzeiten sind je nach Gemüse und Schnittart verschieden. Zartes Grüngemüse oder fein geschnittenes Gemüse ist vielleicht schon nach wenigen Sekunden gar, während dicke Scheiben eines Wurzelgemüses bis zu 10 Minuten benötigen. Prüfen Sie mit einer Nadel oder einem scharfen Messer, ob das Gemüse gar ist. Es sollte gerade knapp weich und noch ein wenig knackig sein.
4 Gemüse mit dem Schaumlöffel aus dem Wasser fischen und auf einen Teller legen. Wenn es warm bleiben soll, eine Bambusmatte oder ein Baumwolltuch darüberlegen.

Varianten

Mit einer leichten Sauce servieren: Mit Zitronensaft und ein paar Tropfen Shoyu oder mit Shoyu und ein paar Tropfen frisch gepresstem Ingwersaft beträufeln.

Blitz-Broccoli

Siehe Seite 21.

Gemüsebouquet

Einfach zu machen und hübsch wie ein Geburtstagsgeschenk. Als Beilage zu einer vollen Mahlzeit ist es auch ohne Sauce fein. Sie können es aber auch zum Mittelpunkt eines Menüs machen (siehe Varianten).

Das Bouquet besteht aus 3 Gemüsesorten mit stark kontrastierenden Farben. Wählen Sie einen der folgenden Vorschläge oder stellen Sie das Gemüse selber zusammen.

Das Gemüse wird in der Regel in mundgerechte Stücke geschnitten.

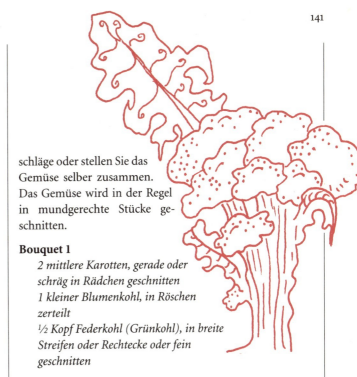

Bouquet 1
2 mittlere Karotten, gerade oder schräg in Rädchen geschnitten
1 kleiner Blumenkohl, in Röschen zerteilt
½ Kopf Federkohl (Grünkohl), in breite Streifen oder Rechtecke oder fein geschnitten

Bouquet 2
1 mittlerer Bodenkohlrabi (Steckrübe), fächerartig geschnitten
1 mittlerer Kopf Broccoli, in Röschen zerteilt
½ mittlerer Kopf Chinakohl, in breite Streifen, Rechtecke oder fein geschnitten

Bouquet 3
2 mittlere Karotten, gerade oder schräg in Rädchen oder in bleistiftdünne Stäbchen geschnitten
1 mittlerer weisser Rettich, gerade oder schräg in Rädchen oder in bleistiftdünne Stäbchen geschnitten
1 Bund Brunnenkresse

Bouquet 4
2 Maiskolben, rund 1½ cm dicke Scheiben geschnitten
1 Handvoll grüne Bohnen oder Kefen (Zuckererbsen), ganz
1 Bund Radieschen, ganz, mit oder ohne Kraut

Das Gemüse blanchieren (siehe Seite 141) und wirkungsvoll nach Farben getrennt anrichten. Mit einer Bambusmatte oder einem Küchentuch abdecken, damit alles warm bleibt.

Varianten

– Das Gemüse dämpfen statt blanchieren.
– Das Gemüse der Saison entsprechend zusammenstellen, so dass es zu jeder Jahreszeit seinen ganz besonderen Charakter hat.
– Mit einer reichhaltigen Sauce, Salatsauce oder Würzzutaten kann das Bouquet ins Zentrum einer Mahlzeit rücken. Einige Ideen:
– Bouquet Polonaise: Paniermehl in viel Maiskeimöl rösten und über das Gemüse verteilen.
– Bouquet Croquant: Mit gerösteten, gehackten Mandeln garnieren.

- Bouquet aux Fines Herbes: Frische oder getrocknete Kräuter in Olivenöl erhitzen und über das Gemüse streuen.
- Bouquet Béchamel: Eines oder mehrere der Gemüse mit Béchamelsauce (Seite 169) überziehen.
- Bouquet mit Tofu-Dip (Seite 168): Ideal für ein Buffet ohne Besteck.

Cool Bouquet

Dies ist ein Salat aus dem Bouquetgemüse, das kalt und mit einer Sauce serviert wird. Ideal für warmes und heisses Wetter und sehr aktive Leute mit wenig Zeit.

- Siehe Gemüsebouquet 1–4 für Kombinationen.
- Sauce: Jede Sauce auf den Seiten 164–168.
- als Garnitur Salatblätter, Brunnenkresse, frische Keimlinge, Radieschenröschen, Oliven

1 Das Gemüse blanchieren (siehe Seite 141, Schritte 1–3).
2 Das Gemüse abschrecken: Sobald es gar, aber noch leicht knackig ist, aus dem Wasser fischen und sofort in eine grosse Schüssel mit kaltem Wasser geben. Abkühlen und vor dem Servieren gut abtropfen lassen. Durch diese Methode bleibt das Gemüse knackig und die Farben leuchtend.
3 Abgekühltes Gemüse nach Farben getrennt anrichten und hübsch garnieren.
4 Die Sauce separat dazu servieren oder erst unmittelbar vor dem Servieren unter das Gemüse mischen.

Gemüsespiesse

Ideal fürs Picknick oder ein lässiges Buffet ohne Besteck.

1 mittlere Karotte, fingerdick geschnitten
½ mittlerer weisser Rettich, fingerdick geschnitten
½ mittlerer Kohlrabi oder Bodenkohlrabi (Steckrübe), fingerdick geschnitten
½ Broccoli oder Blumenkohl, in mundgerechte Röschen zerteilt
einige Spargelspitzen
Sauce oder Dip: siehe Seite 164–168

1 Das Gemüse blanchieren (siehe Seite 141), und zwar nur kurz, damit es seine Form behält und nicht schlapp wird.
2 Auf einem Teller ausbreiten und abkühlen lassen oder in kaltem Wasser abschrecken (siehe Cool Bouquet, Schritt 2).
3 Mit Sauce oder Dip kalt servieren.

Gado Gado

Tanmya machte dieses indonesische Gericht im IMI Kiental bekannt. Es besteht aus verschiedenen blanchierten Gemüsesorten und einem Scharfen Erdnuss-Relish. Dazu passen gut Reis und Tofu.

1 mittlerer Lauchstengel, in bleistiftdünne, ca. 5 cm lange Streifen geschnitten
½ Bund Stangensellerie, in bleistiftdünne, ca. 5 cm lange Streifen geschnitten
1 kleiner Blumenkohl, in kleine Röschen zerteilt
(Als Variante: Zwiebeln, Karotten, weisser Rettich, weisse Rüben, Bodenkohlrabi (Steckrüben), grüne Bohnen usw., insgesamt rund 500 g)
1 Rezeptmenge Scharfes Erdnuss-Relish (Seite 175)
als Garnitur frischer Koriander oder Petersilie

1 Das Gemüse blanchieren (siehe Seite 141), und zwar nur kurz, damit es seine Form behält.
2 Mischen und zu einem farbigen Haufen schichten. Heiss oder kalt mit Scharfem Erdnuss-Relish darauf oder daneben servieren. Garnieren.

Grüne Wickel

Bei diesem Gericht wird grünes Gemüse nach der gleichen Technik gerollt wie japanische Sushi (Seite 69). Sie können dabei Noriblätter verwenden oder auch nicht. Gut geeignet sind grosse Blätter z.B. von Chinakohl, Federkohl (Grünkohl), Weisskohl, Wirsing, Krautstiel. Die Kombination von hell- und dunkelgrünen Blättern ergibt spannende Kontraste. Feines, blanchiertes Grünzeug wie Brunnenkresse, Karottenkraut, das Kraut von weissem Rettich oder weissen Rüben kann in der Mitte mit eingerollt werden. Das Rezept ergibt 2 grosse Wickel, die für 4 bis 6 Personen reichen.

500 g grossblättriges Grüngemüse (bis zu ¼ kann feinblättriges Gemüse sein)
nach Belieben 2 geröstete Blätter Nori (siehe Seite 157)
1 gestrichener TL Umeboshi-Paste
(je ½ TL für jeden Wickel)
1 gestrichener TL Senf
(je ½ TL für jeden Wickel)

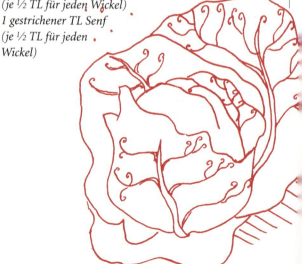

1. Die Blätter blanchieren, bis sie knapp weich sind, gut abtropfen lassen und überschüssige Flüssigkeit auspressen. Wenn die Blattrippe sehr dick ist, herausschneiden, damit das Aufrollen einfacher geht.
2. Die Blätter auf die Sushimatte so auslegen (mit oder ohne Noriblatt darunter), dass abwechselnd einmal der Strunk und einmal die Blattspitze zu Ihnen zeigt. Die Blätter sollten einander so überlappen, dass sie durchgehend eine ½ cm dicke Schicht bilden.
3. An der Ihnen zugewandten Seite dem Rand entlang einen Streifen Umeboshi-Paste und Senf auftragen und darauf einen Streifen blanchiertes Grüngemüse legen (dasselbe oder ein anderes Gemüse).
4. Aufrollen, wie auf Seite 69, Schritt 6–9, für Sushi beschrieben. Wenn die Rolle fertig ist, halten Sie sie in der Matte und pressen Sie die überschüssige Flüssigkeit heraus. Auch ohne Nori sind die Wickel dank der Blätter dicht.

Gefüllte grüne Wickel

Die Grünen Wickel können mit einer der folgenden Füllungen abgewandelt werden. Umeboshi-Paste und Senf in Schritt 3 weglassen. Die angegebenen Mengen ergeben je eine Füllung für zwei Wickel.

Arame- oder Hiziki-Füllung

1 Rezeptmenge Arame nach den Fünf Elementen (Seite 154) oder Zitronen-Hiziki (Seite 155). Nach Belieben mit einem Streifen Tempeh belegen (siehe unten).

Walnuss-Miso-Füllung mit Schnittlauch

½ Rezeptmenge Walnuss-Miso (Seite 175) und 1 Bund Schnittlauch, ungeschnitten. Unter Umständen müssen Sie dem Walnuss-Miso ein wenig Wasser beigeben, damit es besser zusammenhält. ½ Bund Schnittlauch der Länge nach in jeden Wickel geben.

Sauerkraut-Karotten-Senf-Füllung

1 lange Karotte, in lange, dünne Stäbchen geschnitten, blanchiert, und ½ Tasse gut ausgepresstes Sauerkraut. Die Ihnen zugewandte Seite jedes Wickels mit ½ TL Senf bestreichen.

Tofufüllung

Gebratene Tofuschnitten (Seite 114), längs in Streifen geschnitten, oder Tofu-Miso-«Käse» (Seite 116), in Streifen geschnitten oder zerdrückt, als Füllung auf die Blätter geben.

Tempehfüllung

Gebratenen Tempeh (Seite 118) oder fertig gekauften geräucherten oder marinierten Tempeh verwenden. Mit einem Klacks Senf servieren.

Sprossen- oder Salatfüllung

Zarte Keimlinge und Salatblätter ergeben eine frische und knusprige Füllung. Dazu eine Sauce Vinaigrette (Seite 164) reichen. Nach Belieben zusätzlich Wakameblätter (siehe unten) als Füllung verwenden.

(Wie man Keimlinge selbst zieht, erfahren Sie im Kapitel «Die kleine Küchenfabrik», Seite 214.)

Wakame-Algenfüllung

Nehmen Sie 25 g getrocknete Wakameblätter und bereiten Sie sie so vor wie für den Wakame-Gurken-Salat auf Seite 156. Bestreichen Sie die Ihnen zugewandte Seite mit Umeboshi-Paste und Senf und legen Sie der Länge nach ungeschnittene, eingeweichte Wakameblätter darauf.

Monsteraugen

Etwas Neues für Kinder. Verteilen Sie 1 EL Tofu-«Hüttenkäse» (Seite 168) in einer Schicht dem Rand der Ihnen zugewandten Seite entlang. Legen Sie Stäbchen aus gekochten Randen (rote Bete) darauf. Nach einer Weile fliesst der rote Saft der Randen ins Weiss des Tofus und verleiht ihm ein abenteuerliches Aussehen.

Wassersautiertes Grüngemüse

Eine schnelle Methode zum Kochen von Grüngemüse, bei der Geschmack und Nährwert erhalten bleiben. Fettfrei.

wenig Wasser
250 g grünes Blattgemüse (Weisskohl, Federkohl/Grünkohl, Chinakohl, Kraut der weissen Rübe, Senfkraut usw.), fein geschnitten
Meersalz

1. Den Boden einer Kasserolle mit ganz wenig Wasser bedecken. Aufkochen.
2. Das Gemüse zusammen mit einer tüchtigen Prise Meersalz beigeben.
3. Auf mittlerem Feuer kochen und dabei das Gemüse mit Holzlöffel und -gabel oder Essstäbchen ständig in Bewegung halten. Wenn das Wasser verdunstet, ehe das Gemüse gar ist, einen zusätzlichen Esslöffel Wasser dazugeben.
4. Je nach Gemüsesorte dauert die Kochzeit etwa 3–5 Minuten. Am Schluss sollte möglichst kein Wasser mehr übrig sein. Warm servieren.

Varianten

– Lauch und Blattgemüse halb-halb: Den Lauch schräg fein schneiden und 1 Minute dünsten, bevor das Grüngemüse dazukommt.
– Gewürze variieren: Am Schluss ein wenig frisch gepressten Ingwersaft, Zitronensaft oder Essig beigeben. Anstatt Salz Shoyu, Miso oder Umeboshi-Paste verwenden.

Ölsautiertes Grüngemüse

Bei dieser Methode wird das Gemüse sehr kurz im Öl gedünstet. Sie eignet sich für zartes Grüngemüse mit starkem Geschmack wie z.B. Brunnenkresse, Rucola, wilden Löwenzahn oder Rettichkraut und ebenso für robustere Salatblätter, Endivie und Chicorée.

2 EL Öl
250 g zartes Grüngemüse, ganze Blätter
Meersalz

1. Eine Bratpfanne erhitzen und Öl hineingeben.
2. Das Gemüse zusammen mit einer tüchtigen Prise Meersalz beigeben.
3. Auf mittlerem Feuer kochen und dabei das Gemüse mit Holzlöffel und -gabel oder Essstäbchen ständig in Bewegung halten.
4. Die Kochzeit ist sehr kurz, 15–30 Sekunden, dann wird das Gemüse welk und weich. Es tritt ein wenig Wasser aus, das am Ende verdunstet sein sollte. Warm servieren.

Süss-saures Gemüse aus dem Wok

Siehe Seite 22.

Zündholzgemüse

Dieses Gericht ist um so schneller zubreitet, je besser Sie mit dem Messer umgehen können. Ein weiterer Grund, sich ein gutes Messer anzuschaffen, aber passen Sie auf Ihre Fingerspitzen auf! Schneiden Sie alles fertig, bevor Sie mit Kochen beginnen.

Das Gericht kann einfach so oder mit Sauce serviert werden. Die Süss-saure Sauce von Seite 170 passt sehr gut.

Schneidetechnik diagonal: Die Karotte zuerst diagonal in dünne Scheiben schneiden, dann jeweils drei dieser Scheiben aufeinanderlegen und der Länge nach in zündholzdünne Stäbchen schneiden.

2 EL Öl
2 Karotten, zündholzdünn geschnitten
1 Stangensellerie, in feine Streifen geschnitten
5 Kohlblätter, fein geschnitten
1 Handvoll grüne Bohnen, 3–4 cm lang geschnitten
1 Lauchstengel, in feine Scheiben geschnitten
1 EL Shoyu

1. Das Öl auf mittlerem Feuer erhitzen.
2. Die Gemüse in der aufgeführten Reihenfolge beigeben und mit einem Holzlöffel oder Essstäbchen ständig in Bewegung halten. Immer 1 Minute warten, bevor Sie das nächste Gemüse beigeben. Jedesmal eine Prise Salz dazugeben. Wenn alles Gemüse in der Pfanne ist, weitere 3–5 Minuten unter ständigem Bewegen dünsten, bis es weich zu werden beginnt, aber immer noch die Farbe behält und ein wenig Biss hat.
3. Mit Shoyu beträufeln, umrühren und vom Feuer nehmen.
4. Sofort servieren.

Varianten

– Gemüse variieren. Die Methode eignet sich für eine ganze Reihe von eher festen Gemüsesorten. Probieren Sie weisse Rüben, Bodenkohlrabi (Steckrüben), weissen Rettich, Klettenwurzel, Lotuswurzel, Zwiebeln, Kürbis, Chinakohl, jedes Blattgemüse. Eine Kombination von Wurzel-, Blatt- und rundem Gemüse ergibt ein ausgewogenes Gericht. Die Gemüse entsprechend der benötigten Kochzeit beigeben. Zartes Grün wie Brunnenkresse, Karottenkraut, Brennesseln, Löwenzahn, Spinat usw. sollten nur in den letzten 30 Sekunden mitgedünstet werden.
– Blumenkohl und Broccoli, die nicht weiter zerkleinert werden können, in kleine Röschen zerteilen und vor dem Braten 2 Minuten blanchieren.
– Keimlinge geben einen Hauch von Orient: Erst in der letzten Minute mitkochen. Sie können sie kaufen oder selber ziehen (siehe Seite 216).
– Frische fein geschnittene Pilze beigeben, aber erst in der letzten Minute.
– Zusätzliche Gewürze können am Schluss noch dazukommen. Versuchen Sie's mit 1 oder 2 TL frischem Ingwersaft oder 2 EL gerösteten Sesamkernen. Oder wozu Sie sonst Lust haben.

Grill Provençale

Aus der Provence stammt dieses leckere Rezept für die Zubereitung von Sommergemüse. Zur Marinade gehören Provence-Kräuter wie Thymian, Majoran, Rosmarin, Oregano, Basilikum, Salbei, Petersilie. Traditionell wird es im Freien auf einer Gusseisenplatte zubereitet, es kann aber auch auf dem Grill, auf dem Herd oder im heissen Ofen (220°C) gemacht werden.

Passt hervorragend zu einer Mahlzeit mit Reis und einem grünen Salat.

4 EL Olivenöl
2 EL Balsamico- oder Weinessig
2 Knoblauchzehen, gepresst oder fein gehackt
1 kleines Bund Petersilie, gehackt
1 kleines Bund frische, wohlriechende Kräuter, gehackt
½ gestrichener TL Meersalz
schwarzer Pfeffer
1 mittlere Aubergine, längs oder quer in ½ cm dicke Scheiben geschnitten
2 mittlere Zucchini, längs oder quer in ½ cm dicke Scheiben geschnitten
2 grosse Zwiebeln, quer in Scheiben von 1 cm Dicke geschnitten

1 Öl, Essig, Knoblauch, Kräuter, Salz und Pfeffer zu einer Marinade verrühren.
2 Das Gemüse darin 30 Minuten marinieren. Abgiessen.
3 Eine Bratpfanne mit dickem Boden, ein Backblech oder einen Rost auf mittlere Hitze vorheizen.
4 Pfanne oder Blech bzw. Rost leicht einölen und das Gemüse darauf legen. Es sollte leicht zischen. Das Gemüse auf dem Herd oder im 220 °C heissen Backofen grillieren und dabei sorgfältig beobachten; je nach Bedarf bewegen und wenden. 10 Minuten genügen. Das Gemüse soll goldbraun, saftig und schmackhaft sein.
5 Sofort servieren.

Vollmundiger Gemüsetopf

Für dieses Gericht wird das Gemüse langsam mit einem Minimum an Wasser «geschmolzen», bis es durch und durch zart und weich ist. Es kocht mit minimalem Eingriff von Seiten des Kochs praktisch von selbst. Verschiedene Gemüsesorten können verwendet werden (siehe Varianten). Nehmen Sie einen schweren Topf mit passendem Deckel, so gross, dass das Gemüse ihn fast bis zum Rand füllt.

Einfach so oder mit einer Sauce, z.B. Daddys Brauner Sauce (Seite 170) oder Béchamelsauce (Seite 169), servieren.

1 Stück Kombu, 5 cm lang
2 EL Wasser
2 mittlere Zwiebeln, in ½ cm dicke Halbmonde geschnitten
2 mittlere Karotten, ½ cm dick gerade oder schräg in Rädchen geschnitten
1 Prise Meersalz
wenige Tropfen Shoyu

1 Den Kombu mit 2 EL Wasser in einen Topf geben. Ein paar Minuten einweichen, während Sie das Gemüse vorbereiten.
2 Den Topf aufs Feuer setzen. Wenn das Wasser kocht, Zwiebeln und Salz beigeben. 2 Minuten kochen lassen, dann die Karotten darauf schichten.
3 Zudecken und sehr langsam 20–30 Minuten köcheln lassen, bis das Gemüse sehr weich ist.
4 Ein paar Tropfen Shoyu darüber träufeln. Vorsichtig umrühren. Am meisten Geschmack erhält man, wenn das Kochwasser am Ende bis zum letzten Tropfen aufgesogen ist. (Wenn Sie jedoch zuviel Wasser haben, verwenden Sie es als Sauce – oder trinken Sie es; es ist sehr gut.)
5 Heiss servieren. Der Kombu kann zerschnitten und mit dem Gemüse serviert werden.

Varianten

– Praktisch alle Gemüsesorten mit fester Konsistenz kommen in Frage. Sie können ein Gemüse nehmen oder mehrere. Ein paar Ideen: Lauch, weisser Rettich, weisse Rübe, Bodenkohlrabi (Steckrübe), Klettenwurzel, Kürbis, Weisskohl, Rosenkohl, Blumenkohl, Broccoli. Wenn eine der Gemüsesorten eine deutlich kürzere Kochzeit hat als die anderen, können Sie sie entsprechend später in den Topf geben. Wenn Sie mehrere Gemüsesorten mischen, schichten Sie sie so, dass die wasserhaltigsten zuunterst sind.
– Durch unterschiedliche Schnittarten ändern sich die Kochzeiten. Fein geschnittenes Gemüse ist schneller gar und eignet sich besser für Frühlings- und Sommerwetter. Grosse Stücke verlangen längere Kochzeiten und sind ideal für kaltes Herbst- und Winterwetter.

Goldglasierte Karotten

Reich, nahrhaft und süss – ein ideales Gericht für kaltes Wetter. Das lange Kochen im Öl gibt den Karotten einen tief orangefarbenen Glanz.

5 mittlere Karotten (500 g)
2 EL Maiskeimöl
¼ gestrichener TL Meersalz
als Garnitur Petersilie oder Schnittlauch, gehackt

1 Die Karotten nach der Methode des Rollschnitts schneiden, das heisst, einmal diagonal zur Längsachse schneiden, dann mit der Karotte eine Vierteldrehung machen, so dass die Schnittfläche nach oben zeigt, und wieder diagonal abschneiden usw.
2 Die Karottenstücke mit dem Salz in einer schweren Pfanne im Öl 5 Minuten dünsten. Nicht braun werden lassen.
3 Die Hitze reduzieren, zudecken und sehr langsam 1 Stunde köcheln lassen, bis die Karotten sehr weich sind. Falls nötig, sehr wenig Wasser beigeben, damit nichts anbrennt.
4 Garnieren und heiss servieren.

Varianten

– Zwiebeln oder Kürbis mitkochen.
– Zwei Rosmarinzweiglein oder 1 TL getrockneten Rosmarin während des Kochens beigeben.

Süsser Gemüseaufstrich

Ein ausgezeichneter Aufstrich für Sandwiches, Reiswaffeln und Crackers. Die Farbe ist so schön, dass er sich auch auf belegten Broten für ein opulentes Buffet gut macht (siehe Variante). Das Rezept ergibt ca. 3 Tassen Aufstrich.

1 Rezeptmenge Goldglasierte Karotten
(oder Karotten mit Zwiebeln und/oder Kürbis)
1 gestrichener TL Umeboshi-Paste
1 gestrichener TL Mandelmus

1 Allfällig mitgekochte Kräuterzweiglein entfernen.
2 Die Umeboshi-Paste und das Mandelmus beigeben, pürieren (am besten mit dem Stabmixer). Abschmecken und nach Belieben nachwürzen.
3 Bis zum Gebrauch kühl aufbewahren. Schmeckt bei Zimmertemperatur am besten.

Variante

Als Belag auf Crackers, Toast oder Reiswaffeln streichen und Oliven oder ein anderes scharfes Essiggemüse, Sardellen oder Skandinavischen eingelegten Fisch (Seite 133) darauf geben. Ist die Masse dick, kann sie auch mit dem Dressiersack mit Sterntülle aufgetragen werden. Mit Petersilie, Radieschen oder gehacktem Schnittlauch garnieren.

Maggies Pilzterrine

Eine sehr schmackhafte Streichpastete für belegte Brote und Sandwiches. Sie ist im Kühlschrank einige Tage haltbar. Das typische Terrinengefäss ist ziemlich tief, oval und aus Steingut.

1 Handvoll (15 g) getrocknete Pilze, in 1 Tasse Wasser
eingeweicht, dann fein geschnitten (siehe Getrocknete
Pilze, Seite 139)
2–3 Zwiebeln, fein geschnitten
1 Knoblauchzehe, fein geschnitten
5 EL Mais- oder Sonnenblumenöl
500 g frische Pilze, fein geschnitten
1 TL Gemüsefondpaste oder -pulver
1 EL Agar-Agar-Flocken (5–6 g)
3 EL Shoyu
1 kleines Bund frische oder getrocknete Salbeiblätter
2 EL leichtes Mandelmus oder leichtes Tahini

Aspik, nach Belieben:
1 Tasse Wasser
2 EL Shoyu
1 EL Mirin oder Weisswein
1 gehäufter TL Agar-Agar-Flocken
1 kleines Bund Salbeiblätter

1 Zwiebeln und Knoblauch 5 Minuten im Öl dünsten, dann die frischen und getrockneten Pilze beigeben und weiter dünsten, bis sie weich sind.
2 Das Einweichwasser der Pilze (1 Tasse) durchsieben und zusammen mit der Gemüsefondpaste erwärmen. Diese warme Bouillon zu den Pilzen geben.
3 Agar-Agar, Shoyu und Salbei beigeben und 15 Minuten köcheln lassen.
4 Die Salbeiblätter entfernen. Mit dem Mixer das Mandelmus einrühren, bis die Masse glatt ist. Abschmecken und nachwürzen. Die Konsistenz wird etwas dicker, wenn die Masse erkaltet ist.
5 In ein Terrinengefäss giessen und kalt stellen.
6 Der Aspik wird wie folgt zubereitet: Agar-Agar-Flocken 15 Minuten im Wasser, Shoyu und Wein köcheln lassen. Die Flüssigkeitsmenge darf um die Hälfte einkochen. Salbeiblätter auf die kalte Terrine legen und den Aspik darüber giessen. Erneut kalt stellen.

Marga

Würziger nordafrikanischer Gemüseeintopf

Marga ist ein würziger Gemüseeintopf, der zusammen mit nordafrikanischem Couscous serviert wird. Er wird aus dem billigsten gerade erhältlichen Gemüse und Kichererbsen hergestellt. In Nordafrika und Frankreich gehört dazu auf jeden Fall Cardy (Karde), ein mit der Artischocke nah verwandtes Gemüse mit stacheligen Blättern, die entfernt werden, und einem dicken, weissen Stengel, den man isst und dessen ausgeprägt bitterer Geschmack ein Gegengewicht zum Fettgehalt des Eintopfs bildet. Traditionell wird dem Gemüse ein Stück Geflügelfleisch, bei reichen Leuten, für Gäste oder für das Fest am Ende des Fastenmonats Ramadan auch Hammelfleisch beigegeben. Der Eintopf ist ziemlich flüssig, damit genug Sauce für das Couscous da ist. Sie können den Eintopf im unteren Teil des Topfes schmoren lassen, und darüber auf einem passenden Dämpfeinsatz das Couscous zubereiten.

4 EL Olivenöl
2 mittlere Zwiebeln
1 mittlerer Lauchstengel
2 mittlere Karotten
1 mittlere weisse Rübe
4 Stangensellerie
alle Gemüse in grosse, mundgerechte Stücke geschnitten
2 gestrichene TL Kreuzümmel, gemahlen
2 gestrichene TL Koriander, gemahlen
1 Liter Gemüsefond (Seite 52) oder Bouillon
1 dicker Schnitz Kürbis, in grosse, mundgerechte Stücke
geschnitten
2 mittlere Zucchini, in grosse, mundgerechte Stücke
geschnitten
1¼ Tassen gekochte Kichererbsen (½ Tasse roh),
siehe Grundrezept Hülsenfrüchte (Seite 109)
Meersalz und Shoyu

1 Zwiebeln und Lauch im Olivenöl auf mittlerem Feuer rund 5 Minuten dünsten, bis sie weich und glasig, aber nicht braun sind. Sie können dies entweder in der Bratpfanne, im Schmortopf oder unten in einem speziellen Topf mit Dämpfeinsatz tun.

2 Karotten, weisse Rübe und Sellerie beigeben und weitere 5 Minuten dünsten.

3 Vom Feuer nehmen und sofort Kümmel und Koriander beigeben, solange es noch heiss ist. Die Gewürze gut unterrühren und ein paar Minuten mitkochen, ohne dass sie anbrennen.

4 Den Fond darunter rühren. Kürbis, Zucchini und Kichererbsen beigeben. Zudecken und 30 Minuten köcheln lassen, bis die Gemüsestücke weich sind.

5 Abschmecken und nach Bedarf mit Meersalz nachwürzen. Mit ein paar Tropfen Shoyu abrunden; der Shoyu darf aber nicht dominieren. Die Sauce soll flüssig sein, also nicht eindicken.

6 Wie beim Nordafrikanischen Couscous auf Seite 80 beschrieben, servieren.

Variante

Für eine reichhaltigere Version Stücke von gebratenem Seitan oder Tempeh in Schritt 4 beigeben.

Polnische Kohlwickel

Golabki ist eines der beliebtesten einfachen Gerichte der polnischen Küche. Dafür wird eine schmackhafte Pilzfüllung in Weisskohlblätter gehüllt. Dazu wird in der Regel eine Braune Sauce (Seite 170) oder Tomatensauce (Seite 170) serviert. Das Rezept ergibt 10–12 Wickel (2 pro Person).

Vorbereiten der Blätter

Die Blätter des Weisskohls bilden einen festen Kopf. Um sie voneinander zu lösen, wird traditionell folgende Technik angewendet:

1 Den Strunk des Kohlkopfs mit einem scharfen, spitzen Messer so herausschneiden, dass ein konisches Loch entsteht.

2 Den ganzen Kohlkopf in siedendem Salzwasser 15–20 Minuten köcheln lassen.

3 Abgiessen, abkühlen lassen und sorgfältig die Blätter ablösen. Die äussersten Blätter können – wenn sie zäh und/oder beschädigt sind – zum Auslegen des Schmortopfs in Schritt 5 verwendet werden.

4 Damit die Blätter besser gerollt werden können, den dicksten Teil der Blattrippe (am unteren Ende) mit einem scharfen Messer flach schneiden.

2 Handvoll (30 g) getrocknete Pilze, eingeweicht (siehe Getrocknete Pilze, Seite 139)
2 mittlere Zwiebeln, in kleine Würfel geschnitten
2 EL Öl
2 Tassen gekochter Vollreis nach Grundrezept (Seite 65)
Meersalz nach Belieben
Kräuter und Gewürze, nach Belieben: typisch sind Muskatnuss, Pfeffer und Majoran
10 oder 12 Kohlblätter, gekocht und abgelöst wie oben beschrieben
ca. 2 Tassen Gemüsefond (inklusive Einweichwasser der Pilze)

1 Die Pilze durch ein Sieb abgiessen und das Einweichwasser beiseite stellen. Die Pilze fein schneiden.

2 Die Zwiebeln im Öl 5 Minuten glasig dünsten. Die Pilze beifügen und zugedeckt 10 Minuten köcheln lassen.

3 Reis, Salz sowie Kräuter und Gewürze darunter mischen.

4 Auf jedes Kohlblatt 1 gehäuften EL Füllung geben und vom Strunk her aufrollen. Während des Rollens die Seiten einschlagen.

5 Die Kohlwickel in eine Kasserolle, die gerade gross genug ist, legen. (Wenn Sie ein paar Blätter übrig haben, können Sie diese benutzen, um den Topf damit auszulegen.)

6 Gemüsefond und Pilz-Einweichwasser beigeben, bis die Wickel halb bedeckt sind.

7 Zudecken und 30 Minuten auf dem Herd oder bei 200 °C im Backofen schmoren lassen.

8 Die Wickel auf eine Platte legen und warm halten.

9 Mit dem Mit dem Schmorfond eine Braune Sauce herstellen (Seite 170) oder, wenn Sie die Golabki mit einer anderen Sauce servieren, den Saft für eine andere Mahlzeit aufbewahren.

Varianten

– Statt Weisskohl die Blätter von Federkohl (Grünkohl) oder Chinakohl verwenden.

– Die Füllung kann aus praktisch jedem Getreide bestehen. Ausgezeichnet ist der Polnische Buchweizen (Seite 75).

Favas
Portugiesischer Bohnen-Koriander-Schmortopf

In den Sommermonaten frisch geerntete Saubohnen sind die Basis vieler traditioneller Gerichte des Mittelmeerraums. Dieses Rezept aus dem Alentejo in Portugal wird normalerweise mit Chourico zubereitet, einer Art getrocknetem, fettem, eingesalzenem Fleisch, ähnlich wie Speck; wir ersetzen es durch gebratenen Seitan oder Tempeh.

Servieren Sie den Eintopf auf einer Scheibe Brot mit einem grünen Salat an einer Sauce Vinaigrette und mit frisch gehacktem Koriander. Für das Rezept danken wir Miguel de Abreu, dem früheren Küchenchef im IMI.

2 kg frische Saubohnen in der Hülse
150 g Seitan oder marinierter Tempeh
4 EL Olivenöl
1 Bund frischer Koriander
2 Knoblauchzehen, in Scheibchen geschnitten
2 gute Prisen Meersalz
Wasser nach Bedarf
1 Scheibe Vollkornbrot pro Person

1 Die Bohnen aus der Hülse schälen.
2 Seitan oder Tempeh im Öl braun braten. Aus der Pfanne nehmen und in mundgerechte Stücke schneiden (oder auch kleiner).
3 Ein paar Korianderzweiglein für die Salatsauce zur Seite legen. Den Rest zusammenbinden und zusammen mit dem Knoblauch 1 Minute im selben Öl braten.
4 Die Bohnen beigeben und rühren. Salz und sehr wenig Wasser dazugeben. Zudecken und 10 Minuten köcheln lassen. Wenn nötig Wasser beifügen, damit nichts anbrennt.
5 Seitan oder Tempeh beigeben und weitere 10 Minuten kochen. Immer wieder, wenn nötig, Wasser dazugeben.
6 Das Kräuterbündel herausnehmen und den heissen Bohneneintopf auf Brotscheiben mit einem Salat als Beilage servieren.

Rotkraut mit Äpfeln und Rosinen

Ein sehr beliebtes süss-saures Herbst- und Wintergericht aus Deutschland, das traditionellerweise zu Wild serviert wird, aber auch gut zu einem vegetarischen Essen passt. Die Säure sorgt dafür, dass das Rotkraut schön rot bleibt. Auch Kastanien passen gut dazu (siehe Variante).

1 mittlerer Rotkohlkopf (ca. 500 g), fein geschnitten
2 EL mildes Öl (Mais- oder Sonnenblumenöl; kein Olivenöl für dieses Gericht aus dem Norden!)
¼ gestrichener TL Meersalz
ca. 1 Tasse Wasser
2 mittlere Äpfel (am besten saure), in Stücke geschnitten
½ Tasse Rosinen, in wenig warmem Wasser eingeweicht
1 kleine Prise Nelken, gemahlen
1 TL Umeboshi-«Essig» oder Apfelessig
1 gestrichener TL Kuzu oder Pfeilwurzelmehl

1 Den Rotkohl mit dem Salz etwa 5 Minuten im Öl dünsten, bis er weich zu werden beginnt.
2 So viel Wasser beigeben, dass der Kohl halb bedeckt ist. Äpfel, Rosinen und Nelkenpulver hinzufügen und darunter rühren.
3 Zudecken und 30–40 Minuten sanft köcheln lassen, bis der Kohl ganz weich ist. In dieser Zeit zerfallen die Äpfel.
4 Abschmecken und falls nötig mit Salz oder Essig nachwürzen.
5 Kuzu oder Pfeilwurzelmehl in sehr wenig Wasser auflösen, beigeben und umrühren, bis es wieder siedet und die Sauce andickt und glänzend wird.
6 Heiss servieren.

Variante

100 g Kastanien dazugeben. Wenn Sie frische verwenden, schneiden Sie sie mit einem scharfen Messer ein und kochen Sie sie 10 Minuten. Schälen, solange sie heiss sind. Die geschälten Kastanien bei Schritt 2 zum Rotkraut geben. Siehe Seite 206 zum Thema Kastanien.

Gebackenes Wurzelgemüse mit Rosmarin

Dies ist ein wunderbar kräftiges und schmackhaftes Wintergericht. Es kann in jeder feuerfesten Form aus Keramik oder Glas gemacht werden. Eine metallene Kuchenform geht auch, aber in diesem Fall sollte das Gemüse nach dem Kochen sofort herausgenommen werden, da es sich sonst verfärbt. Am besten wird es, wenn das Gefäss bis zum Rand mit Gemüse gefüllt ist. Suchen Sie sich also eines aus, das genau der Menge Gemüse entspricht, die Sie kochen wollen.

Sie können ein Gemüse nehmen oder mehrere Sorten mischen. Wenn Sie nur eines nehmen, erhöhen Sie die Menge auf ca. 750 g.

Technik des «Rollschneidens»

Zum Schneiden von Karotten und anderem langem Wurzelgemüse ist die Methode des «Rollschneidens» ideal: einmal diagonal zur Längsachse ein Stück abschneiden, dann mit der Karotte eine Vierteldrehung machen, so dass die Schnittfläche nach oben zeigt, und wieder diagonal abschneiden usw., bis die ganze Karotte in Stücke geschnitten ist.

1 EL Öl
2 mittlere Karotten, rollgeschnitten
1 kleiner Bodenkohlrabi (Steckrübe) oder weisse Rübe, in grobe Stücke geschnitten
2 mittlere Pastinaken, rollgeschnitten
2 mittlere Zwiebeln, grob geschnitten
1 EL Öl
¼ gestrichener TL Meersalz oder 1 TL Shoyu
1 EL Wasser
2 grosse Zweige Rosmarin, getrocknet oder frisch

1 Den Ofen auf 200 °C vorheizen.
2 Mit 1 EL Öl die Form auspinseln und das Gemüse hineinschichten.
3 Den zweiten EL Öl darüberträufeln. Salz oder Shoyu und Wasser beigeben.
4 Die Rosmarinzweige darauf legen und mit einem Deckel oder Alufolie zudecken.
5 Ca. 1 Stunde backen, bis das Gemüse sehr weich und saftig ist. Nach 45 Minuten kontrollieren; es ist wichtig, dass das Gemüse nicht austrocknet oder anbrennt. Die Ofentemperatur gegen Ende reduzieren und/oder einen EL Wasser dazugeben.

Blumenkohl-Lauch-Gratin

Ein reichhaltiges und sättigendes Gericht aus dem Ofen, das die ganze Familie begeistert.

2 mittlere Lauchstengel, gerade oder schräg in Rädchen geschnitten
1 mittlerer Blumenkohl, in mundgerechte Röschen zerpflückt
2 Tassen Béchamelsauce (Seite 169)
½ Tasse Paniermehl

1 Den Ofen auf 220 °C vorheizen.
2 Lauch und Blumenkohl halbgar dämpfen (Seite 140) oder blanchieren (Seite 141), d.h. bis sie weich zu werden beginnen, aber noch knackig und von intensiver Farbe sind.
3 Das Gemüse in eine feuerfeste Form geben und die Béchamelsauce darübergiessen.
4 Mit Paniermehl bestreuen.
5 20–30 Minuten backen, bis die Oberfläche blubbert und braun wird.
6 Vor dem Servieren ein paar Minuten abkühlen lassen.

Varianten

Gemüse variieren. Praktisch jedes Saisongemüse mit fester Konsistenz eignet sich: Wurzelgemüse, rundes Gemüse und die festeren Sorten wie Broccoli oder Weisskohl.

Gefüllte Zucchini und Zwiebeln

In diesem Rezept aus der Toskana werden Reste des italienischen Dinkeleintopfs (Seite 78) zum Füllen des Gemüses verwendet.

5 mittlere Zwiebeln
3 mittlere Zucchini
2 Tassen Reste des toskanischen Dinkeleintopfs (Seite 78)

1 Den Ofen auf 190 °C vorheizen.
2 Die Zwiebeln schälen. Am unteren Ende eine ganz dünne Scheibe abschneiden, damit sie gut stehen. Die Zwiebeln zur Hälfte aushöhlen.
3 Die Zucchini der Länge nach halbieren und etwa die Hälfte des Fleisches herausheben, so dass längs eine Vertiefung entsteht.
4 Zwiebeln und Zucchini auf ein eingefettetes Backpapier oder in eine feuerfeste Form geben. Mit dem Dinkeleintopf füllen.
5 Mit eingeölter Folie abdecken und 30–40 Minuten bei 190 °C backen. Das Gemüse muss weich sein. Ohne Folie für weitere 5 Minuten zurück in den Ofen geben, damit die Oberfläche braun und knusprig wird.

Die Backzeit verkürzt sich, wenn Zwiebeln und Zucchini vorher etwa 5–10 Minuten im Dampf gekocht werden. Sie sollen knapp weich sein, aber ihre Form nicht verlieren.

Gefüllter ganzer Kürbis

Die Hauptattraktion einer Mahlzeit für besondere Gelegenheiten. Katriona hat diesen Kürbis an verschiedenen Weihnachtsessen mit grossem Erfolg aufgetischt. Das Gericht folgt der alten europäischen Tradition der Gastfreundschaft, etwas als ganzes im Ofen zu backen und mit den Gästen am Tisch zu teilen. Probieren Sie es aus, Sie werden den Braten gewiss nicht vermissen! Wenn Sie keinen Kürbis kriegen können, nehmen Sie einen Kohlkopf (siehe Variante). Das Rezept ist berechnet für einen grossen Kürbis für mehr als 4–6 Personen. Vergewissern Sie sich zuerst, dass er in den Ofen passt! Für ein vollständiges Weihnachtsmenü siehe Seite 39.

Kochutensilien:

Ein Dampfkocher und eine ofenfeste Form, die gross genug sind für den ganzen Kürbis.

1 ganzer Kürbis (ca. 2 kg), am besten ein Hokkaido mit grüner oder oranger Haut
1 mittlere Zwiebel, in kleine Würfel geschnitten
4 EL Öl (evtl. die Hälfte davon geröstetes Sesamöl)
250 g frische Pilze, kleine ganz, grössere grob geschnitten
500 g Seitan oder Tempeh, in mundgerechte Würfel geschnitten
Shoyu nach Belieben (ca. 4 EL) oder Knoblauch-Shoyu (Seite 228)
Mirin oder süsser Weisswein (ca. 2 EL)
je 1 grosszügige Prise Salbei und Thymian
Öl zum Bepinseln des Bratgefässes und der Aussenseite des Kürbis

1. Den Ofen auf 220 °C vorheizen.
2. Den Kürbis gut abbürsten, ohne die Haut zu verletzen. Eine sehr dünne Scheibe am unteren Ende abschneiden, damit er gut steht. Eine dickere Scheibe am oberen Ende abschneiden, so dass Sie die Kerne und das Fleisch herauskratzen können. Diese Scheibe brauchen Sie später als Deckel. Den Kürbis aushöhlen und innen waschen.
3. Kürbis und Deckel in den Dampfkocher geben (siehe Gedämpftes Gemüse, Seite 140) und dämpfen, bis er weich zu werden beginnt. Nicht verkochen! Den Kürbis ins eingefettete Bratgefäss geben.
4. In der Zwischenzeit die Füllung zubereiten: Die Zwiebel im Öl dünsten, bis sie weich und glasig ist. Die Pilze beigeben und ebenfalls weich dünsten. Seitan oder Tempeh, Shoyu, Mirin und die Kräuter beigeben und offen 5 Minuten köcheln lassen. Am Schluss sollte kaum mehr Flüssigkeit übrig sein.
5. Den Kürbis damit füllen. Wenn Füllung übrig bleibt, lassen Sie sie ein bisschen länger köcheln und servieren Sie sie in einer separaten Schüssel. Den Deckel auf den gefüllten Kürbis setzen und mit Zahnstochern befestigen. Den Kürbis aussen mit Öl bepinseln.
6. Bei 220 °C 30–40 Minuten backen, bis die Haut braun zu werden beginnt.
7. Am Tisch mit einem scharfen Messer zerteilen und in Portionen servieren.

Variante

Statt dem Kürbis können Sie auch einen ganzen Kohlkopf (rot oder weiss) verwenden. Das Aushöhlen ist zwar schwieriger, aber es funktioniert auch.

Gemüse im Ausbackteig

Die Methode des Ausbackens – die in Japan als Tempura bekannt und beliebt wurde – stammt ursprünglich aus Portugal und kam mit portugiesischen Seeleuten erst im 17. Jahrhundert nach Asien. In beiden Ländern ist es bis heute ein sehr beliebtes Gericht. Gemüsescheiben werden in einen Teig getaucht und fritiert. Tempura hat in einer Ernährungsweise mit wenig tierischem Fett eine besondere Bedeutung: Sie liefert Fett und dank der yang-lastigen Zubereitungsweise (sehr heiss, sehr aktiv) zusätzlich Kraft, Wärme und Schwung. Ausgebackenes kann ein- oder zweimal pro Woche, in kälterem Klima auch öfter, serviert werden. Es ist sehr beliebt bei Kindern jeden Alters.

Servieren Sie das Gemüse im Ausbackteig als Hauptgericht mit Reis oder Japanischen Nudeln in Bouillon, mit viel grüner Garnitur und Japanischer Shoyu-Dip-Sauce (Seite 174). Oder servieren Sie kleinere Portionen als Beilage.

Ausbackteig

1 Tasse sehr kaltes Wasser, evtl. sogar aus dem Kühlschrank
1 Tasse Haushaltmehl für den Teig
1 Tasse Haushaltmehl zum Bestäuben

Das Wasser mit 1 Tasse Mehl unter möglichst geringem Schlagen vermischen (ein paar Klumpen machen nichts).

Jedes Gemüsestück wird zuerst im trockenen Mehl gewendet, dann in den Teig getunkt und sofort ins heisse Öl gelegt.

Tricks für den Teig

Mehl: Dem Teig kann man bis zu einem Viertel andere Mehlsorten (einzeln oder gemischt) beigeben. Der Teig wird leichter und knuspriger mit Pfeilwurzelmehl, Kuzu (in Wasser zu einem Brei rühren), feinem Maismehl oder feinem Reismehl.

Flüssigkeit: Probieren Sie Mineralwasser mit Kohlensäure (Teig wird leichter) oder Bier (Teig wird üppiger).

Gewürze: Experimentieren Sie mit verschiedenen Kräutern, Curry, Pfeffer.

Vorbereiten des Gemüses

Wählen Sie 3 bis 5 der folgenden Gemüsesorten aus. Entscheiden Sie nach Augenmass, wieviel Gemüse Sie brauchen. Ausgebackenes Gemüse ist ziemlich sättigend, deshalb sind ungefähr 7 Stück pro Person genug.

Karotten, diagonal in ¼ cm dicke Rädchen geschnitten
Knollensellerie, in ¼ cm dicke, halbmondförmige Scheiben geschnitten
Zwiebel, in 1 cm dicke Ringe geschnitten
kleine Pilze, ganz
Blumenkohl, in mundgerechten Röschen
Broccoli, in mundgerechten Röschen
Kürbis, in ¼ cm dicke Schnitze geschnitten
Klettenwurzel, diagonal in ¼ cm dicke Rädchen geschnitten, im Dampf vorgekocht

weisse Rübe, diagonal oder gerade in ¼ cm dicke Rädchen geschnitten
Zucchini, diagonal oder gerade in ½ cm dicke Rädchen geschnitten
grüne, gelbe oder rote Peperoni (Paprika), senkrecht in Viertel oder Achtel geschnitten
Petersilie oder Karottenkraut, grössere Zweige
Nori, jedes Blatt in 4 Rechtecke schneiden und jedes Rechteck diagonal halbieren, so dass Dreiecke entstehen (Nori braucht nicht im Mehl gewendet zu werden, die Stücke nur halb im Teig eintauchen)
Würzzutat: Japanische Shoyu-Dip-Sauce (Seite 174)
als Garnitur grosszügige Mengen frische Kresse oder Keimlinge, rohe Radieschenröschen, frische Salatblätter, Gurkenscheiben und Zitronenschnitze

1 Das Gemüse schneiden und den Teig zubereiten.
2 Jedes Stück Gemüse im Mehl wenden, in den Teig tauchen und fritieren (zum Fritieren siehe unten)
3 Sofort heiss und knusprig mit Japanischer Shoyu-Dip-Sauce (Seite 174) servieren.

Wissen Sie Bescheid übers Fritieren?

Die meisten Leute lieben Fritiertes: es ist schmackhaft, knusprig, nahrhaft und sättigend. Vor allem für all jene, die wenig tierisches Fett zu sich nehmen, ist Fritiertes eine gute Quelle für hochwertiges Öl, das der Körper braucht.

Pfanne und Geräte

Der asiatische Wok ist die ideale Pfanne fürs Fritieren, da er ein Maximum an Öloberfläche bei einem Minimum an Öl bietet. Wenn Sie keinen Wok haben, nehmen Sie eine grosse, weite Pfanne, die so tief sein muss, dass die Stücke darin schwimmen können. Sie sollte aus Stahl und, um die Temperatur fein regulieren zu können, nicht zu dick sein.

Sie benötigen zwei Gabeln, Essstäbchen oder eine Zange. Mit der einen Gabel geben Sie die Gemüsestücke ins Öl, mit der anderen (sie darf nicht mit Teig in Berührung kommen) nehmen Sie sie heraus. Zum Herausheben eignet sich auch ein Schaumlöffel; er dient ausserdem dazu, Stücke oder Krumen vom Teig aus dem Öl zu entfernen. Notfalls geht dafür auch ein Teesieb.

Öl

Wenn Sie für 4–6 Personen fritieren, brauchen Sie etwa 1 Liter Öl. Es muss hoch erhitzbar sein, damit das Fritiergut schön knusprig wird: Olivenöl, Sonnenblumenöl, Rapsöl, Maiskeimöl. Sesamöl kann auch verwendet werden, es hat aber einen niedrigeren Rauchpunkt. Auf jeden Fall ist ein teilweise raffiniertes Öl besser als ein kaltgepresstes, das sehr viel Eigengeschmack hat und aufschäumen kann.

Wenn sie mit dem Öl sorgfältig umgehen, können Sie es 3–4 Mal zum Fritieren wiederverwenden.

Das heisst:
1 Das Öl darf auf keinen Fall rauchen oder brennen. Die meisten Pflanzenöle beginnen bei ca. 230°C zu rauchen.
2 Entfernen Sie alle Krümel oder Teigreste während des Fritierens mit einem feinen Fritiersieb, damit sie nicht verbrennen.
3 Wenn Sie fertig sind, geben Sie, solange das Öl noch heiss ist, eine Umeboshi-Pflaume hinein: sie absorbiert Unreinheiten.
4 Solange das Öl noch warm ist, es durch ein feines Tuch oder Küchenpapier filtern.
5 Das Öl in einem sauberen Gefäss an einem kühlen Ort aufbewahren.
6 Öl, das für Fisch gebraucht wurde, nimmt dessen Geschmack an; es sollte deshalb nur für Fisch wiederverwendet werden. Das gleiche gilt für Gewürze.

Vorbereitung

Wenn Sie sich gut organisieren, sparen Sie Zeit, und

die Unordnung hält sich in Grenzen. Stellen Sie die vorbereiteten Zutaten (Gemüse, Fisch, Kroketten usw.) auf der einen Seite des Herds bereit. Wenn Sie Teig, Mehl oder Paniermehl verwenden, stellen Sie diese zwischen die Zutaten und die Pfanne mit dem heissen Öl. Auf die andere Seite des Herds kommt eine mit Küchenpapier ausgelegte Platte oder ein Gitter, auf dem das Öl abtropfen kann.

Nehmen Sie das Fritiergut jedes Stück einzeln mit einer Gabel, Zange oder Essstäbchen auf, wenden Sie es im Mehl, dann im Teig und geben Sie es sorgfältig ins heisse Öl. Heben Sie es mit einem Besteck heraus, das nicht mit Teig in Berührung gekommen ist, und legen Sie es aufs Abtropfpapier.

Kochmethode

1 Das Öl auf 180°C–190°C erhitzen. Die Temperatur lässt sich ohne Thermometer folgendermassen überprüfen: Wenn Sie ein trockenes Essstäbchen oder einen Holzlöffel ins Öl tauchen, bilden sich Blasen. Oder: Wenn Sie einen Tropfen Teig oder ein kleines Stück Krokette ins Öl fallen lassen, sollte dieses nach 5 Sekunden an der Oberfläche sein und leicht zischen. Wenn es auf den Boden sinkt, ist die Temperatur zu tief. Wenn es sofort auftaucht, ist die Temperatur zu hoch.

2 Das Fritiergut der Reihe nach in die Zutaten für die Panade tauchen und sorgfältig ins heisse Öl legen. Aufpassen, dass es nicht spritzt. Es können mehrere Stücke gleichzeitig fritiert werden. Bewegen Sie sie mit dem Schaumlöffel, so dass sie nicht zusammenkleben und drehen Sie sie, damit beide Seiten fritiert werden.

3 Die Kochzeit variiert je nach Art des Fritierguts und Grösse der Stücke. Ein Stück Fisch braucht vielleicht 5 Minuten, ein Petersilienzweiglein dagegen nur 30 Sekunden. Wenn es beginnt, hellbraun zu werden, ein Stück herausnehmen und mit einem Essstäbchen antippen. Es sollte hohl und knusprig klingen.

4 Die fertigen Stücke herausnehmen und zum Abtropfen auf Küchenpapier oder ein Gitter legen. Alle Stücke eines Durchgangs herausnehmen, bevor Sie neue hineingeben. Das Öl sauber halten, indem Sie Krumen und Teigstücke entfernen.

5 Heiss und knusprig auf einer Platte oder in einem mit einer Papierserviette ausgelegten Körbchen servieren. Wenn Sie für mehrere Personen fritieren, halten Sie die fritierten Stücke nach dem Abtropfen bei tiefer Temperatur im Backofen warm. Sie verlieren nach wenigen Minuten im Ofen ihre Knusprigkeit, arbeiten Sie also so schnell wie möglich! Bei grösseren Mengen können Sie alles im voraus fritieren, beiseite stellen und kurz vor dem Servieren im wieder erhitzten Öl noch einmal kurz fritieren. Heiss und knusprig servieren.

6 Lüften Sie die Küche von allem Anfang an, damit der Geruch des Fritieröls nicht in der Luft hängt. Eine Kerze oder ein Duftlämpchen leisten ebenfalls ausgezeichnete Dienste, wenn es darum geht, Küchengerüche loszuwerden.

Wildes Gemüse

Zur Verwendung von wildem Gemüse siehe Seite 36.

Meeresgemüse (Algen)

Wissen Sie Bescheid über Algen?

Gemüse aus dem Meer ist seit Tausenden von Jahren ein wichtiger Bestandteil der Ernährung vieler Küstenvölker. Überbleibsel dieser Tradition finden sich unter anderem auf den Britischen Inseln, rund ums Mittelmeer, in Südamerika, China, Korea und auf den Pazifikinseln. In Japan wurde daraus ein eigentlicher Zweig der Landwirtschaft; die Sporen einiger Algenarten werden auf flossähnlichen Gittern ausgesät und kultiviert.

Meeresgemüse enthält mehr Mineralien als jedes andere Nahrungsmittel: von Calcium, Eisen und Jod über Natrium, Magnesium, Kalium bis Phosphor und Zink, ausserdem noch zahlreiche Spurenelemente. Algen enthalten mehr Calcium als Milch und zwei- bis zehnmal so viel Eisen wie Eigelb oder Spinat. Zusätzlich enthalten sie Glutaminsäure, die Giftstoffe im Körper bindet und über die Verdauung ausscheidet. Sie wirken dadurch blutreinigend. Wegen ihrer blutreinigenden und stärkenden Wirkung wurden Algen in der Volksheilkunde zur Vorbeugung und Heilung von vielen Krankheiten eingesetzt: bei Erkrankungen der Atemwege und des Verdauungstrakts, zur Ausscheidung von Radioaktivität aus dem Körper, bei Arterienverkalkung und zur Senkung des Blutdrucks.

Das bekannte Agar-Agar, welches in der Nahrungsmittelindustrie bei der Herstellung von Glace und Cremen als Gelier- und Verdickungsmittel weit verbreitet ist, wird ebenfalls aus Algen gewonnen. Wenn Sie mehr Produkte des Meeres in Ihr Repertoire aufnehmen wollen, dann ist dies das richtige Kapitel für Sie.

Es ist natürlich wichtig, dass die Algen in sauberem Wasser wachsen. Wer in einer Küstengegend mit Wasser guter Qualität lebt, kann vielleicht sein eigenes Meeresgemüse ernten. Es gibt auch für dieses Gemüse die richtige Saison; am üppigsten gedeiht es im Sommer und Herbst. Eine nähere Bestimmung der verschiedenen Algenarten ist eigentlich nicht nötig, da keine von ihnen giftig ist. Einige sind allerdings so zäh, dass sie kaum als essbar gelten können.

Aufgrund ihres höheren Mineralgehalts – Mineralien sind ein Yang-Element – haben Algen eine stärkere Yang-Wirkung als das auf dem Land gedeihende Gemüse. Durch ihre kühlende Wirkung auf den Körper weisen sie aber zugleich auch einen starken Yin-Aspekt auf. Algen gedeihen unter sehr unterschiedlichen Bedingungen. Die einen wachsen in grosser Tiefe, andere auf Steine in Strandnähe, einige lieben warmes Wasser, andere kaltes. Manche gedeihen in sehr salzhaltigem Wasser, andere bevorzugen Flussmündungen, wo der Salzgehalt geringer ist. Die verschiedenen Bedingungen sorgen für unterschiedliche Energiequalitäten der einzelnen Arten. Da die meisten Algen vielen Leserinnen und Lesern unbekannt sind, geben wir im folgenden eine kurze Beschreibung der verschiedenen Algenarten, gefolgt von den Rezepten. Neben den beschriebenen gibt es noch viele andere Arten, die eher für bestimmte kleinere Gebiete typisch sind.

Meeresgemüse wird für den Transport und die Lagerung normalerweise getrocknet. Frische Algen sind unter Umständen in Küstengebieten erhältlich. Sie sind im Kühlschrank ein paar Tage haltbar.

Mengen: Rechnen Sie 5 g getrocknete Algen pro Person. In den folgenden Rezepten werden 25 g für 4–6 Personen verwendet. Von frischen Algen brauchen Sie etwa 25 g pro Person.

Die angegebene Wassermenge ist nur eine ungefähre Angabe. Sie hängt von der Grösse des Kochtopfs und der Kochtemperatur ab. Nehmen Sie gerade so viel Wasser, dass es bis Ende der Kochzeit absorbiert wird, aber nicht so wenig, dass die Algen anbrennen.

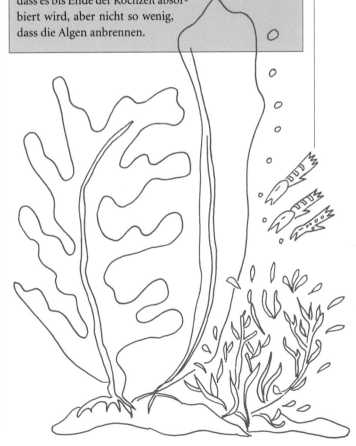

ARAME

Diese Braunalgenart, deren dicke Blätter an Eichenlaub erinnern, wird nach dem Ernten ganz fein geschnitten, gekocht und getrocknet und gelangt als Knäuel dünner schwarzer Fäden in den Verkauf. Sie ist sehr sauber und schnell gar. Ihr milder Geschmack ist ideal für all jene, die noch nie Algen gegessen haben.

Arame nach den Fünf Elementen

Eine spannende Verbindung von Aromen, die den fünf Geschmacksrichtungen der fernöstlichen Küche und Medizin entsprechen: süss, sauer, salzig, bitter und scharf.

25 g getrocknete Arame
1 EL geröstetes Sesamöl
1 Tasse Wasser
1 EL Shoyu
1 EL Mirin
1 EL Reisessig
1 EL frisch gepresster Ingwersaft
2 EL geröstete Sesamsamen, geschrotet

1 Die Arame unter kaltem Wasser in einem Löchersieb spülen und 15 Minuten abtropfen lassen, bis sie weich werden.
2 Das Öl in der Pfanne erhitzen und die Arame darin 2–3 Minuten sanft dünsten. Vom Feuer nehmen und etwas abkühlen lassen.
3 Wasser, Shoyu und Mirin beigeben, aufkochen und zugedeckt auf kleinem Feuer 20 Minuten köcheln lassen. In dieser Zeit sollte das Wasser absorbiert und die Arame weich sein. Falls die Algen noch nicht weich sind, etwas Wasser beigeben und weiter köcheln lassen. Aufpassen, dass nichts anbrennt.
4 Essig und Ingwersaft beigeben und weitere 5 Minuten köcheln lassen.
5 So abschmecken, dass die Aromen ausgewogen sind. Alle fünf sollten spürbar sein, ohne dass eines davon dominiert. Falls nötig nachwürzen.
6 Vom Feuer nehmen und die Sesamsamen darunter mischen. Heiss oder kalt servieren.

Arame mit Zwiebeln und Karotten

Eine süsse und saftige Gemüsebeilage, die auch als Füllung für den Aramestrudel (Seite 101) Verwendung findet.

25 g getrocknete Arame
1 mittlere Zwiebel, in feine Halbmonde geschnitten
1 mittlere Karotte, in dünne Stäbchen geschnitten
2 EL Pflanzenöl
¾ Tasse Wasser
2 EL Shoyu

1 Die Arame unter kaltem Wasser in einem Löchersieb spülen und 15 Minuten abtropfen lassen, bis sie weich werden.
2 In der Zwischenzeit das Gemüse schneiden.
3 Das Öl in einer Pfanne erhitzen und die Zwiebel darin 2–3 Minuten sanft dünsten. Die Arame beigeben und weitere 2–3 Minuten dünsten. Vom Feuer nehmen und etwas abkühlen lassen.
4 Wasser und Shoyu beigeben, aufkochen und zugedeckt auf kleinem Feuer 20 Minuten köcheln lassen. Nach 10 Minuten die Karotten darauf geben. Am Ende der Kochzeit sollte die Flüssigkeit aufgebraucht und die Konsistenz weich sein. Wenn die Algen noch nicht weich sind, etwas Wasser beigeben und weiter köcheln lassen. Aufpassen, dass nichts anbrennt.
5 Am Schluss alles gut umrühren und heiss servieren.

Aramestrudel

Ein Strudel (Rezept Seite 101), gefüllt mit der doppelten Rezeptmenge Arame mit Zwiebeln und Karotten.

Marinierter Arame-Tofu-Salat

Ein farbenfroher, mediterraner Salat, der mindestens eine Stunde ziehen muss.

25 g getrocknete Arame
1 mittlere Zwiebel, in dünne Halbmonde geschnitten
1 EL Olivenöl
1½ Tassen Wasser
2 EL Shoyu
100 g Tofu, 10 Minuten gekocht, abgetropft, abgekühlt, in Würfel geschnitten
½ Salatgurke, in Würfel geschnitten
2 Tomaten, geschält, entkernt, in Würfel geschnitten (siehe Tomaten Seite 139)
1 EL Olivenöl
1 EL Reisessig
¼ gestrichener TL Meersalz
1 Prise frische oder getrocknete Kräuter, z.B. Basilikum, Thymian, Rosmarin, Petersilie
1 Kopfsalat

1 Die Arame unter kaltem Wasser im Löchersieb spülen und 15 Minuten abtropfen lassen, bis sie weich werden.

2 In der Zwischenzeit Gemüse und Tofu schneiden.
3 Das Öl in einer Pfanne erhitzen und die Zwiebeln darin 2–3 Minuten sanft dünsten. Die Arame beigeben und weitere 2–3 Minuten dünsten. Vom Feuer nehmen und etwas abkühlen lassen.
4 Wasser und Shoyu beigeben, aufkochen, zudecken und auf kleinem Feuer 20 Minuten köcheln lassen. Am Schluss sollte die Flüssigkeit aufgebraucht und die Konsistenz weich sein. Wenn die Algen noch nicht weich sind, etwas Wasser beigeben und weiter köcheln lassen. Aus der Pfanne nehmen und abkühlen lassen. Aufpassen, dass nichts anbrennt.
5 Mit allen übrigen Zutaten vermengen und an einem kühlen Ort ziehen lassen.
6 Salatblätter auf einer Platte auslegen und den Salat in der Mitte aufschichten.

Hiziki

Dieses schwarze Seegras mit starkem Geschmack bildet harte, zylindrische Stengel. Da es im warmen, mineralreichen Wasser flacher Buchten gedeiht, ist es äusserst reich an Mineralstoffen, besonders Calcium, und gilt als eine der yang-betontesten Algenarten.

Zitronen-Hiziki
Zitrone ergänzt den Meeresgeschmack der Hiziki perfekt.

25 g getrocknete Hiziki
1 EL Pflanzenöl
2 Tassen Wasser
1 EL Shoyu
Schale einer ½ Zitrone, fein abgerieben
1 EL Zitronensaft
als Garnitur einige Zitronenschnitze

1 Die Hiziki waschen, indem man sie in einer Schüssel mit kaltem Wasser schwenkt. Herausheben und das Wasser mit dem Sand weggiessen. Den Vorgang 2–3 Mal wiederholen, bis kein Sand mehr an den Algen ist.
2 Die Hiziki mit kaltem Wasser knapp bedeckt mindestens 30 Minuten einweichen. Abgiessen. Das Einweichwasser, wenn es salzig und bitter schmeckt, weggiessen, wenn es gut schmeckt, zum Kochen verwenden.
3 Die Hiziki in 3 cm lange Stücke schneiden (mit dem Messer auf einem Brett oder mit der Schere direkt in der Schüssel).
4 Das Öl in einer Pfanne erhitzen und die Hiziki 2–3 Minuten sanft dünsten. Vom Feuer nehmen und etwas abkühlen lassen.
5 Wasser, Shoyu und Zitronenschale beigeben, aufkochen, zudecken und auf sehr kleinem Feuer 40 Minuten köcheln lassen. In dieser Zeit sollte die Flüssigkeit aufgebraucht und die Konsistenz weich sein. Wenn die Algen noch nicht weich sind, etwas Wasser beigeben und weiter köcheln lassen. Aufpassen, dass nichts anbrennt.
6 Den Zitronensaft beigeben und weitere 5 Minuten köcheln lassen, bis das Aroma gut aufgenommen ist.
7 Heiss oder kalt, mit Zitronenschnitzen garniert, servieren.

Variante
Ingwer-Hiziki: Zitronenschale und -saft weglassen und durch 1 EL frisch gepressten Ingwersaft ersetzen. Bei Schritt 6 beigeben.

Hiziki-Kaviar

Vegetarischer «Kaviar», farbenfroh und schmackhaft, für belegte Brötchen und Blini (Seite 75). Oder einfach auf Toast servieren.

25 g getrocknete Hiziki
1 EL geröstetes Sesamöl
1 Tasse Wasser
2 EL Shoyu
1 EL Mirin
2 EL Reisessig
1 EL Tahini

1 Die Hiziki waschen, indem man sie in einer Schüssel mit kaltem Wasser schwenkt. Herausheben und das Wasser mit dem Sand weggiessen. Den Vorgang 2–3 Mal wiederholen, bis kein Sand mehr an den Algen ist.
2 Die Hiziki mit kaltem Wasser knapp bedeckt mindestens 30 Minuten einweichen. Abgiessen. Das Einweichwasser, wenn es salzig und bitter schmeckt, weggiessen, wenn es gut schmeckt, zum Kochen verwenden.
3 Die Hiziki ganz fein hacken, so dass sie wie Kaviar aussehen.
4 Das Öl in einer Pfanne erhitzen und die Hiziki darin 2–3 Minuten sanft dünsten. Vom Feuer nehmen und etwas abkühlen lassen.
5 Wasser, Shoyu und Mirin beigeben, aufkochen, zudecken und auf sehr kleinem Feuer 40 Minuten köcheln lassen. In dieser Zeit sollte die Flüssigkeit aufgebraucht und die Konsistenz weich sein. Wenn die Algen noch nicht weich sind, etwas Wasser beigeben und weiter köcheln lassen. Aufpassen, dass nichts anbrennt.
6 Essig beigeben und weitere 5 Minuten köcheln lassen, bis das Aroma gut aufgenommen ist.
7 Vom Feuer nehmen und das Tahini darunter mischen. Abkühlen lassen.

Variante

Für eine ganz schwarze Farbe lassen Sie das Tahini weg und nehmen Sie doppelt so viel Öl.

WAKAME

Eine weiche und zarte grüne Meeralge mit breiten Blättern und einer kräftigen Mittelrippe, die entfernt wird und für Gemüsefond verwendet werden kann.

Wakame brauchen nur kurz eingeweicht zu werden: 3–5 Minuten genügen. Sie werden für die Klassische Misosuppe (Seite 54), für Grüne Wickel (Seite 142), Algenwürzpulver (Seite 230) und im folgenden Salatrezept verwendet.

Wakame-Gurken-Salat

Eine kühle und erfrischende Beilage, ohne zu kochen, leicht gemacht.

½ Salatgurke
½ gestrichener TL Meersalz
25 g getrocknete Wakame
1 TL Shoyu
1 TL Mirin
1 EL frisch gepresster Zitronen- oder Orangensaft

1 Die Gurke der Länge nach vierteilen, dann quer in Scheiben von ½ cm Dicke schneiden. Salz darunter mischen und 30 Minuten beiseite stellen.
2 Die Wakame knapp mit Wasser bedeckt in kaltem Wasser 3–5 Minuten einweichen. Aus dem Wasser nehmen und auspressen. Das salzige und bittere Einweichwasser weggiessen. Die Blätter ausbreiten und die Mittelrippe herausschneiden (für einen Suppenfond beiseite geben).
3 Die Wakameblätter in mundgerechte Stücke schneiden. Mit Shoyu, Mirin und dem Orangen- oder Zitronensaft vermischen und 15 Minuten marinieren.
4 Die Gurkenscheiben auspressen und das salzige Wasser weggiessen.
5 Wakame und Gurke kurz vor dem Servieren vermischen. Abschmecken und nach Bedarf nachwürzen.

Nori und Laver

Bei den japanischen Nori und dem in Südwales heute noch verwendeten Laver handelt es sich um dieselbe Algenart. Sie wächst, häufig in der Nähe von Flussmündungen, in feinen violetten Bändern auf Felsen, die bei Ebbe frei liegen. Frisch geernteter Laver muss in mehreren Durchgängen gründlich gewaschen werden, bis aller Sand entfernt ist. Dann werden die Algen mehrere Stunden zu einem weichen dunklen Porridge geköchelt.

In Japan werden die Nori fein gehackt und in dünnen Lagen auf Bambusmatten getrocknet. Die daraus entstehenden Nori-Blätter finden weit verbreitete Verwendung für Nori Maki (siehe Japanische Sushi, Seite 69). Die Japaner essen durchschnittlich 90 Blätter Nori pro Person und Jahr.

Walisisches Laverbrot

In Glamorgan, Südwales, ist dieses Brot immer noch ein bekanntes Frühstücksgericht. Der Laver, der als dunkelgrüne Paste im Handel ist, wird zusammen mit Hafergrütze im Fett des Specks gebraten und dann mit dem knusprigen Speck serviert. In unserer vegetarischen Variante wird der Speck durch ein ähnliches köstliches Aroma ersetzt, indem wir Shoyu und Gomasio verwenden.

150 g frisch gekochter Laver (fertig gekauft)
2 EL feine Hafergrütze (oder feine Haferflocken)
1 EL Shoyu
2 EL Pflanzenöl
1 EL Gomasio (Seite 230)

1 Den Laver mit der Hafergrütze und dem Shoyu vermischen.
2 Das Öl in einer Bratpfanne erhitzen und den Laver auf mittlerem Feuer ein paar Minuten braten, bis die Hafergrütze braun zu werden beginnt. Ständig rühren.
3 Gomasio darunter mischen und heiss servieren.

Geröstete Noriblätter

Für Sushi und geröstete Nori als Würzzutat müssen die Blätter leicht geröstet werden.

Es gibt Noriblätter auch bereits geröstet zu kaufen; sie sind dann knusprig und grün. Ungeröstete Nori sind weich und violett.

Rösten Sie die Nori, indem Sie sie sanft über einer offenen, kleinen Gasflamme oder direkt auf der Platte des Elektroherds bewegen, bis sie hellgrün werden. (Halten Sie die Blätter nicht zu nahe ans Feuer, sonst haben Sie Nori-Asche!) Der Trick besteht darin, die Noriblätter ständig in Bewegung zu halten.

Für geröstete Nori als Würzzutat schneiden (mit einer Schere), oder reissen Sie sie in mundgerechte Streifen, Rechtecke, Dreiecke usw. Sie können in einem luftdichten Behälter aufbewahrt werden.

Nori-Tempura

Schmeckt wunderbar nach Meer und findet selbst bei jenen Anklang, die sich nie hätten vorstellen können, jemals Algen zu essen. Als Snack zu einem Aperitif, als Beilage in einer Mahlzeit oder als volle Mahlzeit mit Gemüse im Ausbackteig (Seite 150).

½ Blatt Nori pro Person
½ Tasse Ausbackteig (Seite 150)
Fritieröl (siehe Fritieren Seite 151)
als Garnitur Zitronenschnitze
Japanische Shoyu-Dip-Sauce (Seite 174)

1 Jedes Noriblatt in 4 Rechtecke schneiden, dann jedes Rechteck diagonal in Dreiecke.
2 Jedes Stück Nori in den Teig tauchen (vorher im Mehl wenden ist nicht nötig), so dass es etwa zu zwei Dritteln bedeckt ist, und sofort ins heisse Öl geben (ca. 6 Stück aufs Mal). Goldgelb und knusprig backen.
3 Herausnehmen und auf einem Gitter oder Küchenpapier abtropfen lassen. Mit den weiteren Noriblättern ebenso verfahren.
4 Sofort heiss, garniert mit Zitronenschnitzen, mit der Dip-Sauce servieren.

Kombu und Kelp

Kelp wächst in dicken, kräftigen Blättern in tiefen kalten Gewässern – Bedingungen, die der Pflanze starke Yang-Qualitäten verleihen. Es gehört zur gleichen Familie wie Kombu, die hoch gelobte japanische Algenart, die in verschiedenen japanischen Suppenfonds (Seite 52, 53) und im Vollmundigen Gemüsetopf (Seite 145) Verwendung findet. Die beiden Sorten sind zwar nicht ganz genau gleich, können aber in unseren Rezepten gegenseitig ausgetauscht werden.

Kelp und Kombu enthalten geringe Mengen Glutaminsäure, einen natürlichen Geschmacksverstärker, der das Aroma anderer Zutaten abrundet. Es handelt sich um die in der Natur vorkommende Version des chemischen Geschmacksverstärkers Natriumglutamat, das in Ost und West in der Nahrungsmittelindustrie und in Restaurants breite Anwendung findet. Wir raten Ihnen dringend, diesen hoch raffinierten chemischen Stoff zu meiden.

In verschiedenen Rezepten nehmen wir statt der üblicherweise verwendeten Fleischbouillon Kombu, da dieser wertvolle Mineralien enthält und das Gericht gehaltvoller macht, z.B. in der Schottischen Gerstensuppe (Seite 56). Er kann auch zum Kochen von Hülsenfrüchten verwendet werden und hilft, sie weich zu bekommen (siehe Seite 106).

Kombu-Chips

Diese salzigen, knusprigen Chips sind ein spezieller Snack zum Aperitif oder eine Beilage zu einer Mahlzeit. Am besten sind sie frisch oder wenn sie innerhalb einer Stunde verzehrt werden.

Kombu, so viel, dass es pro Person 2 oder 3 Stücke von je 3 cm Länge ergibt
Fritieröl
Zitronenschnitze

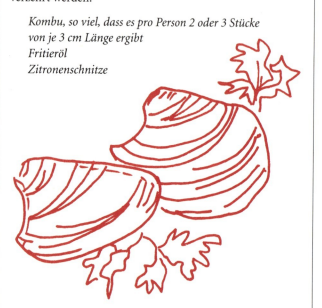

1 Den Kombu mit einem feuchten Tuch leicht abreiben. Weder waschen noch einweichen! Mit einer Schere in 3 cm lange Stücke schneiden.
2 Gemäss Anleitung auf Seite 151 sehr kurz, nur etwa 10 Sekunden, fritieren. Der Kombu sollte beginnen, Blasen zu bilden, aber nicht verbrennen. Knusprig werden die Chips erst, wenn sie aus dem Öl kommen.
3 Überschüssiges Öl abtropfen lassen. Frisch und heiss mit den Zitronenschnitzen servieren.

Mekabu

Mekabu ist die «Knospe» der Wakamepflanze. Sie hat eine wunderschöne Spiralform, viel Geschmack und eine elastische Konsistenz. Sie kann eingeweicht und in Gemüseeintöpfen verwendet werden.

Fritierter Mekabu

Diese salzigen, knusprigen Chips passen zum Aperitif oder als Beilage zu einer Mahlzeit. Am besten sind sie frisch oder wenn sie innerhalb einiger Stunden verzehrt werden.

pro Person 1 oder 2 Stücke Mekabu
Fritieröl
Zitronenschnitze

1 Den Mekabu weder waschen, noch einweichen oder abwischen. Die «Knospen» ganz lassen.
2 Nach Anleitung auf Seite 151 sehr kurz, nur etwa 10 Sekunden, fritieren. Er sollte Blasen bilden, aber nicht verbrennen. Knusprig werden die Chips erst, wenn sie aus dem Öl kommen.
3 Überschüssiges Öl abtropfen lassen. Frisch und heiss mit den Zitronenschnitzen servieren.

DULSE

Diese zarte, Yin zugeordnete Rotalge wird von den bei Ebbe frei liegenden Felsen an den Küsten des Atlantik gesammelt. Sie ist noch heute ein beliebter Snack in den Bars an der Westküste Irlands und wird dort Dillisk genannt. Dulse braucht nicht eingeweicht zu werden, sondern wird nur kurz in kaltem Wasser in einem Sieb abgespült. Dann muss man sie sorgfältig auf die kleinen harten Stiele und auf Muscheln oder andere Verunreinigungen absuchen. Sie kann wie Wakame Suppen beigegeben (siehe Klassische Misosuppe, Seite 54) und in Salate geschnetzelt werden. Sie kann auch für Irisches Sodabrot (Seite 221) verwendet werden.

Grillierte Dulse

Ein knuspriger Snack, der zu Drinks passt, oder zerkrümelt über Getreide- und Gemüsegerichte gestreut werden kann.

25 g getrocknete Dulse

1 Kurz waschen, abtropfen lassen und sorgfältig auf harte Stiele und Verunreinigungen absuchen.
2 Unter dem heissen Backofengrill knusprig braten. Aufpassen, dass sie nicht verbrennen.

Gebratene oder fritierte Dulse

Eine andere Methode, um knusprige Snacks herzustellen. Kann auch als Beilage serviert werden. Schmeckt ganz frisch am allerbesten.

25 g getrocknete Dulse
½ Tasse Haushaltmehl
Fritieröl

1 Kurz waschen, abtropfen lassen und sorgfältig auf harte Stiele und Verunreinigungen absuchen.
2 Kleine Bündel Dulse in Mehl tauchen, so dass sie rundum davon bedeckt sind.
3 Im heissen Öl in der Bratpfanne braun und knusprig braten oder nach Anleitung auf Seite 151 fritieren.

Dulse-Orangen-Salat

Dieser wunderschöne Salat besteht aus verschiedenen Violett-, Rot-, Orange- und Gelbtönen. Wenn Sie wollen, können Sie ihn in den ausgehöhlten Orangenschalen servieren.

1 mittlere Karotte, in Würfel geschnitten
1 Tasse Maiskörner
25 g Dulse
Schale einer halben Zitrone, fein gerieben
1 süsse Orange, in Würfel geschnitten
1 TL Shoyu
1 TL Mirin
1 TL Reisessig

1 Karottenwürfel und Maiskörner in wenig Salzwasser blanchieren, bis sie knapp weich sind. Abgiessen und kalt stellen.
2 Die Dulse waschen, abgiessen und auf harte Stiele und Verunreinigungen absuchen. Fein hacken.
3 Alle Zutaten vermischen. Abschmecken und nach Bedarf nachwürzen. Vor dem Servieren an einem kühlen Ort 15–30 Minuten ziehen lassen.

AGAR-AGAR

> **Wissen Sie Bescheid übers Kochen mit Agar-Agar?**
>
> Agar-Agar ist eine pflanzliche Gelatine, die aus verschiedenen Rotalgen gewonnen wird. Wenn man es kocht und fest werden lässt, entsteht daraus ein Gelee, das in Japan als «Kanten» bekannt ist. Für Vegetarier ist Agar-Agar ein idealer Ersatz für die übliche Gelatine, die aus Tierknochen und -sehnen hergestellt wird.
>
> Agar-Agar ist in verschiedenen Formen und Qualitäten erhältlich:
> – Japanische Kanten-Riegel: Sie sind gefriergetrocknet und müssen vor Gebrauch in Stücke gebrochen und 30 Minuten in kaltem Wasser eingeweicht werden. Nehmen Sie 10–12 g für 1 Liter Flüssigkeit.
> – Agar-Agar-Flocken müssen vor der Verwendung nicht eingeweicht werden. Nehmen Sie 10–12 g (2 gehäufte EL) für 1 Liter Flüssigkeit.
> – Chinesische Agar-Agar-Stengel, oft in Chinaläden erhältlich, sind das billigste Agar-Agar-Produkt, werden aber häufig mit chemischen Mitteln hergestellt. Die Stengel vor Gebrauch knapp bedeckt in kaltem Wasser ½ Stunde einweichen. Nehmen Sie 10–12 g für 1 Liter Flüssigkeit.
> – Agar-Agar-Pulver ist in guter Qualität in Reformhäusern und Bioläden erhältlich. Es bindet Flüssigkeiten sehr wirkungsvoll, folgen Sie daher genau den Mengenangaben auf der Packung.

Agar-Agar wird in folgenden Rezepten dieses Buches verwendet:
– Garnelen in Aspik (Seite 129)
– Linsenpastete (Seite 108)
– Apfelschnee (Seite 177)
– Fruchtsaftgelee (Seite 179)
– Gartenfrüchtegelee (Seite 180)
– Schwarz-weisses Parfait (Seite 180)
– Erdbeercreme (Seite 181)
– Kastanien-Apfel-Pudding (Seite 185)
– Götterspeise (Seite 187)
– Kirschen-Dessert Deluxe (Seite 187)
– Süsse Glasur (Seite 189)
– Geschlagener Kanten-Rahm (Seite 191)

Meeresgemüseplatte

Eine besondere Vorspeise für eine Einladung mit abenteuerlustigen Gästen, die gern etwas Neues ausprobieren.

Wählen Sie 5 der in diesem Kapitel beschriebenen Algengerichte; achten Sie dabei auf den Kontrast in Geschmack, Form, Farbe und Konsistenz. Zum Beispiel:
– Arame nach den Fünf Elementen oder Garnelen in Aspik
– Zitronen-Hiziki, Ingwer-Hiziki oder Hiziki-Kaviar auf Toast
– Wakame-Gurken-Salat oder Dulse-Orangen-Salat
– Sushi mit Nori oder Aramestrudel
– Kombu-Chips, Fritierter Mekabu, Gebratene oder fritierte Dulse, Nori-Tempura
  als Garnitur Salatblätter, Brunnenkresse, Zitronenschnitze, Radieschen-Röschen

Würze: Japanische Shoyu-Dip-Sauce (Seite 174)

Sie können alles ausser den fritierten Speisen im voraus vorbereiten; Fritiertes am besten erst in letzter Minute herstellen.

SALATE

Salate sind von Natur aus eher Yin-Zubereitungen: sie sind kühl, saftig, leicht, knackig und frisch. Sie eignen sich insbesondere für die heisse Jahreszeit und verschaffen bei Überarbeitung und Stress Entspannung. Salate mit gekochtem Vollkorngetreide, Hülsenfrüchten oder Fisch sind nahrhaftere, eher yang-orientierte Gerichte. Das Cool Bouquet (Seite 142) und der Russische Salat (Seite 162), die mit gekochtem Gemüse zubereitet werden, sind ausgewogene Zubereitungen. Die stärkste Yin-Wirkung haben Salate aus rohem Gemüse; durch Pressen, wie es beim Zerdrückten Salat und beim Cole Slaw zur Anwendung kommt, erhält der Salat wiederum etwas mehr Yang-Charakter.

Neben den Rezepten dieses Kapitels finden Sie viele erfrischende und bunte Salate auch in anderen Kapiteln dieses Buches:
- Reissalat, Seite 66
- Italienischer Dinkelsalat, Seite 78
- Tabuleh (Libanesischer Bulghursalat), Seite 78
- Teigwarensalat, Seite 82
- Drei-Bohnen-Salat, Seite 110
- Vegetarische Salade Niçoise, Seite 116
- Ceviche (In Limonen- oder Zitronensaft eingelegter Fisch), Seite 134
- Crudités, Seite 140
- Cool Bouquet, Seite 142
- Marinierter Arame-Tofu-Salat, Seite 154
- Wakame-Gurken-Salat, Seite 156
- Dulse-Orangen-Salat, Seite 159
- Grüner Salat mit schwarzen Oliven, Seite 23

14 wunderbare Salatsaucen finden Sie auf den Seiten 164–167.

Normalerweise ist es am besten, die Salatsauce kurz vor dem Servieren zum Salat zu geben. Wenn die Sauce zu früh zum Salat kommt, wird er welk und wässerig. Es gibt allerdings einige Ausnahmen, bei denen der Salat besser wird, wenn er etwas in der Sauce zieht. Dies ist jeweils bei den Rezepten erwähnt.

Jazz-Salat

Ein farbenfroher Begleiter von Sommermahlzeiten. Mit Sauce Vinaigrette (Seite 164) oder einer ihrer Varianten anrichten.

1 Kopfsalat, fein geschnitten
1 Bund Brunnenkresse, entstielt, oder frische Keimlinge
½ Salatgurke, in dünne Scheiben geschnitten
1 kleines Bund Radieschen, fein geschnitten
1 Tasse Karotten, geraspelt
1 Tasse Oliven, schwarz und/oder grün
nach Belieben 2 EL leicht geröstete Pinien- oder Sonnenblumenkerne
Sauce Vinaigrette

1 Alle Zutaten in einer grossen Schüssel oder auf einer Platte dekorativ anrichten.
2 Die Sauce separat servieren oder unmittelbar vor dem Servieren unter den Salat mischen.

Griechischer Bauernsalat

In jedem griechischen Restaurant steht dieser einfache, herzhafte Salat auf der Speisekarte. Er kann als Vorspeise mit Brot oder zum Essen serviert werden. Das Original enthält Feta, einen in Salzlake eingelegten Schafskäse. Sie können ihn durch Tofu-Miso-«Käse» (Seite 116) ersetzen.

3 grosse Tomaten, in grosse Stücke geschnitten
1 Salatgurke, in grosse Stücke geschnitten
½ kleine Zwiebel, in sehr feine Ringe geschnitten
150 g Feta oder Tofu-Miso-«Käse»
1 Handvoll schwarze, in Salz (nicht Essig) eingelegte Oliven
nach Belieben in Salz (nicht Essig) eingelegte Kapern
2 EL Olivenöl
½ gestrichener TL Salz
1 kleines Bund frischer oder ½ gestrichener TL getrockneter Oregano

1 Den Feta oder Tofu-«Käse» in grössere Stücke zerkrümeln.
2 Alle Zutaten in einer Salatschüssel mit den schwarzen Oliven und den Kapern vermischen.
3 Mit Öl, Salz und gehacktem Oregano anrichten. Essig wird nicht verwendet.

Gepresster Salat

Diese praktische Methode der Salatzubereitung garantiert, dass Sie alles Gute, was das Gemüse zu bieten hat, auch bekommen. Wenn man Gemüse sanft mit Salz zusammenpresst, werden die äusseren Zelluloseschichten aufgebrochen, wodurch der Geschmack intensiviert wird und die Nahrung vom Körper besser aufgenommen werden kann.

Kochutensilien:
– Salatpresse. Wenn Sie keine haben, können Sie sich leicht mit einer Schüssel, einem Teller und einem Krug mit Wasser behelfen. Das Gemüse in die Schüssel geben, den Teller darauf und mit dem Wasserkrug beschweren.

¼ Chinakohl (ca. 250 g), fein geschnitten
½ Salatgurke, in feine Rädchen oder Stäbchen geschnitten
1 kleines Bund Radieschen, in dünne Scheibchen geschnitten
1 grosse Karotte, grob geraspelt
1 gestrichener TL Meersalz
Sauce nach Wahl

1. Das Gemüse mit dem Salz vermischen.
2. In die Salatpresse geben und 1 Stunde stehen lassen.
3. Überschüssiges Wasser auspressen.
4. Den Salat in eine Schüssel geben und mit der Sauce anrühren.

Variante
Massagemethode: Eine dynamische, schnelle Methode. Anstatt das Gemüse in die Salatpresse zu geben, das Salz kräftig in das Gemüse hineinmassieren. 5 Minuten massieren entspricht 1 Stunde in der Salatpresse.

Cole Slaw

Eine Winterversion des Gepressten Salats, die ihren Namen vom holländischen «koolsia» (Kohlsalat) erhielt. Cole Slaw ist in England sehr beliebt. Ideal für ein Winterbuffet oder als Beilage zu einem Wintereintopf oder einer Wintersuppe.

Gemüse im Gesamtgewicht 500 g:
½ Weisskohlkopf (ca. 250 g), sehr fein geschnitten
2 Karotten (ca. 200 g), in sehr dünne Stäbchen geschnitten oder grob geraspelt
½ kleiner Knollensellerie oder 1 Stangensellerie (ca. 50 g), in sehr dünne Stäbchen geschnitten oder geraspelt
½ kleine Zwiebel, in sehr feine Halbmonde geschnitten
1 TL Meersalz
Sauce: ¾ Tasse Tofumayonnaise (Seite 165) oder Tofusauce (Seite 165)

1. Folgen Sie dem Rezept für Gepressten Salat.
2. Das Gemüse mindestens 3 Stunden oder über Nacht pressen.
3. Mit der Sauce anrühren.

Roter Cole Slaw

Wie Cole Slaw zubereiten, aber mit folgenden Änderungen:
– Nehmen Sie ½ Rotkohlkopf statt des Weisskohls.
– Nach dem Pressen und Ausdrücken einen in Stücke geschnittenen Apfel, 1 Handvoll Rosinen und 1 Handvoll zerkleinerte Walnüsse beigeben.
– Sauce Vinaigrette (Seite 164) anstelle der cremigen Sauce verwenden.

Russischer Salat

Ein Wintersalat, der in ganz Europa bekannt geworden ist und zu jedem Buffet, auch in Italien oder Spanien, gehört.

2 mittlere Karotten, in Würfel geschnitten
1 mittlere weisse Rübe oder weisser Rettich, in Würfel geschnitten
1 kleiner Knollensellerie oder 2 mittlere Kartoffeln, in Würfel geschnitten
1 Tasse Erbsen
½ gestrichener TL Meersalz
1 EL Zitronensaft
Sauce: ¾ Tasse Tofumayonnaise (Seite 165), Tofu-Sauerrahm (Seite 165) oder Tofusauce (Seite 165)

1. Das Gemüse blanchieren (Seite 141), und zwar jede Sorte separat und jene mit milderem Geschmack zuerst, damit das Wasser keinen dominierenden Geschmack annimmt. Das Gemüse ziemlich weich kochen.
2. Auf einer Platte ausbreiten und abkühlen lassen.

3 Mit Salz, Zitronensaft und der Sauce vermischen. Abschmecken und nach Bedarf nachwürzen. Den Salat nach Wunsch eine Weile an einem kühlen Ort ziehen lassen.
4 Kühl servieren.

Roter Russischer Salat

4 mittlere Randen (rote Beten), gekocht, geschält und in Würfel geschnitten (siehe Seite 139)
1 Apfel, geschält und in Würfel geschnitten
2 Dillgurken, sehr fein gehackt
1 EL Zwiebeln, sehr fein gehackt
½ gestrichener TL Meersalz
1 EL Zitronensaft
Sauce: ¾ Tasse Tofumayonnaise (Seite 165), Tofu-Sauerrahm (Seite 165) oder Tofusauce (Seite 165)

1 Alle Zutaten mit der Sauce vermischen. Abschmecken und nach Bedarf nachwürzen. Der Salat kann eine Weile an einem kühlen Ort ziehen.
2 Kühl servieren.

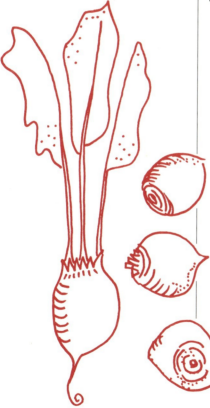

Waldorfsalat

Ein reichhaltiger Salat, der eine vollständige Mahlzeit oder Teil eines festlichen Mahls oder eines Buffets sein kann.

3 oder 4 Stangensellerie, in Würfel geschnitten (1½ Tassen)
2 mittlere grüne Äpfel, in Würfel geschnitten (1½ Tassen)
¾ Tasse (70 g) Walnuss- oder Pekannussstücke
Sauce: ¾ Tasse Tofumayonnaise (Seite 165) oder Tofusauce (Seite 165)
als Garnitur Eisbergsalat-Blätter, fein geschnitten

1 Alle Zutaten mit der Sauce vermengen und in einer Schüssel anrichten.
2 Sofort kühl servieren.

Schweizer Salatteller

In der Schweiz sind Salatteller, bestehend aus einer Auswahl einfacher Salate, die auf dem Teller nebeneinander angeordnet werden, eine beliebte Hauptmahlzeit. Eine kleinere Portion davon wird häufig als Vorspeise serviert. Wählen Sie aus folgender Liste. Dazu Vollkornbrot reichen.

– Karotten: 2 mittlere Karotten, fein geraspelt und mit ein bisschen Zitronensaft beträufelt.
– Sellerie: 1 Knollensellerie, in feine Stäbchen geschnitten, 10 Sekunden im Salzwasser blanchiert, abgetropft, abgekühlt, mit Mayonnaise oder Tofumayonnaise (Seite 165) angerührt.
– Gurke: 1 Salatgurke, geschält, in Scheiben geschnitten, mit Meersalz gepresst (wie Wakame-Gurken-Salat, Seite 156, Schritte 1–4). Mit wenig Sauce Vinaigrette und frischem Dill angemacht.
– Rande (Rote Bete): 1 mittlere gekochte Rande (siehe Seite 139), geschält und in Scheiben geschnitten, mit wenig Sauce Vinaigrette oder einer cremigen Sauce angemacht.
– Grüner Salat: Eine Mischung aus verschiedenen Saisonsalaten (Kopfsalat, Endivie, Chicorée, Löwenzahn, Nüsslisalat/Feldsalat, roter Chicorée). Die Sauce separat reichen, entweder Sauce Vinaigrette oder eine cremige Sauce mit Schnittlauch.
– Drei-Bohnen-Salat: Seite 110
– Maiskörner: gekocht, abgekühlt und mit Meersalz bestreut.
  – Nach Belieben hart gekochte Eier: ½ Ei pro Person, in Scheiben geschnitten.

Saucen, Dips und Würzsaucen

Salatsaucen

Viele Salatsaucen, Dips und Saucen werden mit Öl gemacht. Wir empfehlen die Verwendung von biologisch hergestelltem kaltgepresstem Öl. Einige dieser Öle besitzen einen so intensiven und kräftigen Geschmack, dass es sinnvoll sein kann, sie mit anderen, geschmacksneutraleren Ölen zu mischen, damit nicht ein Aroma dominiert. Bei einem rohen Salat ist es am besten, die Salatsauce separat auf den Tisch zu stellen oder erst unmittelbar vor dem Servieren darunter zu mischen. Wenn Sie den Salat zu früh anmachen, wird er welk und schlaff. Bei einem Salat aus gekochtem Gemüse, Hülsenfrüchten oder Getreide ist es hingegen besser, die Sauce eine gewisse Zeit vorher unter den Salat zu mischen und ziehen zu lassen. Jede nicht sofort verwertete Sauce kann in einem sauberen Glas im Kühlschrank mehrere Tage aufbewahrt werden, solche mit frischen Zutaten wie Tofu, Kräutern usw.

vielleicht nur einen oder zwei Tage. Emulsionen wie die Sauce Vinaigrette müssen vor Gebrauch erneut geschüttelt oder verrührt werden, damit sich das Öl wieder mit den übrigen Zutaten vermischt.

Die Salatsaucenrezepte ergeben in der Regel eine ¾ bis 1 Tasse.

Sauce Vinaigrette

Die klassische französische Salatsauce, die mit verschiedensten Zutaten endlos erweitert werden kann. Statt dem in Frankreich üblichen Weinessig können Sie auch Apfelweinessig oder Reisessig nehmen. Wenn Sie Umeboshi-«Essig» nehmen, lassen Sie das Meersalz weg. Wenn Öl und Essig zusammen geschüttelt werden, entsteht eine Emulsion, d.h., das Öl ist in Form winziger Tropfen im Essig gelöst; die Flüssigkeit erscheint milchig. Wenn man sie stehen lässt, trennt sich das Öl wieder vom Essig, deshalb muss sie vor Gebrauch erneut geschüttelt werden.

¼ Tasse Olivenöl
4 EL Essig (Wein-, Reis- oder Apfelweinessig)
1 gestrichener TL Meersalz
1 gestrichener TL Maismalzsirup oder Mirin

Alle Zutaten in ein Glas mit Deckel geben. Kräftig schütteln.

Varianten

– 1 TL Senf, frische oder getrocknete Kräuter, schwarzen Pfeffer oder gepressten Knoblauch beigeben.
– Gewöhnliches Meersalz durch aromatisiertes ersetzen, z.B. Knoblauch-, Sellerie- oder Kräutersalz.

Zitronette-Salatsauce

Eine Zitronette ist eine Vinaigrette, bei welcher der Essig durch die gleiche Menge Zitronensaft ersetzt wird.

Varianten

Orangen-, Grapefruit- oder Limonensaft verwenden: Nehmen Sie 3 EL Saft und 1 TL Wein-, Reis- oder Apfelweinessig.

Zitronen-Sesam-Sauce

½ Tasse Olivenöl
½ Tasse geröstete, geschrotete Sesamsamen
1 gestrichener TL Meersalz
1 TL Maismalzsirup
Saft von 1–2 Zitronen (5 EL Saft)

Alle Zutaten in ein Glas mit Deckel geben. Kräftig schütteln.

Zitronen-Senf-Sauce

½ Tasse Olivenöl
2 EL Senf
1 gestrichener TL Meersalz
Saft von 2–3 Zitronen (½ Tasse Saft)

Alle Zutaten in ein Glas mit Deckel geben. Kräftig schütteln.

Tofusauce

Ein sehr beliebter Ersatz für Saucen mit Milchprodukten. Im Mixer zubereitet, wird die Sauce leicht und glatt.

200 g frischer Tofu
ca. ½ Tasse Wasser
1 EL leichtes Mandelmus oder leichtes Tahini
1 TL Umeboshi-Paste
1 TL weisses Miso (oder braunes, dann wird die Sauce dunkler und hat einen kräftigeren Geschmack)
1 EL Reisessig
1 TL Mais- oder Reismalzsirup
1 TL Senf

1 Salzwasser zum Sieden bringen und den Tofu am Stück, knapp mit Salzwasser bedeckt, 3 Minuten köcheln lassen. Abtropfen und abkühlen lassen.
2 Den Tofu in den Mixer krümeln.
3 Alle anderen Zutaten, aber vorerst nur die Hälfte Wasser beigeben. Mixen.
4 Abschmecken und die Konsistenz prüfen. Allenfalls nachwürzen.
5 Bis zum Gebrauch in den Kühlschrank stellen. Die Sauce hält sich 24 Stunden.

Variante

Ein kleines Bund gehackten Schnittlauch oder andere frische Kräuter beigeben.

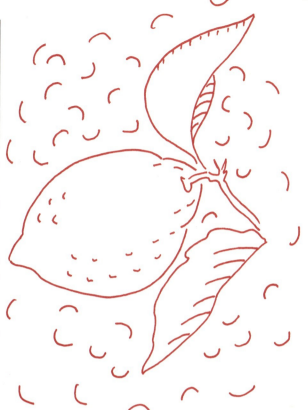

Tofu-Sauerrahm

In Russland und Polen ist Sauerrahm eine beliebte Zutat, z.B. auch in der Borschtsch-Suppe. Hier ist eine Alternative dazu. Im Mixer zubereitet wird sie leicht und glatt.

200 g Tofu
1 Tasse Wasser
1 EL leichtes Mandelmus oder leichtes Tahini
1 TL Mais- oder Reismalzsirup
4 EL frischer Zitronensaft

1 Salzwasser zum Sieden bringen und den Tofu am Stück, knapp mit Salzwasser bedeckt, 3 Minuten köcheln lassen. Abtropfen und abkühlen lassen.
2 Den Tofu in den Mixer krümeln.
3 Alle anderen Zutaten beigeben und mixen.
4 Abschmecken und die Konsistenz prüfen; nach Bedarf nachwürzen.
5 Bis zum Gebrauch in den Kühlschrank stellen. Die Sauce hält sich im Kühlschrank 24 Stunden.

Tofumayonnaise

Eine dicke und reichhaltige Tofusauce, die anstelle von Eiermayonnaise zu Salaten und kalten Fischgerichten gereicht werden kann. Das Rezept dient auch als Basis für die drei folgenden Rezepte. Damit nichts vorschmeckt, ist es wichtig, leichte und im Geschmack milde Öle zu verwenden. Das Rezept ergibt 1 Tasse Tofumayonnaise.

125 g Tofu
¼ Tasse Wasser
1 TL Mais oder Reismalz
1 TL Senf
½ gestrichener TL Meersalz
1½ EL Zitronensaft
¼ Tasse leichtes Olivenöl
⅛ Tasse leichtes Maiskeimöl

1 Salzwasser zum Sieden bringen und den Tofu am Stück, knapp mit Salzwasser bedeckt, 3 Minuten köcheln lassen. Abtropfen und abkühlen lassen.
2 Den Tofu in den Mixer krümeln.
3 Alle anderen Zutaten ausser dem Öl beigeben und glattrühren.
4 Das Öl langsam während des Mixens einlaufen lassen und mit dem Tofu zu einer Emulsion rühren.
5 Abschmecken und die Konsistenz prüfen. Nach Bedarf nachwürzen.
6 Bis zum Gebrauch kühl stellen. Die Mayonnaise hält sich im Kühlschrank 2–3 Tage.

Grüne Göttin

Eine erlesene Sauce zu Fisch und Meeresfrüchten, etwa Garnelen in Aspik (Seite 129), oder für Salate und blanchiertes Gemüse. Das Rezept ergibt 1½ Tassen Sauce.

1 Tasse Tofumayonnaise (Seite 165)
1 Knoblauchzehe, fein gehackt oder gepresst, oder 3 Blätter wilder Knoblauch (Bärlauch)
3 Sardellenfilets, fein gehackt
1 Bund Schnittlauch oder Frühlingszwiebeln, fein gehackt
1 Bund Petersilie, fein gehackt
1 EL Zitronensaft
schwarzer Pfeffer

1 Alle Zutaten in eine Schüssel geben und mit einer Gabel gut vermischen. (Oder alles im Mixer pürieren; die Zutaten müssen dann nicht so fein gehackt werden. Ergibt eine glattere Konsistenz.)
2 Abschmecken und die Konsistenz prüfen; nach Bedarf korrigieren.
3 Bis zum Gebrauch kühl stellen. Die Sauce hält sich 24 Stunden im Kühlschrank.

Thousand Island

Zu knackigem Salat und kalten Meeresfrüchten. Ausgezeichnet zu Garnelen in Aspik (Seite 129). Das Rezept ergibt 1¾ Tassen Sauce.

1 Tasse Tofumayonnaise (Seite 165)
1 EL Tomatenpüree
1 EL Petersilie, fein gehackt
1 EL rote Zwiebeln oder Schnittlauch, fein gehackt
2 EL grüne Oliven, fein gehackt
¼ gestrichener TL Chilipulver

1 Alle Zutaten in eine Schüssel geben und mit einer Gabel gut vermischen.
2 Abschmecken und Konsistenz prüfen; nach Bedarf korrigieren.

Tofu-Tartar

Diese dicke, ursprünglich aus Russland stammende Sauce ist eine klassische Beilage zu gebratenem Fisch. Sie passt zu allem Gebratenen, z.B. auch Burgern, Kroketten oder Wiener Schnitzel (Seite 121). Das Rezept ergibt 1½ Tassen Tartar.

1 Tasse Tofumayonnaise (Seite 165)
1 TL Senf
1 ganze Dillgurke, fein gehackt
1 EL Kapern, abgetropft, gehackt (in Salz eingelegte abspülen)
1 EL Petersilie, fein gehackt
1 TL rohe Zwiebeln oder Schnittlauch, fein gehackt
allenfalls 1 hartgekochtes Ei, gehackt

1 Alle Zutaten in eine Schüssel geben und mit einer Gabel gut mischen.
2 Abschmecken und die Konsistenz prüfen; nach Bedarf korrigieren.

Variante
Eine glattere Konsistenz erhält man, wenn man die Hälfte der Gurke und der Kapern mixt und die andere fein hackt.

Tahini-Knoblauch-Sauce

Passt besonders gut zu nahöstlichen Gerichten wie Falafel (Seite 113) und Bulghur-Pilaf (Seite 79), aber auch zu Salat und gekochtem Gemüse. Das Rezept ergibt 1 Tasse Sauce.

4 Knoblauchzehen, fein gehackt oder gepresst
1 gestrichener TL Meersalz
(wenn das Tahini ungesalzen ist)
ca. ½ Tasse Wasser
½ Tasse Tahini-(Sesam-)Paste

1 Knoblauch, Salz und Wasser in einer Schüssel vermischen.

Varianten

– Schnittlauch oder Grün von Frühlingszwiebeln (gehackt) beigeben oder irgendein anderes frisches oder getrocknetes Kraut oder fein gehacktes sauer eingelegtes Gemüse.
– Den Essig durch frisch gepressten Zitronen- oder Orangensaft oder Saft vom Essiggemüse ersetzen.
– Tahini-Sauce: Mandelmus durch Tahini-Sesam-Mus ersetzen.
– Sonnenblumenkernen-Sauce: Ersetzen Sie das Mandelmus durch Sonnenblumenkernenmus.

Sommersensation

Eine Marinade für einen rohen Salat oder für leicht gekochtes Grüngemüse.

2 Knoblauchzehen, gepresst oder fein gehackt
½ Tasse Olivenöl
1 frische Tomate, in Scheiben geschnitten
1 EL Umeboshi-«Essig»

Alle Zutaten zur Sauce vermischen und 1 Stunde ziehen lassen. Erst dann den Salat oder das Gemüse anmachen.

Nächtliche Inspiration

Manche Saucen verdanken ihre Entstehung einem nächtlichen Gang zum Vorratsschrank. So entstand auch dieser kulinarische Hit:

1 EL rohe Zwiebeln, fein gehackt oder gerieben
½ Tasse Olivenöl
1 EL Mirin
1 EL Shoyu
1 EL Balsamico-Essig

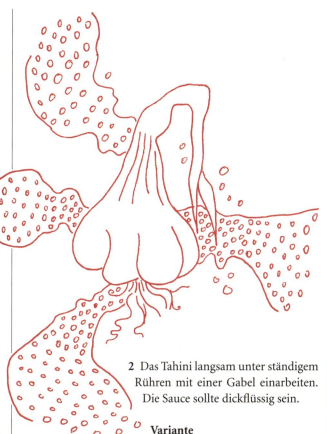

2 Das Tahini langsam unter ständigem Rühren mit einer Gabel einarbeiten. Die Sauce sollte dickflüssig sein.

Variante

Mit Zitrone: 4 EL Zitronensaft nehmen und mit Wasser auf ½ Tasse ergänzen.

Mandelmussauce

Eine sehr reichhaltige Sauce, ideal für wässerige Salate, gekochtes Gemüse und bittere Sorten wie Endivie, Chicorée und Löwenzahn.

Wir machen dieses Rezept mit leichtem Mandelmus; aber versuchen Sie's auch einmal mit Tahini oder Nussmus (siehe Varianten). Mit einem dunklen oder gerösteten Nussmus erhält die Sauce einen anderen Geschmack. Das Rezept ergibt 1 Tasse Sauce.

½ Tasse Wasser
1 TL Mais- oder Reismalz
2 EL Reisessig
½ gestrichener TL Meersalz
4 EL (½ Tasse) leichtes Mandelmus

1 Wasser, Malz, Essig und Salz in einer Schüssel vermischen.
2 Das Mandelmus nach und nach unter ständigem Rühren einarbeiten. Die Sauce sollte dickflüssig werden.
3 Abschmecken und nach Bedarf nachwürzen.

> # Dips

Interessant, schmackhaft und dick genug zum Tunken, eignen sich diese Dips zu rohen oder blanchierten Gemüsestäbchen, Chips oder Crackers oder als Belag für Sandwiches oder belegte Brötchen.

Tofu-Dip

Einfach, schmackhaft, vielseitig.

200 g Tofu
ca. ¼ Tasse Wasser
1 TL leichtes Mandelmus oder Tahini
1 TL Umeboshi-Paste
1 TL weisses Miso (oder braunes Miso; dann wird der Dip dunkler und kräftiger im Geschmack)
1 TL Reisessig
1 TL Mais- oder Reismalzsirup
1 TL Senf
1 EL Maiskeimöl

1. Salzwasser zum Sieden bringen und den Tofu am Stück 10 Minuten darin köcheln lassen. Abtropfen und abkühlen lassen.
2. Den Tofu in den Mixer krümeln, Wasser und alle übrigen Zutaten beigeben.
3. Gut mixen, ein wenig Wasser beigeben, wenn die Sauce zu dick ist. Sie sollte gerade so dick sein, dass sie nicht tropft.

Varianten

– Tofu-Dip mit Gartenkräutern: Schnittlauch, Frühlingszwiebelgrün, Petersilie oder sonst ein Gartenkraut gehackt beigeben.
– Pikanter Tofu-Dip: Mehr scharfen Senf dazugeben oder Senf durch Meerrettich, rohe Zwiebel oder Wasabipulver ersetzen.
– Chili-Tofu-Dip: Gepressten Knoblauch, Chilipulver und Cayennepfeffer beigeben.

Tofu-«Hüttenkäse»

Zu Brot, Crackers oder Crudités servieren.

1. Nehmen Sie die gleichen Zutaten wie für den Tofu-Dip, jedoch nur rund 2 EL Wasser.
2. Von Hand im Suribachi-Mörser (siehe Seite 229) zu einer «käsigen» Masse rühren oder auf langsamer Stufe im Mixer rühren.

Tofu-Tzatziki

Cremiger Tofu-Gurken-Dip

Eine beliebte Vorspeise aus Griechenland, die zusammen mit warmem Pittabrot (Seite 221) serviert wird. Das Original wird mit Joghurt gemacht, wir nehmen Tofu.

200 g Tofu
4 EL Knoblauchöl (Seite 228)
oder 4 EL Olivenöl und 2 Knoblauchzehen, gepresst
1 gestrichener TL Umeboshi-Paste
1 gestrichener EL weisses Tahini oder weisses Mandelmus
1 gestrichener EL weisses Miso
1 gestrichener EL Mirin oder Maismalz
2 EL Zitronensaft
1 Prise Meersalz
Wasser zum Mixen
1 Salatgurke

1. Salzwasser zum Sieden bringen und den Tofu am Stück, knapp mit Salzwasser bedeckt, 3 Minuten köcheln lassen. Abtropfen und abkühlen lassen.
2. Wenn Sie kein fertiges Knoblauch-Olivenöl haben, den gepressten Knoblauch zusammen mit dem Olivenöl langsam erwärmen, bis er zu zischen beginnt, aber noch nicht braun ist. Die Pfanne vom Feuer nehmen und abkühlen lassen. Der Knoblauch kann mitsamt dem Öl weiterverwendet werden.
3. Den Tofu in den Mixer krümeln und alle anderen Zutaten bis auf die Gurke hineingeben.
4. Die Tofumischung mixen und dabei löffelweise Wasser beigeben, bis eine dicke, cremige Sauce entstanden ist.
5. Die Gurke, falls nicht aus biologischem Anbau, schälen und entweder grob raspeln oder in kleine Würfel schneiden.
6. Die Gurke leicht ausdrücken und das überschüssige Wasser weggiessen.
7. Die Gurke unter die Tofusauce mischen.
8. Abschmecken und die Konsistenz überprüfen; nach Bedarf korrigieren. Die Sauce sollte dick und ölig sein, der Geschmack salzig und nach Knoblauch, dazu sauer wie Joghurt.
9. In einzelnen Schälchen servieren.

Guacamole

Mexikanischer Avocado-Dip

Dieser äusserst beliebte Avocado-Dip aus Mexiko kann mit Fladenbrot, Toast oder Tortilla-Chips als Vorspeise oder als Teil einer Mahlzeit serviert werden. Das ursprüngliche Rezept besteht aus wenigen einfachen Zutaten, die von Hand zu einem etwas groben Püree zerdrückt werden.

Guacamole hält sich nicht gut und sollte innerhalb weniger Stunden verzehrt werden.

2 grosse reife Avocados
1 Knoblauchzehe, gepresst
Saft einer Zitrone
Meersalz nach Belieben

1 Die Avocados halbieren, die Steine entfernen und das Fleisch herausheben.
2 Mit einer Gabel so fein wie möglich zerdrücken und die übrigen Zutaten einrühren.

SAUCEN

Béchamelsauce

Eine vielseitige, reichhaltige Sauce zu Teigwaren, Gemüse und Vollkorngetreide. Im Original mit Butter und Milch hergestellt, hier durch Öl, Gemüsefond oder Sojamilch ersetzt. Das Rezept ergibt 2 Tassen Sauce.

2 Tassen Gemüsefond oder 2 Tassen Sojamilch
oder eine Mischung aus beidem
¼ Tasse Maiskeimöl
½ Tasse Haushaltmehl
1 Lorbeerblatt
1 Prise Muskatnuss
1 Prise weisser Pfeffer
1 EL Mirin, nach Belieben
Meersalz oder Shoyu

1 Fond oder Sojamilch erhitzen und warm halten.
2 Das Öl in einer Pfanne erhitzen. Das Mehl beigeben und unter ständigem Rühren mit einem Holzlöffel zischend anschwitzen; auf kleinem Feuer weitere 2 Minuten rühren.
3 Vom Feuer nehmen.
4 Jetzt kommt der heikle Moment: Nach und nach in kleinen Mengen warmen Fond oder Sojamilch zur Mehlschwitze geben. Ständig rühren, damit die Flüssigkeit absorbiert wird, ohne dass Klumpen entstehen. Sobald so viel Flüssigkeit zugefügt ist, dass die Sauce nicht mehr blubbert, zurück auf kleines Feuer stellen und erneut aufkochen, dann wieder weitere Flüssigkeit beigeben. Zuerst wird die Sauce etwas dicker, verflüssigt sich jedoch wieder und sollte nach Beigabe der gesamten Flüssigkeitsmenge gerade richtig und giessfähig sein.
5 Lorbeerblatt, Muskatnuss und Mirin beigeben. Falls Sie ausschliesslich Sojamilch genommen haben, mit Salz oder Shoyu würzen.
6 Auf kleinem Feuer (Wärmestreuplatte) 10 Minuten köcheln lassen. Ab und zu umrühren, damit sich keine Haut bildet.

Varianten

– Pilzsauce: 100 g frische Pilze fein schneiden und bei Schritt 2 im Maiskeimöl 5 Minuten dünsten, dann das Mehl beigeben und weiterfahren wie beschrieben. Durch Zugabe von getrockneten Pilzen verstärkt sich der Pilzgeschmack.
– Reichhaltige Sauce als Ersatz für Käsesauce: 100 g geräucherten Tofu zu Beginn von Schritt 6 vor dem Köcheln zur Sauce geben. Der Tofu kann gewürfelt, zerkrümelt oder mit der Sauce verrührt werden.

Daddys Braune Sauce

Von den Briten als traditionelle Begleitung zu «Fleisch mit zwei Gemüsen» heiss geliebt, ergänzt diese Sauce mit ihrem intensiven Geschmack auch sehr gut einfache Getreide- oder Gemüsegerichte oder ein pikantes Gebäck wie die Kornischen Teigtaschen (Seite 100). Unsere Version ist fleischlos und fettfrei.

2 Tassen Gemüsefond
2 EL Kuzu, Pfeilwurzelmehl oder Maisstärke (Maizena)
1 EL Shoyu
1 EL Mirin
1 Prise Pfeffer

1 Das Kuzu mit ganz wenig Wasser anrühren und in den Gemüsefond rühren.
2 Unter ständigem Rühren (gegen Klumpenbildung) aufkochen.
3 Nach Geschmack mit Shoyu und den anderen Gewürzen abrunden.

Süss-saure Sauce

Diese ursprünglich aus Fernost stammende Sauce ist mittlerweile auch im Westen weit verbreitet und beliebt. Sie passt sehr gut zu Burgern (Seite 73), Shish Kebabs (Seite 124), Ausgebackenem oder Tempura (Seite 157) und Zündholzgemüse (Seite 144). Sie kann heiss oder kalt verwendet werden. Das Rezept ergibt 1 Tasse Sauce.

½ Tasse Wasser
½ Tasse Apfelsaft
2 EL Reismalz
2½ EL Reis- oder Apfelessig
1 Knoblauchzehe, fein gehackt
1 TL frisch gepresster Ingwersaft
1 EL Shoyu
nach Belieben ein Schuss Tabasco-Sauce
1 EL Pfeilwurzelmehl
1 EL kaltes Wasser

1 Wasser, Apfelsaft, Malz und Essig mischen und 5 Minuten köcheln lassen.
2 Knoblauch, Ingwersaft, Shoyu und nach Belieben Tabasco beigeben und weitere 2 Minuten köcheln lassen.
3 Das Pfeilwurzelmehl mit 1 EL kaltem Wasser anrühren.
4 Den Topf vom Feuer nehmen und das angerührte Pfeilwurzelmehl unter kräftigem Rühren mit einem Holzlöffel einrühren. Zurück aufs Feuer stellen und unter ständigem Rühren 1 weitere Minute köcheln lassen.

Varianten

Süss-saure Sauce mit Gemüse: Je nachdem, wozu die Sauce serviert wird, 1 oder 2 EL sehr fein geschnittenes Gemüse beigeben, z.B. Zwiebelscheiben, in Stäbchen geschnittene Karotten, weisser Rettich, Gurken oder Zucchini, Peperonistreifen (Paprikaschote) oder Sojabohnensprossen.

Das Gemüse kann separat mit einer Prise Salz in ein paar Tropfen Sesamöl gedünstet und am Schluss in die Sauce gegeben werden. Oder es kann ab Schritt 1 oder 2, je nachdem, wie lange es braucht, mitköcheln.

Spaghettisauce al Presto

Eine schnelle Version der beliebten Pestosauce, aus Tofu, Spinat und Kräutern zubereitet.
Rezept im Anfänger-Set auf Seite 22.

Drei einfache Saucen für Teigwaren

Italienische Saucen für Teigwaren sind würzig im Geschmack und ziemlich dick. Sie werden in relativ kleinen Portionen serviert. Es ist wichtig, dass die Teigwaren, sobald sie fertig sind, heiss auf den Tisch kommen. Die Sauce kann unter die gesamte Menge Teigwaren gemischt oder separat auf den Tisch gestellt werden. Alle Angaben gelten für 500 g Teigwaren (4–6 Portionen).

Tomatensauce

Damit's schneller geht und weil sie viel Geschmack haben, empfehlen wir die Verwendung von Dosentomaten (Pelati). Achten Sie darauf, dass sie keinen Zucker und keine Chemikalien enthalten. Sie können selbstverständlich auch frische Tomaten verwenden. Sie müssen reif und schmackhaft sein und sollten geschält werden (siehe Seite 139).

2 mittlere Zwiebeln, in sehr dünne Scheiben geschnitten
2 EL Olivenöl
3 Lorbeerblätter
400 g geschälte, gehackte Tomaten aus der Dose
(1½ Tassen)
1 gestrichener TL Meersalz
schwarzer Pfeffer nach Belieben
nach Belieben 1 EL Kapern oder entsteinte, geviertelte Oliven

1 Die Zwiebeln mit einer Prise Salz und den Lorbeerblättern im Öl sanft dünsten, bis sie glasig, aber noch nicht braun sind.
2 Tomaten und Salz beigeben und 15 Minuten köcheln lassen; aufpassen, dass nichts anbrennt. Falls nötig 1 bis 2 EL Wasser dazugeben.
3 Kapern oder Oliven und Pfeffer beifügen. Die Lorbeerblätter entfernen.
4 Wenn Sie eine glatte Sauce wollen, können Sie sie mixen.
5 Die Sauce heiss auf heissen Teigwaren servieren.

Varianten

- Fettfrei: Das Öl weglassen und die Zwiebeln in 2 EL Wasser dünsten.
- Kräuter: Die Lorbeerblätter durch getrockneten oder frischen Rosmarin oder Oregano ersetzen.

Tip: Wem die Sauce von den Tomaten zu sauer ist, gibt nach italienischer Art 1 TL Zucker hinzu. Versuchen Sie's mit 1 TL Malz.

Teigwaren mit Pilzen

250 g frische Pilze, grob geschnitten
6 EL Olivenöl
2 Knoblauchzehen, gepresst
½ gestrichener TL Meersalz
Pfeffer nach Belieben
1 kleines Bund Petersilie, fein gehackt
1 EL Olivenöl
1 EL Shoyu

1 Die Pilze im Öl auf hohem Feuer unter ständigem Rühren 3–4 Minuten dünsten; kein Salz beigeben.
2 Die Hitze auf die Hälfte zurückschalten und den Knoblauch einrühren; weitere 2 Minuten dünsten.
3 Die Hitze abschalten. Salz, nach Belieben Pfeffer und die Petersilie beigeben.
4 Gekochte Teigwaren im Olivenöl und Shoyu wenden und sofort mit den Pilzen servieren.

Variante

Wenn Sie mehr Sauce haben möchten, geben Sie am Ende von Schritt 2 etwas Tomatensauce dazu, lassen Sie sie 10 Minuten köcheln und streuen am Schluss die Petersilie darüber.

Teigwaren mit geräuchertem Lachs

Wird meistens mit Tagliatelle serviert.

2 mittlere Zwiebeln, fein gewürfelt
2 Lorbeerblätter
2 EL Olivenöl
250 g geräucherter Lachs, in mundgerechte Streifen geschnitten
schwarzer Pfeffer
1 kleines Bund Petersilie, fein gehackt

1 Die Zwiebeln mit den Lorbeerblättern im Olivenöl sanft dünsten, bis sie glasig, aber noch nicht braun sind.
2 Den Lachs und Pfeffer untermischen und eine weitere Minute köcheln lassen.
3 Sofort auf jede Portion heisse Teigwaren geben und die Petersilie darüberstreuen.

Drei klassische italienische Saucen für Teigwaren

Alle Angaben gelten für 500 g Teigwaren (4–6 Portionen). Siehe Anmerkung Seite 81.

Pesto-Sauce

Genuesische Basilikumsauce

Ohne Zweifel eine der beliebtesten Saucen überhaupt, knapp geschlagen von der Tomatensauce. Die Hauptzutat in der Pesto-Sauce ist frischer Basilikum, der in seiner Heimat Ligurien eine besonders feine und intensive Note entwickelt. Es ist ausserdem wichtig, ein leichtes und aromatisches Olivenöl, wie es in Ligurien hergestellt wird, zu nehmen. Den Schafskäse, der zum Originalrezept gehört, haben wir weggelassen. Die Sauce ist im Kühlschrank mehrere Wochen haltbar; Sie können also einen Vorrat davon anlegen, wenn Sie viel Basilikum haben.

50 g frische Basilikumblätter
10 g frische Petersilie
60 g Pinienkerne
1–2 Knoblauchzehen
½ Tasse Olivenöl
Meersalz
(etwa ¾–1 gestrichener TL)

1 Basilikum und Petersilie waschen, die Blätter abzupfen und gut abtropfen lassen.
2 Alle Zutaten grob hacken und im Mixer pürieren.
3 Was Sie nicht sofort brauchen, in ein sterilisiertes Glas geben und mit einer dünnen Schicht Olivenöl bedecken.

Genuesische Walnusssauce

Ein sehr willkommener Beitrag von Vittorio, der viele Jahre am IMI Shiatsu- und Yogalehrer war. Ein weiterer Klassiker aus dem speziellen Klima Liguriens und seiner Wälder.

150 g Tofu
200 g Walnusskerne
ca. ½ Tasse Wasser
2 Umeboshi-Pflaumen, gehackt, oder 1 TL Umeboshi-Paste
1 Knoblauchzehe, fein gehackt oder gepresst
1 Prise Muskatnuss

1 Salzwasser zum Sieden bringen und den Tofu darin knapp bedeckt 3 Minuten köcheln lassen, abgiessen und abkühlen lassen.
2 Die Walnüsse in einer trockenen Bratpfanne rösten und abkühlen lassen.
3 Dann die Walnüsse im Mixer mahlen, alle anderen Zutaten beigeben und alles zusammen pürieren. Die Sauce sollte ziemlich dick und reich im Geschmack sein. Konsistenz und Geschmack Ihren Wünschen anpassen.

Sauce Bolognese mit Seitan

Eine sehr beliebte Sauce zu Spaghetti, die auch für die Lasagne auf Seite 84 verwendet wird.

4 EL Olivenöl
3 Zwiebeln, klein gewürfelt
2 Karotten, in kleine Würfel geschnitten
2 Stangensellerie, klein gewürfelt
100 g Pilze, in dünne Scheiben geschnitten
2 Knoblauchzehen, fein gehackt oder gepresst
3 Lorbeerblätter
Meersalz
500 g Seitan, fein gehackt
½ Tasse Seitan-Bouillon oder Gemüsefond
4 EL Shoyu
nach Belieben 2–3 gestrichene EL Tomatenpüree
1 gestrichener TL frischer oder getrockneter Rosmarin, Thymian und Oregano
1 Prise Muskatnuss, gemahlen
nach Belieben Pfeffer

1 Das Olivenöl erhitzen, die Zwiebeln und Karotten mit einer Prise Salz darin auf mittlerem Feuer dünsten.
2 Sellerie, Pilze, Knoblauch und Lorbeerblätter beigeben und weitere 10 Minuten dünsten, bis das Gemüse weich ist.
3 Seitan, Bouillon, Shoyu, allenfalls Tomatenpüree, Kräuter und Gewürze beigeben. Im offenen Topf auf kleinem Feuer 30 Minuten köcheln lassen, so dass die Sauce ziemlich dick wird. Gelegentlich rühren, damit sie nicht anbrennt.

Varianten

- Statt Seitan Tofu verwenden. Den Tofu in einem Tuch gut auspressen, um überschüssiges Wasser zu entfernen. Als zusätzliche Würze eignet sich Shoyu; der Geschmack darf aber nicht dominieren.
- Weniger Seitan und mehr Gemüse nehmen.

Rouille
Sauce für Fischsuppe

Dies ist die traditionelle, rostfarbene Sauce zur Bouillabaisse (Seite 61). Sie kann kurz vor dem Servieren auf die Suppe gegeben oder separat mit Knoblauchbrot serviert werden.

½ Tasse Brotbrösel von frischem Brot
1 grosse rote Peperoni (Paprika), geschält (siehe Seite 139) und in Scheiben geschnitten
1 kleine frische Chilischote, entkernt und sehr fein gehackt, oder ⅛ TL Cayennepfeffer oder 1 Schuss Tabasco
½ gestrichener TL Meersalz
wenig Wasser oder Fond
½ Tasse Olivenöl

1 Die Brotbrösel 1 Minute knapp bedeckt in Wasser einweichen, dann auspressen.
2 Alle Zutaten ausser dem Öl in den Mixer geben und glattrühren. Gerade so viel Wasser beigeben, dass das Mixen geht.
3 Das Öl langsam bei laufendem Mixer einlaufen lassen, so dass sich alles zu einer Emulsion verbindet.
4 Abschmecken und nach Belieben nachwürzen.

Variante

Eine grundsätzlich andere Methode besteht darin, 1 Tasse Mayonnaise oder Tofumayonnaise zu nehmen und die vorbereiteten Zutaten wie oben beschrieben einzurühren.

Kanarische Fischsaucen

Diese beiden wunderbaren Saucen gehören zu der für die Kanarischen Inseln typischen Mahlzeit aus im Sud gekochtem oder grilliertem Fisch, Kartoffeln in der Schale und Salat. Traditionell wird dazu noch Gofio serviert, ein Instant-Porridge aus dunkel geröstetem Weizenmehl, vermischt mit kochendem Fischsud. Die Saucen werden einzeln auf den Tisch gestellt. Die Zutaten zur Sauce werden im Mörser zerstossen oder im Mixer zerkleinert und mindestens ein paar Stunden vor dem Servieren ziehen gelassen. Die Saucen sind mehrere Wochen im Kühlschrank haltbar. Wir danken Señora Corominas für diese Rezepte.

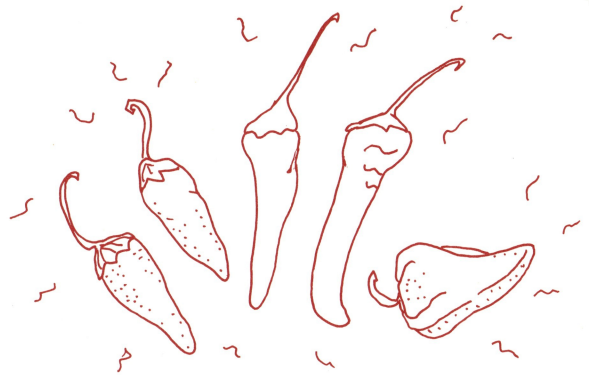

Mojo Rojo
Kanarische rote Fischsauce. Sehr scharf!

1 Scheibe Weissbrot mit Rinde (ca. 25 g)
½ Tasse blanchierte Mandeln
1 grosse Knoblauchzehe, ganz
2 EL Olivenöl
½ Tasse Olivenöl
1 grosse Knoblauchzehe, fein gehackt
3 frische oder getrocknete rote Chilischoten, entkernt und fein gehackt
⅔ gestrichener TL Meersalz
4 EL Weinessig
nach Belieben ¼ gestrichener TL Chilipulver

1. Das Brot in etwa mandelgrosse Würfel schneiden und zusammen mit den Mandeln und der ganzen Knoblauchzehe im Olivenöl goldbraun braten. Vom Feuer nehmen und abkühlen lassen.
2. Zusammen mit allen übrigen Zutaten im Mörser zerstossen oder im Mixer zerkleinern und zu einer dicken Sauce rühren. Kleine Stücke der Chilischoten sollten noch sichtbar sein. Wenn die Sauce zu dick ist, geben Sie Olivenöl hinzu, kein Wasser!
3. Probieren und, falls mehr Schärfe gewünscht, das Chilipulver beifügen.

Mojo Verde
Kanarische grüne Fischsauce
Diese Sauce duftet fein und würzig.

1 Scheibe Weissbrot mit Rinde (ca. 25 g)
½ Tasse blanchierte Mandeln
2 EL Olivenöl
1 grosse Knoblauchzehe, ganz
½ Tasse Olivenöl
2 grosse Knoblauchzehen, fein gehackt
1 frische oder getrocknete Chilischote, entkernt und fein gehackt
1 Bund Petersilie (oder Petersilie und frischer Koriander gemischt), gehackt
1 gestrichener EL Kreuzkümmel
⅔ gestrichener TL Meersalz
4 EL Weinessig

1. Das Brot in etwa mandelgrosse Würfel schneiden und zusammen mit den Mandeln und der ganzen Knoblauchzehe im Olivenöl goldbraun braten. Vom Feuer nehmen und abkühlen lassen.
2. Zusammen mit allen übrigen Zutaten im Mörser zerstossen oder im Mixer zerkleinern und zu einer dicken Sauce rühren. Kleine Stücke der Chilischoten sollten noch sichtbar sein. Wenn die Sauce zu dick ist, geben Sie Olivenöl hinzu, kein Wasser!

WÜRZSAUCEN

Japanische Shoyu-Dip-Sauce

Für Tempura (Ausgebackenes) und andere fritierte Speisen. Diese Dip-Sauce gibt Geschmack und hilft bei der Verdauung von Öl und Eiweiss.

¼ Tasse Shoyu
¼ Tasse Wasser

1 Shoyu und Wasser vermischen.
2 Zum Eintauchen für jede Person in einem eigenen kleinen, flachen Schälchen servieren oder in einer grossen Schüssel mit einem Löffel auf den Tisch stellen, mit dem man die Sauce über das Fritierte träufeln kann.

Varianten
– Mit Rettich: Rettich hilft ebenfalls, Öl und Eiweiss zu verdauen. 1 EL fein geraspelten weissen oder roten Rettich beigeben. Oder eine kleine Menge Rettich mit 2–3 Tropfen Shoyu beträufelt separat auf den Tisch stellen.
– 1 TL frisch gepressten Ingwersaft oder 1 EL frischen Zitronensaft oder 1 EL Mirin beigeben.
– Wenn Sie's gern scharf haben, z.B. zu Fisch, probieren Sie Wasabi, einen scharfen, grünen japanischen Meerrettich. 1 TL Wasabipulver mit 1 TL kaltem Wasser zu einem Brei rühren. Zudecken und 10 Minuten stehen lassen. Jede Person rührt davon so viel wie gewünscht in die eigene Dip-Sauce.

Nabe-Würzsaucen

Dies sind die traditionellen Würzsaucen zu Nabe, dem japanischen Fondue (Seite 83). Wir schlagen vor, alle drei auf den Tisch zu stellen, so dass sich die Gäste nach Belieben bedienen können. Die Zutaten werden jeweils einfach miteinander verrührt.

Süsse Würze für Nabe
2 EL weisses Miso
Saft und fein geriebene Schale einer Orange

Saure Würze für Nabe
1 EL Tahini
1 EL Zitronensaft
wenig Wasser
Meersalz nach Belieben

Scharfe Würze für Nabe
¼ Tasse Shoyu
¼ Tasse Wasser
1 EL frischer Ingwersaft, aus fein geraspelter Ingwerwurzel gepresst

Instant-Tomatenketchup

Vermutlich das beliebteste Tafelgewürz überhaupt, ganz sicher bei den Kindern. Es geht zurück auf das chinesische «koe-tsiap» (Meeresfrüchtesauce), die Lauge von eingepökeltem Fisch. Wenn Sie Ihr eigenes Ketchup herstellen, können Sie sicher sein, dass nur die besten Zutaten verwendet wurden. Das Rezept ist einfach und schnell. Grundlage sind Tomaten aus der Dose und Tomatenpüree. Achten Sie darauf, dass sie zuckerfrei sind. Das Rezept ergibt eine ¾ Tasse Ketchup.

½ Dose geschälte Tomaten, abgegossen
1 gestrichener EL Tomatenpüree
1 gestrichener TL milder Senf
1 EL Reisessig oder Apfelweinessig
½ gestrichener TL Kräuter-Meersalz
1 TL Reis- oder Maismalz
nach Belieben 1 Scheibe Zwiebel

Alles zusammen im Mixer pürieren. Abschmecken und falls nötig nachwürzen.

Harissa
Scharfe tunesische Chilipaste

Eine typische Beilage zu nordafrikanischem Couscous (Seite 80).

50 g frische rote Chilischoten
1 TL Tomatenpüree
1 TL Olivenöl

1 Die Chilischoten ganz, mitsamt den Kernen, im Mörser zerstossen.
2 Sehr wenig Tomatenpüree und Olivenöl beigeben.
Reste können in einem Glas im Kühlschrank ein paar Tage aufbewahrt werden.

Scharfe marokkanische Früchtesauce

Zu nordafrikanischem Couscous (Seite 80).

1 Tasse Sultaninen
1 mittlere Zwiebel, fein gewürfelt
1 Prise Meersalz
1 EL Olivenöl
1 Zimtstengel

1. Die Sultaninen knapp mit Wasser bedeckt ein paar Stunden einweichen. Wenn Sie wenig Zeit haben, nehmen Sie warmes Wasser.
2. Die Zwiebel mit dem Salz im Olivenöl kurz dünsten, bis sie glasig, aber nicht braun sind.
3. Die Sultaninen mit dem Einweichwasser und dem Zimtstengel beigeben. Zugedeckt mindestens 1 Stunde sanft köcheln lassen. Heiss oder kalt servieren.

Scharfes Erdnuss-Relish

Ein typisch indonesisches Gewürz, das zu Singapur-Satay (Seite 125) oder Gado Gado (Seite 142) passt. Sie können fixfertige Erdnussbutter verwenden oder die Erdnüsse selber rösten und mahlen. Nach Belieben eine cremigere oder körnigere Erdnussbutter nehmen.

¼ Tasse Wasser
1 EL gehackte Zwiebel
1 grosse Knoblauchzehe, gehackt
1–2 frische rote oder grüne Chilischoten, entkernt und gehackt
2 EL Shoyu
1 EL frischer Limonen- oder Zitronensaft
1 EL Reismalz
½ Tasse Erdnussbutter
nach Belieben ¼ gestrichener TL Cayennepfeffer

1. Alle Zutaten ausser der Erdnussbutter und dem Cayennepfeffer im Mixer pürieren.
2. Die Mischung in eine Schüssel geben und von Hand die Erdnussbutter einarbeiten.
3. Probieren, bevor Sie die Sauce mit dem Cayennepfeffer noch schärfer machen.

Randen-Meerrettich-Relish

Diese ausgezeichnete Sauce aus Polen beruht auf einem Rezept, das 400 Jahre alt ist und vom polnischen Schriftsteller Milolaj Rej stammt. Polnisch heisst sie «cwikla».

Reichen Sie diese dunkelrote Sauce zu Fisch oder anderen kräftigen Eiweiss- oder Gemüsespeisen. Sie verbindet die vier Geschmacksrichtungen süss, sauer, salzig und bitter. Die Sauce kann sofort verwendet werden, erreicht aber erst nach 2 Tagen ihr volles Aroma. Sie bleibt an einem kühlen Ort mehrere Wochen haltbar.

4 mittlere (500 g) Randen (rote Beten), gekocht (siehe Seite 139), geschält und fein geraspelt
2–3 gehäufte EL frisch geraspelter Meerrettich (je nach gewünschter Schärfe)
1 gestrichener TL Meersalz
3 EL Weinessig (oder Reis- oder Apfelweinessig)

1. Alle Zutaten vermengen. Probieren, ob alle vier Geschmacksrichtungen zur Geltung kommen, und falls nötig nachwürzen.
2. In einem sehr sauberen Glas- oder Steingutgefäss an einem kühlen Ort aufbewahren. Reift 2 Tage nach und bleibt mehrere Wochen haltbar.

Variante

Geben Sie 1 EL Kümmel bei, wenn Sie es etwas würziger haben möchten. Kümmel zuerst mit siedendem Wasser überbrühen.

Walnuss-Miso-Relish

Eine würzige Sauce zu Getreidespeisen. Sie passt auch zu Reisbällchen (Seite 68), Mochi (Seite 216) oder Gefüllten Zwiebeln (Seite 149) und findet auch Verwendung für die Grünen Wickel mit Walnuss-Miso-Füllung (Seite 143).

100 g Walnusskerne
1 EL Miso

1. Die Walnüsse in einer Bratpfanne leicht rösten. Abkühlen lassen.
2. Die Nüsse fein hacken und mit dem Miso vermischen. Kein Wasser beigeben.
3. Bis zum Gebrauch im Kühlschrank aufbewahren.

Grossmutter Forresters Chutney
Piccalilli

Diese beiden Würzbeilagen, die leicht in grossen Mengen herzustellen sind und zwei Wochen Reifezeit benötigen, finden Sie in der «Kleinen Küchenfabrik» auf Seite 228.

Weitere interessante Rezepte für Würzbeilagen und Tafelstreuwürzen finden Sie in der «Kleinen Küchenfabrik» auf Seite 229.

Desserts

Desserts sind eindeutig am Yin-Pol aller kulinarischen Genüsse anzusiedeln. Sie geben einem Mahl das gewisse Etwas, um es zur Vollkommenheit zu runden und wohlige Zufriedenheit zu schaffen. Der Schlüssel zu diesem entspannenden Ausklang ist das Yin-Element der Süsse. Wir verwenden in unseren Rezepten natürliche Süssmittel, die im Unterschied zur extremen Wirkung des raffinerten Zuckers einen milden Yin-Effekt besitzen.

Wissen Sie Bescheid über Süssmittel?

Unsere zuckerfreien Desserts sind mit natürlichen Süssmitteln gesüsst. Im Unterschied zum ewig gleichen Kristallzucker hat jedes dieser Süssmittel einen eigenen Geschmack und besondere Qualitäten. Vergleichen Sie zu den energetischen Wirkungen der einzelnen Süssmittel die Grafik «Auswirkungen von Nahrungsmitteln» auf Seite 15.

Malzsüssmittel aus Getreide:
- Reismalzsirup: leicht, süss, der neutralste aller Getreidesüssmittel. Eignet sich für Cakes, Kuchen, Kleingebäck, Riegel, Gelees, Brei und Getränke.
- Gerstenmalzsirup: reicher, erdiger Geschmack. Die dunklen Sorten ähneln im Geschmack Melasse, sind aber süsser und milder. Ausgezeichnet für Müesli, Knuspermüesli, Energieriegel, Mokka-Pudding und auf Frühstücksgetreidebrei. Vorsicht bei Kleingebäck, da es leicht verbrennt.
- Maismalzsirup: sehr süss, leicht im Geschmack. Kann überall anstelle von Reismalz verwendet werden.

Alle Getreidemalzsüssmittel kristallisieren, nachdem sie aufgekocht worden sind und eignen sich deshalb gut für knusprige Kekse und Riegel.

Ahornsirup: sehr konzentriert, Süsse mit verschiedenen Geschmacksnoten. Gibt allen Backwaren und Cremen einen wunderbares Aroma.

Fruchtsaftkonzentrat, auch Dicksaft genannt (in der Regel von Äpfeln oder Birnen). Herber im Geschmack, mit einem vollen, fruchtigen Aroma. Ausgezeichnet für Konfitüren, Puddings und Getränke. Aufpassen beim Backen, diese Stoffe entzünden sich bei grosser Hitze leicht (Kuchenboden, Cakes, Kleingebäck).

Honig: sehr konzentrierte Süsse. Der Geschmack ist manchmal sehr dominierend.

Reduzieren Sie in einem herkömmlichen Rezept die Flüssigkeit, wenn Sie Zucker durch ein flüssiges Süssmittel ersetzen.

Viele Leute vertragen das Dessert besser, wenn sie es nicht gleich nach der Hauptspeise einnehmen. Man kann zum Beispiel zuerst das Geschirr abwaschen und das Dessert anschliessend essen. Oder das Dessert wird als Snack zwischendurch aufgestellt.

Wir haben die Dessertrezepte in leichte und reichhaltige unterteilt: Die leichten Desserts sind luftig, kühl und erfrischend und damit eher yin-bestimmt; die reichhaltigen Desserts sind üppiger und nahrhafter und tendieren damit eher zu Yang.

Leichte Desserts

Diese Nachspeisen sind leicht und erfrischend und können der krönende Abschluss einer reichhaltigen Mahlzeit oder ein schneller Imbiss sein.

Fruchtsalat

Ein Evergreen. Sehr erfrischend bei heissem Wetter oder zum Abrunden einer Mahlzeit. Äpfel und Birnen bilden die Basis, dazu kommen Orangen, Pfirsiche, Trauben und jede andere weiche Frucht. Zur Abwechslung können Sie's auch mal mit Grapefruit, Kiwi, Melonen oder einer anderen Lieblingsfrucht probieren. Achten Sie bei der Auswahl der Zutaten auf den Kontrast in Geschmack, Farbe und Konsistenz. In einer Glas- oder Tonschüssel oder in einer ausgehöhlten halben Melone auf den Tisch stellen. Er kann einfach so oder mit Geschlagenem Kanten-Rahm (Seite 191) oder Tofu-Rahm (Seite 191) serviert werden.

¼ Tasse Apfelsaft
⅛ Tasse Orangensaft
4 EL Mirin oder 2 EL Malz- oder Fruchtsirup
1 EL Zitronensaft
500 g Früchte, gemischt

1 Die Säfte und das Süssmittel in einer Schüssel zur Marinade mischen.
2 Äpfel und Birnen schälen, entkernen, in kleine Stücke schneiden und in die Marinade geben. Darauf achten, dass alles mit Flüssigkeit bedeckt ist, damit die Früchte sich nicht verfärben.
3 Alle anderen Früchte schälen, falls nötig entkernen und in kleine Stücke schneiden. In die Marinade geben. Melonen können mit einem speziellen Ausstecher zu kleinen Kugeln geformt werden. Trauben können halbiert und entkernt werden. Beeren können Sie ganz lassen.
4 An einem kühlen Ort 1–4 Stunden ziehen lassen.

Apfelschnee

Leicht und einfach. Im voraus zubereiten, damit der Agar-Agar Zeit hat, fest zu werden.

3 bis 4 mittelgrosse (500 g) süsse Äpfel, geschält, entkernt, in grössere Stücke geschnitten
2 Tassen Apfelsaft
1 EL Birnen- oder Apfelsaftkonzentrat
2 gehäufte EL (10 g) Agar-Agar-Flocken
1 EL leichtes Mandelmus oder leichtes Tahini (Sesambutter)
als Garnitur blanchierte Mandeln, Minze

1 Den Apfelsaft erhitzen, die Apfelstücke und die Agar-Agar-Flocken beigeben und 15 Minuten im offenen Topf köcheln lassen, bis die Äpfel weich und die Agar-Agar-Flocken aufgelöst sind.
2 Das Birnen- oder Apfelsaftkonzentrat einrühren.
3 In eine flache Schüssel giessen und kühl stellen. Stehen lassen, bis es ganz abgekühlt und fest ist.
4 Zusammen mit dem Mandelmus in den Mixer geben. Bei hoher Geschwindigkeit 1 Minute zu «Schnee» mixen.

Pommes Rouges

Süsse, rotwangige Äpfel sind aufgrund der Farbe und ihres Geschmacks für dieses Dessert am besten. Die Herstellung dauert etwa 15 Minuten.

½ Apfel pro Person
½ Tasse Apfelsaft
1 EL Maismalzsirup oder Fruchtsaftkonzentrat
1 EL Kuzu, Pfeilwurzelmehl oder Maisstärke (Maizena)
als Garnitur geröstete Sesamsamen oder gehackte geröstete Nüsse oder frische Minze

1 In einen Dampfkocher oder einen Topf mit passendem Siebeinsatz etwa 2 cm hoch Wasser geben, zudecken und aufkochen.
2 Die Äpfel waschen und der Länge nach halbieren.
3 Die Äpfel auf dem Siebeinsatz in den Dampfkocher geben, zudecken und knapp weich kochen (ca. 10 Minuten).
4 Während die Äpfel kochen, die Glasur zubereiten. Apfelsaft und Süssmittel erhitzen. Das Kuzu mit 1 EL kaltem Wasser zu einem Brei rühren. Den Apfelsaft vom Feuer nehmen und das Kuzu unter ständigem Rühren (damit sich keine Klumpen bilden) beigeben.
5 Auf kleinem Feuer weiter rühren, bis es kocht und die Glasur klar zu werden beginnt.
6 Die Äpfel in eine Dessertschüssel geben und die Glasur darübergiessen. Warm oder kalt servieren.

Varianten

Dem Apfelsaft, während er erwärmt wird, nach Wunsch weitere Zutaten beigeben:
– ½ TL Zimt
– 1 Säckchen Mu-Tee oder anderer Gewürztee
– 1 kleine Handvoll Rosinen
– Schale von ½ Zitrone oder Orange, fein gerieben

Nach der gleichen Methode können andere grosse Früchte wie Birnen oder Pfirsiche zubereitet werden.

Mokka-Pudding

Ein Pudding mit Kaffeegeschmack, der sehr einfach zuzubereiten ist.

½ Tasse kernlose Rosinen oder Sultaninen
3 Tassen Wasser
3 gehäufte EL Instant-Getreidekaffeepulver
3 EL Reis- oder Gerstenmalz oder Fruchtsaftkonzentrat
1 EL Mandelmus
3 EL Kuzu, Pfeilwurzelmehl oder Maisstärke (Maizena)
als Garnitur geröstete oder blanchierte Mandeln,
Orangen- oder Mandarinenschnitze

1. Wasser, Instant-Getreidekaffeepulver, Malz und Mandelmus im Mixer vermischen.
2. Die Flüssigkeit zusammen mit den Rosinen in einem Topf erhitzen.
3. Das Kuzu mit 8 EL Wasser zu einem Brei rühren.
4. Den Topf vom Feuer nehmen und das angerührte Kuzu untermischen.
5. Zurück aufs Feuer stellen und unter ständigem Rühren aufkochen. Die Masse wird dabei glänzend und dickt an. Weitere 3 Minuten unter ständigem Rühren köcheln lassen.
6. Heiss, lauwarm oder gekühlt servieren.

Variante

Nehmen Sie 2 EL Instant-Getreidekaffeepulver und 1 EL Kakaopulver, und Sie erhalten einen Schokoladen-Kaffee-Pudding.

Gekochte Früchte

Ein einfaches Rezept für gekochte frische Früchte, z.B. Äpfel, Birnen, Aprikosen, Pflaumen. Sehr saure Früchte wie Rhabarber und Stachelbeeren benötigen zusätzliches Süssmittel. Kann kalt oder warm serviert werden, mit oder ohne Sauce. Ganz grossartig sind sie mit Hafercreme (Seite 190), Mandelcreme (Seite 190), Geschlagenem Kanten-Rahm (Seite 191), Knuspermüesli (Seite 192) oder Knusprigen Reiskuchen (Seite 192).

500 g frische Früchte
1 Prise Meersalz
1 Tasse Apfelsaft
2 EL Reis- oder Malzsirup oder konzentrierter Fruchtsirup

1. Die Früchte waschen, allfällige Kerngehäuse oder Steine entfernen, schälen.
2. Die Früchte in einen Topf geben, mit Apfelsaft halb bedecken und den Malzsirup beigeben. Ein bisschen Salz ist gut als Ausgleich zur Fruchtsäure.
3. Zudecken und rund 10 Minuten köcheln lassen, bis die Früchte weich sind.
4. Vorsichtig, ohne dass die Fruchtstücke zerfallen, in eine Dessertschüssel giessen.

Variante

Herbstfrüchte: Kombinieren Sie im Herbst Äpfel mit Brombeeren, wild in einer Hecke gepflückt.

Birnen Belle Hélène

Elegante Einfachheit ist das Prinzip dieses klassischen Desserts.

½ Birne pro Person
1 Tasse Birnensaft
Maismalz nach Belieben
Schokoladen-Ahorn-Sauce (Seite 191)

1. Die Birnen schälen, der Länge nach halbieren, entkernen und sofort im Birnensaft einlegen.
2. Die Birnen im Saft 10–15 Minuten kochen, bis sie sehr weich sind, aber noch nicht zerfallen. Geben Sie nur Maismalz hinzu, wenn die Birnen sauer sind. Nach dem Kochen sollte nur ganz wenig Saft übrig bleiben.
3. Die Birnen auf Dessertteller oder -schalen geben, den restlichen Saft darüber verteilen und abkühlen lassen.
4. Auf jede Portion einen Löffel Schokoladen-Ahorn-Sauce geben.

Dörrfrüchtekompott

Ein ausgewogenes Winterdessert, das kalt oder warm, mit oder ohne Sauce serviert werden kann. Nehmen Sie dafür natürlich gedörrte Früchte ohne Schwefeldioxid und andere Konservierungsmittel. Die Mischung kann Aprikosen, Birnen, Zwetschgen, Pfirsiche, Feigen, Datteln, Rosinen und Apfelringe enthalten.

250 g Dörrfrüchte
1 Tasse Wasser
1 Tasse Apfelsaft
1 Prise Meersalz
1 Zimtstengel
1 TL Kuzu oder Pfeilwurzelmehl
Saft einer frischen Orange

1. Die Dörrfrüchte über Nacht in 1 Tasse kaltem Wasser einweichen.
2. Allfällige Steine entfernen. Grössere Fruchtstücke können ganz belassen oder geschnitten werden.
3. Die Früchte mit dem Einweichwasser in einen Topf geben. Apfelsaft, Salz und Zimtstengel beigeben. Die Früchte zugedeckt etwa 15 Minuten weich köcheln.
4. Den Zimtstengel entfernen. Die Früchte mit dem Schaumlöffel vorsichtig, damit sie nicht zerbrechen, in eine Dessertschüssel heben. Den Saft im Topf lassen.
5. Kuzu oder Pfeilwurzelmehl mit 1 TL kaltem Wasser verrühren. Unter den Saft mischen und zurück aufs Feuer stellen. Ständig rühren, bis der Saft kocht und eindickt. Die Hitze abschalten und den frischen Orangensaft einrühren. Die Glasur über die Früchte giessen.

Variante

Mit frischen Äpfeln kombinieren: Nur 150 g Dörrfrüchte nehmen, dazu 2 oder 3 frische Äpfel. Schälen, entkernen, in Stücke schneiden und bei Schritt 3, etwa nach der halben Kochzeit, beigeben.

Fruchtsaftgelee

Ein sehr einfach zu machendes Dessert. Es braucht etwas Zeit zum Abkühlen und Festwerden. Süsser Apfelsaft eignet sich wunderbar, aber Sie können es mit jedem anderen natürlichen Fruchtsaft ausprobieren, Traubensaft zum Beispiel ist grossartig. Das Geliermittel Agar-Agar wird aus Algen hergestellt und ist damit, im Unterschied zur Gelatine, hundertprozentig vegetarisch (siehe Agar-Agar, Seite 160).

1 Liter Fruchtsaft
2 EL Malzsirup oder Fruchtsaftkonzentrat
2 gehäufte EL (10 g) Agar-Agar-Flocken

1 Den Fruchtsaft erhitzen und den Malzsirup darin auflösen.
2 Die Agar-Agar-Flocken beigeben und einrühren. Im offenen Topf auf kleinem Feuer köcheln lassen, ab und zu umrühren, bis sich die Flocken aufgelöst haben (etwa 10–15 Minuten).
3 In eine Dessertschüssel giessen und abkühlen lassen. Am schnellsten geht dies in einem möglichst flachen Gefäss oder in kleinen Portionenschalen. Sobald es nicht mehr dampft, kann es zum Abkühlen in den Kühlschrank gestellt werden.
4 Kalt, mit oder ohne Garnitur servieren.
– Tempo-Tip: Nehmen Sie zunächst nur die Hälfte des Fruchtsafts, aber von allen anderen Zutaten die angegebene Menge. Nach Schritt 2 den Topf vom Herd nehmen und die zweite Hälfte des Fruchtsafts kalt beigeben. Damit verkürzt sich die Zeit, die das Gelee braucht, um fest zu werden.
– Geschmacks-Tip: Viele Leute lieben dieses Dessert ohne zusätzliches Süssmittel, andere lieben es gar noch süsser als im Rezept angegeben. Wenn Sie es nach Schritt 2 probieren, denken Sie daran, dass der Geschmack schwächer wird, wenn die Masse abkühlt.

Varianten
– Festeres oder weicheres Gelee: Nehmen Sie mehr oder weniger Agar-Agar. Ein festeres Gelee kann aus der Form gestürzt und geschnitten werden, wenn es ausgekühlt ist. Spülen Sie dafür die Form kurz vor dem Füllen mit kaltem Wasser aus. Ein weicheres Gelee kann mit dem Löffel gegessen werden. Zum Überprüfen der Festigkeit machen Sie folgenden Test: Nach Schritt 2 die Hitze abschalten, 1 EL der Flüssigkeit auf einen Unterteller geben und in den Kühlschrank stellen. Sie wird innerhalb von 5 Minuten fest, und Sie können sehen, wie fest oder weich das Gelee wird. Sie können dann noch korrigierend eingreifen, indem Sie mehr Flüssigkeit oder mehr Agar-Agar beigeben. Bei mehr Agar-Agar müssen Sie die Flüssigkeit allerdings noch einmal 10–15 Minuten kochen. Für mehr Festigkeit ohne zusätzliches Agar-Agar vergleichen Sie die folgende Variante.
– Agar-Kuzu-Gelee: Nehmen Sie nur die halbe Menge Agar-Agar und verfahren Sie gemäss Schritt 1 und 2. Dann 1 EL Kuzu in 1 EL kaltem Wasser auflösen, den Topf vom Feuer nehmen und den aufgelösten Kuzu einrühren. Den Topf zurück aufs Feuer stellen und unter ständigem Rühren aufkochen. In dieser Weise können Sie dem Gelee auch nachträglich mehr Festigkeit geben, ohne zusätzlich Agar-Agar beifügen zu müssen.
– Agar-Agar ist in verschiedenen Formen erhältlich (siehe Seite 160).

Sizilianisches Wassermelonengelee

Ein Dessert, das förmlich den sonnigen Süden in sich trägt. Es kann nur im Sommer zubereitet werden, wenn die grünen Wassermelonen mit ihrem roten Fleisch reif sind.

1 reife Wassermelone
2 EL Reis- oder Maismalzsirup oder Fruchtsaftkonzentrat
2 gehäufte EL (10 g) Agar-Agar-Flocken
½ Tasse blanchierte ganze Mandeln, leicht geröstet
(siehe Geröstete Nüsse und Kerne, Seite 104)

1 Das Fruchtfleisch der Melone von der Schale schneiden, die Kerne entfernen und das Fruchtfleisch im Mixer pürieren. Es sollte 1 Liter ergeben.
2 Nach der Anleitung auf Seite 179 ein Gelee herstellen. Anstelle des Fruchtsaftes das Melonenpüree verwenden. Wenn die Melone sehr süss ist, braucht sie kein zusätzliches Süssmittel.

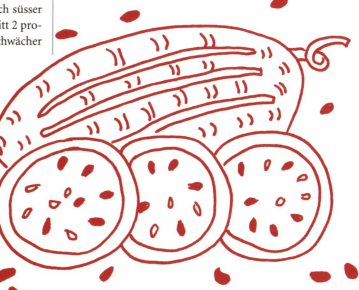

3 Die heisse Flüssigkeit in flache Dessertschalen giessen und abkühlen lassen.
4 Jeden Portion mit 6 Mandeln so dekorieren, dass sie Sonnenstrahlen darstellen.

Valentins-Geleeköpfchen

Eine Alternative zum Blumenstrauss für den Valentinstag (14. Februar) oder eine Idee für eine andere romantische Gelegenheit.

Ein Fruchtsaftgelee (Seite 179) aus rotem Fruchtsaft und 3 gehäuften EL Agar-Agar (15 g) pro Liter zubereiten, damit es ganz fest wird. Sobald es soweit ist, das Gelee stürzen und daraus kleinere und grössere Herzformen ausstechen. Für rosa Herzen 2 EL Nussmus in den Fruchtsaft mischen.

Schwarz-weisses Parfait

Ein elegantes Dessert mit Agar-Agar als Geliermittel. Mit seinen schwarzen und weissen Würfeln erinnert es an eine Klaviertastatur.

½ Liter Sojamilch oder Getreideschleim
½ Liter ziemlich starker Instant-Kaffee
ca. ½ Tasse Malzsirup (siehe Schritt 1)
2 gehäufte EL (10 g) Agar-Agar-Flocken
als Garnitur Süsse Mandelsauce (Seite 191) und/oder frische Orangen- oder Zitronenschnitze

1 Sojamilch und Kaffee in zwei separaten Töpfen erhitzen. Beides nach Belieben mit Malzsirup süssen, je 1–2 EL.
2 Je 1 EL Agar-Agar in jede der beiden Flüssigkeiten rühren. Im offenen Topf 10–15 Minuten kochen, ab und zu rühren, bis die Agar-Agar-Flocken aufgelöst sind.
3 Die beiden Flüssigkeiten heiss in je eine flache Schale giessen, die vorher mit kaltem Wasser ausgespült wurde.
4 Abkühlen und fest werden lassen.
5 Beide aus der Form stürzen und in teelöffelgrosse Würfel schneiden.
6 Die weissen und schwarzen Würfel in Dessertschälchen anrichten und nach Belieben garnieren.

Varianten
– Anstelle der Sojamilch- oder des Getreideschleims kann Amasake verwendet werden (siehe Seite 217). Dicker Amasake muss mit mindestens derselben Menge Wasser gemixt werden, damit er die Konsistenz von Milch bekommt. Amasake-Drink kann dagegen unverändert verwendet werden. Da Amasake nur wenig süss ist, muss er in Schritt 1 gesüsst werden.
– Schichtspeise: Besonders raffiniert sieht dieses Dessert aus, wenn Sie es in Gläsern, z.B. Weingläsern, anrichten. Machen Sie die Kaffeemischung zuerst und giessen Sie sie ins Glas. Abkühlen lassen. Dann die Milchmischung zubereiten und abkühlen lassen, bis sie lauwarm, aber noch nicht angedickt ist, dann sorgfältig auf die Kaffeemasse giessen. Die Schichten sollten sich nicht vermischen. Abkühlen lassen. Mit einem Orangen- oder Zitronenschnitz oder einer gerösteten Mandel garnieren.

Gartenfrüchtegelee

Ein einfaches, aber opulentes Dessert für die Sommerfrüchtesaison. Nehmen Sie Erdbeeren, Himbeeren, Heidelbeeren oder eine Mischung davon. Ausserhalb der Saison können Sie ungesüsste, eingefrorene Früchte verwenden. Dazu passen Süsser Tofu-Rahm (Seite 191), Geschlagener Kanten-Rahm (Seite 191), Süsse Mandelsauce (Seite 191) oder Knuspriger Reiskuchen (Seite 192).

2 Tassen (ca. 400 g) weiche Früchte oder Beeren
1 Liter süsser Apfelsaft
2 EL Reismalz
2 gehäufte EL (10 g) Agar-Agar-Flocken

1 Den Apfelsaft mit dem Malz und den Agar-Agar-Flocken im offenen Topf auf kleinem Feuer 15 Minuten kochen, bis der Agar-Agar aufgelöst ist.
2 Die Früchte putzen und falls nötig klein schneiden. In eine flache Schale geben.
3 Die heisse Flüssigkeit über die Früchte giessen und an einem kühlen Ort stehen lassen. (Gefrorene Früchte brauchen nicht vorher aufgetaut zu werden. Das geschieht in der heissen Flüssigkeit von selbst.)

Variante

In einer speziellen Form zubereitet, ist dieses Dessert ideal zu einem Festmahl wie Weihnachten, wo ohnehin schon viel gegessen wird und eine leichte Nachspeise gerade recht kommt.

Zitronentraum

Ein schmackhaftes und erfrischendes, fettfreies Dessert. Sehr leicht zuzubereiten.

2 Tassen Wasser
5 EL Mais- oder Reismalzsirup
½ gestrichener TL Vanillepulver (oder ein paar Tropfen Vanilleessenz)
4 EL Kuzu oder Pfeilwurzelmehl
Saft von 1 oder 2 Zitronen (¼ Tasse Saft)
Schale einer Zitrone, fein gerieben
als Garnitur gehackte blanchierte Mandeln, frische Minze

1 Das Wasser mit dem Malzsirup aufkochen, das Vanillepulver beigeben. 1 Minute köcheln lassen.
2 Kuzu oder Pfeilwurzelmehl mit 6 EL kaltem Wasser verrühren.
3 Den Topf vom Feuer nehmen und das Kuzu einrühren.
4 Den Topf zurück aufs Feuer stellen, erneut aufkochen und ständig rühren. Zitronensaft und -schale beigeben. 1 weitere Minute kochen.
5 Warm oder kalt servieren.

Variante

Siehe Zitronentraum-Kuchen (Seite 200).

Erdbeercreme

Servieren Sie dieses kalte Dessert stilvoll in Weingläsern zu einer Abendeinladung oder auf lustigen Kartontellern an einer Kinderparty.

1 Rezept Fruchtsaftgelee (Seite 179), hergestellt aus hellem Apfelsaft
500 g frische Erdbeeren
2 EL Maismalzsirup oder helles Birnensaftkonzentrat (Dicksaft)
2 EL leichtes Mandelmus

1 Das Fruchtsaftgelee herstellen, abkühlen und fest werden lassen.
2 Pro Portion eine Erdbeere zum Garnieren beiseite legen.
3 Das Gelee zusammen mit allen anderen Zutaten in den Mixer geben (je nach Grösse des Mixers in zwei Portionen). Mit hoher Geschwindigkeit 1 Minute mixen.
4 In Dessertschalen geben, abkühlen lassen und kurz vor dem Servieren mit der ganzen Erdbeere garnieren.

Varianten

Die Erdbeeren können durch andere weiche Früchte ersetzt werden, z.B. Pfirsiche, Aprikosen, Himbeeren, Kirschen, Pflaumen, Heidelbeeren, Bananen, Mangos usw.

Skandinavische Heidelbeersuppe

In nordischen Ländern ein beliebtes Sommerdessert, das auch im Winter mit tiefgefrorenen oder sonstwie haltbar gemachten Heidelbeeren zubereitet werden kann. Pur oder mit Vanillesauce (Seite 190) servieren. Die Suppe kann kalt oder warm auf den Tisch kommen, im Suppenteller oder in einem Glas.

2 Tassen (ca. 400 g) Heidelbeeren
1 Liter süsser Apfelsaft
2 EL Reis- oder Maismalz oder Fruchtsaftkonzentrat
2 EL Kuzu oder Pfeilwurzelmehl

1 Die Früchte putzen.
2 Den Apfelsaft erhitzen und das Malz darin auflösen.
3 Die Früchte beigeben und sehr kurz aufkochen.
4 Inzwischen das Kuzu mit 2 EL kaltem Wasser verrühren.
5 Den Topf vom Feuer nehmen und das Kuzu unter ständigem Rühren beigeben. Zurück aufs Feuer stellen und kurz aufkochen, weiter rühren.
6 Heiss oder kalt servieren.

Erdbeereis

Das erste Früchteeis soll von florentinischen Köchen am französischen Hof der Katharina de Medici Mitte des 16. Jahrhunderts serviert worden sein; Rahmglace folgte im frühen 17. Jahrhundert. Bis Mitte des 18. Jahrhunderts hatte sich das Eis im Standardrepertoire der bügerlichen englischen Küche etabliert, doch erst die Amerikaner machten Glace Anfang des 20. Jahrhunderts zu einem kommerziell hergestellten Massenprodukt. Bis vor nicht allzulanger Zeit gab es Eis nur im Sommer, aber heute, da überall Tiefkühltruhen stehen, ist es an keine Jahreszeit mehr gebunden. Glace wird durch Einfrieren und gleichzeitiges Rühren (um die Eiskristalle aufzubrechen) hergestellt. Das Einfrieren geschieht mit Eis und Salz. Wenn Sie öfter Glace herstellen wollen, es gibt handbetriebene oder elektrische Eismaschinen für den Haushalt. Sie können es aber auch durch mehrmaliges Gefrieren und wieder durchmixen herstellen (2–3 Mal). Der ganze Vorgang dauert etwa 4–6 Stunden.

2 Tassen süsser Apfelsaft
2 EL konzentrierter Fruchtsirup/-dicksaft
1 Prise Salz
2 gehäufte EL (10 g) Agar-Agar-Flocken
2 Tassen (250 g) Erdbeeren (oder andere Früchte)
2 EL leichtes Mandelmus

1 Den Apfelsaft erhitzen und den Sirup darin auflösen. Salz beigeben.

2 Die Agar-Agar-Flocken beigeben und unterrühren. Im offenen Topf auf kleinem Feuer unter gelegentlichem Rühren ca. 10–15 Minuten köcheln lassen, bis die Agar-Agar-Flocken aufgelöst sind.

3 In eine Schüssel giessen und an einem kühlen Ort stehen lassen. (In einer flachen Schüssel kühlt es schneller ab.) Sobald es nicht mehr dampft, kann das Gelee in den Kühlschrank gestellt werden.

4 Wenn es fest ist, das Gelee im Mixer zusammen mit den Erdbeeren und dem Mandelmus pürieren.

5 In Gefrierbehältern, mit einem Deckel oder Alufolie zugedeckt, in den Tiefkühler stellen und 2 Stunden gefrieren lassen, dann erneut durchmixen. Dies kann mit einem Stabmixer direkt im Gefrierbehälter geschehen. Das Einfrieren und Durchmixen 2–3 Mal wiederholen. Der ganze Vorgang dauert etwa 4–6 Stunden. Das fertige Eis ist tiefgekühlt bis zu drei Monate haltbar. Einige Minuten vor dem Servieren herausnehmen, damit es nicht allzu hart ist.

Varianten

– Statt Erdbeeren andere weiche Früchte nehmen, z.B. Pfirsiche, Aprikosen, Himbeeren, Kirschen, Pflaumen, Heidelbeeren, Bananen, Mangos usw. Brombeeren sind ebenfalls ausgezeichnet, sie sollten aber vorher, um die harten Kerne zu entfernen, durch ein Sieb gedrückt werden.

– Für Eis am Stiel entsprechende Form füllen, den Stiel hineinstellen und 2 Stunden gefrieren lassen.

Zitronensorbet

Fruchtsorbet oder Wasserglace ist weniger fett; darum verwenden wir in unserem Rezept weniger Mandelmus. Sie können sie aber auch ganz weglassen und haben dann ein fettfreies Sorbet.

4 Tassen süsser Apfelsaft
2 EL konzentrierter Fruchtsirup/-dicksaft
1 Prise Salz
2 gehäufte EL (10 g) Agar-Agar-Flocken
Saft von 2½ Zitronen
1 EL leichtes Mandelmus

Vorgehen, wie beim Erdbeereis beschrieben. Den Zitronensaft am Schluss von Schritt 2 beigeben.

Orientalischer Weihnachtspudding

Wir haben mit diesem Rezept über Jahre hinweg immer enormen Erfolg gehabt. Der Pudding sieht toll aus, schmeckt frisch und aromatisch und ist selbst als Abschluss eines opulenten Mahls nicht zu schwer.

Pur kühl servieren oder mit Vanillesauce (Seite 190), Geschlagenem Kanten-Rahm (Seite 191) oder süsser Mandelsauce (Seite 191).

100 g schwarze Rosinen
100 g helle Sultaninen
½ Liter roter Fruchtsaft
1 gehäufter EL (5 g) Agar-Agar-Flocken
2 EL Mais- oder Reismalz oder Fruchtsaftkonzentrat
100 g ganze blanchierte Mandeln
350 g frische Früchte (Äpfel, Birnen, Mandarinen, Ananas), klein geschnitten
1 TL frischer Ingwersaft (frischen Ingwer reiben und den Saft auspressen)
je 1 Prise Muskatnuss, Nelken, Zimt

1 Die Rosinen und Sultaninen im Fruchtsaft zugedeckt 15 Minuten sanft köcheln lassen.

2 Agar-Agar-Flocken und Malz einrühren und weitere 15 Minuten köcheln lassen.

3 In der Zwischenzeit eine Puddingschüssel von 1½ Liter Fassungsvermögen mit kaltem Wasser ausspülen. Die Mandeln und Früchte mit Ingwersaft und den übrigen Gewürzen vermischen und in die Schüssel geben.

4 Die heisse Agar-Mischung darübergiessen. Kurz umrühren, damit alles gleichmässig verteilt ist.

5 An einem kühlen Ort stehen lassen.

6 Kurz vor dem Servieren stürzen. Der Pudding sollte sich leicht herauslösen, wenn Sie zuvor etwas dem Rand entlangfahren. Wenn es nicht klappt, die Schüssel kurz in heisses Wasser stellen.

Reichhaltige Desserts

Die Desserts in diesem Kapitel sind üppig und sättigend, genau richtig für den grossen Appetit. Sie können auch als eigenständige Mahlzeit, etwa als Abendessen, dienen. Warum soll man sich schliesslich durch all das Übrige hindurchessen, wenn einen sowieso nur das Dessert interessiert ...

Pfirsich-Streusel

Ein tolles Dessert, das heiss oder kalt, mit oder ohne Sauce, mit Sojamilch oder Apfelsaft serviert werden kann. Sie brauchen dafür eine feuerfeste Form aus Glas oder Keramik.

500 g frische Pfirsiche, entsteint, in dicke Scheiben geschnitten
2 EL konzentrierter Fruchtsirup
2 EL Wasser
1½ Tassen feine Haferflocken
1½ Tassen Mehl (Vollkorn- oder Haushaltmehl)
¼ gestrichener TL Meersalz
½ Tasse Maiskeimöl
½ Tasse Reis- oder Maismalz oder Fruchtsaftkonzentrat

1. Die Pfirsichscheiben in die Gratinform schichten. Mit Sirup und 2 EL Wasser beträufeln.
2. Haferflocken, Mehl und Salz in einer Schüssel vermengen.
3. Öl und Süssmittel verrühren und zur Mehlmischung geben. Mit den Fingern krümelig verreiben (Streusel).
4. Den Streusel über die Früchte streuen, so dass sie ganz bedeckt sind, und leicht andrücken.
5. Bei 180 °C 20–25 Minuten backen. Während den ersten 10 Minuten mit Alufolie bedecken, dann diese entfernen und backen, bis die Kruste goldbraun ist. Prüfen, ob die Früchte gar sind. Wenn nicht, die Temperatur auf 150 °C reduzieren und weitere 5–10 Minuten backen.
6. Vor dem Servieren etwas abkühlen lassen. Achtung: Die Früchte sind sehr heiss!

Varianten

- Statt der Pfirsiche Aprikosen, Äpfel, Äpfel und Brombeeren, Birnen, Pflaumen. Sehr saure Früchte wie Stachelbeeren, Johannisbeeren und Rhabarber benötigen eine Prise Salz, um die Säure etwas zu neutralisieren, sowie zusätzliches Süssmittel.
- Dörrfrüchte können mit frischen Früchten, speziell mit Äpfeln und Birnen, kombiniert werden. Nehmen Sie 250 g frische Früchte und eine Tasse getrocknete, z.B. Aprikosen oder Zwetschgen. Die Dörrfrüchte über Nacht einweichen und als erste Schicht zusammen mit frischen Früchten in die Form geben.
- Als Gewürz z.B. ½ gestrichenen TL Zimt oder die fein geriebene Schale einer Orange oder einer Zitrone beigeben.

Englischer Reispudding

Reispudding ist in England ein altmodisches, sehr beliebtes Wintergericht. Diese Version verwendet Reste von Vollreis. Heiss servieren. Reste davon schmecken allerdings auch kalt gut.

2 Tassen gekochter Vollreis
3 Tassen Sojamilch
4 EL Malzsirup
1 EL leichtes Mandelmus oder 2 EL leichtes Pflanzenöl
1 Prise Muskatnuss oder Vanille

1. Alle Zutaten in einen Topf mit schwerem Boden geben.
2. Aufkochen, zudecken und auf der Wärmestreuplatte ½ Stunde köcheln lassen.
3. Mit einem Holzlöffel kräftig zu einem Brei rühren.

Varianten

- Den Muskat, der für den kontinentaleuropäischen Geschmack eher zu salzigen Speisen passt, weglassen und durch ¼ TL Zimt und eine Handvoll Rosinen ersetzen.
- Gebackener Reispudding: Den Ofen auf 130 °C vorheizen. Alle Zutaten in einem Topf aufkochen, mit einem Holzlöffel kräftig zu einem Brei rühren. In eine flache feuerfeste Form aus Glas oder Keramik giessen. Etwa 2 Stunden backen, bis der Reis die Flüssigkeit aufgesogen hat und die Kruste goldbraun ist.

Couscous-Mandel-Pudding

Dieses Dessert, das sättigend, aber nicht zu schwer ist, ist sehr einfach zuzubereiten. Es kann heiss oder kalt serviert werden. Kalt kann es mit einem Glacelöffel portioniert oder in eine Cakeform gefüllt und in Scheiben geschnitten werden. Mit Früchtesauce oder Konfitüre servieren.

1½ Tassen Wasser
½ Tasse Reis- oder Maismalzsirup
½ Tasse Couscous
½ Tasse gemahlene Mandeln
ein paar Tropfen Mandelessenz
Früchtesauce (Seite 189) oder -konfitüre (Seite 231)
als Garnitur einige Mandeln, blanchiert oder geröstet, ganz, blättrig geschnitten oder gehackt

1. Das Wasser zusammen mit dem Süssmittel aufkochen.
2. Das Couscous und die gemahlenen Mandeln beigeben, umrühren und erneut aufkochen.
3. 5 Minuten zugedeckt auf sehr kleinem Feuer köcheln lassen.
4. Vom Feuer nehmen und zugedeckt 15 Minuten stehen lassen.
5. Die Mandelessenz einrühren.
6. Sofort heiss servieren oder zum Abkühlen in eine Form giessen.
7. Garnieren und mit Früchtesauce servieren.

Variante

Das Rezept kann mit Durumweizen-Griess anstelle von Couscous zubereitet werden. In diesem Fall muss der Griess 30 Minuten im gesüssten Wasser kochen. Passen Sie gut auf, dass er nicht anbrennt. Geben Sie die gemahlenen Mandeln erst in den letzten 5 Minuten bei.

Süsse Crêpes

Mit dem Rezept für gefüllte französische Crêpes (Seite 86) können Sie ein tolles Dessert oder eine süsse Zwischenmahlzeit zubereiten. Verwenden Sie den gleichen Teig und süssen Sie ihn mit 1 EL Ahornsirup, Malzsirup oder einem anderen Süssmittel. Folgen Sie genau der Anleitung und wählen Sie eine der folgenden Füllungen.

Füllungen für süsse Crêpes:

– Fastnachtsdienstag: Super einfach und einfach super. Servieren Sie die Crêpes mit einem Süssmittel, z.B. Malz, Fruchtsaftkonzentrat oder Ahornsiurp und frischem Zitronensaft.
– Fruchtfüllung: Gekochte Früchte (Seite 178) oder Dörrfrüchtekompott (Seite 178) oder Konfitüre (Seite 231).
– Mit Fruchtfüllung und Sauce: Probieren Sie's mit Vanillesauce (Seite 190), süssem Tofu-Rahm (Seite 191), Geschlagenem Kanten-Rahm (Seite 191) oder süsser Mandelsauce (Seite 191).
– Crêpes Suzette: Ein beeindruckender Klassiker für ein festliches Abendessen. Rühren Sie den Saft und die fein geriebene Schale einer Zitrone oder Orange unter den Teig. Wenn die Crêpe fertig ist, flambieren Sie sie mit 1 EL Brandy.

Belgische Waffeln

Mit diesem Rezept werden die Waffeln viel schmackhafter und nahrhafter als die kommerziell hergestellten Waffeln. Es wurde über Jahre von Bie Vinke für den Bioladen «De Brandnetel» in Antwerpen entwickelt. Ihre Kundschaft wusste jeweils genau, an welchem Tag sie frische Waffeln backte, und entsprechend schnell waren sie ausverkauft.

Sie können als Dessert, zum Frühstück oder als Snack aufgetischt werden. Sie sind grossartige Stimmungsverbesserer für einen nasskalten Novembernachmittag.

Der Teig sollte 6–8 Stunden vor Gebrauch zubereitet werden, damit er genügend Zeit zum Aufgehen hat. Wenn Sie spontan die Lust auf Waffeln überkommt, können Sie die Ruhezeit an einem warmen Ort ausnahmsweise auf eine Stunde reduzieren. Die Waffeln können heiss oder kalt serviert werden. Wenn Sie sie kalt verwenden, geben Sie zusätzlich etwas Süssmittel bei. Nach Belieben eine Vanillesauce (Seite 190), Früchtesauce (Seite 189) oder Rahmeis (Seite 181) dazu servieren.

Kochutensilien:

– Sie brauchen ein Waffeleisen. Die heutigen Modelle sind elektrisch, mit einem Temperaturregler ausgestattet und mit einem Antihaft-Belag beschichtet. Die alten Waffeleisen wurden aufgeheizt, indem man sie übers Feuer hielt.

1 Tasse Haushaltmehl
3 Tassen feine Haferflocken
½ gestrichener TL Meersalz
2 Handvoll gewaschene Rosinen
2 EL Haselnüsse, geröstet und zerstossen
1 Tasse starkes, dunkles Bier (nicht allzu bitteres, sondern eher süsses)
½ Tasse Pflanzenöl (am besten Mais- oder Sonnenblumenöl)
½ Tasse Süssmittel, z.B. Apfel-, Birnensaftkonzentrat (Dicksaft), Ahornsirup
ca. ½ Tasse Wasser oder Sojamilch
eventuell zusätzliches Mehl, je nach Konsistenz
Öl zum Einpinseln des Waffeleisens

1 Alle trockenen Zutaten in einer Schüssel vermischen.
2 Bier, Öl und Süssmittel darunter rühren, so dass ein feuchter Teig entsteht.
3 Den Teig mindestens 1, aber besser 8 Stunden bei Raumtemperatur, mit einem feuchten Tuch zugedeckt, stehen lassen.
4 So viel Wasser oder Sojamilch beigeben, dass ein weicher Teig entsteht, der schwer reissend vom Löffel fällt. Die genaue Menge hängt vom Mehl und den Haferflocken ab.
5 Das Waffeleisen mit Öl einpinseln (siehe Hinweis unten).
6 Das Eisen erhitzen, bis das Öl raucht.
7 3–4 EL Teig auf das Waffeleisen geben. Wieviel es genau braucht, stellt sich nach den ersten zwei Versuchen heraus. Der Teig sollte leicht zischen, wenn er auf das Eisen trifft.
8 Den Deckel des Waffeleisens gut in den Teig drücken und das Eisen so lange geschlossen halten, bis die Waffel auf beiden Seiten goldbraun ist. Es dauert etwa 3–4 Minuten oder auch etwas weniger, wenn das Eisen einmal richtig heiss ist.
9 Die Waffel mit einer Gabel vom Eisen lösen und auf einem Gitter abkühlen lassen.
Schritte 7–9 wiederholen, bis der Teig aufgebraucht ist. Das Eisen jedesmal mit Öl bepinseln. Waffeleisen mit einer Antihaft-Beschichtung müssen nicht jedesmal eingeölt werden. Wenn der Teig dicker wird, geben Sie ein wenig Flüssigkeit bei.
10 Die Waffeln heiss oder kalt servieren. Alle Waffeln, die nicht innerhalb von zwei Stunden verzehrt werden, kön-

nen abgekühlt und dann in einem luftdichten Behälter bis zu zwei Tage aufbewahrt werden.

Hinweis zum Bepinseln des heissen Waffeleisens: Moderne Waffeleisen haben einen Thermostaten, der die Hitze des Eisens reguliert. Wenn Sie hingegen eines ohne Thermostaten haben, das sehr heiss wird, kann der Pinsel Feuer fangen! Bies Trick: Ein Stück grobe Baumwolle oder Leinen mehrmals zusammenlegen und mit einer Wäscheklammer zusammenhalten. An der Wäscheklammer halten, ins Öl tauchen und damit das Waffeleisen einölen. In einem kleinen Gefäss aufbewahren und jedesmal verwenden, wenn Sie eine heisse Pfanne einölen müssen.

Varianten
– Für luftigere Waffeln geben Sie bei Schritt 2 10 g frische, zu Brei gerührte Hefe bei.
– Wenn Sie sie nahrhafter haben wollen, geben Sie bei Schritt 2 ein Ei bei.
– Marlise sagt, salzige Waffeln seien ebensogut. Gemüsestücke, Salz oder Shoyu beigeben. Scheint einen Versuch wert!

Freezin' Niesen
Es war einmal ein innovativer Koch aus Italien, der ein Dessert mit Namen «Monte Bianco» erfand: ein Berg Marronipüree mit Rahm. Wir haben uns diese Idee angeeignet und ein Dessert in Form des Niesen kreiert, einer gleichmässig geformten Bergpyramide am Thunersee unweit des IMI in Kiental.

Herbst ist die beste Saison für frische Kastanien. Zum Kochen und Schälen siehe Seite 206. Mancherorts wird fertiges Marronipüree in Dosen oder tiefgekühlt angeboten. Kontrollieren Sie, ob es Zucker enthält. Ein anderer zeitsparender Trick ist, tiefgefrorene ganze Kastanien oder solche in Dosen zu nehmen; sie sind bereits geschält. Getrocknete Kastanien haben einen leichten Rauchgeschmack, weil die Trocknungsanlagen mit Holz befeuert werden. Sie werden eingeweicht und gekocht, wie im Rezept Kastanien-Apfel-Pudding rechts beschrieben.

Die Kochzeiten für frische, getrocknete und tiefgefrorene Kastanien können mit dem Dampfkochtopf um die Hälfte verkürzt werden. Nehmen Sie so wenig Wasser wie möglich, damit die Süsse der Kastanien nicht ausgeschwemmt wird. Das Püree kann mit dem Handpassiergerät, im Mixer oder mit dem Stabmixer hergestellt werden. Nehmen Sie beim Pürieren nur ganz wenig vom Kochwasser, so dass eine dicke Paste entsteht, sonst können Sie damit nie einen Berg bauen!

4 Tassen Kastanienpüree
2 EL Malzsirup
2 EL bitteres Schokoladepulver
1 Gläschen Rum oder anderer Schnaps
1 Rezeptmenge Geschlagener Kanten-Rahm (Seite 191, Variante mit Vanille)

1 Kastanienpüree, Malzsirup, Schokoladepulver und Schnaps vermischen.
2 Das Püree auf eine Platte häufen und mit einer Messerklinge zu einem kegelförmigen Berg formen.
3 Den geschlagenen Kanten-Rahm darüber giessen, so dass der «Gipfel schneebedeckt» ist.

Kastanien-Apfel-Pudding
Ein Rezept mit getrockneten Kastanien und frischen Äpfeln.

1 Tasse getrocknete Kastanien, über Nacht in 2½ Tassen kaltes Wasser eingelegt
ca. 1 Tasse Apfelsaft
3 frische Äpfel, geschält, entkernt und in Würfel geschnitten
1 gehäufter EL (5 g) Agar-Agar-Flocken
1 EL Reismalz
1 EL Mandelmus
ein paar Tropfen Vanilleessenz
nach Belieben 1 Gläschen Sake (Reiswein) oder Schnaps
als Garnitur Orangen- oder Mandarinenschnitze, fein geriebene Orangen- oder Zitronenschale oder blanchierte Mandeln

1 Mit einem kleinen, scharfen Messer Überreste der Schale von den eingeweichten Kastanien entfernen. Sie würden einen bitteren Geschmack geben.
2 Kastanien im Einweichwasser köcheln lassen, bis sie weich sind, etwa 30 Minuten. Im Dampfkochtopf reduziert sich die Kochzeit um die Hälfte.
3 Absieben. Das Kochwasser zurückbehalten und mit Apfelsaft auf ½ Liter Flüssigkeit ergänzen. Zurück zu den Kastanien in den Topf.
4 Die Äpfel, Malz und Agar-Agar-Flocken beigeben. 15 Minuten köcheln lassen, bis das Agar-Agar aufgelöst ist.
5 Vom Feuer nehmen und abkühlen lassen, bis es beginnt, fest zu werden.
6 Im Mixer zusammen mit Mandelmus, Vanille und Sake pürieren.
8 Abkühlen lassen, garnieren und servieren.

Variante
Kastanien-Aprikosen-Pudding: Ersetzen Sie die frischen Äpfel durch 1 Tasse gedörrte Aprikosen, die Sie über Nacht eingeweicht haben. Ein phantastisches Rezept für die biologischen kleinen ganzen Hunza-Aprikosen (aus dem Reformhaus); aber entfernen Sie zuerst die Steine.

Ausgebackene Apfelringe

Ein Dessert, das kurzfristig zubereitet werden kann. Am besten geht's mit lagerfähigen Äpfeln, die süss, aber nicht allzu saftig sind.

1 Rezept Ausbackteig (Seite 150)
1 grosser Apfel pro 2 Personen
Mehl zum Bestäuben
Öl zum Fritieren
konzentrierter Frucht- oder Ahornsirup und Zimt

1. Den Ausbackteig zubereiten und in den Kühlschrank stellen.
2. Die Äpfel schälen, das Kerngehäuse ausstechen. Die Äpfel horizontal in 1 cm dicke Scheiben schneiden.
3. Das Öl erhitzen.
4. Die Apfelringe mit Mehl bestäuben, in den Ausbackteig tauchen und fritieren wie beim Gemüse im Ausbackteig (Seite 150) beschrieben.
5. Pro Person 3 Ringe servieren, mit Süssmittel beträufeln und mit einer Prise Zimt bestreuen.

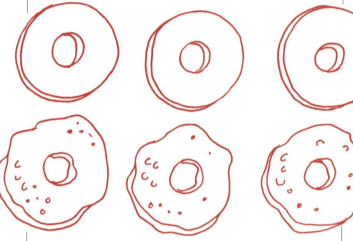

Süsse Pierogi
Polnische Ravioli

In Polen werden süsse Pierogi, mit einer Suppe als Vorspeise, gerne immer Sommer als vollständige Abendmahlzeit serviert.

Bereiten Sie die Pierogi nach der Anleitung auf Seite 85 zu und wählen Sie dazu aus den folgenden Füllungen, Saucen und Garnituren aus.

Füllungen für süsse Pierogi:
- Kirschen: Geben Sie 2 oder 3 frische, entsteinte Kirschen in jedes Pierogi.
- Heidelbeeren: Geben Sie 1 TL frische oder tiefgefrorene Heidelbeeren in jedes Pierogi.
- Süsser Tofu: Den Tofu am Stück in Salzwasser 10 Minuten vorkochen. Mit einer Gabel zerdrücken. Mit Fruchtsaftkonzentrat oder Malzsirup süssen, Vanille beigeben. Etwas Pfeilwurzelmehl beigeben, so dass der Tofu ein wenig trocken wird. Mit gehackten gerösteten Nüsse bestreuen.

Saucen und Garnituren für süsse Pierogi:
- Mandelmus, Malz und Wasser zu gleichen Teilen vermischen.
- Maiskeimöl, Malz und Wasser zu gleichen Teilen vermischen.
- Zu Frucht-Pierogi können Sie Tofu-Sauerrahm (Seite 165) servieren.
- Gehackte geröstete Nüsse.

Nudeln mit Mohnsamen

Dieses Gericht aus Polen heisst Kluskiz Makiem und ist ein Zwischending zwischen einer Hauptmahlzeit und einem Dessert. Es kann als Zwischenmahlzeit oder als leichte eigenständige Mahlzeit serviert werden. Die Nudeln werden aus Resten von Pierogi-Teig (Seite 85) und der Füllung des Mohnsamenstrudels (Seite 195) hergestellt. Den Teig ca. 1½ mm dick ausrollen und in Rechtecke von 2 x 4 cm schneiden. Die Nudeln kochen wie Pierogi. Abtropfen lassen und heiss in der Mohnsamenmischung wenden.

Weizenkörner-Mohnsamen-Dessert

Ein Weihnachtsdessert aus Ostpolen, Kutia genannt. Normalerweise wird es mit Honig gesüsst, der aber durch Malz oder Fruchtsaftkonzentrat ersetzt werden kann.

½ Rezeptmenge der Füllung für Mohnsamenstrudel (Seite 195), ohne Eiweiss
1 Tasse Weizenkörner, in 2½ Tassen Wasser gekocht (Methode Seite 77), abgekühlt (sie dürfen ein wenig wässerig sein.)
2 EL Malzsirup, Fruchtsaftkonzentrat oder Honig
nach Belieben feine getrocknete Kokos- oder Malzflocken

1. Den abgekühlten Weizen mit der Mohnsamenmischung und dem Süssmittel vermischen. Die Mischung sollte reichhaltig und dick sind, so dass ein Löffel drin stehen bleibt.
2. Kalt servieren. Nach Belieben mit Kokosnuss- oder Malzflocken bestreuen.

Varianten
- Kutia kann auch mit Gerste anstelle von Weizen oder einer Halb-halb-Mischung von beidem gemacht werden. In der slawischen Tradition ist Gerste ein heiliges Korn, das Harmonie ausdrückt. Mit Gerste hergestellt, wird der Brei cremiger.
- Varianten für die Mohnsamenmischung: zusätzlich Dörrfrüchte beigeben, z.B. 100 g eingeweichte getrocknete Zwetschgen; die Nüsse leicht rösten; Vanille durch Zimt ersetzen.

Tschechische Fruchtknödel

Dasha aus Prag zeigte uns dieses sehr beliebte, traditionelle Dessert aus Tschechien. Die Knödel können mit Äpfeln oder einer saftigen Frucht wie z.B. Pflaumen, Aprikosen, Erdbeeren, Kirschen oder Brombeeren zubereitet werden. Die Knödel können heiss oder kalt gegessen werden, einfach so, mit einem Schuss Malz- oder Fruchtsirup, mit Malzpulver bestreut (Seite 192) oder mit Vanillesauce (Seite 190).

1⅔ Tassen (250 g) Haushaltmehl
1 Prise Meersalz
2 EL Öl
ca. 1 Tasse Sojamilch oder Wasser
500 g frische Früchte
ca. 3 Liter leicht gesalzenes Wasser

1. Mehl und Salz in eine Schüssel geben, das Öl und so viel Sojamilch oder Wasser dazugeben, dass Sie einen elastischen, aber nicht klebrigen Teig erhalten. Den Teig ein paar Minuten ruhen lassen, während Sie die Früchte vorbereiten.
2. Kleinere Äpfel vierteln, grössere achteln und das Kerngehäuse entfernen. Es ist nicht nötig, die Äpfel zu schälen, ausser die Haut ist ausgesprochen zäh. Von kleineren Früchten (wie Beeren) für jeden Knödel mehrere Stück rechnen.
3. Ein wenig Teig nehmen und zwischen den Händen zu einer walnussgrossen Kugel formen. Mit der Hand auf der Arbeitsfläche zu einem runden Fladen pressen. Den Fladen aufnehmen und etwas auseinanderziehen, damit er dünner und grösser wird.
4. Den Teigfladen auf die Arbeitsfläche legen und die Frucht in die Mitte plazieren. Den Teig um die Frucht nach oben legen und zusammendrücken. Es ist wichtig, dass der Teig keine Löcher oder Risse bekommt.
5. Rund 3 Liter Wasser sprudelnd aufkochen. Die Knödel in zwei Portionen kochen. Einen nach dem anderen vorsichtig ins Wasser geben. Mit einem Löffel sanft umrühren, damit sie nicht zusammenkleben. Rund 5 Minuten köcheln lassen. Wenn sie gar sind, tauchen sie an die Oberfläche.
6. Mit dem Schaumlöffel aus dem Wasser heben und abtropfen lassen. Jeden Knödel mit einer Nadel anstechen, damit der Teig nicht zusammenfällt.
7. Sofort heiss servieren; sie sind aber auch kalt sehr gut oder können im Dampf wieder aufgewärmt werden.

Varianten

- Dem Teig ein Gewürz beigeben, z.B. Zimt oder abgeriebene Zitronenschale.
- Der Teig kann mit Quark zubereitet werden: Nehmen Sie 100 g Quark, nur 1 TL Öl und nur ½ Tasse Wasser.

Götterspeise

Diese reichhaltige Schichtspeise ist überraschend einfach zu machen. Wenn Sie keinen Zwieback haben, können Sie auch gewöhnliche Biskuits (Typ «Petit Beurre») verwenden. Die Götterspeise kann als süsse Zwischenmahlzeit serviert werden und ist ein prima Ersatz für Kuchen. Die Version Kirschen-Dessert Deluxe ist eine Spezialität für besondere Gelegenheiten.

1 Rezeptmenge Fruchtsaftgelee (Seite 179) mit Apfelsaft
100 g Zwieback
2 EL Mandelmus
2 EL Konfitüre oder Malzsirup
1 Tasse Früchte (frische oder gefrorene weiche Früchte oder gekochte frische oder Dörrfrüchte)

1. Das Fruchtsaftgelee zubereiten und warm halten.
2. Mit der Hälfte des Zwiebacks den Boden einer passenden viereckigen Glas- oder Keramikschüssel auslegen.
3. Jeden Zwieback einzeln mit einer Schicht Mandelmus bestreichen und wieder zurücklegen.
4. Nun jeden Zwieback mit einer Schicht Konfitüre oder Malzsirup bestreichen. Den Zwieback wieder zurücklegen.
5. Den restlichen Zwieback auf die erste Schicht in die Form legen.
6. Die Hälfte des heissen Fruchtsaftgelees darüber giessen. Den Rest des Gelees zugedeckt bereit halten, damit er warm bleibt und nicht fest wird. 15 Minuten warten, bis der Zwieback die Flüssigkeit aufgesogen hat. Wenn er weich ist, mit einer Gabel niederdrücken, um Lücken und Fugen zu beseitigen.
7. Die Früchte über den Zwieback verteilen.
8. Das restliche warme Fruchtsaftgelee darübergiessen.
9. Fest werden und abkühlen lassen.
10. In Scheiben geschnitten servieren.

Kirschen-Dessert Deluxe

Eine Variante des vorherigen Rezepts, das wir mit grossem Erfolg als Geburtstagskuchen verwendet haben. Zusätzlich zu den Zutaten für die Götterspeise 1 Rezeptmenge Mandelcreme (Seite 190) zubereiten und warm halten. Nach Schritt 6 die Creme über den Zwieback giessen. Dann weiterfahren wie im Rezept und die Früchte auf der Mandelcreme verteilen. Für ein Geburtstagsfest nehmen

Sie eine besonders hübsche und farbenfrohe Frucht, z.B. Erdbeeren oder entsteinte Kirschen und evtl. 2 Tassen Früchte. Wenn das Gelee fest und abgekühlt ist, mit Geburtstagskerzen und anderen Dekorationselementen schmücken.

Tiramisù

Unser Freund Marcel erfand diesen tollen Brotpudding, der einem Tiramisù ohne Milchprodukte am nächsten kommt. Das Rezept ist ähnlich wie die Götterspeise (siehe oben).

1 Tasse süsser Apfelsaft
1 gehäufter EL (5 g) Agar-Agar-Flocken
1 TL Vanillepulver oder ein paar Tropfen Vanilleessenz
3 Tassen Amasake, fertig gekauft oder hausgemacht (Seite 217)
100 g Zwieback oder Biskuits
2 EL geröstetes Haselnussmus
1 Tasse Apfelsaft zum Eintauchen des Zwiebacks
2 EL Instant-Getreidekaffeepulver
als Garnitur 1 TL reines Schokoladepulver

1. Den Apfelsaft aufkochen, die Agar-Agar-Flocken einrühren und 10–15 Minuten köcheln lassen, bis sie aufgelöst sind. Vanille und Amasake beigeben und 3–5 Minuten unter ständigem Rühren köcheln lassen, vom Feuer nehmen. Zudecken und warm halten.
2. Den Zwieback oder die Biskuits mit Haselnussmus bestreichen. (Sehr dickes Haselnussmus ein wenig wärmen, damit es streichfähiger wird.) Aufpassen, dass die Zwiebackscheiben nicht zerbrechen.
3. Ein Drittel der Amasakecreme in einer dünnen Schicht auf dem Boden einer passenden flachen viereckigen Glas- oder Keramikform verstreichen.
4. Die Hälfte der Zwiebackscheiben in den Apfelsaft tunken, bis sie weich sind. In einer Schicht auf der Amasakecreme verteilen.
5. Den Getreidekaffee in ein Sieb geben und die Hälfte davon über den Zwieback streuen.
6. Ein zweites Drittel der Amasakecreme auf dem Zwieback verteilen.
7. Die zweite Hälfte des Zwiebacks in den Apfelsaft tunken und auf die Cremeschicht legen.
8. Die zweite Hälfte des Kaffeepulvers über den Zwieback streuen.
9. Mit dem letzten Drittel Amasakecreme abschliessen.
10. Zum Abkühlen und Ziehenlassen etwa 2 Stunden oder auch länger an einen kühlen Ort stellen.
11. Mit einer feinen Schicht Schokoladepulver bestäuben.

Variante

Marcel sagt, man könne den Pudding auch mit 100 g trockenem, in dünne Scheiben geschnittenem Brot zubereiten. Die Brotscheiben in 2 Tassen Apfelsaft über Nacht einweichen, nachdem Sie sie mit Haselnussmus bestrichen haben.

Süsse Saucen, Cremen und Garnituren

Früchtesauce

Ein einfaches Rezept für eine Sauce aus frischen Früchten wie z.B. Äpfeln, Birnen, Aprikosen, Pflaumen. Kann heiss oder kalt serviert werden.

250 g frische Früchte
1 Tasse Apfelsaft
2 gehäufte EL Malzsirup oder konzentrierter Fruchtsirup
1 Prise Meersalz
1 EL Kuzu, Pfeilwurzelmehl oder Maisstärke

1 Die Früchte putzen, Steine oder Kerngehäuse entfernen und schälen.
2 Die Früchte in einen Topf geben, mit Apfelsaft bedecken, Malzsirup und Meersalz beigeben. Das Salz bildet einen Ausgleich zur Fruchtsäure.
3 Zugedeckt rund 15 Minuten köcheln lassen, bis die Früchte ganz weich sind.
4 Die Sauce pürieren.
5 Das Kuzu mit wenig kaltem Wasser verrühren und in das Püree einrühren.
6 Das Püree zurück in den Topf geben und unter ständigem Rühren aufkochen.

Dörrfrüchtesauce

Ein einfaches Rezept für eine Sauce aus Dörrfrüchten und ein paar frischen Äpfeln, die dafür sorgen, dass die Konsistenz leicht bleibt. Ausgezeichnet mit gedörrten Aprikosen, Pflaumen oder Rosinen. Kann heiss oder kalt serviert werden.

160 g Dörrfrüchte (bei Rosinen ist dies 1 Tasse)
½ Liter süsser Apfelsaft
2 frische Äpfel, geschält und in Stücke geschnitten
2 gehäufte EL Malzsirup oder konzentrierter Fruchtsirup
½ gestrichener TL Zimt
Saft einer Orange, frisch gepresst

1 Die Früchte putzen und allfällige Steine entfernen. Mehrere Stunden oder über Nacht im Apfelsaft einweichen. Oder den Apfelsaft erwärmen und die Früchte 1 Stunde einweichen.
2 Die eingeweichten Früchte mit dem Saft in einen Topf geben, den frischen Apfel, Malzsirup und Zimt dazugeben.
3 Zudecken und 15 Minuten köcheln lassen, bis die Früchte sehr weich sind.
4 Die Sauce pürieren. Den Orangensaft beigeben.

Süsse Glasur für Früchte und Früchtekuchen

Diese Glasur gibt Früchtedesserts und Früchten auf einem Kuchen jenen Glanz, den Sie aus der Bäckerei kennen. Die Kombination von Agar-Agar und Pfeilwurzelmehl erzeugt eine weiches Gelee. Das Rezept ergibt 1 Tasse Glasur.

1 Tasse Apfelsaft
2 gehäufte EL Reis- oder Maismalz oder Fruchtsaftkonzentrat
1 gehäufter TL Agar-Agar-Flocken
1 gehäufter TL Pfeilwurzelmehl oder Maisstärke

1 Den Apfelsaft erwärmen, Süssmittel und Agar-Agar-Flocken einrühren.
2 Auf sehr kleiner Flamme 10–15 Minuten köcheln lassen, bis die Agar-Agar-Flocken aufgelöst sind. Ins Messgefäss zurückgiessen und wieder auf 1 Tasse Flüssigkeit ergänzen. Dann zurück in die Topf geben.
3 Das Pfeilwurzelmehl mit möglichst wenig kaltem Wasser anrühren.
4 Den Apfelsaft vom Feuer nehmen, das Pfeilwurzelmehl einrühren, zurück aufs Feuer stellen und unter ständigem Rühren aufkochen.
5 Die warme Glasur löffelweise gleichmässig über die Früchte verteilen.
6 Vor dem Schneiden abkühlen lassen.

Mandelmilch 1 (mit Mandelmus)

Fürs Frühstücksmüesli und zu Desserts.

1 Tasse Wasser
1 gehäufter TL Reis- oder Maismalz
1 gehäufter EL leichtes Mandelmus

1 Wasser und Malz in den Mixer geben und mixen.
2 Das Mandelmus beigeben und bei hoher Geschwindigkeit 30 Sekunden mixen.
3 Nicht sofort verwendete Mandelmilch muss im Kühlschrank aufbewahrt werden.

Variante

Butter aus Cashewnüssen lässt sich in diesem Rezept sehr gut verwenden.

Mandelmilch 2 (mit Mandeln)

Eine ausgezeichnete vegetarische «Milch» ohne Milchbestandteile für alle Gelegenheiten.

2 Tassen Wasser
½ Tasse ganze Mandeln, blanchiert
1 gehäufter TL Reis- oder Maismalz
ein winziges Stück Kombu (ca. 1 x 1 cm)

1 Wasser, Mandeln und Malz in den Mixer geben und glattrühren.
2 Zusammen mit dem Kombu aufkochen, zudecken und sehr sanft 5 Minuten köcheln lassen.
3 Durch ein Sieb giessen. (Die Rückstände im Sieb sind zu schade zum Wegwerfen! Geben Sie 1 TL Malzsirup dazu und essen Sie sie gleich als Snack, inklusive Kombu.)
4 Abkühlen lassen. Milch, die nicht sofort verwendet wird, muss im Kühlschrank aufbewahrt werden.

Mandelcreme

Eine dicke Creme, die warm oder kalt zu Früchtekompott oder Gebäck einfach herrlich schmeckt. Sie findet auch in der Himbeercreme-Torte (Seite 199) und im Kirschen-Dessert Deluxe (Seite 187) Verwendung.

2 Tassen Sojamilch oder Wasser
4 gehäufte EL Maismalz
2 gehäufte EL leichtes Mandelmus
4 gehäufte EL Kuzu, Pfeilwurzelmehl oder Maisstärke
ein paar Tropfen Mandelessenz

1 Die Sojamilch erhitzen, Maismalz und Mandelmus einrühren.
2 Das Kuzu mit wenig kaltem Wasser verrühren.
3 Den Topf vom Feuer nehmen und das Kuzu einrühren.
4 Zurück aufs Feuer und unter ständigem Rühren erneut aufkochen. Am Schluss die Mandelessenz beigeben.

Sofort-Haferschleim

Fürs Frühstücksmüesli und zu Desserts.

2 Tassen Wasser
¼ Tasse feine Haferflocken
1 Prise Meersalz
1 gehäufter EL Reis- oder Maismalz

1 Alle Zutaten vermengen und aufkochen. Auf Handwärme abkühlen lassen.
2 Im Mixer glattrühren.
3 Durch ein Sieb drücken. Mit einem Holzlöffel oder Spatel nachhelfen, so dass nur wenig im Sieb zurückbleibt. Der beste Getreideschleim für Babies ist auf Seite 207 beschrieben.

Hafercreme

Ergibt einen dicken Brei.

2 Tassen Wasser
½ Tasse feine Haferflocken
1 Prise Meersalz
1 gehäufter EL Reis- oder Maismalz
1 TL helles Nussmus (aus Mandeln, Cashewnüssen oder Sesam)

1 Wasser, Haferflocken, Salz und Malz vermengen und aufkochen. Auf Handwärme abkühlen lassen.
2 Das Nussmus beigeben und im Mixer glattrühren.
3 Durch ein Sieb drücken. Mit einem Holzlöffel oder Spatel nachhelfen, so dass nur wenig im Sieb zurückbleibt.

Vanillesauce

Eine flüssige Sauce, die warm oder kalt zu vielen Desserts serviert werden kann.

1 Liter Sojamilch
2 gehäufte EL Süssmittel (Reis- oder Maismalz)
natürliche Vanille (Essenz oder Pulver)
2 gehäufte EL Kuzu oder Pfeilwurzelmehl

1 Die Milch aufkochen, das Malz darin auflösen und die Vanille beigeben.
2 Das Kuzu mit 2 EL kaltem Wasser verrühren.
3 Den Topf vom Feuer nehmen und das Kuzu unter ständigem Rühren beigeben. Zurück aufs Feuer stellen und unter Rühren aufkochen.
4 Heiss oder kalt servieren. Wenn die Sauce abkühlt, bildet sich an der Oberfläche eine Haut; viele behaupten, sie sei das Beste an der ganzen Sauce. Um die Hautbildung zu verhindern, decken Sie die heisse Sauce mit einem Deckel zu.

Varianten
– Dickere Sauce: Nehmen Sie mehr Kuzu oder Pfeilwurzelmehl; es kann bis zur doppelten Menge sein.
– Stärkerer Geschmack: Nehmen Sie mehr Süssmittel oder Vanilleessenz.

Süsser Tofu-Rahm

Rezepte aus dem Osten verwenden Tofu ausschliesslich in warmen und salzigen Speisen, da sie die Yin-Qualitäten und den kühlenden Effekt des Tofus als Ausgleich benutzen. Hier ist eine süsse Tofuvariante, für jene Gelegenheiten, bei denen Sie nichttierischen Ersatz für Rahm brauchen.

200 g Tofu
⅓ Tasse Wasser
1 gehäufter EL leichtes Mandelmus oder leichtes Tahini
2 gehäufte EL Mais- oder Reismalzsirup
1 TL frisch gepresster Zitronensaft
1 Prise Vanillepulver

1 Salzwasser zum Sieden bringen. Den Tofu am Stück darin 3 Minuten köcheln lassen. Abgiessen und abkühlen lassen.
2 Den Tofu in den Mixer krümeln.
3 Alle anderen Zutaten in den Mixer geben und glattrühren.
4 Abschmecken, die Konsistenz prüfen und nach Belieben korrigieren.
5 Bis zum Gebrauch in den Kühlschrank stellen. Er hält sich 24 Stunden.

Variante

Wenn Sie den Tofu-Rahm flüssiger haben möchten, nehmen Sie ½ Tasse Wasser.

Geschlagener Kanten-Rahm

Dieser Rahm passt zu vielen Desserts oder kann auch für sich als Dessert verwendet werden.

1 Rezeptmenge Fruchtsaftgelee (Seite 179) mit hellem Apfelsaft
2 gehäufte EL leichtes Mandelmus oder ein anderes Nussmus
ein paar Tropfen Vanilleessenz

1 Das Apfelsaftgelee zubereiten und abkühlen lassen.
2 Das Gelee zusammen mit dem Nussmus und der Vanille in den Mixer geben und bei hoher Geschwindigkeit zu einem leichten Schaum mixen.
3 In eine Schüssel giessen und in den Kühlschrank stellen.

Varianten

– Süsser und/oder reichhaltiger: Mehr Süssmittel und/oder Nussmus beigeben.
– Ohne Früchte: Gelee mit Malzsirup und Wasser statt mit Apfelsaft zubereiten.

Süsse Mandelsauce

Mit dieser reichhaltigen, süssen und glänzenden Sauce bekommt Ihr Dessert einen Hauch Magie. Vergleichen Sie auch den Zuckerguss für Kuchen auf Seite 195.

2 EL Wasser
2 gehäufte EL Mais- oder Reismalz
ein Schuss Mandelessenz
2 gehäufte EL leichtes Mandelmus

1 Wasser, Malz und Mandelessenz in einer Schüssel vermengen.
2 Das Mandelmus langsam beigeben und mit einer Gabel ständig rühren, bis eine dicke Creme entsteht.
3 Abschmecken, die Konsistenz prüfen und nach Bedarf korrigieren.
4 Bis zum Gebrauch in den Kühlschrank stellen.
Sie hält sich 24 Stunden.

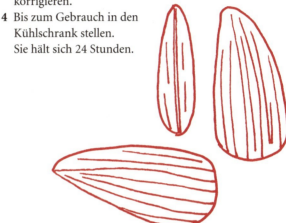

Schokoladen-Ahorn-Sauce

Eine Schokoladesauce, die jeweils viel Lob erhält. Sie wird im Rezept Belle Hélène (Seite 178) verwendet, passt auch auf Rahmeis und andere Desserts oder auf Brot und Crackers gestrichen. Vgl. auch Zuckerguss für Kuchen auf Seite 195.

2 gehäufte EL reines, feines Kakaopulver
ein Schuss Vanille
4 EL Ahornsirup
2 gehäufte EL leichtes Mandelmus

1 Alle Zutaten im Suribachi-Mörser vermengen. Am besten geht's, wenn Sie zuerst den Kakao, die Vanille und den Ahornsirup glattrühren und dann das Mandelmus beigeben. Die Sauce soll dick und glänzend sein. Wenn sie allzu dick wird, können Sie wenig kaltes Wasser (immer 1 TL aufs Mal) beigeben.
2 Reste lassen sich im Kühlschrank ein paar Tage aufbewahren.

Variante

Wenn Sie keinen Ahornsirup haben, nehmen Sie 2 EL Mais- oder Reismalz. In diesem Fall müssen Sie ein wenig Wasser dazugeben.

Malzpulver zum Darüberstreuen

Malzpulver besteht aus winzigen, glänzenden, süssen Schuppen, die beim Mälzen von Gerste entstehen. Die gemahlenen Mandeln und Nüsse können als Mischung gekauft werden, oder Sie mahlen sie selber.

½ Tasse Malzpulver
½ Tasse gemahlene Mandeln und Nüsse
1 Prise Zimt
1 Prise Kakaopulver

Alles vermengen und in einem luftdichten Behälter aufbewahren.

Knuspermüesli

Eine knusprige Garnitur für Früchtekompott oder -püree, als Frühstücksmüesli oder Snack. Es ist in einem luftdichten Behälter lange haltbar.

2 Tassen feine Haferflocken
1 Tasse Mehl (Vollkorn- oder Haushaltmehl)
¼ TL Meersalz
½ Tasse fein gehackte rohe Nüsse, z.B. Mandeln, Haselnüsse oder Walnüsse
⅓ Tasse Maiskeimöl
½ Tasse Reis-, Gersten- oder Maismalzsirup oder Fruchtsaftkonzentrat

1 Den Ofen auf 170 °C vorheizen.
2 Die trockenen Zutaten vermengen.
3 Öl und Süssmittel vermischen.
4 Die trockenen und die flüssigen Zutaten vermengen. Die Mischung sollte krümelig sein.
5 Auf einem Backblech ausbreiten und bei 170 °C 15–20 Minuten goldbraun backen.
6 Abkühlen lassen. Es wird beim Abkühlen knusprig.

Knuspriger Reiskuchen

Süss, leicht und knusprig. Grundlage für diesen Kuchen sind zerkrümelte Reiswaffeln. Er kann aus jedem gepufften Frühstücksgetreide hergestellt werden. Der Kuchen kann als Snack verwendet oder über cremige Desserts gekrümelt werden. Bleibt in einem luftdichten Behälter frisch.

½ Paket Reiswaffeln
2 gehäufte EL Reismalz
1 EL Wasser
Öl zum Einfetten des Backblechs
1 EL Paniermehl

1 Den Ofen auf 170 °C vorheizen.
2 Die Reiswaffeln in eine Schüssel krümeln.
3 Malz und Wasser zusammen erhitzen und 5 Minuten im offenen Topf sanft köcheln lassen. Aufpassen, dass nichts anbrennt.
4 In der Zwischenzeit das Backblech mit Öl bepinseln und mit Paniermehl bestreuen.
5 Das heisse Malz über die zerkrümelten Reiswaffeln giessen und gut vermischen.
6 Die Mischung aufs Backblech giessen und möglichst gut verteilen.
7 5–10 Minuten goldbraun backen. Gut aufpassen, dass nichts anbrennt. Nach 5 Minuten Backzeit jede Minute nachsehen.
8 Vom Blech nehmen und abkühlen lassen.

Kuchen, Kleingebäck und süsse Snacks

Wissen Sie Bescheid über Hefe und andere Treibmittel?

Die traditionelle Methode, mit der Teige aus Weizen-, Roggen- oder Gerstenmehl zum Aufgehen gebracht wurden, war die Sauerteigtechnik, bei der von Natur aus im Getreide vorhandene Enzyme und in der Umgebung vorkommende Mikroorganismen ausgenutzt wurden. Um etwas gleichmässigere Resultate zu erhalten, kann ein Sauerteigstarter verwendet werden. Die lebenden Mikroorganismen produzieren Kohlendioxid, was Blasen im Teig hervorruft und ihn aufquellen lässt. Dank der Elastizität des Weizenmehl-Brotteigs bleibt diese Luft im Teig. Dieser Prozess geht langsam vor sich und lässt nicht nur den Teig aufgehen, sondern wirkt zusätzlich auf das Mehl selbst; es wird dadurch besser verdaulich und süss. In Sachen Verdaulichkeit, Geschmack, Ökonomie und Ökologie ist die natürliche Methode allen anderen klar überlegen. Siehe dazu Einfaches Sauerteigbrot auf Seite 222.

Frische Backhefe, die normalerweise in Würfeln auf den Markt kommt, ist ein rasch wirkendes Treibmittel, das Flüssigkeit, Wärme und Zucker braucht, um aktiv zu werden. Malzsirup funktioniert bestens als Ersatz für Zucker. Dieselbe Hefe kann getrocknet in Form von Pulver gekauft werden und braucht die gleichen Bedingungen. Backhefe treibt den Teig viel schneller als die natürliche Methode mit Sauerteig. Sie verbessert allerdings die Verdaulichkeit des Getreides nicht, hat aber einen ausgeprägten, von vielen geschätzten Geschmack. Sie kann gesundheitsschädlich sein, wenn allzu viel davon konsumiert wird. Leute, die auf Candida oder andere Hefepilze allergisch reagieren, sollten sie unter allen Umständen meiden.

Backpulver ist eine Mischung aus sauren und basischen Substanzen und benötigt zur Aktivierung Flüssigkeit und Hitze. Die Flüssigkeit wird deshalb erst kurz vor dem Einschieben in den vorgeheizten Ofen beigegeben. Backpulver ist sehr wirksam zum Treiben von süssen Teigen für Kuchen, Brötchen, Muffins und Pfannkuchen. Es hat allerdings keine Wirkung auf die Verdaulichkeit des Getreides. Ursprünglich wurde Backpulver aus doppeltkohlensaurem Natrium (Base) und Sauermilch (Säure) oder aus Weinstein (natürlich vorkommende Säure in Trauben, die während der Weinherstellung ausgeschieden wird) hergestellt. In heutigem Backpulver stecken noch andere Chemikalien, weshalb wir empfehlen, nur die phosphatfreien Qualitäten, die in Reformhäusern und Bioläden erhältlich sind, zu kaufen. Backpulver kann, wenn es allzu häufig konsumiert wird, gesundheitsschädliche Auswirkungen haben.

Glasur für süsses Gebäck

Eine einfache Glasur für Kuchen und Gebäck.

1 TL Malzsirup
1 TL Wasser

Vermengen und unmittelbar, nachdem sie aus dem Ofen gekommen sind, auf Kuchen, Plätzchen oder Gebäck pinseln.

Kuchen

Suzis Alltagskuchen

Suzi stammt aus Philadelphia. Sie backte diesen Kuchen jeden Tag für die Snackbar im IMI Kiental – er ging weg wie warme Semmeln! Er ist sehr schnell und einfach zuzubereiten, wird eher leicht und trocken und passt daher gut zu Tee und (Getreide-)Kaffee. Mit einem Zuckerguss und Kerzen kann er leicht in einen Geburtstagskuchen verwandelt werden (siehe Zuckerguss für Kuchen, Seite 195).

Kochutensilien:
Runde Kuchenform aus Metall von 25 cm Durchmesser

Öl zum Bepinseln der Kuchenform

Trockene Zutaten:
2½ Tassen Haushaltmehl
1 gestrichener TL Vanillepulver
3 gestrichene TL Backpulver
¼ gestrichener TL Meersalz
1 Tasse gehackte Nüsse und Rosinen oder andere getrocknete Früchte

Flüssige Zutaten:
⅓ Tasse Öl
1 Tasse Reismalz oder Fruchtsaftkonzentrat
½ Tasse heisses Wasser

1. Den Ofen auf 200 °C vorheizen und die Kuchenform mit dem Öl einfetten.
2. Mehl, Vanillepulver, Backpulver und Salz in eine Schüssel sieben, so dass alles gut vermischt ist. Früchte und Nüsse darunter mischen.
3. Öl, Süssmittel und Wasser vermengen.
4. Die Flüssigkeit zum Mehl geben und kurz mischen, so dass ein schwer vom Löffel fallender Rührteig entsteht. Falls nötig, entweder noch etwas Mehl oder etwas Flüssigkeit beifügen. Wenn die Mischung zu feucht oder zu trocken ist, geht sie nicht recht auf. Sobald die Flüssigkeit beigefügt ist, beginnt das Backpulver zu wirken; es ist daher wichtig, sofort mit Schritt 5 und 6 weiterzufahren.
5. Die Masse in die eingefettete Kuchenform geben und mit einem Spachtel so gleichmässig wie möglich verteilen. Die Kuchenform sollte etwa halbvoll sein. Nach dem Aufgehen füllt der Teig die Form ganz.
6. Rund 30 Minuten bei 200 °C backen. Um zu prüfen, ob der Kuchen fertig ist, mit einem Holzstäbchen oder einer Stricknadel hineinstechen. Wenn sie sauber bleibt, ist der Kuchen durchgebacken. Wenn die Oberfläche zu dunkel wird, bevor der Kuchen innen durchgebacken ist, die Temperatur reduzieren und/oder den Kuchen mit Alufolie abdecken.
7. Etwa 5 Minuten in der Form abkühlen lassen, dann herausnehmen und auf einem Gitter auskühlen lassen.

Geburtstagskuchen

Ein reichhaltiger Kuchen mit Eiern und gemahlenen Nüssen. Sie können die Nüsse gemahlen kaufen oder selber mahlen. Das Rezept ergibt einen grossen Kuchen oder 2 Schichten für einen Lagencake. Der grosse Kuchen kann auch in kaltem Zustand in Schichten geschnitten werden.

	für grossen Kuchen	für Lagencake
Kochutensilien	grosse tiefe Springform, 25 cm Durchmesser	2 flache runde Kuchenformen, 25 cm Durchmesser
Zutaten	Öl und Mehl für die Kuchenform	
Haushaltmehl	2¼ Tassen (300 g)	1½ Tassen (200 g)
Backpulver	1 gestrichener EL	⅔ gestrichener EL
Meersalz	¼ gestrichener TL	⅙ gestrichener TL
gemahlene Nüsse	2 Tassen (200 g)	1⅓ Tassen (130 g)
leichtes Maiskeimöl	1½ Tassen (300 g)	1 Tasse (200 g)
Eier, getrennt	5	3
Ahornsirup	1⅓ Tassen (350 g)	¾ Tassen (225 g)
Zitronen, Saft und Schale	1½	1
Apfelsaft	150–200 ml	100–150 ml

1. Den Ofen auf 200 °C vorheizen.
2. Die Kuchenformen mit Öl bepinseln und mit Mehl bestäuben. Überschüssiges Mehl abschütteln.
3. Mehl, Salz und Backpulver in eine Schüssel sieben. Die gemahlenen Nüsse darunter mischen.
4. In einer anderen Schüssel die flüssigen Zutaten (Öl, Eigelb, Ahornsirup und Zitrone) vermengen.
5. In einer dritten Schüssel das Eiweiss steif schlagen.
6. Alle Zutaten schnell miteinander vermengen. So viel Apfelsaft zufügen, dass ein schwer vom Löffel fallender Rührteig entsteht.
7. Sofort in die eingefettete Kuchenform geben und backen: den grossen Kuchen 30 Minuten bei 200 °C und weitere 20–30 Minuten bei 180 °C; Lagencake 25 Minuten bei 200 °C und weitere 15 Minuten bei 180 °C.
Um zu prüfen, ob der Kuchen fertig ist, mit einem Holzstäbchen oder einer Stricknadel hineinstechen. Wenn sie sauber bleibt, ist der Kuchen durchgebacken. Wenn die Aussenseite zu dunkel zu werden droht, bevor der Kuchen innen durchgebacken ist, die Temperatur reduzieren und/oder den Kuchen mit Alufolie abdecken.
8. 5 Minuten abkühlen lassen, dann den Kuchen aus der Form stürzen und auf einem Gitter auskühlen lassen, bevor Sie ihn füllen, mit einer Glasur überziehen oder Dekorationen anbringen.

Varianten
- Schokoladenkuchen: Pro 100 g Mehl 1 EL Kakaopulver beigeben.
- Eine Ringform verwenden. Damit reduziert sich die zweite Phase der Backzeit bei tieferer Temperatur.

Cakefüllungen für Lagencakes

Die folgenden Rezepte eignen sich als Cakefüllungen.
- Konfitüre (Seite 231)
- Frische Früchte, z.B. halbierte Erdbeeren oder entsteinte Kirschen
- Süsser Tofu-Rahm (Seite 191)
- Mandelcreme (Seite 190)
- Geschlagener Kanten-Rahm (Seite 191)

Zuckerguss für Kuchen

Die Rezepte Süsse Mandelsauce und Schokoladen-Ahorn-Sauce (Seite 191) lassen sich als süsser Kuchenguss verwenden und werden Ihren Gästen Begeisterungsstürme entlocken.

Verteilen Sie den Guss mit einem in heisses Wasser getauchten breiten Messer oder Spachtel aus Metall.

Dekorationen mit dem Dressiersack

½ Liter heller Apfelsaft
2 EL Maismalzsirup
3 gehäufte EL (15 g) Agar-Agar-Flocken
2 EL Mandelmus

1 Aus Apfelsaft, Malzsirup und Agar-Agar, wie beim Fruchtsaftgelee auf Seite 179 beschrieben, ein besonders festes Gelee herstellen. Abkühlen und fest werden lassen.
2 Das Gelee mit dem Mandelmus in den Mixer geben und bei hoher Geschwindigkeit zu einer üppigen, dicken Creme mixen.
3 Die Masse mit dem Dressiersack auf dem Kuchen verteilen und bis zum Servieren an einem kühlen Ort stehen lassen.

Polnischer Mohnsamenstrudel

Jedem Polen und jeder Polin werden die Augen leuchten, wenn Sie «Mohnsamen» hören. Makowiec heisst der Mohnsamenstrudel, der in Polen zu Weihnachten und Ostern gebacken wird. Selbstverständlich hat jede Hausfrau ihr eigenes Rezept, und alle finden Mutters Rezept am allerbesten.

Mohnsamen wurden in Zentral- und Osteuropa während Jahrtausenden angepflanzt, vor allem ihres Ölgehalts wegen. Die Opiate sind im Saft des Stiels und in den Samenhülsen der unreifen Pflanze enthalten, nicht aber in den Samen selber. Trotzdem gibt es in der polnischen Sprache viele Anspielungen auf die Wirkung der Mohnsamen. Wenn Kinder allzu ausgelassen sind, sagt man: «Gib ihnen Mohnsamen.» Wenn jemand zerstreut ist, heisst es, er sei ein «Mohnsamenkopf».

Mohnsamen haben eine sanfte, aber spürbar abführende Wirkung. Die Mohnsamen werden eingeweicht und gemahlen, damit die Schale aufgebrochen wird und Nährwert und Geschmack zur Entfaltung kommen. In einigen Läden gibt es bereits eingeweichte und gemahlene Mohnsamen zu kaufen. Damit ersparen Sie sich eine Menge Arbeit, aber vergewissern Sie sich, dass sie wirklich ganz frisch sind.

Das Rezept ergibt 2 Strudel, jeder gross genug für 4–6 Personen. Es lohnt sich wirklich nicht, weniger zu machen, denn er ist ziemlich aufwendig. Mehr Spass macht das Backen im übrigen, wenn man dabei Gesellschaft hat! Sie können die Füllung bereits am Vortag zubereiten und in den Kühlschrank stellen. Der Strudel hält sich mehrere Tage.

Kochutensilien:
- ein Sieb, ausgelegt mit einem Baumwolltuch
- zum Mahlen der Samen: Fleischwolf mit einer feinen Scheibe (drehen Sie die Samen zweimal durch), Getreide- oder Kaffeemühle. (Im elektrischen Mixer geht es nicht, weil die Paste zu trocken ist.)
- Backblech, ausgelegt mit Backpapier, oder 2 Brotformen (siehe Schritt 17)

Mohnsamenfüllung:
2 Tassen (300 g) Mohnsamen
1 Liter siedendes Wasser zum Überbrühen der Mohnsamen
½ Tasse (80 g) Rosinen oder Sultaninen
1 Tasse (100 g) Nüsse (Walnüsse, Mandeln, Haselnüsse oder eine Mischung davon), fein gehackt
Schale einer kleinen Orange oder einer Zitrone, fein gerieben
3 EL konzentrierter Birnen- oder Apfelsiurp
2 EL Öl
Vanilleessenz oder -pulver

Hefeteig:
20 g frische Hefe (oder die entsprechende Menge Trockenhefe)
2 EL warmes Wasser
1 EL Malzsirup
1 gestrichener EL Mehl
1⅔ Tassen (250 g) Haushaltmehl und zusätzlich Mehl zum Ausrollen
¼ gestrichener TL Meersalz
125 g Pflanzenmargarine
3 Eier

Herstellen der Füllung:
1 Die Mohnsamen mit siedendem Wasser überbrühen. 15 Minuten kochen. Durch ein mit einem Baumwolltuch ausgelegtes Sieb abgiessen, so dass die Mohnsamen nicht

durch die Löcher fallen. Abkühlen lassen. Die Samen werden dadurch aufgeweicht.
2. Die Rosinen knapp mit warmem Wasser bedeckt einweichen, bis sie vollzogen und saftig sind.
3. Die Mohnsamen mahlen (siehe Kochutensilien). Es sollte eine leicht feuchte, klebrige Masse ohne ganze Samen darin ergeben.
4. Die Rosinen abgiessen und das Einweichwasser beiseite stellen.
5. Rosinen, Nüsse, Zitronenschale, Süssmittel, Öl und Vanille mit den Mohnsamen in einen Topf geben. Gut mischen und auf kleinem Feuer unter ständigem Rühren ca. 10–15 Minuten kochen. Die Masse sollte knapp feucht sein. Wenn sie zu trocken ist und am Topf festklebt, etwas Einweichwasser von den Rosinen und falls nötig zusätzliches Wasser beigeben.
6. Die Füllung abkühlen lassen und inzwischen den Teig machen.

Herstellen des Hefeteigs:

Dieser reichhaltige Hefeteig ermöglicht Ihnen, die Samenpaste einzurollen, ohne dass der Teig beim Backen aufbricht, denn er ist sehr elastisch.

7. Die Hefe mit ganz wenig warmem Wasser zu einem Brei rühren, 1 TL Malz und 1 EL Mehl beigeben. Diesen Vorteig an einem warmen Ort 15 Minuten gehen lassen.
8. Inzwischen Mehl und Salz in eine Schüssel geben, die Margarine in kleinen Stücken dazugeben und mit den Fingerspitzen verreiben, bis eine feine, krümelige Masse entsteht.
9. Bei 2 Eiern Eigelb und Eiweiss trennen; Eiweiss in eine saubere Schüssel geben und für Schritt 14 beiseite stellen. Eigelb und Eiweiss des dritten Eis zum Eigelb der beiden anderen geben und verrühren.
10. In der Mitte des Mehls eine Mulde formen und die Eier und die Hefe hineingeben. Alles zum Mehl geben und den Teig 2 Minuten gut kneten. Es sollte ein gelber und ziemlich fester Teig entstehen.
11. Den Teig aufgehen lassen. Sie haben 2 Möglichkeiten:
– Bei der zeitsparenden Methode «der Ertrunkene» legt man die Teigkugel in eine Schüssel, die mit Wasser (Raumtemperatur) gefüllt ist. Sie taucht sofort unter. Nach etwa 10–15 Minuten wird die Kugel leichter. Wenn Sie sie von unten her antippen, taucht sie auf und bleibt in einem Schwebezustand. Sofort aus dem Wasser nehmen und mit Schritt 12 weiterfahren.
– Nach der traditionellen Methode den Teig 1 Stunde an einem warmen Ort gehen lassen, aber erst, nachdem Sie die Mohnsamenmischung eingerollt haben (siehe Schritt 18).

Einrollen der Mohnsamenmischung:

12. Den Ofen auf 200 °C vorheizen.
13. Den Teig in 2 gleich grosse Teile teilen. Die erste Hälfte auf einer mit Mehl bestäubten Arbeitsfläche ausrollen. (So wenig wie möglich zusätzliches Mehl nehmen, da zuviel Mehl den Teig hart und trocken macht.) Den Teig 2 mm dick oval oder rechteckig und doppelt so lang wie breit ausrollen.
14. Die beiseite gestellten Eiweisse steif schlagen und unter die abgekühlte Mohnsamenmischung ziehen.
15. Die Hälfte der Mohnsamenmischung auf dem ersten ausgerollten Teigoval verteilen. Lassen Sie auf der von Ihnen abgewandten Längsseite einen Rand von 2 cm frei. Überall sonst streichen Sie die Masse fast bis zum Rand.
16. Den Teig in eine Wurstform rollen. Beginnen Sie dabei mit der Ihnen zugewandten Längsseite und rollen Sie von sich weg. Rollen Sie nicht zu fest und nicht zu locker. Der freigelassene Teigrand klebt ohne Wasser fest. Den Teig an den Schmalseiten des Strudels zusammenpressen, um ihn zu versiegeln.
17. Die Rolle formen. Dafür entweder die Rolle ganz in Backpapier einrollen, aber so locker, dass Platz für die Ausdehnung während des Backens bleibt. Auf ein eingefettetes Backblech legen. Oder die Teigrolle in eine eingefettete Brotform geben. In diesem Fall muss die Rolle 2 cm kürzer sein als die Form, damit genügend Platz für deren Ausdehnung bleibt.

Mit der anderen Hälfte des Teigs nach Schritt 13–17 den zweiten Strudel machen.

18. Wenn Sie bei Schritt 11 die traditionelle Methode für das Aufgehen des Teigs gewählt haben, muss das jetzt geschehen.

Backen:

19. Die Strudel im auf 200 °C vorgeheizten Ofen 30 Minuten backen. Sie sollten goldbraun werden. Den Ofen abschalten und die Strudel weitere 15 Minuten darin lassen.
20. Auf einem Gitter auskühlen lassen. Erst schneiden, wenn sie kalt sind. Auf kleinen Tellern servieren. Schmeckt wunderbar mit Yannoh-Kaffee.

Varianten

– Die Mohnsamenmischung als Füllung für einen offenen oder gedeckten Kuchen nach dem Rezept von Kathleens Narrensicheren Kuchenboden (Seite 97) verwenden.
– Die Mohnsamenmischung als Füllung für den Österreichischen Apfelstrudel (Seite 201) verwenden.
– Die Mohnsamenmischung einfach so, ganz ohne Teighülle, in einer leicht eingefetteten Kuchenform backen. Die Mischung ca. 2 cm dick ausstreichen und bei 200 °C 20 Minuten backen. Sie wird etwas krümelig und feucht. Abkühlen lassen, in Stücke schneiden und mit Vanillesauce (Seite 190) servieren.

Victors Apfel-Muffins

In den USA sind Muffins ein Klassiker zum Frühstück, Brunch oder Kaffee. Victors Apfel-Muffins sind wunderbar feucht und an der Snackbar in Kiental äusserst beliebt.

Wenn Sie das Rezept einmal beherrschen, stehen Ihnen zahllose Varianten zur Verfügung (siehe unten «Ein Muffin, zehntausend Muffins»).

Die Amerikaner verwenden tiefe Muffin-Förmchen. Sie können statt dessen auch die flacheren für Mini-Muffins nehmen. Das Rezept ergibt 12 Muffins (oder 18 Mini-Muffins).

Öl zum Auspinseln der Förmchen

Trockene Zutaten:
2 Tassen (300 g) Haushaltmehl
1 gestrichener TL Zimt
3 gestrichene TL Backpulver
¼ gestrichener TL Meersalz

Flüssige Zutaten:
½ Tasse Reismalz oder Fruchtsaftkonzentrat
1 Tasse Apfelsaft oder Sojamilch oder eine Mischung davon
1 TL Zitronensaft
2 EL Öl

Einlage:
1½ Tassen geschälte Apfelstücke
½ Tasse Rosinen

1. Den Ofen auf 200°C vorheizen und die Muffin-Förmchen mit Öl auspinseln.
2. Mehl, Zimt, Backpulver und Salz in eine Schüssel sieben und gut vermengen.
3. Die flüssigen Zutaten miteinander verrühren und zur Mehlmischung geben.
4. Nur kurz und leicht zu einem schwer vom Löffel fallenden Rührteig mischen. Falls nötig, um die richtige Konsistenz zu erhalten, noch etwas Mehl oder Flüssigkeit beigeben. Die Mischung darf nicht zu trocken und nicht zu feucht sein, sonst geht sie nicht gut auf.
5. Die Apfelstücke und Rosinen beifügen.
6. Die Muffin-Förmchen nur gerade bis zum Rand mit Teig füllen. Der Teig geht noch auf.
7. Bei 200°C 15–20 Minuten backen.
8. In den Förmchen 5 Minuten abkühlen lassen.
9. Stürzen und auf einem Gitter auskühlen lassen.

Ein Muffin, zehntausend Muffins

Für Varianten gibt es praktisch keine Grenzen. Wenn Sie Victors Rezept einmal im Griff haben, stehen Ihnen alle Möglichkeiten offen. Beachten Sie dabei das grundlegende Verhältnis von trockenen Zutaten, flüssigen Zutaten und Einlage:

– Trockene Zutaten: 2 Tassen (300 g) Mehl, dazu Gewürze, Salz und Backpulver.
– Flüssige Zutaten: Insgesamt 1½ Tassen Süssmittel und Flüssigkeit. Wenn Sie weniger Süssmittel nehmen, geben Sie entsprechend mehr Flüssigkeit dazu. Dazu 2 EL Öl.
– Einlage: 2 Tassen frische und getrocknete Zutaten.

Überprüfen Sie immer am Schluss die Konsistenz des Teigs. Sie verändert sich mit den Zutaten.

Pikante Muffins

Verwenden Sie Gemüsefond anstelle von Apfelsaft oder Sojamilch. Reduzieren Sie das Süssmittel auf 1 EL und geben Sie dafür etwas mehr Flüssigkeit dazu.

Nehmen Sie Gemüse statt der Äpfel. Es können Zwiebeln, Karotten, Kürbis oder Zucchini sein. Sie können sie klein schneiden oder raspeln. Geben Sie nach Belieben ein wenig eingeweichte gehackte Algen dazu.

Die Rosinen weglassen und durch ½ Tasse gekochten Reis, ein anderes Getreide oder durch Nüsse und Kerne ersetzen.

Statt Zimt Kräuter und Gewürze, wie z.B. Schnittlauch, Petersilie, Thymian, Oregano, Knoblauch, Cayennepfeffer, Curry, Ingwer, nehmen.

Der Zitronensaft kann weggelassen oder durch 1 TL Apfelweinessig ersetzt werden.

Süsse Muffins

Ersetzen Sie die Äpfel durch andere falls nötig klein geschnittene frische Früchte, z.B. Birnen, Heidelbeeren, Aprikosen. Auch Kürbis können Sie für süsse Muffins verwenden.

Rosinen durch Sultaninen, Korinthen oder andere getrocknete Früchte ersetzen, z.B. Datteln, Zwetschgen, Aprikosen, Feigen. Getrocknete Früchte können zuvor eingeweicht werden, damit sie saftiger sind. Das Einweichwasser als Teil der Gesamtflüssigkeit mitverwenden.

Den Apfelsaft teilweise durch frisch gepressten Orangensaft oder einen anderen Fruchtsaft ersetzen.

Als Abwechslung statt dem Zimt andere Gewürze verwenden, z.B. Muskatnuss, Nelkenpfeffer, Muskatblüten, Nelken. Oder auch Vanille, Orangen- oder Zitronenaroma.

Mehlvarianten

Das Mehl kann für süsse wie pikante Muffins variiert werden. Ersetzen Sie dazu ½ Tasse des Haushaltmehls durch ein anderes Mehl. Probieren Sie's mit Mais-, Gersten-, Hirse-, Reis-, Hafermehl, feinen Haferflocken, Weizen- oder Haferkleie. Sie können die zweite Mehlsorte oder Kleie auch zuvor in einer Bratpfanne leicht rösten, bis es nussig riecht, dann abkühlen lassen und zu den trockenen Zutaten geben.

Zugabe von Nüssen und Kernen

Sie passen zu süssen und salzigen Muffins. Nehmen Sie davon ¼–½ Tasse und entsprechend weniger andere Zutaten als Einlage. Um möglichst viel Geschmack abzugeben, sollten die Nüsse oder Samen leicht geröstet und gehackt oder gemahlen sein. Ein paar ganze Nüsse oder Kerne können kurz vor dem Backen über den Teig gestreut werden.

Probieren Sie's mit Sesamsamen, Sonnenblumenkernen, Kürbiskernen, Walnüssen, Pekannüssen, Mandeln, Haselnüssen und Pinienkernen.

Leinsamen tauchen in vielen Rezepten ohne Ei auf. Sie helfen, die Funktion des Eis beim Binden und Aufgehen zu ersetzen. Ganze Leinsamen müssen an einem kühlen Ort aufbewahrt werden, denn sie werden schnell ranzig. Nehmen Sie 2 EL rohe Leinsamen und mahlen Sie sie in der Kaffeemühle.

Die klassischen Muffin-Rezepte

Folgende Kombinationen gehören zu den beliebtesten:
- Heidelbeeren mit Maismehl
- Datteln und Walnüsse mit Ahornsirup als Süssmittel
- Rosinen und Weizenkleie
- Pikante Kürbis-Muffins: Nehmen Sie dafür die Mischung für Kürbiskuchen rechts oder eine andere vergleichbare Mischung.

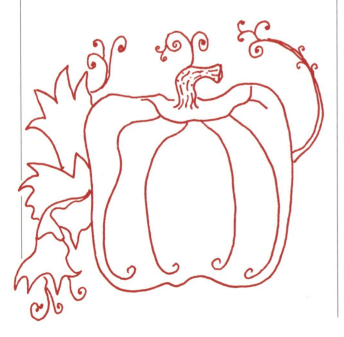

Amerikanischer Kürbiskuchen

Das Familienfest an Thanksgiving, dem dritten Donnerstag im November, erinnert an das erste Erntedankfest, das die Indianer gemeinsam mit den Siedlern aus Europa abhielten. Ein Kürbiskuchen gehört zu diesem Festtag. Dank an Beth O'Riordan für das Rezept. Es ergibt einen ungedeckten Kuchen von 25 cm Durchmesser.

1 kg orangefarbener Hokkaido-Kürbis
½ Rezeptmenge von Kathleens Narrensicherem Kuchenboden (Seite 97)
1 Tasse Wasser
1 EL Agar-Agar-Flocken
2 EL Ahornsirup
½ Tasse Sojamilch
1 gestrichener TL Gewürzmischung für Kürbiskuchen oder eine Mischung aus je ¼ gestrichenen TL Zimt, Nelkenpulver, Muskatnuss und Nelkenpfeffer

1. Den Kürbis schälen und die Kerne entfernen. Das Fruchtfleisch in grosse Stücke schneiden und zugedeckt im Ofen bei mittlerer Hitze backen, bis es weich ist (ca. 1 Stunde bei 200 °C). Etwas abkühlen lassen und pürieren. Es sollte etwa 3 Tassen Püree ergeben.
2. In der Zwischenzeit den Teig für den Kuchenboden zubereiten und ein Kuchenblech von 25 cm Durchmesser damit auslegen. 10–15 Minuten bei 200 °C blind backen, bis er hellgolden ist.
3. Die Agar-Agar-Flocken 10–15 Minuten in 1 Tasse Wasser köcheln lassen, bis sie aufgelöst sind.
4. Ahornsirup, Sojamilch und die Gewürze beigeben.
5. Die warme Agar-Agar-Mischung zum pürierten Kürbis geben und in den Kuchenboden füllen. Abkühlen und fest werden lassen.

Gedeckter Apfelkuchen

Dieser beliebte Kuchen schmeckt heiss oder kalt, einfach so oder mit heisser Vanillesauce (Seite 190), Geschlagenem Kanten-Rahm (Seite 191) oder «à la mode», d.h. mit Glace oder Eis (Seite 181). Die Menge des Süssmittels richtet sich nach der Süsse der Äpfel und nach Ihrem Geschmack. Bei sehr saftigen Äpfeln muss die Menge Pfeilwurzelmehl angepasst werden. Das Rezept ergibt 1 Kuchen von 25 cm Durchmesser.

1 Rezeptmenge von Kathleens Narrensicherem Kuchenboden (Seite 97)
1 kg süsse Äpfel
1 gestrichener EL Pfeilwurzelmehl oder Maisstärke
½ gestrichener TL Zimt
2 EL Maismalzsirup

1. Den Ofen auf 200 °C vorheizen. Den Teig für den Kuchenboden zubereiten. Die Hälfte des Teigs ausrollen und damit eine hohe Kuchenform von 25 cm Durchmesser auslegen und 5 Minuten vorbacken.

2. Die Äpfel in 2 x 2 cm grosse Stücke schneiden. (Sie brauchen nur geschält zu werden, wenn die Schale ausgesprochen zäh ist.) Die Apfelstücke in Pfeilwurzelmehl und Zimt wenden und auf den vorgebackenen Kuchenboden schichten. Den Maismalzsirup gleichmässig über die Äpfel träufeln.
3. Die andere Hälfte des Teigs ausrollen, die Äpfel damit bedecken und mit ein wenig Wasser den Teig an den Rändern zusammenkleben.
4. Im vorgeheizten Ofen bei 200°C 15 Minuten goldbraun backen, dann die Temperatur auf 150°C reduzieren und weitere 30 Minuten backen (damit die Äpfel weich werden).

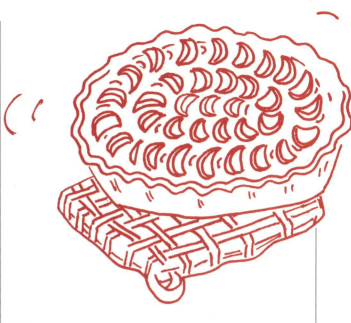

Ungedeckter Apfelkuchen

Bei diesem attraktiven ungedeckten Kuchen bleibt der Teig knusprig, weil die Haselnüsse auf dem Kuchenboden alle Flüssigkeit aufsaugen. Warm oder kalt servieren, einfach so oder mit heisser Vanillesauce (Seite 190), Geschlagenem Kanten-Rahm (Seite 191) oder Glace (Eis) (Seite 181).

½ Rezeptmenge von Kathleens Narrensicherem Kuchenboden (Seite 97)
500 g süsse Äpfel
1 Tasse (120 g) geröstete Haselnüsse oder Mandeln, fein gehackt oder gemahlen

Für den Guss:
1 gestrichener EL Kuzu oder Pfeilwurzelmehl
1 Tasse Apfelsaft
2 EL Malz- oder Birnensirup
nach Belieben ½ gestrichener TL Zimt

1. Den Ofen auf 200°C vorheizen. Den Teig für den Kuchenboden zubereiten. Ausrollen, ein Backblech von 25 cm Durchmesser damit auslegen und 10–15 Minuten vorbacken, bis er goldbraun ist. Aus dem Ofen nehmen und die Ofentemperatur auf 170°C reduzieren.
2. Eine Schicht Haselnüsse auf dem Kuchenboden verteilen.
3. Die Äpfel schälen, entkernen und vierteln. Dann in dünne Scheiben schneiden und kreisförmig so auf dem Kuchenboden verteilen, dass sie sich teilweise überlappen.
4. Für 20 Minuten zurück in den Ofen (170°C) geben, damit die Äpfel weich werden.
5. Wenn die Äpfel weich sind, den Kuchen aus dem Ofen nehmen.
6. Für den Guss das Kuzu mit ein wenig kaltem Apfelsaft zu einem Brei rühren. Den Rest des Apfelsafts zusammen mit dem Süssmittel erwärmen. Das Kuzu unter ständigem Rühren beigeben und aufkochen. Nach Belieben Zimt beigeben.
7. Mit dem Guss den Kuchenboden bis zum Rand füllen. Vor dem Servieren etwas abkühlen lassen. Der Kuchen darf aber durchaus noch warm sein.

Varianten

– Die Äpfel können auch im Dampf gegart oder in Flüssigkeit gedünstet und erst dann auf den Kuchenboden gegeben werden. Die zusätzliche Backzeit für die Äpfel fällt weg. Schneiden Sie die Äpfel in dickere Scheiben, ca. ½ cm. Zum Dünsten nehmen Sie die Tasse Apfelsaft für den Guss. In beiden Fällen – beim Garen im Dampf oder Dünsten im Apfelsaft – passen Sie auf, dass Sie die Äpfel nicht verkochen. Sie sollen ihre Form auf jeden Fall behalten. Giessen Sie die Flüssigkeit ab, geben Sie die Äpfel, wie in Schritt 3 beschrieben, auf den Kuchenboden und bedecken Sie sie mit dem Guss (Schritte 6 und 7).
– Probieren Sie die spezielle Süsse Glasur für Früchte und Früchtekuchen (Seite 189).
– Der Kuchen kann auch mit Aprikosen oder Pflaumen gemacht werden. Die Steine entfernen und der Länge nach vierteln. Wie beim Apfelkuchen beschrieben, mit dem Fruchtfleisch nach oben fortfahren.

Himbeercremetorte

Diese Torte mit den weichen Sommerfrüchten auf einer dicken Schicht Creme ist eine Spezialität aus der französischen Region Hochsavoyen. Nach demselben Rezept lassen sich auch kleine Törtchen herstellen. Die Himbeeren können durch Erdbeeren, entsteinte Kirschen, Heidelbeeren oder Brombeeren ersetzt werden. Wenn es keine frischen Früchte gibt, können auch tiefgefrorene verwendet werden.

½ Rezeptmenge von Kathleens Narrensicherem Kuchenboden (Seite 97)
1 Rezeptmenge Mandelcreme (Seite 190)
2 Tassen (200–250 g) Himbeeren
1 Rezeptmenge Süsse Glasur für Früchte und Früchtekuchen (Seite 189)

1. Den Ofen auf 200 °C vorheizen. Den Teig für den Kuchenboden zubereiten, ausrollen, ein Backblech von 25 cm Durchmesser damit auslegen und 10–15 Minuten vorbacken, bis er goldbraun ist. Abkühlen lassen.
2. Die Mandelcreme zubereiten. Sie muss dick sein. Auf dem abgekühlten Kuchenboden verteilen. Dieser sollte etwa halb gefüllt sein.
3. Die Früchte auf die Creme geben und nach Belieben ein wenig hineindrücken.
4. Die Glasur zubereiten und über die Früchte giessen, solange sie noch ein wenig warm ist.
6. Abkühlen lassen, bis die Glasur fest ist.

Zitronentraumkuchen

½ Rezeptmenge von Kathleens Narrensicherem Kuchenboden (Seite 97)
1 Rezeptmenge Zitronentraum (Seite 181)
nach Belieben gehackte, blanchierte Mandeln als Garnitur

1. Den Ofen auf 200 °C vorheizen. Den Teig für den Kuchenboden herstellen, ausrollen, ein Backblech von 25 cm Durchmesser damit auslegen und 10–15 Minuten vorbacken, bis er goldbraun ist. Abkühlen lassen.
2. Den Zitronentraum (Seite 181) herstellen. Auf den abgekühlten Kuchenboden giessen.
3. Abkühlen lassen, bis die Füllung fest ist. Nach Belieben gehackte Mandeln darüberstreuen.

Variante

Zitronen-Meringue-Kuchen: Eiweiss von 2 Eiern steif schlagen. 2 EL Ahornsirup beigeben und noch einmal schlagen. Auf dem abgekühlten Kuchenboden verteilen. Im heissen Ofen (250 °C) 5 Minuten backen, bis die Spitzen golden sind. Das Backen der Meringue kann auch unter dem Backofengrill geschehen: 3–5 Minuten backen und gut aufpassen, damit sie nicht zu dunkel wird. Vor dem Servieren etwas abkühlen lassen.

Schweizer Zwetschgenkuchen

In der Schweiz merkt man, dass der Herbst da ist, wenn die blauroten Zwetschgenkuchen in den Bäckereien auftauchen. Zwetschgenkuchen wird auch gerne als einfache Hauptmahlzeit gegessen. Die Zwetschgen werden in einem Eierguss sanft gebacken. In derselben Art werden früher im Jahr auch frische Aprikosen verwendet. Der Kuchen kann warm oder kalt, mit oder ohne Rahm serviert werden.

½ Rezeptmenge von Kathleens Narrrensicherem Kuchenboden (Seite 97)
1 Tasse (120 g) Haselnüsse oder Mandeln, fein gehackt oder gemahlen
500 g frische Zwetschgen, entsteint und der Länge nach geviertelt

Für den Eierguss:
½ Tasse Sojamilch oder Getreideschleim
½ Tasse Ahorn- oder Maismalzsirup
1 Ei, verklopft
etwas Vanilleessenz oder -pulver

1. Den Ofen auf 200 °C vorheizen. Den Teig für den Kuchenboden herstellen, ausrollen, ein Backblech von 25 cm Durchmesser damit auslegen und 10–15 Minuten vorbacken, bis er goldbraun ist. Den Kuchenboden aus dem Ofen nehmen und die Ofentemperatur auf 180 °C zurückstellen.
2. In der Zwischenzeit die Zwetschgen vorbereiten.
3. Die Haselnüsse auf dem fertig gebackenen Kuchenboden verteilen. Die Zwetschgen kreisförmig, einander überlappend, mit dem Fruchtfleisch nach oben darauf geben.
4. 30 Minuten bei 180 °C backen, bis die Zwetschgen weich sind. Den Kuchen aus dem Ofen nehmen und die Ofentemperatur auf 150 °C reduzieren.
5. Die Sojamilch langsam handwarm erwärmen und den Sirup darin auflösen. Abseits vom Herd das Ei in die Milch schlagen. Den Guss sorgfältig über den Kuchen giessen. Die Zwetschgen sollten etwa halb bedeckt sein.
6. Zurück in den Ofen geben und bei 150 °C 40 bis 50 Minuten backen, bis der Guss fest ist und die Früchte weich sind.
7. Mindestens 10 Minuten abkühlen lassen und dann in Stücke schneiden.

Variante ohne Ei

Das Ei durch 1 EL Pfeilwurzelmehl ersetzen. Dieses in etwas Sojamilch auflösen, bei Schritt 5 in die aufgewärmte und gesüsste Milch geben und unter ständigem Rühren aufkochen.

Österreichischer Apfelstrudel

Die Technik, eine Apfelfüllung in einen papierdünnen Teig zu wickeln, kam vermutlich aus der Türkei oder dem früheren Jugoslawien nach Österreich. Es ist wunderbar zu sehen, wie eine gestandene österreichische Köchin mit dem delikaten Teig umgeht. Unsere Freundin Claudia Kirchmayer kommt aus Niederösterreich, wo auch der Apfelwein herkommt. Folgen Sie ihren Anleitungen, wird Ihr Strudel gewiss gelingen. Claudia sagt, man müsse in der Küche bereit stehen und ihn gleich essen, wenn er aus dem Ofen kommt. Also: Essen Sie ihn heiss, entweder ohne weitere Zugaben, mit heisser Vanillesauce (Seite 190) oder mit kaltem Geschlagenem Kanten-Rahm (Seite 191). Das Rezept ergibt zwei Strudel.

Sie brauchen ein sauberes Tisch- oder Leintuch von etwa einem Quadratmeter Grösse.

Beachten Sie, dass Öl und Mehl Zimmertemperatur haben sollten.

1⅔ Tassen (250 g) Haushaltmehl
1 Prise Meersalz
1 EL Pflanzenöl
ca. ¾ Tasse lauwarmes Wasser
1 Tasse (160 g) Rosinen
1 kg süsse Äpfel
Mehl zum Ausrollen des Teigs
1 gestrichener TL Zimt
2 EL Pflanzenöl für die Füllung

Zubereiten des Teigs:
1 Mehl und Salz mischen, dann von Hand das Öl hineinreiben.
2 Gerade so viel lauwarmes Wasser beigeben, dass ein Teig entsteht. 15 Minuten kneten, bis er glatt, elastisch und glänzend ist.
3 Den Teig in eine Schüssel geben und zugedeckt ½ Stunde stehen lassen. Es darf keine Luft dazukommen, damit sich keine Haut bildet, sonst bereitet die weitere Verarbeitung Schwierigkeiten.

Zubereiten der Füllung:
4 Die Rosinen knapp bedeckt in warmem Wasser einweichen.
5 Die Äpfel entkernen, vierteln und in dünne Scheiben schneiden. (Sie brauchen sie nicht zu schälen, es sei denn, die Schale ist ausgesprochen zäh.)
6 Den Ofen auf mittlere Temperatur (200 °C) vorheizen.

Teig ausrollen:
7 Ein sauberes Tisch- oder Leintuch auf dem Tisch ausbreiten und leicht mit Mehl bestäuben. Den Teig in zwei etwa tennisballgrosse Portionen teilen. Die eine Portion immer noch gut zugedeckt in der Schüssel lassen. Die andere Portion mit dem Wallholz zu einem dünnen Kreis ausrollen. Den Teig aufnehmen und lose über die leicht geschlossene Faust legen. Durch Bewegen der Hand den Teig sorgfältig ausdehnen; dabei von der Mitte zum Rand hin arbeiten und den Teig ständig drehen, damit er seine Kreisform behält. Wenn er so dünn ist, dass er zu zerreissen droht, legen Sie ihn auf das Tuch und ziehen ihn weiter auseinander, bis er papierdünn ist.

Füllen und aufrollen:
8 Die Rosinen absieben. Das Einweichwasser für eine Sauce zurückbehalten. Die Hälfte der Rosinen, Äpfel und Zimt auf dem Teig verteilen. Rundum einen Rand von 2–3 cm frei lassen. 1 EL Pflanzenöl darüberträufeln. Darauf achten, dass die Füllung nicht allzu flüssig ist, da sie sonst während des Backens aus dem Strudel fliesst.
9 Mit einer schnellen Bewegung den Teig mit Hilfe des Tuches anheben und aufrollen.
10 Ein Backblech mit Öl leicht einfetten.
11 Mit Hilfe des Tuchs den Strudel auf das Blech heben. Schritte 7–11 mit der zweiten Portion Teig wiederholen. Der zweite Strudel kann auf dem gleichen Blech gebacken werden.

Backen:
12 Die Strudel 45 Minuten im vorgeheizten Ofen backen, bis sie an der Oberfläche golden und die Füllung gar ist. Nach 15 Minuten kann die Oberfläche mit etwas Öl bepinselt werden.
13 Heiss servieren, einfach so oder mit einer der oben erwähnten Saucen.

Varianten
- Variieren Sie nach Belieben die Menge der Rosinen und des Zimts. Sie können beides auch weglassen. Weitere Möglichkeiten sind Vanille und abgeriebene Zitronenschale.
- Sie können auch ein paar gehackte Mandeln oder Haselnüsse zur Füllung geben.
- Für einen Strudel «mit Guss» brauchen Sie eine tiefe Kuchenform. Mischen Sie 2 Tassen Sojamilch, 2 EL Mais- oder Reismalz und 1 Prise Vanille. Nach 20 Minuten Backzeit, den Guss über den Strudel giessen, bis dieser ungefähr halb bedeckt ist, und fertig backen.
- Experimentieren Sie mit völlig anderen Füllungen: Probieren Sie's mit der Füllung des Polnischen Mohnsamenstrudels (Seite 195) oder mit Gemüse- und anderen pikanten Füllungen.

Linzertorte

Ein sehr reichhaltiger Kuchen aus der österreichischen Stadt Linz. Die Konfitüre muss rot sein und viele Fruchtstücke enthalten. Nehmen Sie keine geleeartige Konfitüre. Ideal ist Himbeerkonfitüre, es geht aber auch mit Brombeeren und Johannisbeeren. Siehe dazu die hausgemachten Konfitüren auf Seite 213. Das Rezept ergibt eine Torte von 25 cm Durchmesser.

Kochutensilien:
- 1 flache Springform von 25 cm Durchmesser
- Teigrädchen

1 Tasse (85 g) gemahlene Haselnüsse
2 Tassen (300 g) Haushaltmehl
1 gehäufter EL Pfeilwurzelmehl
½ gestrichener TL Meersalz
1 gestrichener TL Zimt
½ Tasse Maiskeimöl
2 gehäufte EL (⅓ Tasse) Birnensirup oder Maismalzsirup
⅓ Tasse Wasser
Mehl zum Ausrollen des Teigs
Öl zum Fetten der Kuchenform
5 gehäufte EL (⅓ Tasse) rote Konfitüre
Glasur für süsses Gebäck (Seite 194)

1. Die trockenen Zutaten in einer Schüssel vermengen.
2. Das Öl beigeben und mit den Fingern darunterreiben.
3. Das Süssmittel mit dem Wasser vermischen und beigeben. Alles zusammen zu einem weichen Teig mischen.
4. Den Teig mit einem feuchten Tuch zugedeckt 30 Minuten an einem kühlen Ort stehen lassen.
5. Den Ofen auf 180 °C vorheizen. Die Kuchenform fetten.
6. Zwei Drittel des Teigs auf die mit Mehl bestäubte Arbeitsfläche geben und 3 mm dick ausrollen. Die Kuchenform damit auslegen. Keine Sorge, wenn der Teig reisst. Drücken Sie ihn mit den Fingern einfach wieder zusammen. (Wenn Sie den Teig zwischen zwei Lagen Backpapier ausrollen, lässt er sich einfacher in die Kuchenform legen, ohne zu reissen.)
7. Die Konfitüre auf dem Boden verteilen.
8. Das restliche Drittel des Teigs auf der mit Mehl bestäubten Arbeitsfläche 4 mm dick ausrollen. Mit einem Teigrädchen in 1½ cm breite Streifen schneiden. Die Streifen über Kreuz als Gitter über die Konfitüre legen.
(Wenn Teig übrig bleibt, machen Sie daraus Haselnussstengel, Seite 204.)
9. Den Kuchen im unteren Teil des vorgeheizten Ofens 30 Minuten backen, bis er goldbraun ist. Passen Sie auf, dass er nicht zu dunkel wird; daher alle 10 Minuten kontrollieren. Wenn er sich hochwölbt, mit einem Holzstäbchen oder einer Stricknadel tief in die Blase stechen.
10. Aus dem Ofen nehmen und das Teiggitter mit der Glasur bepinseln, solange der Kuchen noch heiss ist.
11. 15 Minuten abkühlen lassen und dann aus der Form nehmen. Mit einer dünnen Tortenschaufel vom Blech auf eine Tortenplatte heben und vor dem Servieren ganz auskühlen lassen.

KLEINGEBÄCK

Müesliplätzchen

Diese weichen Plätzchen sind in der Konsistenz zwischen Kuchen und Keks. Das Rezept verwendet Reste von gekochtem Getreide. Damit bleiben sie ein paar Tage feucht. Sie sind so einfach herzustellen, dass auch Kinder mitmachen können.

1 Tasse gekochter Vollreis oder ein anderes gekochtes Getreide, insbesondere Couscous oder Bulghur
1 Tasse (110 g) Haferflocken oder gemischte Müesliflocken
2 EL Nüsse oder Samen, ganz oder gehackt
2 EL Dörrfrüchte, grosse klein geschnitten
1 Apfel, mit der Schale geraspelt
1 gehäufter EL Nussmus oder Tahini oder 2 EL Öl
1 gehäufter EL Malzsirup oder Fruchtsaftkonzentrat
etwa 100 ml Apfelsaft oder Wasser
½ TL Zimt oder ein paar Tropfen Mandel- oder Vanilleessenz oder geriebene Schale von ½ Orange oder Zitrone
Öl zum Fetten

1. Alle Zutaten vermengen. Die Konsistenz sollte leicht feucht und klebrig sein.
2. Mindestens 10 Minuten oder bis zu einer halben Stunde stehen lassen. Die Konsistenz überprüfen und falls nötig korrigieren.
3. Den Ofen auf 180 °C vorheizen.
4. Ein Backblech einölen. Jeweils esslöffelgrosse Häufchen Teig aufs Backpapier setzen und mit einer Gabel zu ½–1 cm dicken Plätzchen ausstreichen. Die Plätzchen können eng nebeneinander sein, dürfen sich aber nicht berühren.
5. Etwa 20 Minuten goldbraun backen.
6. Zum Abkühlen sofort vom Blech auf ein Gitter legen.

Blitz-Nusskekse

½ Tasse (40 g) gemahlene Haselnüsse
½ Tasse (40 g) gemahlene Mandeln
½ Tasse (150 g) Haushaltmehl
1 Prise Meersalz
1 Orange, fein abgeriebene Schale
1 gestrichener TL Zimt
½ Tasse Ahornsirup
½ Tasse Reismalz
Öl zum Fetten
¼ Tasse Mandelsplitter

1. Den Ofen auf 180 °C vorheizen.
2. Die trockenen Zutaten und Gewürze (ausser den Mandelsplittern) vermengen.
3. Ahornsirup und Reismalz miteinander verrühren.
4. Alle Zutaten mischen.

5. Den Teig etwa 1 cm dick in ein gefettetes Backblech drücken. Die Mandelsplitter darüber verteilen und andrücken.
6. Im vorgeheizten Ofen etwa 15 Minuten backen.
7. In Quadrate schneiden und noch warm vom Blech nehmen (sobald das Malz hart wird, kleben die Dinger wie festgeleimt).

Weihnachtsgebäck

Gewürzplätzchen, Schweizer Weihnachtsguetzli, Mandelringe, Haselnussstengel

Eine Auswahl von Gebäck gehört ganz einfach zu Weihnachten. Sie kommen erstmals am 1. Advent auf den Tisch und bleiben dort bis zum Dreikönigstag am 6. Januar. Manchmal machen wir Anfang Dezember ein Backtreffen. Jede Person bringt etwa die vierfache Menge von 1 oder 2 bereits am Vortag hergestellten Teigen mit. Wir stechen dann zusammen die Plätzchen aus und backen sie gemeinsam. So kann jede Person verschiedene Guetzlisorten nach Hause bringen. Die folgenden vier Rezepte haben wir so angepasst, dass sie ohne Butter, Zucker und Eier auskommen. Selbstverständlich können sie auch zu anderen Zeiten im Jahr für Gebäck verwendet werden. Wir machen zum Beispiel an Ostern daraus Plätzchen in Osterhasenform. Das Gebäck hält sich luftdicht aufbewahrt und gut genug versteckt etwa einen Monat …

Gewürzplätzchen

1 Tasse (150 g) gehackte Rosinen
3 Tassen (450 g) Haushaltmehl
1 Tasse (150 g) Roggenmehl
¼ gestrichener TL Meersalz
4 gestrichene TL Zimtpulver
½ gestrichener TL Nelkenpulver
½ gestrichener TL Vanillepulver
½ gestrichener TL Kardamompulver
½ gestrichener TL geriebene Muskatnuss
½ Tasse leichtes Mandelmus
½ Tasse geröstetes Mandelmus
½ Tasse Fruchtsaftkonzentrat
¼ Tasse Reismalz
Mehl zum Ausrollen des Teigs
½ Tasse (50 g) gehobelte Mandelblättchen
Öl zum Fetten

1. Die gehackten Rosinen 5 Minuten knapp mit Wasser bedeckt köcheln lassen. Zum Abkühlen beiseite stellen.
2. Die Mehl und die Gewürze sieben und mischen.
3. Das Mandelmus, die Rosinen und die Süssmittel miteinander vermengen.
4. Alle Zutaten mischen und zu einem festen Teig rühren.
5. Den Teig zugedeckt an einem kühlen Ort mindestens 30 Minuten oder bis zu 8 Stunden stehen lassen.
6. Den Ofen auf 180°C vorheizen.
7. Den Teig auf der mit Mehl bestäubten Arbeitsfläche ½ cm dick ausrollen. Die Mandelblättchen darüber verteilen und ein wenig andrücken. Mit Förmchen Plätzchen ausstechen oder mit einem Messer in Quadrate schneiden. Teigabschnitte zusammennehmen und neu ausrollen, bis der ganze Teig aufgebraucht ist.
8. Auf ein eingeöltes Backblech geben.
9. Im vorgeheizten Ofen 10 Minuten backen.
10. Auf einem Gitter auskühlen lassen.

Schweizer Weihnachtsguetzli

Der Teig eignet sich besonders gut zum Ausstechen von Sternen, Glocken und anderen weihnächtlichen Formen.

2 Tassen (300 g) Haushaltmehl
½ Tasse (75 g) weisses Reismehl
¼ gestrichener TL Meersalz
½ Tasse Maiskeimöl
½ Tasse Süssmittel (halb Reismalz, halb Ahornsirup)
1 Zitrone, fein abgeriebene Schale
2 Eier (1 für die Glasur)
Mehl zum Ausrollen des Teigs
Öl zum Einfetten des Backblechs

1. Mehl und Salz mischen.
2. Das Öl, das Süssmittel, die abgeriebene Zitronenschale und ein Ei vermengen.
3. Alles zu einem festen Teig rühren.

4 Den Teig zugedeckt mindestens 30 Minuten oder bis zu 8 Stunden an einem kühlen Ort stehen lassen.
5 Den Ofen auf 180 °C vorheizen.
6 Den Teig auf der mit Mehl bestäubten Arbeitsfläche ½ cm dick ausrollen. Mit Förmchen ausstechen. Teigabschnitte zusammennehmen und neu ausrollen, bis der ganze Teig aufgebraucht ist.
7 Auf ein eingeöltes Backblech legen und die Oberfläche mit dem zweiten, verklopften Ei bepinseln.
8 Im vorgeheizten Ofen etwa 10 Minuten backen, bis sie ganz leicht gebräunt sind.
9 Auf einem Gitter auskühlen lassen.

Mandelringe

Diese Plätzchen haben in der Mitte ein Loch und können mit Bändern an den Weihnachtsbaum gehängt werden. Sie brauchen dafür eine runde Ausstechform von ca. 6 cm Durchmesser und eine zweite von etwa 1½ cm Durchmesser für das Loch.

3 Tassen (450 g) Haushaltmehl
3 Tassen (250 g) Mandeln, blanchiert und gemahlen
½ gestrichener TL Meersalz
2 Zitronen, fein abgeriebene Schale und Saft
500 g Reismalz
2 EL leichtes Mandelmus
2 Eier, Eiweiss und Eigelb getrennt
etwa 1 EL Sojamilch oder Wasser
Mehl zum Ausrollen des Teigs
1½ Tassen (200 g) Mandeln, blanchiert und gehackt

1 Die trockenen Zutaten miteinander vermengen.
2 Zitronensaft, Reismalz, Mandelmus und die Eigelbe miteinander mischen.
3 Alles zu einem festen Teig rühren. Falls nötig, Sojamilch oder Wasser beigeben.

4 Den Teig zugedeckt mindestens 30 Minuten oder bis zu 8 Stunden an einem kühlen Ort stehen lassen.
5 Den Ofen auf 180 °C vorheizen.
6 Den Teig auf der mit Mehl bestäubten Arbeitsfläche 2 cm dick ausrollen. Runde Plätzchen von 6 cm Durchmesser ausstechen. In jedes ein Loch von etwa 1½ cm Durchmesser stechen. Teigabschnitte zusammennehmen und erneut ausrollen, bis der ganze Teig aufgebraucht ist.
7 Auf ein eingefettetes Backblech legen. Die Oberfläche mit dem verklopften Eiweiss bepinseln und, solange es noch feucht ist, mit den gehackten Mandeln bestreuen.
8 Im vorgeheizten Ofen etwa 10 Minuten backen, bis sie hellbraun sind.
9 Vom Backblech nehmen und auf einem Gitter auskühlen lassen.

Haselnussstengel

Teig, siehe Linzer Torte, Seite 201 (evtl. doppelte Menge)
Mehl zum Ausrollen des Teigs
Öl zum Fetten
Glasur für süsses Gebäck (Seite 194)

1 Den Teig zubereiten und zugedeckt mindestens 30 Minuten oder bis zu 8 Stunden an einem kühlen Ort stehen lassen.
2 Den Ofen auf 180 °C vorheizen.
3 Den Teig auf der mit Mehl bestäubten Arbeitsfläche etwa 4 mm dick ausrollen.
4 In Stengel von ca. 6 cm Länge und 1 cm Breite schneiden. Auf ein gefettetes Backblech legen.
5 Im vorgeheizten Ofen etwa 10 Minuten backen, bis sie hellbraun sind.
6 Aus dem Ofen nehmen und mit der Glasur bestreichen, solange sie noch heiss sind.
7 Vom Backblech nehmen und auf einem Gitter auskühlen lassen.

Süsse Snacks

Energieriegel

Als Pausenverpflegung oder für eine Wanderung. Die trockenen Zutaten werden im Ofen geröstet, dann mit heissem Malzsirup vermischt und in eine flache, rechteckige Form (Gratinform, Serviertablett) gepresst.

2 Tassen feine Haferflocken
¼ TL Meersalz
½ Tasse fein gehackte Nüsse, z.B. Mandeln, Haselnüsse oder Walnüsse
⅓ Tasse Maiskeimöl
¼ gestrichener TL Zimt
¼ gestrichener TL Vanillepulver
½ Tasse Rosinen
½ Tasse Reis-, Gersten- oder Maismalzsirup
1 EL Wasser
Öl zum Fetten der Form

1 Den Ofen auf 170 °C vorheizen. Eine Platte oder ein Tablett einölen.
2 Haferflocken, Salz, Nüsse und Öl zu einer krümeligen Mischung vermengen.
3 Auf einem Backblech verteilen und im vorgeheizten Ofen 15–20 Minuten goldbraun backen.
4 Zimt, Vanille und Rosinen dazugeben und für 1 Minute zurück in den Ofen geben.
5 In der Zwischenzeit den Malzsirup mit dem Wasser erhitzen und 3 Minuten köcheln lassen; umrühren, damit nichts anbrennt.
6 Die heisse Flockenmischung in eine Schüssel geben, das heisse Malz darübergiessen und gut unterrühren. Sofort auf die eingefettete Platte oder das Tablett geben und die Mischung fest pressen.
7 Abkühlen lassen. In Riegel schneiden, solange die Mischung noch etwas warm ist.
8 Ganz abgekühlt in einem luftdichten Behälter aufbewahren. Die Riegel bleiben etwa eine Woche gut.

Studentenfutter

Eine energiereiche Früchte- und Nussmischung für eine Wanderung. Sie ist gut haltbar, Sie können also eine grössere Menge davon herstellen. Eignet sich auch hervorragend als Zwischenverpflegung für die Schulpause.

250 g Nüsse und Kerne, z.B. Haselnüsse, Mandeln, Walnüsse, Erdnüsse, Sonnenblumenkerne, Kürbiskerne (nach Sorten getrennt halten)
250 g natürlich gedörrte Früchte, z.B. Rosinen, Korinthen, Sultaninen, Äpfel, Aprikosen, Birnen, Zwetschgen, Feigen, Datteln

1 Die Nüsse und Kerne rösten, wie auf Seite 104 beschrieben.
2 Grosse Früchte klein schneiden. (Nicht waschen, da die Mischung sonst feucht wird.)
3 Wenn die Nüsse und Kerne ganz abgekühlt sind, mit den Früchten mischen.

Die Mischung in einem luftdichten Behälter für unterwegs mitnehmen.

Variante

Geben Sie etwas Getreide in die fertige Mischung, z.B. Popcorn, zerkrümelte Reiswaffeln, zuckerfreies Frühstücksmüesli oder Knuspermüesli (Seite 192).

Erdnussbutter-Malz-Popcorn

Eine klebrige, aber unwiderstehliche Versuchung.

2 gehäufte EL Mais-, Reis- oder Gerstenmalzsirup
1 EL Wasser
1 gehäufter EL Erdnussbutter
1 Prise Vanillepulver oder ein Schuss Vanilleessenz
1 Rezeptmenge Popcorn (Seite 105)

1 Malzsirup und Wasser zusammen aufkochen und unter ständigem Rühren 5 Minuten köcheln lassen.
2 Erdnussbutter und Vanille hineinrühren.
3 Das Popcorn in einer Schüssel mit dem heissen Sirup übergiessen und schnell gut mischen.
4 Aus der Schüssel nehmen und auf einer Platte oder einem Tablett ausbreiten und abkühlen lassen. Die Mischung wird knusprig und gleichzeitig klebrig.
5 Zum Servieren in Stücke brechen.

Variante

Rosinen und/oder geröstete Mandeln oder Erdnüsse unter das Popcorn mischen, bevor der Sirup dazukommt.

Sonnenblumenbällchen mit Rosinen

Es macht Spass, sie herzustellen, und sie sehen in Papierförmchen besonders gut aus. Das Rezept ergibt 8 Bällchen.

1 Tasse Sonnenblumenkerne
½ Tasse Rosinen
1 EL Wasser
2 gehäufte EL Reismalz
1 Prise Vanillepulver

1 Die Sonnenblumenkerne, wie auf Seite 104 beschrieben, rösten. Abkühlen lassen.
2 Die Rosinen darunter mischen.
3 Wasser, Malz und Vanille zusammen aufkochen und 5 Minuten sanft köcheln lassen. Aufpassen, dass nichts anbrennt. Über die Kerne und Rosinen giessen und gut mischen. Handwarm abkühlen lassen.

4 Befeuchten Sie Ihre Hände leicht, nehmen Sie etwas von der Mischung auf und formen Sie daraus etwa walnussgrosse Kugeln.
5 Abkühlen lassen.

Heisse Marroni

Der Herbst ist die Zeit der Kastanien. Die Marroni, die bei uns auf der Strasse angeboten werden, stammen vor allem aus den reichen Vorkommen in Norditalien und Spanien. Kastanien ergeben einen tollen Snack oder eine besondere Nachspeise, an der Sie gemütlich einige Zeit knabbern können.

In jedem Fall müssen die Kastanien eingeschnitten oder mit einer Gabel kräftig eingestochen werden, damit sie während des Garens nicht platzen. Schälen Sie sie, solange sie noch heiss sind. Wenn sie abgekühlt sind, ist es viel schwieriger.

Kastanien rösten: Im auf 250 °C vorgeheizten Ofen etwa 10 Minuten oder in der Glut eines offenen Feuers rösten.

Kastanien kochen: 15 Minuten in siedendem Wasser köcheln lassen.

Variante

Ganze Kastanien können auch tiefgefroren oder in Dosen bereits geschält gekauft werden. Die Kochzeit ist dann kürzer als bei frischen Kastanien.

Apfelgesicht

Sorgen Sie für einen Pausenspass, indem Sie einen Apfel in ein Clowngesicht oder einen Hasen verwandeln (siehe «Tricks mit Gemüse», Seite 209).

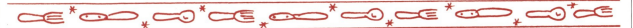

Für Babies und Kinder

Getreideschleim

Dieser Schleim kann nicht nur die Muttermilch ergänzen und als Übergang zur ersten festen Nahrung dienen, er ist ausserdem ein ausgezeichnetes Mittel, um stillenden Müttern zu helfen, die Milchproduktion anzuregen. Wegen seiner guten Verdaulichkeit ist er auch für Rekonvaleszente, die sich von einer Krankheit oder Operation erholen, sehr gut. Zu guter Letzt ist Getreideschleim die Basis für viele Desserts, Saucen und reichhaltige Getränke.

Kochutensilien:
– Ein grosser, schwerer Kochtopf oder Dampfkochtopf
– feines Käseleinen aus Baumwolle (mindestens 30 x 30 cm)
– eine grosse Schüssel und ein Löcherbecken oder Sieb zum Absieben
– Spatel oder grosser Holzlöffel

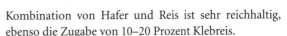

1 Tasse (205 g) Vollreis
10 Tassen Wasser (2½ Liter)

1 Den Reis mit dem Wasser in den Topf geben (kein Salz verwenden).
2 Auf kleinem Feuer langsam aufkochen.
3 Die Hitze reduzieren (Wärmestreuplatte), den Topf zudecken und den Reis 1½ Stunden köcheln lassen. Im Dampfkochtopf auf maximalen Druck bringen, die Hitze reduzieren und 1 Stunde kochen.
4 Das Löcherbecken oder Sieb mit dem Käseleinen auslegen und auf die Schüssel stellen.
5 Den Reis hineinschütten.
6 Die Ecken des Tuchs in einer Hand zusammenfassen und mit der anderen Hand mit Hilfe des Spatels den Schleim herauspressen, indem man von oben nach unten streicht.
7 Der Schleim ist nun gebrauchsfertig.
8 Nicht sofort verwendeter Schleim muss im Kühlschrank oder an einem anderen sehr kühlen Ort aufbewahrt und am nächsten Tag verbraucht werden.

Wenn Sie Getreideschleim als regelmässige oder hauptsächliche Nahrung für Säuglinge verwenden, beachten Sie folgende Punkte:
– Süssen Sie den Getreideschleim auf die gleiche Süsse wie Muttermilch, indem Sie ein wenig Reismalzsirup in den warmen Schleim geben.
– Reichern Sie den Getreideschleim so an, dass er im Fett-, Eiweiss- und Mineraliengehalt der Muttermilch gleichkommt. Dazu 4 EL leicht geröstete, zerdrückte Sesamsamen oder die gleiche Menge blanchierte Mandeln oder am Schluss leichtes Mandelmus beigeben. Auch eine Kombination von Hafer und Reis ist sehr reichhaltig, ebenso die Zugabe von 10–20 Prozent Klebreis.
(Übertreiben Sie nicht, weder beim Süssen noch beim Anreichern. Säuglinge reagieren sehr empfindlich auf ein Zuviel, und zwar mit schleimigen Ausscheidungen, z.B. verschnupfter Nase.)
– Variieren Sie das Getreide. Passen Sie sich den regionalen klimatischen Bedingungen und den Bedürfnissen des Kindes an.
– Beachten Sie, dass kein Salz verwendet wird. Kleinkinder brauchen, bis sie gehen können, kein Salz. Wenn Sie den Eindruck haben, dass das Kind mehr Mineralien braucht, z.B. weil es bei heissem Wetter viel geschwitzt hat, geben Sie beim Kochen ein sehr kleines Stück gewaschenen Kombu bei.
– Verwenden Sie das ganze Getreide, nicht Flocken oder Mehl. Viele Familien haben festgestellt, dass der regelmässige Gebrauch von Mehl und Flocken die Verdauungsorgane schwächt und die Aufnahme der Nährstoffe behindert. Diese Produkte, auch wenn sie biologisch sind und speziell als Babynahrung verkauft werden, sollten nur ausnahmsweise, auf Reisen etwa oder unter anderen besonderen Umständen verwendet werden.
– Verwenden Sie zur Herstellung von Brei nicht den Mixer, da sonst die Fasern nicht entfernt, sondern nur zerhackt werden und im Brei enthalten bleiben. Zuviel Fasern belasten aber das Verdauungssystem des Babys und verhindern die Aufnahme der Nährstoffe.
– Bereiten Sie wenn möglich die tägliche Ration Getreideschleim jeden Morgen frisch zu. Wenn dies nicht möglich ist, sterilisieren Sie den Getreideschleim in Gefässen, die Sie nach dem Öffnen im Kühlschrank kühl halten.

- Wenn das Baby grösser wird, machen Sie den Schleim schrittweise dicker, indem Sie weniger Wasser nehmen. Beginnen Sie damit, wenn das Baby mit der üblichen Menge Milch nicht gesättigt zu sein scheint. Der Sauger des Schoppens braucht für den dickeren Schleim allerdings ein grösseres Loch. Ab 3–4 Monaten kann das Kind den dickeren Brei mit dem Löffel essen. Wenn es etwa 6 Monate alt ist, muss der Getreideschleim nicht mehr durch das Käseleinen gepresst werden, sondern kann mit der feinsten Scheibe durchs Handpassiergerät gedreht werden.
- Die im Tuch zurückbleibenden Reste können für Getreideburger oder Brot verwendet werden. Oder Sie können sie in kleine Stücke Käsetuch einwickeln und als sanften Hautreiniger für die Körperpflege verwenden – ein idealer Seifenersatz für das Baby.

Varianten
- Getreidebrei: Für einen dickeren Brei, der mit dem Löffel gegessen wird, halbieren Sie die Wassermenge (5 Tassen Wasser pro Tasse Reis).
- Machen Sie Schleim aus verschiedenen Getreidesorten. Probieren Sie die folgenden Varianten:
  - Vollkornhafer
  - Vollreis mit 20–50 Prozent Hafer
  - Vollreis mit 20–50 Prozent Vollkorn- oder halbpolierter Gerste
  - Vollreis mit 20–50 Prozent Klebreis
  - Vollreis mit 20–50 Prozent Hirse
- Für Erwachsene geben Sie während des Kochens ein wenig Meersalz oder eine Umeboshi-Pflaume bei.
- Wenn Sie den Reis oder die anderen Getreidesorten vor dem Kochen ein wenig rösten, erhalten Sie einen frischen, nussigen Geschmack – besonders passend für kaltes Wetter oder für Personen in einem Yin-Zustand.

Gemüsepüree

Der nächste Schritt nach dem Getreidebrei ist das Gemüsepüree. Wenn das Baby nach 4–6 Monaten die ersten Zähne bekommt, kann es mit Gemüsepüree gefüttert werden. Beginnen Sie mit winzigen Portionen (1 TL) und nehmen Sie am Anfang nur eine Gemüsesorte (keine Mischungen), so dass Sie feststellen können, was es gern hat und welches Gemüse welche Wirkung hat. Geeignet sind: Karotten, Kürbis, Kohl, Chinakohl, Federkohl (Grünkohl). Vermeiden Sie vorerst Zwiebeln und Lauch. Geben Sie kein Salz bei.

1 Das Gemüse putzen und klein schneiden.
2 In einem Topf mit Deckel 1 cm hoch Wasser erhitzen.
3 Das Gemüse beigeben, zudecken, die Hitze reduzieren und sanft köcheln lassen, bis alles sehr weich gekocht ist, also rund 10–15 Minuten. Am Schluss sollte praktisch kein Wasser übrig bleiben.
4 Das Gemüse mit einem Holzlöffel durch ein Sieb drücken oder mit der feinsten Scheibe durchs Handpassiergerät drehen. Nicht mixen, da die Fasern dadurch nur zerhackt und nicht entfernt werden. Zu viele Ballaststoffe bringen die Verdauung des Babys durcheinander und verhindern die Aufnahme der Nährstoffe. Je grösser das Kind wird, desto gröbere Siebe bzw. gröbere Scheiben beim Passiergerät können Sie verwenden. Sobald es selbst vom Teller zu essen beginnt, ist es bereit für den nächsten Schritt, in der gleichen Art gekochtes, aber nicht püriertes Gemüse. Sobald das Kind zu stehen beginnt, kann ein bisschen Salz oder Miso mitgekocht werden. Nur ganz wenig Salz verwenden, solange das Kind noch nicht läuft.

Um grössere Mengen Gemüsepüree für spätere Verwendung zu sterilisieren, folgen Sie der Anleitung für Frucht- und Gemüsepürees (Varianten, Seite 232).

Gemüsepalette

Sobald das Kind aufrecht sitzen und auf seinen Teller sehen kann, wird es an einer farbenfrohen Präsentation seine helle Freude haben, ganz besonders, wenn das pürierte Gemüse aussieht wie die Palette eines Malers. Sobald Sie Getreidebrei und Gemüsepüree eingeführt haben, können Sie sie mit kontrastreichen und klaren Farben zu einer attraktiven Komposition zusammenstellen. Fahren Sie in deser Art und Weise fort, und geben Sie immer mehr Speisen hinzu, die mit den Fingern gegessen werden können. Es ist sehr interessant zu beobachten, welche Speisen das Kind aussucht und wann. Kinder scheinen zu wissen, was sie wollen und brauchen. Eine Speise, die während einer gewissen Zeit verschmäht wird, kann später sehr begehrt sein und umgekehrt.

Hülsenfrüchte fürs Baby

Hülsenfrüchte können langsam nach und nach eingeführt werden, sobald das Kind langsam von der Muttermilch entwöhnt wird. Beginnen Sie mit ganz kleinen Mengen, denn Hülsenfrüchte sind nicht leicht verdaulich. Eine gute Methode besteht darin, dem Rezept für Getreideschleim (Seite 207) einen einzigen Teelöffel eingeweichter Hülsenfrüchte beizugeben und mit dem Getreide zu kochen.

Ab etwa 6 Monaten können kleine Portionen Hülsenfrüchte als separate Speise eingeführt werden. Folgen Sie den Anleitungen für das Grundrezept Hülsenfrüchte (Seite 109). Sobald sie in Schritt 6 weich gekocht sind, entnehmen Sie 1 TL für das Baby, bevor Sie das Gericht für die Erwachsenen salzen. Mineralien braucht auch das Baby für die Verdauung von Eiweiss. Doch im beigefügten Kombu stecken genügend davon, und Salz liefert er auch. Drücken Sie die Hülsenfrüchte durch ein Sieb, damit die Haut entfernt wird, denn sie ist für Kinder schwer verdaulich. Sobald das Kind etwas grösser ist und zu stehen beginnt, kann ein kleines bisschen Salz oder Miso mitgekocht werden. Salzen Sie nur minimal, solange das Kind noch nicht richtig läuft.

Varianten
- 1 TL Reis- oder Gerstenmalz zum Süssen beigeben.
- ½ TL Mandelpüree oder ein anderes Nussmus beigeben, um sie nahrhafter zu machen.

Gedünstetes Gemüse für Kleinkinder

Sobald Kinder gehen können, steigt ihr Bedarf an Öl und Fett ein wenig. Dies ist der Moment, um gedünstetes Gemüse einzuführen. Probieren Sie's zuerst mit Karotten oder Grüngemüse.

½ TL Öl
1 TL Wasser
1 Gemüsesorte, in feine Stäbchen geschnitten oder fein gehackt
1 winzige Prise Salz oder ein paar Tropfen Shoyu

1. Öl und Wasser in einer kleinen Pfanne mit Deckel erhitzen.
2. Sobald es zu köcheln beginnt, das Gemüse und Salz einrühren. Etwa 1–2 Minuten weiterrühren, bis das Gemüse zusammenfällt.
3. Die Hitze auf ein Minimum reduzieren, zudecken und sehr sanft 5–10 weitere Minuten köcheln lassen, bis das Gemüse weich ist. Kontrollieren und falls nötig etwas Wasser nachgiessen, damit das Gemüse nicht anbrennt.
4. Die Pfanne vom Feuer nehmen und das Gemüse vor dem Füttern leicht abkühlen lassen.

Tricks mit Gemüse

Kinder lieben Spass beim Essen. Experimentieren Sie doch mit Ausstechförmchen, und kreieren Sie neues Gemüse in Herz-, Mond- und Sternformen. Grosses Wurzelgemüse ist dafür sehr geeignet: Karotten, weisse Rüben, weisser Rettich, Bodenkohlrabi (Steckrüben), Kohlrabi. Schneiden Sie zuerst grosse, ½ cm dicke Scheiben und stechen Sie dann die Formen aus. In leicht gesalzenem, siedendem Wasser kurz blanchieren, bis sie knapp weich sind. Abgiessen und servieren.

Ein anderer einfacher Trick, um Kinder dazu zu animieren, mehr Gemüse zu essen: Legen Sie das Gemüse zuallererst auf den Teller, zum Zeitpunkt, wo der Appetit am grössten ist, oder lassen Sie die Kinder am Gemüse knabbern, bevor man sich zum Essen an den Tisch setzt.

Rohes Gemüse und rohe Früchte als Garnitur oder Snacks

Apfelgesichter: Verwandeln Sie einen simplen Apfel in ein Clowngesicht oder einen Hasen. Einen Apfel vierteln und das Kerngehäuse entfernen. Mit einem scharfen Messer die Haut vom spitzen Ende her ganz dünn bis etwa in die Hälfte abziehen, aber daran lassen. Dies ist der Hut des Clowns. Für Hasenohren schneiden Sie ein V in den geschälten Teil. Bohren Sie jetzt mit der Messerspitze Augen, Nase und Mund in den ungeschälten Teil.

Karottenkrokodile: Schneiden Sie vom dünnen Ende her die Karotte der Länge nach bis etwa in die Hälfte entzwei. Schneiden Sie im Spalt oben und unten ein paar Zähne hinein. Das Krokodil öffnet sein Maul, wenn die Karotte eine Weile in Wasser eingelegt wird.

Radieschenmaus: Nehmen Sie ein Radieschen mit einer langen Wurzel als Schwanz für die Maus. Schneiden Sie auf einer Seite ein kleines Stück weg, so dass die Maus stehen kann. Bohren Sie mit einem scharfen Messer Augen hinein – fertig.

Lassen Sie sich von Ihrer eigenen Phantasie leiten, um den Gesichtern Ausdruck zu geben und neue Tiere zu erfinden.

Monsteraugen (Gemüsewickel)

Eine weitere Spielerei, die Kinder lieben (siehe Gefüllte grüne Wickel, Seite 143).

In Amasake eingelegtes Gemüse

Dieses süss schmeckende Gärgemüse mit wenig Salz ist ideal für Kinder und Personen mit einer salzarmen Diät (siehe «Gomasio» Seite 230).

Auch anderes Gärgemüse eignet sich für Kleinkinder. Legen Sie es aber immer zuerst 1 Stunde in kaltes Wasser, damit überschüssiges Salz ausgeschwemmt wird.

Amasake-Dessert

Siehe Amasake (Seite 217), Variante für Babies.

GETRÄNKE

HEISSE GETRÄNKE

Wissen Sie Bescheid über Getreidekaffee?

Haben Sie sich auch schon gefragt, was eigentlich unsere Vorfahren in Europa getrunken haben, bevor sie den arabischen Brauch des Kaffeetrinkens kennenlernten? Der Kaffeebaum wächst im tropischen Afrika. Vor etwa tausend Jahren begannen die Araber in Äthiopien, aus den gerösteten und zu Pulver gemahlenen Bohnen ein heisses Getränk zuzubereiten. Im 15. Jahrhundert kam das neue Getränk über Venedig nach Europa, und Mitte des 17. Jahrhunderts gehörten Kaffeehäuser ebenso zu London wie Cafés zu Paris. Was den Kaffee so anziehend macht, ist unter anderem das Koffein, das auch in Schwarztee, Kakao, Cola- und anderen Süssgetränken enthalten ist und auf viele Organe und Systeme des Körpers wirkt. Kurzfristig steigert es die Konzentration und wirkt allgemein anregend. Langfristig und bei hohem Konsum führt Koffein zu nervöser Unruhe und Schlaflosigkeit.

Koffeinfreier Kaffee wird durch Extraktion des Koffeins mit Hilfe einer Chemikalie hergestellt, von der Rückstände im Endprodukt zurückbleiben. Daneben gibt es noch eine andere Methode, um dem Kaffee das Koffein mittels Wasser, statt Chemikalien, zu entziehen; solcher Kaffee ist aber kaum erhältlich. Wer ein von Natur aus koffeinfreies Getränk mit einem angenehm bitteren Röstgeschmack sucht, wird in der Geschichte unserer Vorfahren fündig. Sie bereiteten heisse Getränke aus geröstetem Getreide, gerösteten Bohnen, Nüssen und Wurzeln zu. Die üblichsten Rohstoffe waren:
- Getreide: z.B. Gerste, Weizen, Roggen. Gemälztes Getreide ist süsser. Im Orient wurde auch Reis verwendet.
- Bohnen, Nüsse und Kerne: Getrocknete Bohnen aller Art, Nüsse, Samen und Eicheln.
- Wurzeln: Löwenzahn, Zichorie.

Der Makrobiotiklehrer George Ohsawa entwickelte ein Rezept für ein spezielles Getränk, Yannoh, das aus Gerste und Sojabohnen besteht.

Wenn Sie Ihren eigenen Getreidekaffee herstellen wollen, rösten Sie, wie auf Seite 104 beschrieben, alle Zutaten separat, bis sie ganz dunkelbraun, fast schwarz sind. Wurzeln können geschnitten und auf die gleiche Weise geröstet werden. (Dabei entsteht eine Menge Rauch in der Küche!) Sobald die Körner abgekühlt sind, können sie in einer Kaffeemühle gemahlen werden.

Einfacher ist es auf jeden Fall, frisch gerösteten und gemahlenen Getreidekaffee zu kaufen.

Noch einfacher zu handhaben sind die unter verschiedenen Namen in Reformhäusern und Biolöden erhältlichen Pulverkaffeesorten. Nur heisses Wasser darübergiessen, umrühren – fertig.

Kaffee aus gemahlenem Kaffeepulver
(nicht Instantkaffee)

1 Liter Wasser
1 Prise Meersalz
2–4 EL Getreidekaffee (je nach gewünschter Stärke)

1 Das Wasser mit dem Salz in einem grossen Topf aufkochen.
2 Wenn das Wasser siedet, die Hitze reduzieren und den Kaffee beigeben. Nun ständig überwachen und nicht zudecken! Sobald das Wasser erneut zum Kochen kommt, sofort vom Feuer nehmen. Es schäumt gern auf und kocht leicht über!
3 Mit einem kalten Esslöffel über die Oberfläche fahren; der Kaffee setzt sich dann besser.
4 Zudecken und 3–5 Minuten ziehen lassen.
5 Durch ein feines Sieb in einen Krug oder Tassen abgiessen.

Wissen Sie Bescheid über Tee?

«Cha» ist das japanische Wort für Tee, das – ebenso wie das arabische «chay» und der britische Slang-Ausdruck «char» – auf das chinesische «ch'a» zurückgeht.

Der Teestrauch (Camellia sinensis) wächst im tropischen und subtropischen Asien. Der Anbau der Pflanze und die Verwendung der Blätter für ein Getränk werden erstmals im 4. Jahrhundert nach Christus in China erwähnt. Während der nächsten tausend Jahre verbreitete sich Tee in China und Japan als Volksgetränk. Die venezianischen Gewürzhändler, die auf ihren Reisen auch nach China kamen, brachten den Tee Mitte des 16. Jahrhunderts nach Europa. Im Laufe des 18. Jahrhunderts bürgerte sich in England der Tee anstelle des damals üblichen schwach alkoholhaltigen Ales als Frühstücksgetränk ein. In dieser Zeit kam auch der noch typischere britische Brauch auf, am Nachmittag eine Teepause zu machen. Ende des 18. Jahrhunderts importierte Grossbritannien 20 Millionen Pfund Tee aus China. Im 19. Jahrhundert begann der Teeanbau in den britischen Kolonien Indien und Ceylon (das heutige Sri Lanka), von wo heute die beliebtesten Sorten kommen. Den Teebeutel erfand ein New Yorker Händler; er verwendete Seide für seine Herstellung.

Wie der Kaffee verdankt auch der Tee seine Beliebtheit seinem Gehalt an Koffein (vgl. Anmerkungen zum Getreidekaffee Seite 210).

Die verschiedenen Teile des Teestrauchs – junge Triebe, Knospen, offene Blätter, Zweige –, die alle von Hand gepflückt werden müssen, ergeben eine jeweils andere Teequalität. Eine Rolle spielt auch der Zeitpunkt, zu dem sie geerntet werden.

Schwarztee entsteht in vier Schritten: Die Blätter werden kurz getrocknet, dann gerollt (leicht gemahlen und gemischt), fermentiert (bei 27 °C während 1–3 Stunden, wobei sich die chemische Zusammensetzung der in den Blättern enthaltenen Enzyme verändert) und schliesslich getrocknet (bei Temperaturen, die langsam bis auf 93 °C gesteigert werden. Dabei geht etwa 95 Prozent der Feuchtigkeit verloren). Schwarztee ist stark koffeinhaltig. Denken Sie daran, dass er öfter künstliche Farbstoffe enthält.

- Grüner Tee (Sencha ist der beliebteste Tee in Japan und wird auch bei uns immer bekannter): Bei ihm entfällt die Fermentierung. Dafür werden die Enzyme durch Dämpfen deaktiviert. Grüner Tee ist ebenfalls stark koffeinhaltig.
- Oolong-Tee ist eine Sorte zwischen Schwarztee und Grünem Tee. Er wird vor und nach dem Rollen kurz fermentiert. Er ist stark koffeinhaltig.
- Bancha: Der Name bedeutet «spätwachsender Tee»; gemeint sind die groben Qualitäten, die erst spät in der Saison geerntet werden. Er kann Grüntee, Hojicha und Kukicha enthalten. Wenn in der makrobiotischen Literatur der Begriff Bancha gebraucht wird, ist damit Kukicha gemeint. Bei dem handelsüblich als Bancha bezeichnete Tee handelt es sich aber unter Umständen um groben Grünen Tee mit einem hohen Gehalt an Säure und Koffein.
- Hojicha ist grobblättriger, leicht gerösteter Grüner Tee. Er enthält nur halb so viel Koffein wie normaler Schwarztee oder Grüner Tee.
- Kukicha, auch bekannt als «Zweigtee» oder «Dreijahrestee», ist ein von Natur aus koffeinarmer Tee. Er enthält nur etwa ein Zehntel des in Schwarztee oder Grünem Tee enthaltenen Koffeins. Die Zweige des Teestrauchs werden dafür erst im Herbst geerntet, wenn das Koffein ohnehin nicht mehr in der Pflanze ist. Sie werden leicht geröstet, was dem Tee einen angenehmen Geschmack gibt. Im Unterschied zu allen anderen Tees, die Säure enthalten, ist Kukicha leicht basisch und daher gut für die Verdauung. Er wird durch Kochen aufgebrüht (siehe unten).

Mit Ausnahme des Kukichatees werden anderen genannten Teesorten mit kochendem Wasser aufgegossen und ziehen gelassen (siehe Seite 212).

Aufbrühen von Kukicha

Kukicha kann in einem feuerfesten Teekrug oder in einem gewöhnlichen Kochtopf aufgebrüht werden.

1 Liter Wasser
2 EL Kukicha

1. Die Teezweige ins Wasser geben und aufkochen.
2. Die Hitze reduzieren, zudecken und 5–10 Minuten köcheln lassen.
3. Absieben. Heiss oder kalt servieren.

Die Zweige können mehrmals neu aufgekocht werden.

Varianten

Kukicha kann sehr gut mit geschmackgebenden Zutaten angereichert werden.

- Zitronen-Kukicha: Geben Sie einen Zitronenschnitz in jede Tasse. Ideal bei heissem Wetter.
- Ingwer-Kukicha: Geben Sie ein paar Tropfen frisch gepressten Ingwersaft dazu. Phantastisch bei kaltem Wetter.
- Süsser Kukicha: Geben Sie in jede Tasse 1 TL Reismalz.
- «Kater-Kukicha» – für den Morgen nach einer langen Nacht: Geben Sie ½ oder ½ Umeboshi-Pflaume und ½ TL Shoyu in jede Tasse.

> ### Wissen Sie Bescheid über Mu-Tee?
> Eine Mischung aus Wurzeln, Kräutern und Gewürzen, die der Begründer der Makrobiotik, George Ohsawa, erfunden hat. Es gibt zwei Varianten: die eine enthält 9 Zutaten, die andere 16, darunter Ginseng. Die Mischung ist offen oder in Beuteln in Bioläden und Reformhäusern erhältlich. Es ist ein stärkender Tee, der bei kaltem Wetter, zum Wecken der Lebensgeister und für medizinische Zwecke zum Einsatz kommt. Zusammen mit Apfelsaft erhält man ein sehr erfrischendes Getränk für heisse Sommertage. Die Mischung kann auch für Glühwein und Glühmost unten verwendet werden.
>
> Mu-Tee wird 10 Minuten gekocht und dann abgesiebt (siehe Anleitung für Kukicha, Seite 211).

Aufbrühen von Kräutertees

Kräutertees werden mit kochendem Wasser aufgegossen und ziehen gelassen. Verwenden Sie einen Teekrug aus Porzellan oder Glas.

1 Liter Wasser
1 oder 2 EL getrocknete Kräuter oder 2 Teebeutel

1. Das Wasser aufkochen. Mit ein wenig warmem Wasser den Krug vorwärmen.
2. Kräuter oder Teebeutel in den warmen Krug geben und siedendes Wasser darübergiessen. Zudecken.
3. 5–10 Minuten stehen lassen.
4. Den Tee durch ein Sieb abgiessen. (Wenn man den Tee länger ziehen lässt, wird er bitter.)
5. Obwohl normalerweise heiss serviert, sind viele Kräutertees auch kalt sehr gut, besonders Pfefferminze, Lindenblüten und Verveine. Sie können mit ein wenig Malz, Apfelsaft oder Fruchtsaftkonzentrat gesüsst werden. Bei heissem Wetter wirkt ein Zitronenschnitz Wunder.

Glühwein

Eine österreichische Erfindung. Mittlerweile ist dieses wärmende Getränk in allen europäischen Skiorten ein Hit beim Après-Ski. Die Gewürzmischung ist vielerorts in Beuteln erhältlich.

1 Liter Rotwein
3 Lorbeerblätter
½ Zimtstengel
1 Prise Muskatnuss, gemahlen
(oder 1 Beutel fertige Glühweinmischung oder 1 Beutel Mu-Tee)

1. Wein und Gewürze in einen Topf geben, zudecken und langsam erwärmen. Die Mischung sollte am besten nie sieden, sondern bei einer Temperatur von unter 80 °C ein paar Minuten ziehen, damit der Alkohol nicht verdunstet.

> ### Wissen Sie Bescheid über Kräutertees?
> In Europa werden und wurden seit jeher viele Kräutertees als Getränk für den Alltag oder für medizinische Zwecke verwendet. Im deutschsprachigen Raum sind viele davon auch in Cafés und Restaurants erhältlich. Auch in Italien kann man viele davon in Restaurants bekommen, wenn Sie aber nach einem Essen einen Kräutertee anstelle des Kaffees verlangen, dürfen Sie sich nicht wundern, wenn sich der Kellner besorgt nach Ihrem Gesundheitszustand erkundigt …
>
> Ein paar der bekanntesten Kräutertees und ihre Wirkung:
> - Kamille: Getrocknete Blüten von Anthemis nobilis. Verdauungsfördernd, beruhigend, schlaffördernd.
> - Pfefferminze: Getrocknete Blätter von Mentha piperita. Verdauungsfördernd, kühlend, anregend.
> - Lindenblüten: Getrocknete Blüten des Lindenbaums Tilia europaea. Beruhigend, schlaffördernd, schweisstreibend.
> - Hagebutten: Getrocknete Fruchtschalen der Wildrose Rosa canina. Sauer, anregend, reich an Vitamin C. Wenn Sie die Früchte selber sammeln, müssen Sie sie aufschneiden und die haarigen Samen entfernen.
> - Verveine (Eisenkraut): Getrocknete Blätter des Eisenkrautbuschs. Verdauungsfördernd, erfrischend, beruhigend.

2. Absieben und heiss im Glas servieren. Nach Wunsch kann der Glühwein mit ein wenig Malz oder Fruchtsaftkonzentrat gesüsst werden.

Varianten
- Ohne Alkohol: Nehmen Sie roten Traubensaft statt Wein.
- Glühmost: Gewürzter, heisser Apfelsaft. Nehmen Sie Apfelsaft statt Wein.

Kalte Getränke

Fizzy Pop

Enorme Mengen Zucker und chemischer Zusatzstoffe werden in Form von Süssgetränken konsumiert. Hier ist eine einfache Methode zur Herstellung einer gesünderen Alternative.

½ Liter roter Traubensaft (oder Apfelsaft oder ein anderer natürlicher Fruchtsaft)
½ kohlensäurehaltiges Mineralwasser
Eiswürfel, Zitronenschnitze, ein Zweiglein Minze

Alles vermengen und sofort konsumieren, damit die Kohlensäure nicht verpufft.

Angelikas Zaubertrank

Ein Getränk, das Wunder wirkt. Im Sommer herzustellen, wenn die Wiesen voller Blumen und Kräuter sind. Wir erhielten das Rezept von Angelica Haaring aus Bayern, die immer auf der Suche nach Kräutern und Blumen war. Für einen 2 Liter fassenden Glaskrug.

1 Strauss essbarer Wildblumen und fein duftender Kräuter
1 Liter Wasser
2 EL Malzsirup oder ein anderes Süssmittel
nach Belieben 1 Glas Apfelwein

1 Blumen und Kräuter in den Glaskrug geben und mit Wasser bedecken.
2 In der Sonne 2 Stunden stehen und ziehen lassen.
3 Das Süssmittel und nach Belieben Apfelwein beigeben. Jedermann rührt einmal um und wünscht sich etwas.
4 In Gläser giessen. Wenn Blätter und Blüten ins Glas geraten, einfach drin lassen.
5 Trinken und den Tag geniessen!

Skandinavischer Kwass

Skandinavischer Kwass, in Deutschland unter dem Namen Brottrunk bekannt, ist ein aus Brot hergestelltes fermentiertes Getränk mit wenig Alkohol. Es hat einen ausgeprägt sauren Geschmack, der von der Fermentation durch Milchsäurebakterien stammt. Kwass ist eine ideale Alternative zu Fruchtsaft und passt als kalter Drink wunderbar zu einem heissen Sommertag oder als warmes Getränk zu kaltem Wetter. Sie können ihn fertig kaufen oder nach dem Rezept Seite 219 selber machen.

Miami Cooler

Wenn das Wetter so heiss ist, dass Sie nicht einmal ans Essen denken wollen, hält Sie dieser kühle und nährende Fruchtdrink bis Sonnenuntergang auf den Beinen.

Die Anleitung für hausgemachten Amasake finden Sie auf Seite 217. Alle Zutaten sollten kalt sein.

2 grosse frische Pfirsiche
½ Liter Amasake
1 EL Malzsirup oder Fruchtsaftkonzentrat
½ Liter Mineralwasser
nach Belieben 1 Zweig frische Minze als Garnitur

1 Von den Pfirsichen die Haut abziehen und den Stein entfernen.
2 Alle Zutaten in den Mixer geben und bei hoher Geschwindigkeit 1 Minute mixen.
3 Kühl in hohen Gläsern geniessen.

Varianten

Andere frische Früchte verwenden, z.B. Erdbeeren, Aprikosen, Himbeeren, Kirschen, Zwetschgen, Heidelbeeren, Bananen, Mangos usw. Sie brauchen 2 Tassen Früchte.

Party-Punsch

Geben Sie Ihrer Party Schwung mit einer grossen Schüssel Fruchtpunsch! Das Rezept enthält keinen Alkohol. Eine alkoholische Version finden Sie in der Variante. Das Rezept ergibt 2½ Liter Punsch, genug für 12 Portionen.

1 Liter Fruchtsaft (roter oder weisser Traubensaft,
Apfel- oder Orangensaft oder eine Kombination davon)
2 EL Fruchtsaftkonzentrat
2 Tassen Früchte, in kleine Stücke geschnitten
(Äpfel, Birnen, Orangen, Pfirsiche und Beeren)
1 Liter kohlensäurehaltiges Mineralwasser
Eiswürfel
als Garnitur Kirschen, die Sie am Stiel über den Rand der Schüssel hängen, oder halbe Orangen- oder Zitronenschnitze, oder befeuchten Sie den Rand jedes Glases und tauchen Sie es in Kokosnussflocken

1 Fruchtsaft und -konzentrat in eine Schüssel geben.
2 Die Früchte schneiden und sofort in den Saft geben, damit sie sich nicht verfärben.
3 Kurz vor dem Servieren das prickelnde Mineralwasser und Eiswürfel beigeben.

Variante

Variante mit Alkohol: Ersetzen Sie einen Teil oder den gesamten Fruchtsaft durch Rosé und geben Sie etwas Sake (Reiswein) oder Wodka dazu.

Die kleine Küchenfabrik

Ein Sonntagmorgen im Winter. Sie nehmen für das Frühstück ein Glas eingemachter Früchte aus dem Schrank. Sie öffnen das Glas, und der Geruch von frischen Erdbeeren strömt Ihnen entgegen und ruft Ihnen warme Sommertage in Erinnerung. Stellen Sie sich vor, wie zufrieden Sie den Tag beginnen, wenn Sie dieses Wunder mit Ihrer Familie oder mit Freunden teilen können. Eine schöne Idee, und gar nicht so schwer zu realisieren. Natürlich erfordert die Verarbeitung von Nahrungsmitteln zu Hause mehr Zeit und Aufwand, als einfach in den Laden zu gehen und sich das Gewünschte vom Regal zu nehmen, aber die Befriedigung darüber, etwas selber gemacht, einen Schritt in Richtung Selbstversorgung getan, Kontrolle über die Qualität und erst noch ökologisch gehandelt zu haben, ist unbezahlbar.

Obschon in den letzten Jahren die Zahl der Bioläden und spezialisierten Reformhäuser enorm zugenommen hat, gibt es dennoch einige Zutaten für Rezepte in diesem Buch, die nicht ganz einfach erhältlich sind, z.B. Seitan, Mochi oder Getreideschleim. Und wo die Sachen erhältlich sind, ist vielleicht die Qualität nicht so gut. Das Wissen, wie Sie diese Dinge selbst herstellen können, macht Sie unabhängig von den Launen des Marktes. Sie wissen, dass Sie immer in der Lage sind, Ihre Familie mit Lebensmitteln in der Vielfalt und Qualität zu versorgen, die Ihnen wichtig sind.

Ausserdem kann die Herstellung von Lebensmitteln zu Hause zu einer beruhigenden, meditativen, zutiefst befriedigenden Tätigkeit werden. Machen Sie sich bereit, sich in das Abenteuer der Kreativität, Alchemie und Magie zu stürzen!

Sterilisierung – für lange Haltbarkeit

Einige Rezepte sind für die Sterilisation geeignet, wenn Sie die Produkte länger haltbar machen wollen. Sie finden jeweils einen entsprechenden Vermerk bei den Rezepten. Hausgemachte Konfitüren müssen sterilisiert werden. Sauer Eingemachtes sollte nicht sterilisiert werden.

Vorgehen

1. Nehmen Sie grosse Glasgefässe mit einem fest schliessenden Schraubdeckel, der am Innenrand gummiert ist, und reinigen Sie sie gut.
2. Füllen Sie die Gläser bis zum Rand und schrauben Sie den Deckel gut zu.
3. Stellen Sie die gefüllten Gläser in einen Topf mit kaltem Wasser, und zwar so, dass ihnen das Wasser «bis zum Hals steht».
4. Das Wasser langsam aufkochen. Wenn es siedet, die Hitze reduzieren und 20 Minuten köcheln lassen.
5. Die Gläser mit Hilfe von Topflappen aus dem Wasser nehmen und auf eine nicht zu kalte Oberfläche (Holz, Tuch, Zeitung) stellen, damit sie nicht zerspringen.
6. Lassen Sie die Gläser abkühlen. Das dumpfe «Plop» des Deckels zeigt Ihnen an, dass sich ein Vakuum gebildet hat.
7. Wischen Sie das Glas mit einem feuchten Tuch ab, schreiben Sie es an und stellen Sie es in den Keller oder an einen anderen kühlen Ort.

Es lohnt sich, Produkte, die Sie lange aufbewahren wollen, mit einer Etikette zu beschriften, auf der Sie Inhalt und Datum des Einmachens notieren. Es sei denn, Sie lieben Überraschungen … Nehmen Sie selbstklebende Etiketten und einen wasserfesten Schreibstift, damit die Schrift lesbar bleibt.

Getreideprodukte

Seitan

Seitan, auch «Weizenfleisch» genannt, wird aus Weizengluten, d.h. dem im Weizen enthaltenen Eiweiss, hergestellt. Es macht je nach Weizensorte einen Anteil von 8–16 Prozent aus. Hartweizen oder Brotweizen enthalten mehr Gluten als andere Weizenarten und ergeben entsprechend mehr Seitan. Es hat keinen Sinn, Vollkornmehl zu verwenden, da die Kleie ohnehin ausgewaschen wird.

Der Ertrag hängt vom Mehltyp ab und vom Aufwand, den Sie treiben. Sie können ein Maximum von 1 kg Seitan aus 1 kg Weizen herausholen. Nicht sofort verbrauchter Seitan kann im Kühlschrank mehrere Tage aufbewahrt werden. Je salziger die Bouillon, desto länger ist er haltbar. Wenn Sie eine grössere Menge herstellen wollen, sterilisieren Sie ihn, wie auf Seite 214 beschrieben.

Roher Seitanteig, wie er nach Schritt 3 vorliegt, wird im Rezept für gefüllten Seitanbraten (Seite 123) verwendet. Der Ertrag an rohem Seitanteig aus 1 kg Mehl (6 Tassen) beträgt maximal 550 g (2 Tassen). Roher Seitanteig kann mit Wasser bedeckt 24 Stunden im Kühlschrank aufbewahrt werden.

Kochutensilien:
- Grosse Schüssel zum Kneten und Waschen
- Topf fürs erste Kochen (Schritt 4)
- Dampfkochtopf oder anderer Topf fürs Kochen in der Bouillon (Schritt 5)

1 kg (6 Tassen) Haushaltmehl
½ Tasse davon oder zusätzlich Mehl fürs Kneten
ca. ½ Liter warmes Wasser fürs Kneten
(je nach Saugfähigkeit des Mehls)
2 Liter Wasser fürs erste Kochen (Schritt 5)
1 EL Meersalz
1 Liter Wasser fürs zweite Kochen in der Bouillon (Schritt 8)

Würzzutaten für die Bouillon: 2 EL Shoyu, 1 kleine Zwiebel,
1 kleine Karotte, 1 Stück Kombu von 5 cm, 1 Knoblauchzehe, 2 Lorbeerblätter, 3 Scheiben frischer Ingwer, nach Belieben einige Pfefferkörner, Lorbeeren, Nelkenpfefferbeeren

Kneten:
1. Das Mehl in eine Schüssel geben und ca. ½ Liter Wasser beigeben – genug, um einen weichen Teig zu erhalten.
2. Den Teig auf die mit Mehl bestäubte Arbeitsfläche geben und 15 Minuten kräftig kneten. Wenn nötig, noch etwas Mehl dazugeben, bis er nicht mehr klebt.

Einweichen (fakultativ):
3. Den durchgekneteten Teig wieder in die Schüssel geben und mit warmem Wasser bedecken. Mindestens 30 Minuten oder auch länger, bis zu mehreren Stunden, stehen lassen; er darf aber nicht zu gären beginnen. (Dieser Schritt erhöht den Ertrag; er kann aber weggelassen werden, wenn Sie wenig Zeit haben.)

Auswaschen der Stärke:
4. Am einfachsten geht dies in der Schüssel unter dem laufenden heissen und kalten Wasser. Das Einweichwasser von Schritt 2 weggiessen. Den Seitan mit heissem Wasser bedecken und im Wasser kneten. Das Wasser wird milchig, da die Stärke austritt. Das milchige Wasser weggiessen. Nun den Teig mit kaltem Wasser bedecken und erneut kneten. Abwechselnd heiss und kalt waschen, bis das Wasser nicht mehr milchig wird und Sie einen schönen elastischen Ball aus Seitanteig haben.
Beenden Sie das Prozedere mit kaltem Wasser, damit das Gluten schön zusammenklebt.

Erstes Kochen:
5. 2 Liter Wasser mit 1 EL Meersalz aufkochen. (Sie sparen Zeit, wenn das Wasser kocht, sobald Sie mit Schritt 4 fertig sind.)
6. Schneiden Sie den rohen Seitanteig mit einer Schere oder einem Messer in Stücke und geben Sie diese ins siedende Wasser. Die Grösse der Stücke hängt davon ab, wofür Sie den Seitan nachher brauchen: nussgross für Eintöpfe und Kebabs; für Steaks schneiden Sie den Glutenball in 2 oder 3 gleich grosse Stücke.
7. Wenn die Seitanstücke an die Oberfläche steigen (dies dauert etwa 5–10 Minuten, je nach Grösse der Stücke), mit einem Schaumlöffel herausheben und in den zweiten Topf geben.

Zweites Kochen (in Bouillon):
8. Aus dem Wasser und den Würzzutaten eine Bouillon zubereiten.
Wenn Sie eine kräftigere Bouillon haben möchten und/oder den Seitan länger aufbewahren wollen, nehmen Sie mehr Shoyu (maximal 1 Tasse). (Die Bouillon kann im voraus zubereitet werden, z.B. in der Wartezeit bei Schritt 3.)
9. Die Seitanstücke in der Bouillon kochen.
Kochzeiten: Im Dampfkochtopf 15–30 Minuten, je nach Grösse der Stücke. Im zugedeckten Kochtopf: 30–60 Minuten, je nach Grösse der Stücke.

Kühlen und lagern:
10. Den Seitan in der Bouillon abkühlen lassen. Sobald er kalt ist, ist er gebrauchsfertig.
11. Seitan, der nicht sofort verwendet wird, mit Bouillon bedeckt in einem zugedeckten Gefäss im Kühlschrank aufbewahren.

Varianten
- Stärkehaltiges Wasser aufbewahren: Behalten Sie das Wasser des ersten Heisswaschgangs bei Schritt 4, statt es wegzugiessen. Nach etwa 1 Stunde hat sich die Stärke als Bodensatz gesammelt. Giessen Sie das Wasser vorsichtig ab, und bewahren Sie die Stärke im Kühlschrank auf; sie kann zum Eindicken von Suppen und Saucen verwendet werden oder als Basis für Desserts, Pfannkuchen usw. Wenn Sie grössere Mengen Seitan herstellen, können Sie die Stärke auf einem Tablett trocknen lassen und in dieser Form lange Zeit aufbewahren. Manchmal wird das Stärkewasser auch zum Füttern von Schweinen verwendet.
- Variieren Sie den Geschmack, indem Sie andere Kräuter und Gewürze für die Bouillon verwenden.

Kochen mit Seitan: siehe Rezepte Seite 120–123.

Mochi

Diese Küchlein aus gestampftem Klebreis sind eine asiatische Spezialität für festliche Anlässe und eine besonders zuträgliche Speise für stillende Mütter. Durch das Stampfen erhalten sie eine starke aktivierende Yang-Energie. Hausgemachte Mochi sind viel weicher und klebriger als die kleinen harten Blöcke, die Sie als Import aus Japan im Laden kaufen können. Letztere sind viel weniger feucht, weil der Reis in grossen Mengen im Dampf gekocht wird, und härter, weil er von grossen Maschinen gestampft wird.

Das Rezept ist für 4–6 Personen berechnet, es gibt aber nicht viel mehr zu tun, die doppelte Menge herzustellen. Im Kühlschrank sind sie mehrere Tage haltbar.

2 Tassen Klebreis
2¼ Tassen Wasser
2 Prisen Meersalz

Kochutensilien:
- Dampfkochtopf
- Wärmestreuplatte (unerlässlich, denn es wird mit wenig Wasser gekocht)
- Stampfer (ideal ist ein Holzstössel, ca. 30 cm lang, 3–5 cm im Durchmesser)
- Gefäss aus Metall, Holz oder Plastik (auf jeden Fall unzerbrechlich) zum Stampfen. (Durch das Stampfen direkt im Dampfkochtopf kann der Boden des Topfs verbeult werden, wodurch er für die Verwendung auf dem Herd unbrauchbar wird.)

1. Reis, Wasser und Salz in den Dampfkochtopf geben.
2. Auf mittlerem Feuer unter Druck setzen.
3. Die Hitze reduzieren, den Topf auf die Wärmestreuplatte stellen und 20 Minuten kochen.
4. Die Hitze abstellen. Den Druck von selbst absinken lassen. Dies ist wichtig, damit der Reis garantiert vollständig gekocht ist.
5. Den warmen, weichen Reis ins Stampfgefäss geben. Die harte Reisschicht auf dem Topfboden nicht verwenden.
6. Den Reis 20–30 Minuten kräftig stampfen, bis die meisten Körner aufgebrochen sind und die Masse zusammenklebt.

Hinweise zum Stampfen: Nehmen Sie den Stampfer in beide Hände, und stellen Sie sich vor, Sie seien eine Afrikanerin, die Mais stampft. Legen Sie ein feuchtes Küchentuch unter das Stampfgefäss, damit es sich nicht fortbewegt. Sie können aufrecht stehend arbeiten oder auf dem Boden knien und das Gefäss zwischen den Knien halten. Arbeiten Sie in einem regelmässigen Rhythmus. Sie können dazu auch singen, wenn es hilft! Ein Teigschaber ist praktisch, um den klebrigen Reis ab und zu vom Stampfer zu kratzen. Tauchen Sie den Stampfer in kaltes Wasser, damit der Reis weniger klebt.

Aufbewahren:
Mochi kann frisch 2–3 Tage in einem geschlossenen Gefäss im Kühlschrank aufbewahrt werden.

Oder man trocknet es, wodurch es ideal verwendbar zum Braten, Fritieren oder Backen wird. Bestäuben Sie einen Teller oder ein Tablett mit Pfeilwurzel- oder Reismehl, streichen Sie das Mochi mit einem nassen Gummispachtel oder einem Holzlöffel etwa 1 cm dick darauf aus, und bestäuben Sie es mit Mehl. Lassen Sie das Tablett an einem kühlen, luftigen Ort 2 Tage stehen. Bei zu warmer Temperatur beginnt das Mochi zu gären. Um es länger als 2 Tage durchzutrocknen, schneiden Sie das Mochi in Scheiben und drehen sie um, so dass die Unterseite ebenfalls austrocknet und nicht gären oder schimmeln kann.

Kochen mit Mochi: siehe Seite 71.

Keimlinge

Keimlinge aus Samen von Vollkorngetreide oder Hülsenfrüchten sind eine willkommene Bereicherung, wenn Gemüse rar ist, z.B. früh im Frühjahr, in einer abgelegenen Hütte in den Bergen oder auf einer langen Seereise. Die Keimlinge sind, da sie weiter entwickelt und wasserhaltiger sind, eindeutig stärker yin-betont als die Samen. Sie sind reich an Vitamin C und haben einen leichten, erfrischenden Geschmack. Am besten geeignet sind Samen von Alfalfa, Vollkornweizen, Mungobohnen und Bockshornklee, aber Sie können auch viele andere ausprobieren. Die Bedingungen, damit Keimlinge spriessen, sind Wärme, Dunkelheit und Feuchtigkeit, aber nicht Nässe. Es gibt in Reformhäusern und Bioläden spezielle Geräte mit Keimschalen zu kaufen, aber Sie können auch improvisieren. Dazu brauchen Sie ein grosses Glas, das mit Gaze abgedeckt wird. Das Rezept ergibt 2 Tassen Weizenkeimlinge.

Kochutensilien:
- Keimschalen oder grosses Glas (1½ Liter Fassungsvermögen), und ein Stück Tuch zum Bedecken
- warmer Ort, z.B. ein warmer Schrank oder auf einer Kartonschachtel auf einem Heizkörper

½ Tasse Vollkornweizenkörner (oder andere Samen, siehe oben)
1 Tasse Wasser

1. Die Körner nach Steinchen absuchen, waschen und über Nacht im Wasser einweichen.
2. Das Wasser abgiessen und die Körner ins Glas oder die Keimschalen geben.
3. Die Keimlinge mindestens ein- oder zweimal pro Tag wässern.
   Wenn Sie die Keimschalen verwenden, denken Sie daran, dass Sie das Wasser in der untersten Schale weggiessen, bevor Sie oben weiteres Wasser nachfüllen.
   Wenn Sie ein Glas verwenden, giessen Sie das Wasser durch das Tuch; wenn Sie das Glas kippen, um überschüssiges Wasser abzugiessen, wirkt das Tuch wie ein Sieb.
   Wichtig ist in jedem Fall, dass Sie immer wieder Wasser abgiessen, denn wenn die Körner im Wasser liegen, faulen sie.
4. Die Weizenkeimlinge sind am süssesten und haben am meisten Nährstoffe, wenn sie etwa 2–4 cm lang sind (Mungobohnen 4–6 cm). Das dauert etwa 3–5 Tage, je nach Temperatur. Wenn Sie die Keimlinge zu lange spriessen lassen, entwickeln sie einen bitteren Geschmack. Wenn Sie möchten, dass sie schön grün sind, stellen Sie sie für die letzten 24 Stunden ans Tageslicht.
   Die Sprossen spülen und verwenden. Was sie nicht sofort brauchen, kann im Kühlschrank bis zu 2 Tage aufbewahrt werden.
   Die Keimlinge können in rohen Salaten und Sandwiches verwendet oder leicht blanchiert oder gedünstet werden. Kochen nimmt ihnen den Geschmack und die Nährstoffe, und sie fallen zusammen. Rezepte speziell für Keimlinge: Zündholzgemüse (Seite 144), Gefüllte grüne Wickel (Variante mit Sprossen- oder Salatfüllung, Seite 143) und Maltose (Seite 218).

FERMENTIERTE GETREIDEPRODUKTE

Amasake

Amasake ist ein süsser fermentierter Getreidebrei, der sich bestens als Basis für zuckerfreie Desserts eignet. Er zählt zu den yin-betonten «weichen und cremigen» Nahrungsmitteln (siehe Seite 16), neigt aber, da er aus Vollkorngetreide hergestellt ist, innerhalb dieser Gruppe wiederum eher zum Yang-Pol und ist daher empfehlenswerter als die anderen Nahrungsmittel dieser Gruppe. Amasake ist sehr nahrhaft und speziell geeignet für Babies, Kinder und stillende Mütter. Die Fermentierung passiert mit Koji, weissen Reiskörnern, die mit dem essbaren Pilz Aspergillus oryzea geimpft sind. Koji ist in Bioläden und Reformhäusern erhältlich. Wenn Koji nicht zur Verfügung steht, vgl. das folgende Rezept (Maltose). Salz wird nicht verwendet, da es die Fermentierung verhindern würde.

Das Rezept ergibt 4 Tassen. Amasake ist im Kühlschrank einige Tage haltbar. Wenn Sie grössere Mengen herstellen wollen, sterilisieren Sie den Amasake in Gläsern (siehe Seite 214).

Kochutensilien:
- Dampfkochtopf
- Glas- oder Keramikschüssel (kein Metall, denn es reagiert chemisch)
- Holzlöffel
- Teller zum Zudecken der Schüssel
- Warmer Ort für die Fermentation: Die ideale Temperatur beträgt 35 °C, so viel wie an einem tropischen Sommerabend. Da Sie wohl nicht in den Tropen leben, suchen Sie nach einer warmen Ecke in Ihrem Haus: über einem Heizkörper, auf dem Holzofen o.ä. Selbst auf kleinster Stufe ist der Backofen meist zu warm, aber wenn Sie die Backofentür einen Spalt weit offen lassen, könnte es gehen. Sonst stellen Sie die Schüssel in eine Schachtel mit Heu oder wickeln eine Decke darum und legen eine Bettflasche dazu, oder Sie nehmen sie gar ins Bett! Aber aufgepasst, dass sie nicht umkippt …

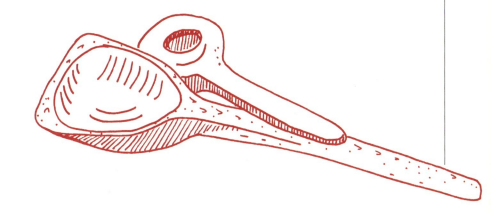

2 Tassen Klebreis (oder anderes Vollkorngetreide; siehe Varianten)
6 Tassen Wasser
½ Tasse Koji

1. Den Reis waschen und abtropfen lassen, mit dem Wasser in den Dampfkochtopf geben (kein Salz).
2. Auf maximalen Druck bringen und 50 Minuten kochen. Den Druck ablassen.
3. Den Reis in eine Schüssel aus Glas oder Keramik geben und handwarm abkühlen lassen (ca. 35 °C).
4. Den Koji mit einem Holzlöffel einrühren.
5. Die Schüssel mit einem Teller bedecken und an einem warmen Ort 4–6 Stunden stehen lassen. Alle ein bis zwei Stunden mit einem Holzlöffel umrühren.
6. Er wird wässeriger und schmeckt süss, sobald er fertig ist. (Wenn Sie den Amasake zu lange stehen lassen, beginnt er sauer zu riechen und zu schmecken – kein Genuss!)
7. Erneut in einen Kochtopf geben und unter ständigem Rühren aufkochen, bis sich die ersten Blasen bilden. Die Hitze abstellen. Mit diesem Kochgang wird der Fermentationsprozess gestoppt.
8. Der Amasake ist jetzt gebrauchsfertig. Was nicht sofort verwendet wird, kann im Kühlschrank etwa 3 Tage aufbewahrt werden, sterilisiert bis 3 Monate.

Der Amasake kann einfach so, warm oder kalt, gegessen werden; oder warm mit Zimt, kalt mit abgeriebener Zitronenschale, als Brei zu Früchteeintopf (Seite 178) oder Süssem Gebäck (Seite 113–206).

Varianten
- Als Babynahrung den Amasake durchs Handpassiergerät drehen (nicht mixen, sonst bleibt die Kleie darin). Die Rückstände im Sieb können Sie zur Herstellung von Amasake-Gärgemüse (Seite 209) verwenden, wenn Sie sie zuerst sieben und das Amasakepüree nachher kochen.
- Kräftigerer, süsserer Amasake: Nehmen Sie mehr Koji, bis zu einem Verhältnis von 50:50 zum Reis. Das Ergebnis ist sehr süss und kann in kleinen Mengen als Süssmittel verwendet werden.
- Andere Getreidesorten ergeben ebenfalls guten Amasake, z.B. Vollreis, Gerste, Hafer, Hirse oder eine Kombination davon. Er wird dann weniger süss.
- Miami Cooler, ein kühler Longdrink (siehe Seite 213).

Maltose

Maltose ist wie Amasake ein Getreidesüssbrei, den Sie zubereiten können, wenn Koji nicht erhältlich ist. Sie ist aufwendiger herzustellen, weil man zuerst Weizenkeimlinge spriessen lassen muss (Seite 216). Die Fermentierung geschieht bei höherer Temperatur (38–45 °C) und dauert länger (24 Stunden) als beim Amasake. Auch hier wird kein Salz verwendet, da es die Fermentierung verhindert.

Das Rezept ergibt 8–9 Tassen; sie halten sich einige Tage im Kühlschrank. Wenn Sie grössere Mengen herstellen wollen, sterilisieren Sie die Maltose in Gläsern (Seite 214).

Kochutensilien:
- Dampfkochtopf
- Kochthermometer zur Kontrolle der Temperatur: Ein Thermometer für die Joghurtherstellung ist ideal. Verwenden Sie ja kein Fieberthermometer, denn es geht bei den hohen Temperaturen kaputt.
- Glas- oder Keramikschüssel (nicht Metall, denn es reagiert chemisch)
- Teller zum Zudecken der Schüssel
- Warmer Ort für die Fermentation: Die Temperatur muss zwischen 38 und 45 °C liegen. Suchen Sie nach einem sehr warmen Ort in Ihrem Haus: über einem Heizkörper oder auf dem Holzofen o.ä. Eventuell auch im Backofen auf der tiefsten Stufe; wenn dies zu warm ist, öffnen Sie die Tür ein wenig, z.B. indem Sie einen Holzlöffel einklemmen.

1 Tasse Vollreis (oder ein anderes Vollkorngetreide; siehe Varianten)
1 Tasse Klebreis
8 Tassen Wasser
1 Tasse (100 g) Weizenkeimlinge
½ Tasse Wasser

1. Den Reis waschen und abtropfen lassen, mit dem Wasser in den Dampfkochtopf geben (kein Salz).
2. Auf maximalen Druck bringen und 50 Minuten kochen. Den Druck ablassen.
3. Den Reis in eine Schüssel aus Glas oder Keramik geben und auf 45–50 °C abkühlen lassen.
4. Die Weizenkeimlinge mit der gleichen Menge Wasser im Mixer pürieren und mit einem Holzlöffel in den heissen Reis rühren. In wenigen Minuten wird der Reis flüssiger.
5. Die Schüssel mit einem Teller zudecken und 24 Stunden an einem warmen Ort stehen lassen. Die Temperatur muss konstant zwischen 38 und 45 °C liegen. Wenn sie zu tief fällt, verfault die Maltose, wenn sie zu hoch ist, wird sie sauer.
6. Sie wird wässeriger und schmeckt süss, wenn sie fertig ist.
7. Die Maltose entweder durch ein mit einem Tuch ausgelegtes Sieb abgiessen; die Flüssigkeit wird ganz klar; oder durchs Handpassiergerät drehen; es entsteht ein Brei.
8. Erneut in einen Kochtopf geben und unter ständigem Rühren aufkochen, bis die ersten Blasen auftauchen. Die Hitze abstellen. Mit diesem Kochgang wird der Fermentationsprozess gestoppt.
9. In einer Schüssel abkühlen lassen. Die Maltose ist jetzt gebrauchsfertig. Was nicht sofort verwendet wird, kann im Kühlschrank etwa 3 Tage aufbewahrt werden. Grössere Mengen sterilisieren (Seite 214); die Maltose ist dann bis 3 Monate haltbar.

Zu verwenden wie Amasake. Maltose ist flüssiger als Amasake und kann daher auch als Getränk oder als Milchersatz fürs Frühstücksmüesli dienen.

Varianten
- Auch anderes Vollkorngetreide ergibt eine gute Maltose, z.B. Gerste, Hafer, Hirse oder eine Kombination davon mit Klebreis.
- Maltosesirup: Für einen dicken, starken Sirup, der als Süssmittel verwendet werden kann, bei Schritt 8 die Maltose im offenen Topf auf kleinstem Feuer köcheln lassen, bis die Flüssigkeit auf die Hälfte reduziert ist. Ab und zu mit einem Holzlöffel umrühren, damit sie nicht anbrennt.

Skandinavischer Kwass

Skandinavischer Kwass, in Deutschland Brottrunk genannt, ist ein aus Brot hergestelltes fermentiertes Getränk mit ein wenig Alkohol. Es hat einen ausgeprägt sauren Geschmack von der Fermentation durch Milchsäurebakterien und stellt eine ideale Alternative zu Fruchtsaft dar. Es ist ausgezeichnet als kühler Drink bei heissem Wetter oder als warmes Getränk bei kaltem Wetter. Kwass kann nach Belieben mit heissem oder kaltem Wasser verdünnt oder mit ein wenig Reismalz gesüsst werden. Das Rezept ergibt 1 Liter Kwass.

Kochutensilien:
- ein grosses Gefäss aus Glas oder Steingut (1½ Liter Fassungsvermögen) mit einem Deckel, oder mehrere kleinere Gefässe, ebenfalls mit Deckel. Die Gefässe müssen sehr sauber sein; Sie können sie sterilisieren oder in sehr heissem Wasser waschen.
- Warmer Ort: Die Fermentation findet an einem dunklen Ort bei Raumtemperatur (20–25 °C) statt. Ideal ist häufig ein Schrank hoch oben in der Küche.

3 oder 4 Scheiben hartes, getrocknetes Sauerteigbrot
1 Liter Wasser
5 Rosinen
Schale einer halben Orange oder Zitrone
1 EL Starter (roher Sauerkrautsaft oder bereits fertiger Kwass)

1 Das Brot 4 Stunden im Wasser einweichen. 1 Minute aufkochen, dann auf Raumtemperatur abkühlen lassen.
2 Rosinen, Orangenschale und Starter ins Glasgefäss geben und das abgekühlte Brot und Wasser beigeben.
3 Mit dem Deckel verschliessen und, je nach Jahreszeit und Wetter, 4–7 Tage fermentieren lassen. Der Kwass ist fertig, wenn er ausgeprägt sauer riecht.
4 In eine Glasflasche absieben und das Brot wegwerfen. Haltbarkeit an einem kühlen Ort: bis 2 Wochen.
5 Zum Servieren nach Belieben verdünnen oder mit Malz süssen.

Varianten
Karen Acuff aus Schweden stellt Kwass regelmässig her und variiert gern den Geschmack. Als Alternative zur Orangen- oder Zitronenschale schlägt sie vor: 1 Blatt Pfefferminze oder Zitronenmelisse oder 1 Scheibe frischer Ingwer oder ½ Zimtstengel.

Zur

Polnisches Roggenferment
Polnischer «Weisser Borschtsch» für die Herstellung von Zur-Suppe (Seite 59).

Kochutensilien:
- Glas- oder Keramikgefäss (Fassungsvermögen 3 Liter)
- Tuch zum Abdecken des Gefässes oder ein anderer, nicht luftdichter Deckel
- warmer Ort für die Fermentation (warme Raumtemperatur reicht)

2 Tassen Vollkornroggenmehl
1 Tasse siedendes Wasser
1 Liter lauwarmes Wasser
Anschnitt eines Vollkornbrotes (Sauerteigbrot aus Roggenmehl ist am besten)
nach Belieben einige ganze Knoblauchzehen und
ein Zweig Majoran

Wichtig: Während des ganzen Prozesses darf der Zur nie mit Metall in Berührung kommen, sonst geht er kaputt. Beim Mischen und Umgiessen dürfen nur Gegenstände aus Holz verwendet werden.

1 Das Roggenmehl in eine Schüssel geben und 1 Tasse siedendes Wasser darübergiessen. Zu einem dünnen Teig rühren. Abkühlen lassen.
2 Den Teig in ein grosses Glasgefäss geben. 1 Liter lauwarmes Wasser beigeben. Den Brotanschnitt obenauf schwimmen lassen.
3 Ein Tuch über das Gefäss spannen. An einem warmen Ort fermentieren lassen. Dies dauert etwa 3–5 Tage, je nach Wetter. Der Trunk hat einen leicht sauren und vergorenen Geschmack. Das Brot wegwerfen, der Zur wird vor Gebrauch nicht durchgesiebt.
4 Was nicht sofort verwendet wird kann in sterilen Gefässen im Kühlschrank oder in einem kühlen Keller mehrere Wochen aufbewahrt werden.

Variante

Zur kann auch mit 50 Prozent Haferschrot und 50 Prozent Roggenmehl hergestellt werden; der Geschmack wird feiner.

Sowans und Swats
Schottisches Haferferment

Dieser natürlich versäuerte Haferschrot beruht auf einem uralten keltischen Rezept aus Schottland. Die klare Flüssigkeit (Swats genannt) kann anstelle von Sauermilch in Sodabrot (siehe Irisches Sodabrot, Seite 221) und Scones, in Porridge oder als erfrischendes Getränk verwendet werden. Der feste Teil (Sowans genannt) ist bekannt als sehr gut verdauliche Speise für Kranke und Personen mit Verdauungsproblemen. Er wird normalerweise mit der halben Menge Wasser verdünnt, mit einer Prise Salz unter ständigem Rühren 10 Minuten sanft gekocht und heiss als cremiger, nahrhafter Brei serviert. Der schottische Dichter Robbie Burns erwähnte «Sowans mit Butter» als traditionelles Gericht für Halloween (31. Oktober). Das Originalrezept verwendet die inneren Hülsen des Haferkorns, die als Nebenprodukt beim Mahlen anfallen und einige der nahrhaftesten Bestandteile des Hafers enthalten. Eine andere Methode besteht darin, ¾ Haferspelzen und ¼ Haferschrot (grob geschroteter Hafer) zu verwenden. Es ist unwahrscheinlich, dass Sie Haferhülsen oder Haferspelzen kaufen können, ausser Sie leben in der Nähe einer Hafermühle, deshalb haben wir das Rezept für Haferschrot geschrieben. Frischer, grob geschroteter Hafer oder frischer selbstgequetschte Haferflocken eignen sich am besten. Gekaufter Schrot oder gekaufte Flocken sind meistens denaturiert, deshalb fehlen die für die Fermentation wichtigen Enzyme.

Kochutensilien:
– Glas- oder Steingutgefäss mit einem Fassungsvermögen von 1½ Liter (das traditionelle Gefäss war aus Holz)
– Tuch zum Bedecken
– warmer Ort für die Fermentation (Raumtemperatur reicht)

1 Tasse frisch gemahlene Hafergrütze (oder 2 Tassen Haferspelzen, wenn erhältlich)
1 Liter lauwarmes Wasser

1 Die Hafergrütze und das lauwarme Wasser mit einem Holzlöffel verrühren.
2 Ein Tuch über das Gefäss spannen und an einem warmen Ort fermentieren lassen. Es dauert je nach Wetter etwa 1 Woche, bis es fertig ist. Der Geschmack sollte leicht sauer und vergoren sein.
3 Wenn Sie Spelzen verwendet haben, müssen diese jetzt abgesiebt und weggeworfen werden. Bei gewöhnlicher Hafergrütze ist Absieben nicht nötig. Nach dem Absieben 2 weitere Tage stehen lassen, damit sich die festen Teile absetzen.
4 Die klare Flüssigkeit (Swats) abgiessen. Die festen Teile am Boden sind das sogenannte Sowans.
Was nicht sofort verwendet wird, kann bis zu 2 Wochen in einem sauberen Gefäss im Kühlschrank aufbewahrt werden.

Variante

Auf den Orkney-Inseln im Norden Schottlands hat Katriona gesehen, dass Sowans mit Molke (Flüssigkeit, die bei der Herstellung von Käse entsteht) statt Wasser zubereitet wurde. Dies ergab einen sehr starken, «käsigen» Geschmack.

Brot

Die Tatsache, dass Brot aus Mehl hergestellt wird und dieses stärker yin-betont ist als das volle Korn, könnte leicht zum Schluss verleiten, dass Brot ein Yin-Nahrungsmittel ist. Das Backen im heissen Ofen und die vergleichsweise Trockenheit des Produkts verleihen aber Brot ebenso wie Kuchen, Gebäck und Kleingebäck eine starke Yang-Wirkung. Aufgrund ihrer Wirkung (siehe dazu Seite 16, «Füller» und «Schwere Stopfer») empfehlen wir, alle diese Produkte nur gelegentlich und nicht als tägliche Grundnahrungsmittel zu verwenden. Wenn Sie täglich ein starkes Bedürfnis nach solchen Nahrungsmitteln haben, ist Ihre übrige Ernährung möglicherweise zu yin-betont, das heisst zu leicht und einfach. Um Ihre Bedürfnisse zu befriedigen, wählen Sie daher herzhaftere yang-betonte Rezepte aus den Kapiteln Vollkorngetreide, Eiweiss und Gemüse.

Aran Soide
Irisches Sodabrot

Ein frisches Brot zu Suppe oder für Sandwiches. Als besonderer Genuss: mit geräuchertem Lachs und einem Zitronenschnitz servieren. Es riecht wunderbar, wenn es aus dem Ofen kommt, aber es heisst, man soll es erst essen, wenn es kalt ist, da es warm nicht so gut verdaulich ist.

Wir haben das Rezept von Jane Kenny, deren Familie in Westirland ein Pub führt und dieses Brot zusammen mit hausgemachter Suppe serviert. Das Brot ist schnell gemacht, weil man nicht wie bei einem mit Hefe zubereiteten Brot warten muss, bis der Teig aufgeht. Das doppeltkohlensaure Natrium wird traditionell mit der Säure von Buttermilch aktiviert. Wir geben hier eine Version ohne Milchprodukte, das heisst mit Swats (Seite 220).

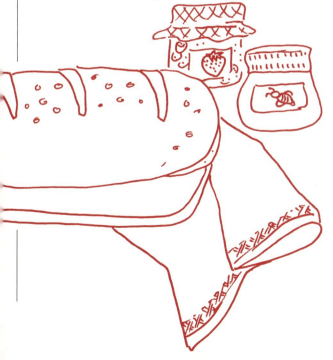

1²⁄₃ Tassen (250 g) grob gemahlenes Vollkornmehl
1¹⁄₃ (Tassen 250 g) Haushaltmehl
1 TL gesiebtes doppeltkohlensaures Natrium
(es darf keine Klumpen enthalten)
½ gestrichener TL Meersalz
2 Tassen Swats (Seite 220) oder saure Buttermilch
1 EL Mais- oder Sonnenblumenöl
nach Belieben 15 g getrocknete Dulse
Mehl zum Kneten
Öl zum Fetten des Backblechs

1. Den Ofen auf 200 °C vorheizen.
2. Mehl, Soda und Salz in einer Schüssel vermengen.
3. Öl und Flüssigkeit und nach Belieben Dulse beigeben.
4. Auf die mit Mehl bestäubte Arbeitsfläche geben und 5 Minuten kneten. Der Teig ist feucht und muss sorgfältig behandelt werden. Zu einem runden Laib formen, gerade so fest, dass er nicht auseinanderfliesst.
5. Den Laib auf ein eingefettetes Backblech geben und zweimal über Kreuz tief (etwa ⅓ der Höhe des Laibes) einschneiden.
6. Das Brot 30–45 Minuten backen. Mit einem Holzstäbchen oder einer Stricknadel überprüfen, ob das Brot in der Mitte gebacken ist. Bleiben sie sauber, ist das Brot durchgebacken. Wenn die Kruste zu braun wird, bevor es innen gar ist, mit Alufolie abdecken.
7. Vom Backblech nehmen und in ein feuchtes Tuch eingewickelt abkühlen lassen.

Pittabrot

Dieses ovale Hefebrot aus dem arabischen Raum kann wie eine Tasche geöffnet und gefüllt werden. Traditionelle Füllungen sind Salat mit Falafel (Seite 113), Hummus (Seite 112) oder Kebabs (Seite 124) und Tahini-Knoblauch-Sauce (Seite 166) oder Joghurt. Pittabrotteig wird dünn ausgerollt und kurz im sehr heissen Ofen gebacken.

7 g Trockenhefe
1 TL Gerstenmalz
1¼ Tassen lauwarmes Wasser
1²⁄₃ Tassen (250 g) Vollkornmehl
1²⁄₃ Tassen (250 g) Haushaltmehl
½ gestrichener TL Meersalz
1 EL Olivenöl
eventuell zusätzliches lauwarmes Wasser
Mehl zum Kneten und Ausrollen
Öl zum Fetten des Backblechs

1. Hefe und Malz ins lauwarme Wasser einrühren und 5 Minuten stehen lassen.
2. Mehl und Salz in eine vorgewärmte Schüssel geben.
3. In der Mitte des Mehls eine Mulde formen und die Hefemischung und das Öl hineingeben. Zu einem Teig rühren. Falls nötig etwas lauwarmes Wasser dazugeben. Den Teig 10 Minuten kneten, bis er glatt ist.

4 Den Teig in eine Schüssel geben, mit einem feuchten Tuch bedecken und 1–2 Stunden auf das Doppelte aufgehen lassen.
5 Den Teig noch einmal kneten, bis er glatt ist.
6 Den Teig zu einer langen Wurst ausrollen und in 12 gleich grosse Teile schneiden.
7 Jede Portion zu einem ca. ½ cm dicken Oval ausrollen.
8 Die Ovale mit genügend Abstand auf ein eingefettetes Backblech legen. Zuerst mit einem trockenen, dann mit einem feuchten Tuch bedecken und 30 Minuten zum Aufgehen an einen warmen Ort stellen. Den Ofen auf 240 °C vorheizen.
9 Die Pittabrote auf der untersten Rille des Ofens 5–7 Minuten backen. Sie gehen auf, verändern ihre Farbe aber kaum.
10 Die gebackenen Brote in ein feuchtes Tuch einwickeln, damit sie weich bleiben. Warm servieren. Wenn sie abgekühlt sind, können sie in einem Plastiksack im Kühlschrank aufbewahrt oder tiefgefroren werden. Sie können unter dem Grill oder im Dampf erneut erhitzt werden.

Einfaches Sauerteigbrot

Eine traditionelle Methode des Brotbackens, die ein kräftiges, geschmackvolles und leicht verdauliches Brot ergibt. Es ist auf jeden Fall leichter verdaulich als sein moderner Nachfolger, das schnell produzierte Hefebrot, das den Markt dominiert, weil davon in kürzerer Zeit grössere Mengen hergestellt werden können und die Produktion besser kontrollierbar ist. Die Herstellung von Sauerteigbrot ist ein eher langsamer Prozess mit Wartezeiten. Da es sich sehr gut hält, genügt es, einmal in der Woche zu backen. Die besten Ergebnisse werden mit frisch gemahlenem biologischem Mehl erzielt. Am besten mahlt man es zu Hause mit einer Steinmühle. Auch sollte das Wasser sehr sauber sein. Dinkelmehl eignet sich sehr gut. Einen besonderen Geschmack erhält das Brot, wenn es in einem Holzofen gebacken wird.

Der Teig lebt und verhält sich je nach den Umständen, z.B. dem Wetter, unterschiedlich. Die Mengen und Zeiten, die wir angeben, sind Richtlinien und keine exakten Grössen. Je mehr Erfahrung Sie haben, desto eher werden Sie in der Lage sein, nach Ihrem Gutdünken Mengen und Zeiten zu bestimmen, damit das Brot so herauskommt, wie Sie es gern haben. Machen Sie das Brotbacken zu einem Teil Ihres wöchentlichen Ablaufs, und Sie werden viel Freude daran bekommen. Das Rezept ergibt zwei 1 kg schwere Laibe.

Kochutensilien:
2 Cakeformen für je 1 kg schwere Laibe

Sauerteig-Starter:
1½ Tassen reines Wasser
6 gehäufte EL frisch gemahlenes Vollkornmehl
Mehl und Wasser in einem Glas- oder Keramikgefäss mischen, zudecken und bei Raumtemperatur 3–4 Tage stehen lassen, bis die Mischung den typischen süss-sauren Geruch entwickelt.
Wenn Sie den Starter nicht sofort verwenden, stellen Sie ihn in den Kühlschrank.

1 kg Vollkornmehl
1 kg gesiebtes Vollkornmehl (ohne Kleie, auch 80-Prozent- oder Ruchmehl genannt)
2 TL Meersalz
2 Tassen Sauerteigstarter
ca. 1 Liter lauwarmes Wasser
Mehl fürs Kneten (Sie können 1 Tasse von der für das Brot angegebenen Menge abzweigen)

1 Mehl und Salz in eine vorgewärmte Schüssel geben. Den Starter und so viel Wasser dazugeben, dass ein fester Teig entsteht.
2 Den Teig auf die mit Mehl bestäubte Arbeitsfläche legen und 15 Minuten kräftig kneten. Die richtige Knetdauer ist entscheidend, damit das Gluten im Weizen zur Wirkung gebracht wird. Zuviel Kneten hingegen zerstört die Struktur des Glutens.
3 Nehmen Sie eine etwa walnussgrosse Portion Teig ab und bewahren Sie sie in einem Gefäss mit Deckel im Kühlschrank auf; sie dient als Starter für das nächste Brot. Er sollte innerhalb einer Woche oder maximal 10 Tagen verbraucht werden. Um ihn länger haltbar zu machen, drücken Sie ihn platt und trocknen ihn nach dem Backen im Ofen bei offener Tür. So bleibt er unbeschränkt haltbar.
Den Teig wieder in die Schüssel geben, mit einem feuchten Tuch zudecken und bei Raumtemperatur über Nacht oder 8 Stunden stehen lassen.
4 Den Teig erneut durchkneten, zu zwei gleich grossen Laiben formen und in die eingefetteten Cakeformen geben. Mit einem feuchten Tuch bedecken und noch einmal 4 Stunden gehen lassen.
5 Den Ofen auf 230 °C vorheizen.
6 Die Brote 45 Minuten backen. Dann die Temperatur auf 180 °C zurückstellen und weitere 20–30 Minuten backen, damit das Brot innen auch garantiert durchgebacken ist. Zum Prüfen mit dem Fingerknöchel von unten auf den Boden des Brotes klopfen. Wenn es hohl klingt, ist das Brot fertig gebacken. Wenn die Kruste zu dunkel wird, bevor das Brot innen durchgebacken ist, decken Sie es mit Alufolie ab.
7 Die Brote vor dem Verzehr gut abkühlen lassen. Mit einem scharfen Brotmesser dünn schneiden. Zum Aufbe-

wahren die Brote in ein sauberes Küchentuch wickeln; so bleiben sie frisch. Wenn das Brot alt und hart geworden ist, können Sie es in Scheiben geschnitten über Dampf 3–5 Minuten auffrischen.

Varianten
- Wenn Sie das Grundrezept beherrschen, können Sie einen kleinen Teil des Mehls durch andere Sorten, z.B. Roggenmehl, oder eine gekochte Getreidesorte ersetzen.
- Sie können die Sauerteigmethode für alle Arten von Hefebackwaren verwenden, z.B. Pfannkuchen, Muffins usw.

SAUER EINGEMACHTES GEMÜSE

Die traditionelle Methode des Einsäuerns von Gemüse geschieht durch die natürliche Fermentation mittels Milchsäurebakterien, die dem Gemüse ohne Zugabe von Essig den typisch sauren Geschmack verleiht. Das Gemüse wird in eine Lake mit rund 2¼ Prozent Salzgehalt gegeben, die stark genug ist, damit keine unerwünschten Bakterien entstehen, aber schwach genug, dass die Mikroorganismen, welche die Milchsäure produzieren, gedeihen können. Vor der Erfindung des Kühlschranks war das Einsäuern in nördlichen Ländern die wichtigste Methode, um im Winter Gemüse zur Verfügung zu haben. Am bekanntesten sind Sauerkraut und Dillgurken, die in den Küchen Nordeuropas von Holland bis Russland zum Standard gehören. Auch in Japan ist sauer Eingemachtes sehr populär und wird als eigener Gang einer Mahlzeit oder als Snack zu Grünem Tee serviert.

Da zum Einsäuern rohes Gemüse verwendet wird, ist das Produkt yin-betonter als gekochtes Gemüse, das dem Yang-Element Feuer ausgesetzt war. Im Laufe der Zeit nimmt eingelegtes Gemüse jedoch zunehmend Yang-Eigenschaften an, insbesondere gepresstes, mit wenig oder ohne Wasser und mit einem höheren Salzanteil hergestelltes Gärgemüse. In Kleie (Seite 226) und in Miso eingelegtes Gemüse (Seite 227) erhält im Laufe einiger Monate einen ausgeprägten Yang-Charakter. Stärker wässerige, süsse oder saure Gärgemüse neigen eher zu Yin.

Die in natürlichem Gärgemüse enthaltenen Mikroorganismen sind sehr gut für die Verdauung von Nahrung, die reich an komplexen Kohlehydraten ist, wie sie in diesem Buch empfohlen wird. Machen Sie dann Gemüse ein, wenn es in grossen Mengen im Garten anfällt oder in den Läden billig zu haben ist. So kommen Sie gut durch den Winter, wenn das Gemüseangebot beschränkt ist. Eingesäuertes Gemüse muss nicht sterilisiert werden. Nur aus dem frischesten und besten Gemüse erhält man ein gutes Gärgemüse. Gemüse, das zu trocken, verholzt oder sonstwie nicht hundertprozentig in Ordnung ist, sollte nicht eingelegt werden. Das Einsäuern macht die Fasern auch nicht weicher.

Die Wasserqualität ist ebenfalls wichtig. Wenn Ihr Wasser chemisch behandelt ist, bemühen Sie sich um Quell- oder gefiltertes Wasser. Arbeiten Sie nur mit ganz sauberen Geräten und Händen, damit sicher keine anderen Bakterien hineingeraten. Die Gefässe sollten sterilisiert oder mit sehr heissem Wasser ausgewaschen werden. Die Deckel dürfen in Kontakt mit Säure nicht korrodieren. Die speziellen Gärtöpfe sind oben verengt. Dadurch ist es einfacher, den Topf so zu füllen, dass das Gemüse immer von der Flüssigkeit bedeckt ist. In keiner Phase der Verarbeitung darf das Gemüse mit Metall in Berührung kommen. Die natürliche Säure reagiert mit dem Metall und würde das Gemüse schwarz verfärben und ihm einen metallischen Geschmack geben. Das Gemüse sollte auch mit einem Holzlöffel oder Essstäbchen aus dem Gefäss genommen werden. Perfekt eignet sich für diesen Zweck der französische Olivenlöffel aus Holz mit Löchern, durch die die Flüssigkeit abfliessen kann.

Gehen Sie die Rezepte durch und entscheiden Sie, welches sich für die Gemüsesorten, die Sie gerade zur Hand haben, am besten eignet. 1 kg Gärgemüse lässt sich problemlos während der Zubereitung einer Mahlzeit herstellen. Bei einer Produktion im grösseren Stil (5 kg oder mehr) nimmt das Waschen und Rüsten am meisten Zeit in Anspruch. Am effizientesten arbeiten Sie mit einem grossen Rüstbrett und einem scharfen Messer oder einem Sauerkrauthobel. Am besten laden Sie ein paar Freunde zum Helfen ein und fangen bereits am Morgen früh damit an!

Gepresstes Gärgemüse: Sauerkraut & Co.

Für saftiges Gemüse, das viel Wasser enthält, z.B. weisse Rüben, Chinakohl, Weisskohl, Rotkohl, ist dieses Einsäuern mit trockenem Meersalz die richtige Methode.

Die benötigte Menge Salz beträgt 1½ bis 2½ Prozent des Gemüsegewichts. Mit 1½ Prozent Salz erhält man ein leichtes und frisches Gemüse für den Sommer und Herbst, während eine grössere Salzmenge sich eher für eingelegtes Gemüse eignet, das Sie den ganzen Winter über auf Vorrat haben wollen. Übrigens: Es ist als Mass praktisch zu wissen, wieviel Gramm Salz ein Löffel fasst: 1 gehäufter EL Salz entspricht ca. 20 g, 1 gehäufter TL Salz ca. 5 g.

Kochutensilien:

Presse: Es gibt Pressen, die extra für diesen Zweck entwickelt wurden. Ursprünglich bestanden sie aus Holz oder Keramik, mit einem Deckel, der genau in den Behälter passt. In einigen Bioläden sind japanische Pressen aus Plastik mit einer Federdruckplatte erhältlich. Sie können aber auch eine Presse improvisieren mit einem Behälter, der einen runden Boden und gerade Wände hat (am besten aus Holz oder Steingut; Plastik geht auch, aber auf keinen Fall Metall) sowie einem Deckel, der in das Gefäss passt, dazu ein Gewicht. Dies kann ein mit Wasser gefülltes Gefäss sein oder ein Stein, der allerdings nicht kalkhaltig sein darf, da er sich in der Säure auflösen würde. Für Mengen von 1 bis 5 kg Gemüse reicht ein Gewicht von 1 kg. Auch ein Glasgefäss mit einem gut schliessenden, nicht rostenden Deckel eignet sich als Beschwerung.

Bei der traditionellen Herstellung von Sauerkraut wird das mit dem Salz gestampfte Kraut nicht in ein anderes Gefäss gegeben wie in Schritt 3 dieses Rezepts, sondern in der Holzpresse belassen. Sobald die Flüssigkeit über den Deckel gestiegen ist, wird der zuerst verwendete schwere Stein auf dem Holzdeckel durch einen leichteren ersetzt, der nur dafür sorgt, dass die Flüssigkeit über dem Deckel bleibt; er soll keinen zusätzlichen Druck ausüben. Diese traditionelle Methode lässt sich problemlos anwenden, vorausgesetzt das Gefäss ist aus Holz, Keramik oder Glas. Metall oder Plastik reagieren mit der Säure, die bei der Fermentierung entsteht, und sollten deshalb nicht verwendet werden.

1 kg Gemüse, sehr fein geschnitten oder gehobelt
15–25 g Meersalz (zum Prozentanteil siehe oben)
nach Belieben Gewürze in kleinen Mengen, z.B. Lorbeerblätter, Knoblauchzehen, Senfkörner, Korianderkörner, getrocknete Chilischoten; die traditionellen Gewürze für Sauerkraut sind Kümmel und Wacholderbeeren.

1. Das Gemüse mit dem Salz und den gewünschten Kräutern und Gewürzen vermischen. In die Presse geben und das Gewicht darauf legen.
2. Bei Raumtemperatur 24 Stunden stehen lassen. Bei sehr heissem Wetter stellen Sie die Presse an einen kühleren Ort, z.B. in den Keller, so dass die Fermentation nicht allzu schnell abläuft. In dieser Zeit tritt das Wasser aus dem Gemüse und bedeckt den Deckel der Presse. Wenn dies nicht geschieht, müssen Sie entweder das Gewicht erhöhen oder mehr Salz dazugeben oder beides und dann warten, bis das Wasser über den Deckel steigt.
3. Das gepresste Gemüse in ein sauberes Glasgefäss geben. Darauf achten, dass das Gemüse dicht eingefüllt ist; bei Bedarf mit einem Holzlöffel nachstossen. Mit der Flüssigkeit das Gemüse bedecken. Es ist sehr wichtig, dass kein Gemüse aus der Flüssigkeit herausragt, sonst schimmelt es.
4. Das Gefäss leicht verschliessen und bei Raumtemperatur stehen lassen, bis sich Blasen zu bilden beginnen. Dies ist das Zeichen, dass die Fermentation begonnen hat. Es kann, je nach Wetter und Temperatur, 1–5 Tage dauern, bis es soweit ist. Sobald es soweit ist, den Deckel öffnen, die Gase abziehen lassen und gut schliessen.
5. Das Gefäss mit Datum und Inhalt anschreiben und im Keller, einem anderen kühlen Raum oder im Kühlschrank aufbewahren.
6. Die Reifezeit hängt von der Gemüsesorte, der Grösse der Stücke, der Menge Salz und der Temperatur ab. Öffnen Sie ein Glas, um nachzusehen, ob das eingelegte Gemüse reif ist. In der Regel dauert es 2–4 Wochen. Haltbarkeit an einem kühlen Ort: bis zu 6 Monate.

In Salzlake eingelegtes Gemüse

Salzlake ist in Wasser aufgelöstes Meersalz in einer Konzentration, die dem Meerwasser entspricht. Wir arbeiten normalerweise mit einer Konzentration von 4 Prozent, d.h. mit einer Zugabe von 40 g Salz auf einen Liter Wasser.

Diese Methode ist geeignet für härteres Gemüse wie Karotten, weisse Rüben oder Bodenkohlrabi (Steckrüben) und für ganzes saftiges Gemüse wie Cornichons, kleine Zwiebeln, Radieschen, grüne Bohnen und Blumenkohl. (Grüne Bohnen müssen zuerst 1 Minute in siedendem Salzwasser blanchiert werden. Für Blumenkohl benötigt man aufgrund seiner Form zusätzliche Salzlake: für 1 kg Blumenkohl 2 Liter Lake.) Eine Mischung dieser Gemüsesorten ergibt ein besonders farbenfrohes Resultat.

Kochutensilien:
– Glas- oder Keramikschüssel mit einem Teller, der hineinpasst
– ein leichtes Gewicht, das auf den Teller passt, z.B. ein mit ½ Liter Wasser gefülltes verschliessbares Gefäss
– Glasgefässe mit gut schliessendem und nicht rostendem Deckel

1 kg Gemüse
1 Liter Wasser
2 EL (40 g) Meersalz
nach Belieben Gewürze in kleinen Mengen, z.B. 2 Lorbeerblätter, 1 Knoblauchzehe, 1 TL Senf- oder Korianderkörner, 1 getrocknete Chilischote,
1 Stück frischer Ingwer, 1 kleines Stück Meerrettich (Wurzel oder Blätter), Kirschbaumblätter; zu ganzen Gurken frischer Dill
nach Belieben als Starter:
1 EL Saft von einer früheren Zubereitung

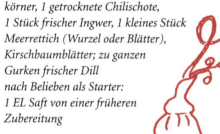

1. Die Salzlake herstellen, indem Sie das Salz im Wasser aufkochen. Abkühlen lassen.
2. Das Gemüse waschen und abtropfen lassen. Zwiebeln schälen. Wurzelgemüse in Stücke von ½ cm Dicke schneiden.
3. Das Gemüse in die Schüssel geben und mit der kalten Salzlake bedecken. Nach Belieben den Starter dazugeben. (Er ist nicht unbedingt nötig; die Fermentation beginnt dadurch einfach früher.)
4. Einen Teller auf das Gemüse legen und mit einem Gewicht beschweren. Damit wird sichergestellt, dass das Gemüse unter der Wasseroberfläche bleibt. Das Gewicht muss nicht so gross sein wie für gepresstes Gärgemüse.
5. Bei Raumtemperatur 2–5 Tage stehen lassen bis sich an der Oberfläche Blasen bilden. Das ist das Zeichen, dass die Fermentation begonnen hat. Die ideale Temperatur ist 18–21 °C. Bei sehr heissem Wetter stellen Sie den Topf an den kühlsten Ort, den Sie finden können, aber nicht in den Kühlschrank. Wenn nötig, die Schüssel mit einem sauberen Tuch vor Insekten und Staub schützen.
6. Das Gemüse in sehr saubere Glasgefässe geben und mit einem Holzlöffel hineinpressen. Nach Belieben Kräuter und Gewürze beigeben.
7. Die Gefässe fest verschliessen, mit Datum und Inhalt anschreiben und in einem kühlen Keller, in der Speisekammer oder im Kühlschrank aufbewahren.
8. Die Reifezeit hängt von der Art des Gemüses und der Temperatur ab. Gurken, die im August eingelegt werden, sind unter Umständen bereits nach wenigen Tagen fertig. Kleine Zwiebeln vom Oktober sollten an Weihnachten soweit sein. Öffnen Sie ein Glas, um nachzusehen, ob sie reif sind. In der Regel dauert es 2–4 Wochen. Haltbarkeit an einem kühlen Ort: bis zu 6 Monate.

Varianten
– Für eine längere Aufbewahrungszeit über den Winter kann eine salzigere Version zubereitet werden; besonders geeignet für ganze Zwiebeln und kleine Gurken. Bereiten Sie die doppelte Menge Salzlake zu. Mit der Hälfte der Lake Schritte 2–4 ausführen. Nach 24 Stunden die gebrauchte Salzlake abgiessen und mit der zweiten Hälfte der Lake bedecken. Wie oben beschrieben weiterfahren.
– Shoyu-Lake ergibt einen anderen Geschmack. Für 1 Liter Shoyu-Lake 3 Tassen Wasser kochen, abkühlen lassen und 1 Tasse Shoyu beigeben. Wenn Sie das stärkere Tamari verwenden, nehmen Sie 3½ Tassen Wasser und ½ Tasse Tamari.
– Umeboshi-Lake bewirkt einen deutlich saureren Geschmack und gibt weissem Gemüse wie Blumenkohl, weissen Rüben oder weissem Rettich eine wunderschöne rosa Farbe. Für 1 Liter Umeboshi-Lake 1 Liter Wasser mit ½ Tasse Umeboshi-Pflaumen aufkochen. Die Pflaumen darin lassen und gleichmässig auf die einzelnen Gefässe verteilen.

- Für kleinere Mengen (weniger als 1 kg) ist es einfacher, das Beschweren mit dem Gewicht auszulassen. Das Gemüse und die gewünschten Gewürze direkt in die Glasgefässe geben, die Lake darübergiessen und dafür sorgen, dass das Gemüse unter der Oberfläche bleibt, indem Sie jeden Tag mit einem sauberen Essstäbchen umrühren. (Für grosse Mengen jedoch das Grundrezept befolgen, mit 1 Liter Lake pro kg Gemüse.)
- Bei regelmässiger Herstellung von Gärgemüse jeweils etwas fermentierte Lake als Starter für eine nächste Zubereitung verwenden. Da der Salzgehalt abgenommen hat, müssen Sie zusätzliches Salz in siedendem Wasser auflösen und die Lake erneut auf Meerwasserkonzentration bringen. Shoyu-Lake eignet sich speziell dafür.
- Mögliche weitere Zutaten: Für mehr Vitamin B geben Sie eine Handvoll Vollkorngetreide, das Sie über Nacht eingeweicht haben, zum Grundrezept. Zusätzliche Mineralien und mehr Geschmack erhält das Gärgemüse durch Zugabe von einem 5–10 cm langen Stück Kombu.

In Kleie eingelegtes Gemüse

Dies ist in Japan die Lieblingsvariante unter den sauer eingemachten Gemüsen. Es wird ähnlich hergestellt wie jenes in Salzlake und ist sehr reich an Vitamin B. In Japan gibt es Reiskleie zu kaufen, die bereits mit Salz und Chili gewürzt ist. Für unseren Geschmack ist sie aber zu stark; wir empfehlen daher, dass Sie sich Ihre eigene Mischung mit frischer Reiskleie herstellen, falls Sie sie bekommen. Andernfalls geht auch Weizenkleie. Eine andere Möglichkeit ist frisch gemahlenes Mehl von leicht geröstetem Vollreis.

In der Regel wird diese Art Sauergemüse mit Chinakohl hergestellt, es können aber praktisch alle Gemüsesorten, in Scheiben oder Stäbchen geschnitten, verwendet werden.

Kochutensilien:
Presse (siehe Kochutensilien, Seite 224)

1 kg Chinakohl
1 Liter Wasser
2 EL (40 g) Meersalz
8 Tassen (360 g) Reiskleie, Weizenkleie oder Mehl von geröstetem Vollreis

1. Den Chinakohl in Blätter zerteilen, waschen und abtropfen lassen. 24 Stunden trocknen und welken lassen. Damit wird sichergestellt, dass der Wassergehalt nicht zu hoch ist.
2. Für die Lake das Meersalz im Wasser aufkochen und abkühlen lassen.
3. Die Kleie in einer trockenen Bratpfanne leicht rösten, bis sie süss und nussig riecht, aber kaum die Farbe verändert. Damit wird der Geschmack verstärkt und die Kleie sterilisiert. Abkühlen lassen.
4. So viel Lake mit der Kleie vermischen, dass eine schlammartige Masse entsteht. Überschüssige Lake zurückbehalten, da Sie sie eventuell noch benötigen (siehe Schritt 9).
5. Abwechselnd Kleiemischung und Chinakohl in die Presse schichten, zuunterst und zuoberst eine Schicht Kleie. Die oberste Schicht sollte die Blätter vollständig bedecken.
6. Das Gewicht auflegen.
7. Alles mit einem sauberen Küchentuch bedecken.
8. Bei Raumtemperatur 2–3 Tage stehen lassen, bis es deutlich zu riechen anfängt.
9. An einem kühlen Ort (Keller oder Speisekammer oder notfalls im Kühlschrank) weitere 10 Tage stehen lassen. Es ist wichtig, dass das Gemüse nicht austrocknet. Kontrollieren Sie deshalb jeden zweiten Tag, ob das Gewicht immer noch in der Flüssigkeit liegt. Wenn nicht, Lake nachgiessen.
10. Zum Servieren ganze Blätter herausnehmen, die Kleie abstreifen und in die Presse zurückgeben. Die Blätter unter fliessendem kaltem Wasser abspülen. Abtropfen lassen, fein schneiden und servieren.

Haltbarkeit an einem kühlen Ort: bis zu 1 Monat.

Varianten

- Für längere Haltbarkeit (bis zu 3 Monaten) stellen Sie einfach eine Lake mit dem doppelten Salzgehalt (4 EL Salz oder 80 g) pro Liter Wasser her.
- Sie können die Kleie immer wieder verwenden, wenn Sie jedesmal neue Lake dazugeben, damit das Verhältnis von Salz und Wasser gleich bleibt. Traditionsbewusste Haushalte in Japan brauchen die gleiche Kleie jahrelang.
- Die berühmten Taquan Pickles oder Daikon Nuka Pickles sind ganze Wurzeln des weissen Rettichs, die in Kleie eingelegt sind.

In Amasake eingelegtes Gemüse

Dieses süss schmeckende Gärgemüse mit wenig Salz ist ideal für Kinder und Personen mit einer salzarmen Diät. Sie werden mit hausgemachtem, nicht gekochtem Amasake hergestellt. Stellen Sie dafür 1 Tasse Amasake beiseite, bevor er gekocht wird (Rezept Amasake, Seite 217, Schritt 7). Nehmen Sie härteres Gemüse wie Karotten, weisse Rüben, weissen Rettich, Bodenkohlrabi (Steckrüben), Stangensellerie, Knollensellerie, Hokkaido-Kürbis oder Weisskohl oder eine

Mischung davon. Das Gemüse ist schnell gegärt und nicht sehr lange haltbar. Machen Sie also nicht allzu viel aufs Mal.

Kochutensilien:
- Kleine Presse
- Gefäss aus Glas oder Keramik (kein Metall oder Plastik)

250 g Gemüse
1 TL (5 g) Meersalz
1 Tasse Amasake, nicht gekocht

1. Das Gemüse in die Presse geben, Salz beifügen und mit dem Gewicht beschweren.
2. 1–6 Stunden unter Druck stehen lassen, bis das Wasser austritt.
3. Das Gemüse auspressen und die salzige Flüssigkeit weggiessen.
4. Abwechselnd Amasake und Gemüse in das Gefäss schichten, zuunterst und zuoberst Amasake.
5. An einem kühlen Ort 2–3 Tage stehen lassen, bis sich Blasen bilden. Bei heissem Wetter sollte die Fermentation im Kühlschrank geschehen. Wenn sie zu lange dauert oder bei zu warmen Temperaturen abläuft, entwickelt sich ein Acetongeruch.
6. Den Grossteil des Amasake abstreifen und das Gärgemüse als Beilage zu einer Mahlzeit oder als Snack servieren. Der Amasake kann, wenn er sofort verwertet wird, noch zum Kochen gebraucht werden.
 Haltbarkeit: Frisch im Kühlschrank etwa 3 Tage, sterilisiert bis 3 Monate.

Miso-Gemüse

Dieses mit Miso hergestellte Gärgemüse ist stark salzhaltig. Nehmen Sie dafür die salzigeren Misosorten wie Mugi, Genmai oder Hatcho. Es kann jedes Gemüse mit fester Konsistenz verwendet werden. Die Reifezeit hängt von der Grösse der Gemüsestücke ab (siehe Schritt 4). Wenn das Gemüse ganz verwendet wird oder die Stücke gross sind, ist es sehr gut haltbar und kann in grossen Mengen hergestellt werden.

Kochutensilien:
- Gefäss aus Glas, Steingut oder Holz mit einem Deckel
- Ein Gewicht ist nicht notwendig.

500 g Gemüse
ca. 1 Tasse (320 g) Miso (Menge hängt von Gemüsesorte und Schnittart ab. Das Gemüse muss ganz bedeckt sein.)

1. Das Gemüse waschen und abtropfen lassen.
2. Für kurze Haltbarkeit das Gemüse in dünne Scheiben oder feine Stäbchen schneiden. Für lange Haltbarkeit das Gemüse in sehr grosse Stücke schneiden oder ganz lassen. Bei ganzem Gemüse die Haut an mehreren Stellen einritzen, damit das Miso überall eintreten kann.
3. Jedes Gemüsestück muss vollständig von Miso umgeben sein. Die oberste Lage muss besonders gut bedeckt sein.
4. Mit einem Deckel zudecken und an einem kühlen Ort reifen lassen. Fein geschnittenes Gemüse ist in wenigen Tagen fertig. Ganzes Gemüse oder grosse Stücke brauchen 2–3 Monate, bis das Miso überall ganz eingedrungen ist.
5. Das Miso abstreifen und das Gemüse servieren. Grosse Stücke vor dem Servieren zerschneiden.
 Haltbarkeit an einem kühlen Ort: bis 6 Monate.

Das zum Einlegen gebrauchte Miso kann zum Kochen (für Suppen usw.) weiterverwendet werden. Da es durch den Saft des Gemüses verwässert ist, ist es allerdings nicht mehr so lange haltbar wie reines Miso.

Varianten
- Miso-Knoblauch: Eine ganz besondere Spezialität! Einzelne Knoblauchzehen schälen, ganz lassen und mit Miso bedecken (siehe oben, Schritt 3). Sie sind in 6 Wochen reif. Kann als Würzbeilage serviert oder zum Kochen verwendet werden.
- Bei weichem, wässrigerem Gemüse, z.B. Gurken, Zucchini, Kürbis, den Wassergehalt reduzieren, indem Sie das Gemüse zusammen mit etwas Salz 24 Stunden pressen oder es 1 Minute blanchieren und dann sehr gut abtropfen lassen, bevor Sie es in das Miso einlegen.

Polnischer Kwass

Polnischer oder russischer Kwass wird ähnlich hergestellt wie der skandinavische, allerdings mit dem Saft von Randen (roten Beten). Dieser saure Saft ist es auch, der für die berühmte Borschtsch-Suppe nötig ist. Im Herbst hergestellt, wenn es jede Menge Randen gibt, hält sich der Kwass durch den ganzen Winter. Das Rezept ergibt 1½ Liter.

Kochutensilien:
- Keramik- oder Glastopf
- Teller, der knapp in den Topf passt
- Glasflaschen zum Aufbewahren des Saftes
- Küchenhandschuhe für Schritt 1(!)

1 kg rohe Randen (rote Bete)
1½ Liter Wasser
1 Scheibe Sauerteig-Roggen- oder Vollkornbrot

1. Die rohen Randen schälen und fein schneiden. (Katriona nimmt auch zum Schneiden den Kartoffelschäler.)
2. In einen Keramik- oder Glastopf geben und mit 1½ Liter lauwarmem Wasser bedecken.
3. Die Brotscheibe oben darauf legen. Bei Raumtemperatur stehen lassen.
4. Das Brot nach 24 Stunden entfernen und das Gemüse mit einem Teller beschweren, damit es immer in der Flüssigkeit bleibt. Es oxidiert sonst.
5. Bei Raumtemperatur stehen lassen, bis sich Schaum bildet und der Saft einen sauren Geruch und Geschmack

entwickelt. Dies dauert rund 4–5 Tage, bei kaltem Wetter kann es bis zu einer Woche dauern.

6 Den Saft absieben, in Flaschen abfüllen und an einem kühlen Ort aufbewahren. Er ist über den ganzen Winter haltbar. Das Randengemüse wegwerfen.

Variante

Reichhaltiger Kwass nach ukrainischer Art (Rezept von Bozena Schleicher): Bei Schritt 1 folgende Zutaten (in Scheiben geschnitten) beigeben: 30 g frischer Meerrettich, 1 TL Kümmel, 1 Knoblauchknolle, 1 Petersilienwurzel, 1 Karotte, 1 Scheibe Knollensellerie, 3 TL Meersalz.

Verwendet wird der Polnische Kwass für Borschtsch (Rezept Seite 58). Denken Sie daran, dass die Suppe nach Beigabe des Kwass nicht mehr sieden darf, sonst gehen Farbe, Geschmack und der Nutzen der Mikroorganismen verloren.

Kwass gilt in Polen auch als Medizin bei hohem Blutdruck, hohem Cholesterinspiegel, Blutarmut, Diabetes, Menstruationsschmerzen und als Mittel bei einem Kater. Für eine medizinische Anwendung verdünnen Sie ihn zu gleichen Teilen mit Wasser und trinken Sie ihn. Er kann auch mit frischem Karotten- oder Stangenselleriesaft gemischt werden.

Gewürze und Würzbeilagen

Knoblauchöl

Knoblauchöl hat einen feineren Geschmack als eine frisch hergestellte Mischung aus Knoblauch und Öl. Am besten bereitet man es im Herbst zu, wenn es eine Menge Knoblauch gibt, und verwendet es dann während des ganzen Jahres zum Kochen und für Salatsaucen.

Methode 1: Langsame Methode für grosse Mengen

Nehmen Sie mehrere ganze frische Knoblauchknollen. Die Zehen schälen, in Glasgefässe geben und mit Olivenöl bedecken. 6 Wochen an einem kühlen Ort aufbewahren, bevor Sie das Öl verwenden. Sie können die Knoblauchzehen auch zum Kochen verwenden. An einem kühlen Ort hält sich das Knoblauchöl mehrere Monate.

Methode 2: Schnelle Methode für kleinere Mengen

Ein paar Knoblauchzehen schälen und hacken. In eine kleine Pfanne geben und mit Olivenöl bedecken. Sehr langsam erhitzen, bis sie heiss sind, aber noch nicht zischen. Zudecken und abkühlen lassen. Das Öl absieben und in Glasgefässen aufbewahren. Den Knoblauch wegwerfen.

Knoblauch-Shoyu

Eine praktische Methode, um dem Essen einen leichten Knoblauchgeschmack zu verleihen. Ausgezeichnet für Marinaden und Saucen.

Nehmen Sie mehrere frische Knoblauchknollen. Die Zehen schälen, in ein Glasgefäss geben und mit unverdünntem Shoyu bedecken. 6 Wochen an einem kühlen Ort stehen lassen. Das Shoyu dient als Würzmittel. Sie können auch die Knoblauchzehen zum Kochen verwenden. Haltbarkeit an einem kühlen Ort: mehrere Monate.

Grossmutter Forresters Chutney

Chutney (in Hindi *catni*) ist eine fruchtige Würzbeilage aus Indien, die zu Reis und Curry gegessen wird; sie wurde im 19. Jahrhundert in England beliebt und ist seither aus der Esskultur der englischsprachigen Länder nicht mehr wegzudenken. Chutney passt gut zu Gebratenen Hirseburgern (Seite 73), Linsenburgern (Seite 108), Seitan-Steak (Seite 120), Gebratenem Tempeh (Seite 118), Shish Kebabs (Seite 124) und vielen anderen gebratenen Gerichten.

In Indien wird Chutney häufig mit Mangos hergestellt, aber es können auch Aprikosen, Pfirsiche, Äpfel oder grüne Tomaten sein. Stellen Sie es her, solange frische Früchte in Fülle vorhanden sind. Vor dem Gebrauch 2 Wochen warten. Am meisten Geschmack hat es nach etwa 3 Monaten. Es braucht nach dem Öffnen nicht gekühlt zu werden. In Glasgefässen aufbewahren. Das Rezept ergibt 2 Liter Chutney.

500 g Tomaten geschält (siehe Seite 139) und in Würfel geschnitten
500 g Äpfel, geschält, entkernt und in Würfel geschnitten
500 g Zwiebeln, in Würfel geschnitten
500 g Sultaninen, gehackt
½ Tasse (200 g) Reismalz
½ Tasse (200 g) Gerstenmalz
½ Liter Apfelsaft
½ Liter Apfelessig
1 gestrichener TL Salz
½ gestrichener TL Ingwerpulver
½ gestrichener TL Cayennepfeffer

1 Alle Zutaten in einen grossen Topf geben und 2 Stunden im offenen Topf köcheln lassen. Gelegentlich umrühren, so dass nichts anbrennt.
2 Gefässe sterilisieren und mit dem heissen Chutney füllen.
3 Vor Gebrauch mindestens 2 Wochen an einem kühlen Ort stehen lassen.
4 In kleinen Mengen servieren.

Piccalilli

Gemüse in einer Senf-Kurkuma-Sauce. In England sehr beliebt als Beilage zu kaltem Fleisch. Es passt gut zu gebratenen Hirseburgern (Seite 73), Linsenburgern (Seite 108), Seitan-Steak (Seite 120), Gebratenem Tempeh (Seite 118), Shish Kebabs (Seite 124) und vielen anderen gebratenen Gerichten.

Vor Gebrauch mindestens 2 Wochen stehen lassen. Am besten ist es nach etwa 3 Monaten.

1 kg Blumenkohl, in kleine Röschen zerteilt
1 Stangensellerie, in kleine Würfel geschnitten
500 g Karotten, in kleine Würfel geschnitten
500 g Zwiebeln, in kleine Würfel geschnitten
1 Gurke, in kleine Würfel geschnitten
2 EL Meersalz
½ Tasse Öl
3 EL Haushaltmehl
3 EL Kurkuma
½ Tasse Fruchtsaftkonzentrat
4 EL scharfes Senfpulver (oder gemahlene gelbe Senfkörner)
2 gehäufte EL Kapern
1 Tasse Apfelessig
1 Tasse Apfelsaft
1 TL Tomatenpüree

1 Blumenkohlröschen, Sellerie, Karotten und Zwiebeln 1 Minute blanchieren. Abgiessen und abkühlen lassen.
2 Das blanchierte Gemüse mit der Gurke und dem Salz mischen. Über Nacht stehen lassen.
3 Das Öl in einer Pfanne erhitzen. Mehl und Kurkuma beigeben und unter ständigem Rühren anziehen lassen. Weitere 2 Minuten auf mittlerem Feuer mit dem Holzlöffel rühren.
4 Fruchtsaftkonzentrat, Senfpulver, Kapern, Essig, Apfelsaft und Tomatenpüree beigeben, einrühren und 10 Minuten sanft köcheln lassen. Vom Feuer nehmen.
5 Das gesalzene Gemüse in die Paste einrühren.
6 In einem sterilisierten Glas- oder Steinguttopf an einem kühlen Ort aufbewahren (mindestens 2 Wochen vor Gebrauch). Haltbarkeit: mindestens 6 Monate.

Tafelstreuwürzen

Eine kleine Menge eines kräftigen Gewürzes wirkt Wunder auf einem einfachen Getreide- oder Gemüsegericht. Sie können Tafelgewürze, damit sie sich für die ganze Familie eignen, in unterschiedlicher Stärke herstellen. Dies ist eine der einfachsten Methoden, dass ein Gericht allen – Erwachsenen und Kindern – schmeckt. Verwenden Sie von diesen Gewürzen nicht zuviel; da sie sehr konzentriert sind, machen sie durstig oder verursachen eine Gier nach Süssem.

Für die folgenden Tafelgewürze brauchen Sie einen Mörser. Der japanische Suribachi-Mörser, ein Tongefäss mit Rillen im Inneren und einem hölzernen Stössel, ist die beste Lösung. Stellen Sie den Suribachi auf eine nicht rutschende Oberfläche, z.B. ein feuchtes Tuch. Legen Sie eine Hand oben auf den Stössel und führen Sie mit der anderen kreisförmige Bewegungen aus. Wenn Sie keinen Suribachi haben, nehmen Sie eine elektrische Kaffeemühle. Waschen Sie sie vorher und nachher gut aus, damit Sie keine Vermischung der Aromen bekommen.

Alle Tafelgewürze sind hoch konzentriert und brauchen deshalb Ihre volle Aufmerksamkeit bei der Herstellung.

Gomasio

Gomasio ist das beliebteste Gewürz in Japan. Sein Name bedeutet «Sesamsalz». Die Mischung besteht in unserem Rezept aus einem Verhältnis von 16 Teilen Sesamsamen zu 1 Teil Salz, was ein gutes Mass für Erwachsene ist (das japanische Gomasio ist allerdings salziger). Für Kinder und für Leute mit einer salzarmen Diät sollte der Salzanteil um ein Viertel oder gar die Hälfte reduziert werden. Gut gemachtes Gomasio schmeckt nicht stark salzig, weil das Öl aus den zerstampften Samen die Salzkörner umhüllt. Die Kombination von Öl und Mineralien ist sehr gut für das Nervensystem.

1 Tasse ganze Sesamsamen (die hellbraunen, nicht die geschälten weissen)
1 gestrichener TL Meersalz

Waschen (muss schnell geschehen; die Sesamsamen nicht einweichen):

1. Die Samen in eine Schüssel geben, mit kaltem Wasser bedecken, umrühren und mit der Hand die Körner unter die Oberfläche drücken.
2. Leere Hülsen und Stiele von der Wasseroberfläche sorgfältig abschöpfen. (Wenn viele Samen obenauf schwimmen, haben Sie eine schlechte Qualität erwischt.) Wenn die Samen schmutzig sind, Schritte 1 und 2 mehrmals wiederholen, bis das Wasser sauber bleibt.
3. Mit einem Teesieb die Samen aus dem Wasser fischen und in einem grösseren Sieb abtropfen lassen. Kleine Steine und Sand bleiben am Boden der Schüssel. Passen Sie auf, dass Sie sie nicht mit abschöpfen.
4. Das Sieb von aussen mit einem Küchentuch abtupfen, um überschüssige Flüssigkeit aufzusaugen.

Rösten:

5. Eine trockene Bratpfanne auf mittlerem Feuer erhitzen. Die Samen hineingeben, ständig rühren und schütteln. Zuerst verdampft die Flüssigkeit, dann beginnen die Samen aufzuplatzen und zu knistern. Wenn dies nicht nach zwei Minuten passiert, erhöhen Sie die Hitze. Wenn die Samen aus der Pfanne springen, reduzieren Sie die Hitze. (Auf dem Elektroherd die Pfanne für ein paar Momente von der Platte nehmen, um die Hitze schnell absinken zu lassen.)
6. Weitere 5 Minuten rühren und schütteln, bis die Samen nussig riechen, trocken sind und sich geöffnet haben. Achten Sie darauf, dass sie nicht verbrennen. Die Farbe sollte sich kaum verändern. (Viele Köche empfehlen den Daumentest, um herauszufinden, ob sie gut sind. Nehmen Sie ein paar Samen zwischen Daumen und kleinen Finger und reiben Sie sie. Wenn die Samen leicht auseinanderfallen, sind sie gut.)
7. Die Samen in eine Schüssel geben. Nicht in der Pfanne lassen, sonst verkohlen sie.
8. In derselben Pfanne das Salz 1 Minute sanft rösten, so dass es ganz trocken ist. Die Farbe sollte sich nicht verändern.

Mahlen (solange Samen und Salz noch heiss sind):

9. Das Salz in den Suribachi-Mörser geben und alle Klumpen zerreiben.
10. Die Samen beigeben und mit dem Salz zerreiben. Mit leichter Hand und leichtem Druck etwa 5–10 Minuten mahlen, bis fast alle Samen zerstossen sind. Die Masse sollte leicht und krümelig sein.
11. Das Gomasio in einem luftdichten Gefäss aufbewahren. Es bleibt etwa 2 Wochen sehr gut. Entscheidend für die Haltbarkeit ist, dass beim Rösten alle Feuchtigkeit aus den Samen und dem Salz entfernt wurde.

Algenpulver

Eine wunderbare Quelle für zusätzliche Mineralien und eine schmackhafte Würze für Getreide und Gemüse.

50 g getrocknete Algen (Kombu, Wakame oder Dulse)

1. Den Ofen auf mittlere Hitze (ca. 180 °C) vorheizen.
2. Den Kombu mit einem feuchten Tuch abreiben. Wakame und Dulse in ein feuchtes Tuch legen und reiben.
3. Die Algen auf einem trockenen Backblech 10–15 Minuten backen. Sie sollen trocken und knusprig werden, aber nicht braun oder gar schwarz. Dulse und Wakame brauchen weniger lang als Kombu.
4. Die gebackenen Algen in den Suribachi-Mörser (siehe unter «Tafelstreuwürzen» Seite 229) krümeln und zu einem feinen Pulver mahlen. Wakame hat eine kräftige Mittelrippe, die sich nicht ohne weiteres zu Pulver mahlen lässt. Um diese grösseren Stücke zu entfernen, sieben Sie das Pulver durch.
5. Das Pulver in einem luftdichten Gefäss aufbewahren; es ist mehrere Monate haltbar.

Variante

Goma Wakame: Ähnlich wie Gomasio, aber mit Algenpulver statt Meersalz hergestellt. Es ist sehr würzig und ideal für Kinder oder für eine salzarmen Diät.

Nach der Anleitung für Algenpulver Schritte 1–4 und für Gomasio Schritte 1–7 herstellen. Nehmen Sie 1 EL Wakamepulver und 5 EL geröstete, noch warme Samen und zerreiben Sie beides zusammen im Suribachi-Mörser. Das Verhältnis können Sie selbstverständlich nach Belieben verändern. Das Pulver in einem luftdichten Gefäss aufbewahren.

Konfitüren und Pürees

Hausgemachte Konfitüren

Selbergemachte zuckerfreie Konfitüren halten sich ausgezeichnet in gut verschlossenen Gläsern. Wenn sie einmal offen sind, sollten sie im Kühlschrank aufbewahrt werden.

Als Süssmittel kommen in Frage:
- Malzsirup aus Mais, Reis oder Gerste (mittelsüss)
- Konzentrierter Fruchtsaft oder -sirup (sehr süss und ein wenig säuerlich; Birnensaft ist am süssesten, Apfelsaft geht auch)
- Ahornsirup (sehr süss)
- oder eine Kombination davon

Für Gelee nehmen Sie:
- Agar-Agar-Flocken (stärker geleeartig)
- Kuzu oder Pfeilwurzelmehl (cremiger)
- oder eine Kombination davon

Saisonfrüchte:

Erdbeeren, Kirschen, Himbeeren, Aprikosen, Pfirsiche, Zwetschgen, Brombeeren, Heidelbeeren, rote oder schwarze Johannisbeeren. Die Qualität der Früchte entscheidet darüber, ob die Konfitüre gelingt oder nicht. Wenn die Früchte unreif, überreif oder zu wässerig sind, wird auch die Konfitüre nicht gut. Nur die besten Früchte ergeben gute Konfitüre.

Das Rezept für 1 kg Früchte ergibt zwei oder drei normalgrosse Gläser Konfitüre. Diese Menge kann problemlos während der Zubereitung einer Mahlzeit verarbeitet werden. Für grössere Mengen, z.B. 5–10 kg, nehmen Sie sich Zeit. Laden Sie Freunde dazu ein, dann haben Sie Unterhaltung und mehr Spass während der zeitraubenden Arbeit! Vergewissern Sie sich, bevor Sie beginnen, dass Sie genügend Konfitürengläser haben und genügend grosse Kochtöpfe. Es empfiehlt sich, am Morgen früh damit anzufangen.

Kochutensilien:
- 2 oder 3 saubere Gläser mit gut schliessendem Deckel
- 2 Kochtöpfe, einer für die Konfitüre, der andere zum Auskochen der Gläser
- Zange, um die Gläser aus dem Wasser zu nehmen

1 kg frische Früchte
2 Prisen Meersalz
ca. 1 Tasse Süssmittel nach Wahl
1 gehäufter EL (ca. 5 g) Agar-Agar-Flocken oder 1 EL
(ca. 5 g) Kuzu

1 Die Früchte waschen und abtropfen lassen. Gut kontrollieren, Verdorbenes, Stiele und Steine entfernen. Grössere Früchte in kirschgrosse Stücke schneiden.

2 Die Früchte mit dem Salz in den Kochtopf geben und auf kleinem Feuer aufsetzen, so dass die Früchte Saft absetzen, dieser aber nicht anbrennt. 1 Stunde im offenen Topf sanft köcheln lassen. Die Früchtemasse von Zeit zu Zeit mit einem Holzlöffel ganz sanft umrühren, damit sie nicht am Topfboden anhängt oder anbrennt.

3 Süssmittel nach Wahl beigeben. (Die genaue Menge hängt von der Art der Früchte und Ihrem Geschmack ab.)

4 Geliermittel nach Wahl beigeben. (Die genaue Menge hängt von der Menge ausgetretener Flüssigkeit ab.)
Agar-Agar wird gleichzeitig mit dem Süssmittel beigegeben und weitere 15 Minuten gekocht.
Kuzu wird ganz am Schluss beigegeben, nachdem das Süssmittel mit den Früchten 15 Minuten gekocht hat. Kuzu mit ein wenig kaltem Wasser zu einem Brei rühren, den Topf vom Feuer nehmen, das Kuzu unter Rühren mit einem Holzlöffel beigeben, den Topf zurück aufs Feuer stellen und 1 Minute unter Rühren kochen lassen.

5 Die Konsistenz überprüfen: Schöpfen Sie einen Löffel voll Konfitüre auf ein Tellerchen, stellen Sie es in den Kühlschrank und lassen Sie sie 5 Minuten abkühlen und fest werden. Jetzt können Sie Konsistenz und Süsse überprüfen. Zu diesem Zeitpunkt können Sie immer noch Süssmittel, Geliermittel oder Wasser beigeben. Wenn die Masse dicker werden soll, empfehlen wir Kuzu, denn Agar-Agar müsste noch einmal 15 Minuten kochen.

6 Die Konfitürengläser und Deckel 10 Minuten auskochen, um sie zu sterilisieren. Bei grösseren Mengen ist es praktisch, zwei grosse Töpfe mit kochendem Wasser bereit zu haben, so dass Sie immer ein paar Gefässe gleichzeitig sterilisieren können. Nehmen Sie die Gläser und Deckel mit einer Zange aus dem Wasser. Legen Sie sie auf einen Tisch oder das Abtropfgestell (nicht auf eine zu kalte Oberfläche, sonst zerspringen die Gläser).

7 Füllen Sie die kochende Konfitüremasse mit einem Saucenschöpflöffel oder einem hitzebeständigen Krug in die siedendheissen Gläser. Es ist wichtig, dass beides so heiss wie möglich ist, damit Sterilität gewährleistet ist. Aus dem gleichen Grund müssen die Gläser randvoll gefüllt werden. Wischen Sie den Rand der Gläser so schnell wie möglich mit einem heissen sterilen Tuch ab, und verschliessen Sie sie so fest es geht mit dem Deckel.

8 Die geschlossenen Gläser abkühlen lassen. Wenn Sie kalt genug sind, dass Sie sie anfassen können, prüfen Sie nach, ob alle Deckel wirklich fest verschlossen sind. Beim Abkühlen hören Sie ein Geräusch, das anzeigt, dass sich das Vakuum bildet. Wenn die Gläser kalt sind, wischen Sie sie mit einem heissen feuchten Tuch ab, und schreiben Sie sie mit Inhalt und Datum an. Im Keller oder in einem Schrank aufbewahren. Haltbarkeit: mehrere Monate.

Übrigens: Die aus den Früchten entfernten Steine und Kerne können als Spielgeld für Kinder verwendet werden. In der Schweiz füllt man die gewaschenen und getrockneten Kirschensteine in einen Baumwollsack; diesen legt man auf den Ofen oder die Heizung und erhält so eine Alternative zur Wärmflasche fürs Bett.

Varianten
— Das angegebene Rezept garantiert ein Maximum an Geschmack. Man kann auch weniger konzentrierte Varianten herstellen, indem Sie die Früchte zu Beginn von Schritt 2 halb mit Wasser bedecken. Verdoppeln Sie in diesem Fall die Menge Geliermittel und Süssmittel.
— Für eine Früchtesauce anstelle von Konfitüre bedecken Sie ebenfalls die Früchte zu Beginn von Schritt 2 halb mit Wasser; die Menge Geliermittel und Süssmittel bleibt gleich.
— Um die Kochzeit, besonders bei heiklen Früchten wie Erdbeeren, zu verkürzen, können Sie Früchte, Süssmittel und Geliermittel auf einmal beigeben und so die Kochzeit auf insgesamt 15 Minuten reduzieren. Die Früchte behalten ihre Form besser, Farbe und Geschmack sind weniger intensiv als bei der lang gekochten Version.

Frucht- und Gemüsepürees

Gemüsepürees können als Aufstrich für Sandwiches, als Basis für Suppen oder als Babybrei dienen. Fruchtpürees können ebenfalls für Sandwiches, als Kindernahrung und zusätzlich für Desserts verwendet werden. Einigermassen kühl transportiert, kann man sie auch für unterwegs mitnehmen. Wenn Sie sie länger als einen Tag aufbewahren wollen, sterilisieren Sie sie (siehe Seite 214).

500 g Gemüse oder Früchte (eine oder mehrere Sorten)
2 Prisen Meersalz
Wasser

1 Gefässe aussuchen und in sehr heissem Wasser gut waschen.
2 Früchte oder Gemüse schälen, entkernen und von Verunreinigungen säubern. (Beim Pürieren mit einem Handpassiergerät brauchen Äpfel und Birnen nicht geschält und entkernt zu werden.)
3 In Stücke von ca. 2 x 2 cm schneiden.
4 In einem Topf 1 cm hoch Wasser mit einer guten Prise Salz aufkochen.
5 Gemüse oder Früchte beigeben, zudecken, die Hitze reduzieren und sehr sanft köcheln lassen, bis alles sehr weich gekocht ist (20–30 Minuten). Am Schluss sollte kein Wasser mehr übrig sein.
6 Gemüse oder Früchte mit einem Handpassiergerät oder Mixer pürieren.
7 In warme sterile Gläser abfüllen und sofort mit einem sterilen, luftdichten Deckel verschliessen.
8 Die verschlossenen Gefässe abkühlen lassen. Wenn sie kalt genug sind, dass Sie sie anfassen können, prüfen, ob die Deckel wirklich gut verschlossen sind.

Variante

Babybrei: Für Kleinkinder sollte das Salz weggelassen und die Masse durch ein Sieb oder ein Handpassiergerät gedrückt und nicht mit dem Mixer püriert werden, damit die Fasern entfernt werden. Siehe Gemüsepürees für Kleinkinder, Seite 208.

Erste Hilfe in der Küche

Erste Hilfe für kleine Verletzungen

Die folgenden Tips machen Gebrauch von Hilfsmitteln, die gerade zur Hand sind. Sie sollen keineswegs eine richtige medizinische Hilfe ersetzen, wenn diese nötig ist.

Kleine Schnitte
- Zuerst bluten lassen. Blut ist das beste Reinigungsmittel für eine offene Wunde.
- Wenn der Schnitt nicht von selbst zum Bluten kommt, spülen Sie die Wunde in schwach gesalzenem Wasser oder unter dem Hahn.
- Schneiden Sie ein Stück Nori in Form eines Pflasters, und verwenden Sie es als temporären Verband, bis die Blutung gestoppt ist.
- Nachdem eine Wunde zu bluten aufgehört hat, heilt sie am besten ohne Verband an der Luft.

Kleinere Verbrennungen
- Zuerst in kaltes Wasser halten, entweder unter dem laufenden Wasserhahn oder in einem Becken, bis das Brennen nachlässt.
- Anschliessend Tofuscheiben auflegen, bis sich die Hitze verteilt hat.
- So weiterfahren, bis die Hitze verschwunden ist.
- Wenn die Verbrennung keine weitere medizinische Behandlung erfordert, können Sie später ein wenig Sesam- oder Olivenöl darauf geben, damit die Haut geschützt ist.

Beulen, Quetschungen und Verstauchungen
- Tofu wirkt Wunder beim Ableiten von Hitze und hilft bei Schwellungen. Tofuscheiben auf die betroffene Stelle legen.

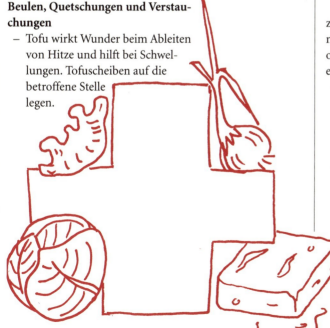

- Tofuumschlag: Vermischen Sie Tofu mit so viel Mehl, dass eine klebrige Masse entsteht. Diese Paste auflegen.
- Statt Tofu einen kalten feuchten Waschlappen nehmen.
- Im Freien nehmen Sie die kühlsten, fleischigsten, nicht stacheligen Blätter, die Sie finden können. Zermalmen Sie sie sanft mit Ihren Händen und legen Sie sie auf die betroffene Stelle. Ein Taschentuch darum binden.

In allen Fällen sollten die Umschläge häufig gewechselt werden, bis die Verletzung abklingt.

Insektenstiche
- Reiben Sie rohe Zwiebeln oder ein paar Tropfen Zwiebelsaft auf den Stich, um ihn zu neutralisieren. Lassen Sie die Zwiebel darauf, bis der Stich nicht mehr schmerzt.
- Anstelle von Zwiebeln können Lauch oder Radieschen verwendet werden.
- Reiben Sie Spucke direkt auf den Stich.
- Verwenden Sie Spitzwegerich. Zermalmen Sie ihn in den Händen oder kauen Sie ihn kurz, damit seine wundheilenden Substanzen zur Wirkung kommen.

Innerliche Beschwerden

Zahlreiche kleinere Beschwerden heilen dadurch, dass einfach eine Mahlzeit ausgelassen wird und der Körper Zeit bekommt, sich selber wieder zu regenerieren. Wenn er ein wenig Hilfe von aussen braucht, hier ein paar Tips.

Fieber

Fieber ist ein natürlicher Vorgang, um einen Überschuss zu verbrennen, deshalb können Sie ihm normalerweise seinen Lauf lassen. Wenn Sie sich aber äusserst unwohl fühlen oder das Fieber in gefährliche Höhen klettert, versuchen Sie einen der folgenden Tricks:
- Legen Sie ein ganzes Kohlblatt auf die Stirn oder den Kopf. Dieser Trick funktioniert vor allem bei kleinen Kindern ausgezeichnet, weil das Blatt wie eine Mütze auf den Kopf passt und kühlt. Wechseln, sobald das Blatt warm ist.
- Legen Sie zerdrückten oder geschnittenen Tofu als Tofupflaster auf die Stirn und in den Nacken. Wechseln, sobald er warm geworden ist, und erneuern, bis das Fieber zu sinken beginnt. Dieses Pflaster hat eine stärkere Wirkung als das Kohlblatt und sollte bei Babies und kleinen Kindern nicht angewendet werden.
- Essigsocken: Socken in Essig einlegen, anziehen und darüber ein Frottiertuch um Füsse und Knöchel wickeln. Der kühle Essig zieht die Hitze nach unten und aus dem Körper.

Wechseln Sie bei all diesen Techniken den Umschlag, sobald er warm geworden ist, und fahren Sie damit nur so lange fort, bis das Fieber zu sinken beginnt.

Kopfschmerzen in der Stirn
- Essen Sie ein wenig salziges Tafelgewürz, z.B. Gomasio (Seite 230), oder eine halbe Umeboshi-Pflaume.
- Trinken Sie ein wenig kräftige Misosuppe (Klassische Misosuppe, Seite 54) oder klare Suppe mit Shoyu (Seite 53).

Kopfweh im Hinterkopf
- Trinken Sie eine Tasse warmen Apfelsaft oder einen Schluck Brandy.
- Entspannen Sie sich in einem warmen, mit Kräuterzusatz angereicherten Bad.

Magenverstimmung
- Eine Mahlzeit auslassen.
- Essen Sie eine halbe Umeboshi-Pflaume.
- Geben Sie eine Umeboshi-Pflaume und/oder ein paar Tropfen Shoyu in eine Tasse Kukichatee (Seite 211, Varianten)
- Essen Sie nur Getreidebrei oder Getreideschleim (Seite 207).
- Essen Sie Misosuppe (Klassische Misosuppe, Seite 54).

Bauchschmerzen und Menstruationskrämpfe
- Wärmflasche: Auf den Bauch oder den Rücken legen.
- Kamillenkompresse: Kochen Sie 1 Liter starken Kamillentee (siehe Kräutertees, Seite 212). Ein Küchentuch in den Tee tauchen, auswringen und noch sehr warm auf den Unterleib legen. Mit einem Frottiertuch bedecken, damit es länger warm bleibt. Mehrmals wiederholen, bis der Schmerz aufhört. Die Methode kann auch bedenkenlos bei kleinen Kindern und Babies angewendet werden. Verwenden Sie ein kleines Tuch und achten Sie gut auf die Temperatur.
- Ingwerkompresse: Eine Handvoll frischen Ingwer fein raspeln und lose in ein Stück Käseleinen wickeln. Den Ingwersack in einen grossen Topf Wasser (4 Liter) geben, das knapp vor dem Siedepunkt steht. Es ist wichtig, den Ingwer nicht zu kochen. 5 Minuten zugedeckt ziehen lassen. Mit einem Holzlöffel den Sack auspressen, so dass der Ingwersaft austritt. Wie die Kamillekompresse mit einem Küchentuch auflegen.
Ingwerkompressen sind ebenfalls geeignet zur Anregung der Zirkulation in jedem Körperteil, der steif, verspannt oder kalt ist.

Verstopfte Nase oder Husten
- 1 Zwiebel in dünne Scheiben schneiden und in einem Stoffsack oder einer Schüssel neben das Kissen legen.
- Gegen Husten: Warmen Salbeitee, mit Honig gesüsst, in kleinen Schlucken trinken.
- Gegen verstopfte Nase: Dämpfe von Salbei- oder Thymiantee oder Tee aus frischem Ingwer inhalieren.

Halsweh
- Mit warmem Salzwasser gurgeln.
- Aus Salbei einen starken Tee kochen. Auf Raumtemperatur abkühlen lassen. Mit oder ohne Salz zum Gurgeln verwenden.

Erkältungssymptome

Ume-sho-ban-kuzu-Tee trinken. Er entzieht dem Körper Giftstoffe, stärkt das Verdauungssystem und die Blutzirkulation, neutralisiert Säure im Körper und revitalisiert den Organismus.

1 gehäufter TL Kuzu
1 Tasse Bancha-Tee
½–1 Umeboshi-Pflaume
1 TL Shoyu
nach Belieben ¼ TL frisch geraspelter Ingwer

Das Kuzu mit 1 EL kaltem Wasser zu einem Brei rühren. Den Tee zusammen mit der Umeboshi-Pflaume aufkochen, Kuzu beigeben und unter ständigem Rühren kochen, bis die Mischung dicker wird. Ein paar Tropfen Shoyu und Ingwer beigeben, aber nicht mehr weiter kochen. Sobald die ersten Erkältungssymptome auftreten, 1–3 Tassen pro Tag trinken.

GLOSSAR

Agar-Agar Aus Rotalgen gewonnene mineralstoffreiche und verdauungsfördernde pflanzliche Gelatine. Siehe auch Seite 160.
Amasake Süsser, cremiger Getreidebrei, aus fermentiertem süssem Vollreis hergestellt. Anleitung auf Seite 217–218.
Arame Schwarzfarbene Braunalgenart, deren dicke Blätter fein geschnitten, gekocht und getrocknet in den Verkauf gelangen. Siehe auch Seite 154.
Bonitoflocken Fein geschabte Flocken von einem getrockneten und geräucherten grossen, thunfischähnlichen Fisch. Von fischigem und leicht rauchigem Geschmack. Verwendet für Suppenfond (Seite 53) und als Gewürz. Kann durch anderen getrockneten Fisch ersetzt werden.
Dulse Zarte Rotalge, die an der Atlantikküste wächst. Im Westen Irlands heute noch als «Dillisk» ein beliebter Bar-Imbiss. Siehe auch Seite 159.
Gomasio Sesamsalz aus gerösteten, mit Meersalz verriebenen Sesamsamen. Anleitung auf Seite 230.
Harissa Scharfe tunesische Gewürzpaste aus roten Chilischoten, die üblicherweise zu Couscous serviert wird. Siehe auch Seite 174.
Haushaltmehl Mehl, das 85–88% des vollen Korns enthält (in Deutschland Typ 1200), oder Ruchmehl mit 82–85% des vollen Korns (in Deutschland Typ 1050); ungebleicht und daher von beiger Farbe. Haushaltmehl verwenden wir für sämtliche süssen und pikanten Backwaren ausser Brot. Für Brot nehmen wir Vollkornmehl.
Hiziki Schwarzfarbenes Seegras, das harte, zylindrische Stengel bildet, die sehr reich an Mineralstoffen, besonders Calcium, sind. Siehe auch Seite 155.
Hokkaido-Kürbis Von der japanischen Insel Hokkaido stammende, heute in weiten Teilen Europas angebaute Kürbisart mit dunkelgrüner Schale und intensiv orangefarbenem, üppigem, saftigem Fruchtfleisch.
Ingwer, sauer eingelegter In Japan sehr beliebte und traditionell zu Sushi servierte sauer eingelegte Scheiben von frischem Ingwer.
Kelp Algenart mit dicken, kräftigen Blättern, die geringe Mengen Glutaminsäure, einen natürlichen Geschmacksverstärker, enthält. Vor allem verwendet zum Würzen, oft anstelle von Fleischbouillonpulver. Kann durch Kombu ersetzt werden. Siehe auch Seite 158.
Klebreis Auch süsser Vollreis genannt. Asiatische Reissorte, die beim Kochen süss und klebrig wird. Siehe auch Seite 71.
Klettenwurzel Wildwachsende, z.T. auch kultivierte Pflanze mit langer, dünner Wurzel, bekannt für ihre kräftigenden Eigenschaften und ihren köstlichen Wildgemüsegeschmack.
Kombu Algenart aus der gleichen Familie wie Kelp. Enthält wertvolle Mineralien und geringe Mengen Glutaminsäure, einen natürlichen Geschmacksverstärker. Vor allem verwendet zum Würzen, oft anstelle von Fleischbouillonpulver. Kann durch Kelp ersetzt werden. Siehe auch Seite 158.
Kukicha Auch Zweigtee oder Dreijahrestee genannt. Natürlich koffeinarmer Tee, der nur etwa ein Zehntel des in Schwarztee oder Grünem Tee enthaltenen Koffeins enthält. Ist leicht basisch und daher gut für die Verdauung. Siehe auch Seite 211.
Kuzu Bindemittel aus einem asiatischen Knollengewächs, das zum Eindicken und als Glasur verwendet wird. Kann durch Pfeilwurzelmehl oder Maisstärke (Maizena) ersetzt werden. Medizinische Anwendung bei Erkältungssymptomen siehe Seite 234.
Lotuswurzel Die Wurzel der berühmten, in sumpfigen Teichen wachsenden Lotusblume besitzt im Innern eine ungewöhnliche Röhrenstruktur, die, wenn man sie aufschneidet, dekorative Löcher ergibt. In der asiatischen Heilkunde als Lungenheilmittel geschätzt.
Meersalz Durch Verdunsten gewonnenes Speisesalz aus Meerwasser. Enthält Calcium, Magnesium und andere Spurenelemente. Bei Verwendung von gewöhnlichem Kochsalz die Mengen reduzieren, da dieses schärfer ist.
Mekabu «Knospe» der Wakamepflanze, die eine wunderschöne Spiralform besitzt. Siehe auch Seite 158.
Mirin Starker, süsser Reiswein. Für Saucen verwendet. Kann durch süssen Weisswein oder Reismalzsirup ersetzt werden.
Miso Fermentierte, salzig schmeckende Sojabohnenpaste. Vor allem zum Würzen von Suppen verwendet. Siehe auch Seite 53–54.
Nori, Laver Japanische (Nori) bzw. europäische (Laver) Bezeichnung derselben Algenart, die vor allem in Form dünner getrockneter Blätter zum Rollen von Sushi verwendet wird. Siehe auch Seite 157.
Pfeilwurzelmehl Aus den Wurzeln verschiedener tropischer Pflanzen gewonnenes Bindemittel.
Ruchmehl In Deutschland Typ 1050. Mehl mit 82–85% des vollen Korns (Weizen, Dinkel oder Roggen), ungebleicht und daher von beiger Farbe. (Siehe auch Haushaltmehl.)
Shiitake-Pilz Auf Eichenstämmen wachsender Pilz, der frisch oder getrocknet verwendet wird. In medizinischer Anwendung hilft er, den Körper von einem Übermass an tierischen Nahrungsmitteln zu reinigen.
Shoyu Natürliche Sojasauce ohne chemische Zusätze. Kann für stärkere Würzung durch Tamari ersetzt werden. Siehe auch Seite 54.
Suribachi Japanischer Mörser aus Keramik mit innen gerillter Oberfläche. Wird zusammen mit einem hölzernen Stössel (Surikogi) verwendet, um eher weiche Zutaten (wie Gomasio, Seite 230, oder Miso) zu zerstossen. Nicht für harte Gewürzzutaten (wie getrocknete Pfefferkörner) verwenden; dadurch könnten die Kanten der Rillen beschädigt werden. Siehe auch Seite 229.
Sushirollmatte Dünne Matte aus Bambusstäbchen, mit deren Hilfe Sushi gerollt werden.
Tamari Nebenprodukt der Misoherstellung, ähnlich Sojasauce, aber von dickerer Konsistenz und dreimal so stark im Geschmack. Kann für mildere Würzung durch Shoyu ersetzt werden. Siehe auch Seite 54. («Tamari Soy Sauce» diente in der frühen Makrobiotik als Bezeichnung für natürliche Sojasauce (Shoyu) im Unterschied zu jener mit chemischen Zusätzen. Heute durch die beiden Begriffe Shoyu und Tamari auseinandergehalten.)
Umeboshi Japanisches Produkt. Pflaumen- oder aprikosenähnliche Frucht, die grün und sauer geerntet, getrocknet und unter Druck in Salz eingelegt wird. Die violette Farbe entsteht durch Beigabe von Shiso-Blättern. Findet in vielen Rezepten (z.B. Sushi, Seite 69) und medizinisch für verschiedene innere Beschwerden Verwendung.
Wakame Weiche, zarte grüne Algenart, die vor allem für Suppen und Salate verwendet wird. Siehe auch Seite 156.
Wärmestreuplatte (auch Gasflammenschutz genannt). Eine meist gelochte Metallplatte, die für langsame Kochprozesse unter den Kochtopf geschoben wird, um Anbrennen zu verhindern und für eine sanfte, gleichmässige Wärmeverteilung zu sorgen. Insbesondere empfehlenswert für Gas-, Holz- und ältere Elektroherde. Moderne Elektroherde, die sich auch im tiefen Temperaturbereich gut einstellen lassen, machen die Wärmestreuplatte überflüssig.
Wasabi Sehr scharfe grüne Paste, aus der gleichnamigen, dem Meerrettich ähnlichen Wurzel hergestellt. Wird in Japan traditionell zu Sushi und Fischgerichten gereicht.

REZEPTVERZEICHNIS

Suppen 51

Fonds 52
Algenfond, japanischer 52
Bonito-Fond, japanischer 53
Fischfond 52
Gemüsefond, hausgemachter 52
Pilze, getrocknete japanische, Fond aus 52

Leichte Suppen 53
Frühlingsgemüsesuppe 53
Gazpacho 55
Klare Suppe 53
Misosuppe nach westlicher Art 54
Misosuppe, klassische 54
Suppe in der Tasse 23

Kräftige Suppen 55
Borschtsch (Russische Randen- oder Rote-Bete-Suppe) 58
Bouillabaisse (Mediterrane Fischsuppe) 61
Erbsensuppe, Holländische 57
Fischsuppe mit Tofu und Mais 60
Gerstensuppe, Schottische 56
Hausfrauensuppe 55
Linsensuppe, Blitzschnelle 55
Minestrone 56
Ostküsten-Chowder 60
Randensuppe, Russische (Borschtsch) 58
Roggensuppe aus Polen, Saure (Zur) 59
Rote-Bete-Suppe, Russische (Borschtsch) 58
Waldpilze, Slowenische Suppe mit 59
Zur (Saure Roggensuppe aus Polen) 59
Zwiebelsuppe, Französische, mit Croûtons 57

Vorspeisen 62

Getreide 63

Vollreis 65
Mochi 71
Ohagi-Festival 71
Paella, Spanische Meeresfrüchte- 67
Pilzrisotto 67
Reis, halbpolierter 65
Reisbällchen 68
Reissalat 66
Samuraibällchen 68
Sushi, japanische 69
Vollreis aus dem Dampfkochtopf (Grundrezept) 65
Vollreis für Anfänger 20
Vollreis konventionell gekocht (Grundrezept) 65
Wildreis spezial 66
Zigeunerreis 66

Hirse 72
Braten, Hirse-, zum Mitnehmen 74
Burger, Gebratene 73
Duchesse, Hirse 73
Flaumige Hirse 21
Frikadellen 73
Gebackene Hirse 72
Grundrezept Hirse 72
Kroketten, Fritierte 73
mit süssem Gemüse, Hirse 72
Püree, Hirse- 72
Schafhirtkuchen 74

Buchweizen 75
Blini (Russische Buchweizenpfannnkuchen) 75
Nudeln, Japanische Buchweizen- (Soba) 76
Pfannnkuchen, Russische Buchweizen- (Blini) 75
Pizzocheri (Italienische Buchweizenteigwaren) 76
Polnischer Buchweizen 75
Soba, gebratene (Japanische Buchweizennudeln) 76
Teigwaren, Italienische Buchweizen- (Pizzocheri) 76

Weizen 77
Bulghur-Pilaf 79
Bulghursalat, Libanesischer (Tabuleh) 78
Couscous, Nordafrikanisches 80
Couscous, Supereinfaches 80
Crêpes, pikant gefüllte 86
Dinkel (Grundrezept) 77
Dinkeleintopf, Toskanischer 78
Dinkelsalat, Italienischer 78
Knödel, Österreichische 81
Lasagne 84
Nabe (Japanisches Fondue) 83
Nudeln, Japanische, in Bouillon 82
Pierogi (Polnische Ravioli) 85
Spaghetti al Presto 22
Tabuleh (Libanesischer Bulghursalat) 78
Teigwaren (Grundrezept) 81
Teigwarensalat 82

Gerste 88
Älplertopf 88
Gerste mit Zwiebeln im Dampfkochtopf 88
Gerstensuppe, Schottische 56

Mais 89
Maisbrot, Südstaaten 90
Polenta 89
Polenta-Pizza 90
Polentaschnitten, Gebratene 90
Polentaschnitten, Grillierte 90

Quinoa 91
Grundrezept 91

Frühstücksgetreidegerichte 92

Birchermüesli 92
Knuspermüesli 192
Pfannkuchen, Amerikanische 94
Porridge, Gersten-Buchweizen- (Tsampa) 93
Porridge, Haferflocken- 92
Porridge, Öko- 92
Porridge, Vollkorn- 92
Tsampa (Tibetischer Gersten-Buchweizen-Porridge) 93

Pikante Backwaren 96

Aramestrudel 101
Crackers, Sesam- 101
Crackers, Vivis Strand- 101
Gemüsekuchen, Griechischer 99
Glasur für pikante Backwaren 97
Karottenkuchen, Cremiger 98
Kuchenboden, Kathleens Narrensicherer 97
Pilzkuchen 99
Pizzabeläge 96
Pizzateig 96
Quiche, Tofu- 100
Spanakopita (Griechischer Gemüsekuchen) 99
Teigschnecken 102
Teigtaschen, Kornische 100
Zwiebelkuchen, Französischer 98

Sandwiches und pikante Snacks 103

Algen-Chips 105
Computerburger 103
Erdnussbutter-Sauerkraut-Sandwich 23
Nüsse und Kerne, Geröstete 104
Pastinaken-Chips 105
Popcorn 105
Sandwich, Amerikanisches 103
Sandwichfüllungen 103
Tortilla-Chips 104

Eiweiss 106

Hülsenfrüchte 106
Bohnen, Gebackene Bostoner 110
Bohnen, Gebratene 111
Bohnentopf für die ganze Familie 109
Drei-Bohnen-Salat 110

Falafel 113
Hülsenfrüchte (Grundrezept) 109
Hummus (Kichererbsenpaste) 112
Kichererbsenpaste (Hummus) 112
Linsenburger 108
Linseneintopf 21
Linseneintopf nach Grossmutterart 108
Linsenpastete 108
Sojabohnen, Süsse schwarze 112
Sojabohneneintopf, Energiespendender 111
Tex-Mex Chili-Bohnen 111

Tofu 113
Arame-Tofu-Salat, Marinierter 154
Burger Deluxe, Tofu- 115
Dips, siehe Seite 168
Gebackener marinierter Tofu 114
Gebackener Tofu 21
Gebratene Tofuschnitten 114
Gekochter Tofu 114
Geräucherter Tofu Provençale 116
«Hüttenkäse», Tofu- 168
«Käse», Tofu-Miso- 116
Panierte Tofu-Schnitzel 114
Salade Niçoise vegetarisch 116
Saucen, siehe Seite 164
Tofuwürfel, Schnell gebratene 115
Verquirlter Tofu 115

Tempeh 117
Eintopf, Tempeh- 118
Gebratener Tempeh 118
Gekochter Tempeh 117
Gulasch, Ungarisches 121
Kohlwickel, Tempeh- 119
Marinierter Tempeh 118
Süss-saurer Tempeh 119
Tempeh Chasseur an Weisswein und Kräutern 119

Seitan 120
Braten, Seitan-, mit Zitronen-Petersilien-Füllung 123
Gulasch, Ungarisches 121
Salmi, Seitan- 122
Scallopini Milanese 121
Seitan à la Bourguignonne (mit Rotweinsauce) 122
Steaks, Seitan- 120
Steaks, Seitan-, mit Zwiebeln 120
Wiener Schnitzel 121

Kombinierte Eiweisse 124
Choucroute garnie 126
Cocktail-Kebabs 125
Jägereintopf, Polnischer (Bigos) 124
Paella, Vegetarische 126
Shish Kebabs 124
Singapur-Satay mit scharfem Erdnuss-Relish 125
Tofu, Tempeh und Seitan ausgebacken 126

Fu und getrockneter Tofu 127
Einsamkeits-Eintopf mit getrocknetem Tofu 127
Fritierter Fu 127
Fu-Zwiebel-Eintopf 127

Nüsse 128
Nussbraten 128

Fisch 129

Ausgebackener Fisch 133
Ceviche (In Limonen- oder Zitronensaft eingelegter Fisch) 134
Eingelegter Fisch, Skandinavischer 133
Eingepökelter Hering aus Schottland 134
Fisch-Kebabs 131
Fisch-Tofu-Stäbchen 132
Fischfilets auf Lauch 130
Fischsuppen 60–61
Fischwickel, Gefüllte 130
Garnelen in Aspik 129
Gebackener ganzer Fisch 132
Kabeljauplätzchen, Fritierte (Pasteis de Bacallau) 132
Lachssteaks, Grillierte 130
Pasteis de Bacallau (Fritierte Kabeljauplätzchen) 132
Salade Niçoise 130
Thunfischsalat 130

Essen für unterwegs und fürs Lagerfeuer 135

Apfel am Stecken 137
Brot am Stecken 137
Einsamkeits-Eintopf 127
Fischpäckchen 137
Gemüsespiesse mit Tofu-Dip 137
Getreide, Geröstetes 136
Kartoffeln im Feuer 137
Mais fürs Lagerfeuer 137
Pan-o-Ramen 136
Pfadfindersuppe 136
Picknickpäckchen mit Tofu oder Fisch 137
Reise-Müesli 135
Thermosflocken 135
Tofupäckchen 137

Gemüse 138

Aufstrich, Süsser Gemüse- 146
Ausbackteig, Gemüse im 150
Blanchiertes Gemüse 141
Blumenkohl-Lauch-Gratin 149
Bohnen-Koriander-Schmortopf, Portugiesischer (Favas) 148
Bouquet, Gemüse- 141
Bouquet, Cool 142
Broccoli, Blitz- 21
Crudités 140

Eintopf, Gemüse-, Nordafrikanischer (Marga) 146
Favas (Bohnen-Koriander-Schmortopf) 148
Gado Gado 142
Gedämpftes Gemüse 140
Gefüllte Zucchini und Zwiebeln 149
Gefüllter ganzer Kürbis 149
Gemüsetopf, Vollmundiger 145
Grill Provençale 144
Grüne Wickel 142
Grüne Wickel, Gefüllte 143
Grüngemüse, wassersautiertes 143
Grüngemüse, ölsautiertes 144
Karotten, Goldglasierte 145
Kohlwickel, Polnische 147
Marga (Nordafrikanischer Gemüseeintopf) 146
Pilzterrine 146
Rotkraut mit Äpfeln und Rosinen 148
Spiesse, Gemüse- 142
Süss-saures Gemüse aus dem Wok 22
Wildes Gemüse 36
Wurzelgemüse mit Rosmarin, Gebackenes 148
Zündholzgemüse 144

Meeresgemüse (Algen) 153

Agar-Agar 160
Arame mit Zwiebeln und Karotten 154
Arame nach den Fünf Elementen 154
Arame-Tofu-Salat, Marinierter 154
Aramestrudel 101, 154
Dulse, Gebratene oder fritierte 159
Dulse, Grillierte 159
Dulse-Orangen-Salat 159
Hiziki-Kaviar 156
Kombu-Chips 158
Laverbrot, Walisisches 157
Meeresgemüseplatte 160
Mekabu, Fritierter 158
Nori-Tempura 157
Noriblätter, Geröstete 157
Wakame-Gurken-Salat 156
Zitronen-Hiziki 155

Salate 161

Arame-Tofu-Salat, Marinierter 154
Bohnen-Salat, Drei- 110
Bouquet, Cool 142
Bulghursalat (Tabuleh) 78
Cole Slaw 162
Crudités 140
Dinkelsalat, Italienischer 78
Dulse-Orangen-Salat 159
Fischsalat (Ceviche) 134
Gepresster Salat 162
Griechischer Bauernsalat 161

Grüner Salat mit schwarzen Oliven 23
Jazz-Salat 161
Reissalat 66
Russischer Salat 162
Russischer Salat, Roter 163
Salade Niçoise vegetarisch 116
Salatteller, Schweizer 163
Tabuleh (Bulghursalat) 78
Teigwarensalat 82
Wakame-Gurken-Salat 156
Waldorfsalat 163

Saucen, Dips und Würzsaucen 164

Salatsaucen und Dips 164, 168
Avocado-Dip (Guacamole) 169
Grüne Göttin 166
Guacamole (Avocado-Dip) 169
Mandelmussauce 167
Nächtliche Inspiration 167
Sommersensation 167
Tahini-Knoblauch-Sauce 166
Thousand Island 166
Tofu-«Hüttenkäse» 168
Tofu-Dip 168
Tofu-Gurken-Dip (Tzatziki) 168
Tofu-Sauerrahm 165
Tofu-Tartar 166
Tofu-Tzatziki (Tofu-Gurken-Dip) 168
Tofumayonnaise 165
Tofusauce 165
Vinaigrette, Sauce 164
Zitronen-Senf-Sauce 165
Zitronen-Sesam-Sauce 23, 165
Zitronette-Salatsauce 164

Saucen 169
Béchamelsauce 169
Bolognese, Sauce, mit Seitan 172
Braune Sauce, Daddys 170
Fischsaucen, Kanarische 172
Mojo Rojo 173
Mojo Verde 173
Pesto-Sauce (Basilikumsauce) 171
Rouille (Sauce für Fischsuppe) 172
Spaghettisauce al Presto 22
Süss-saure Sauce 170
Teigwaren mit geräuchertem Lachs 171
Teigwaren mit Pilzen 171
Tomatensauce 170
Walnusssauce, Genuesische 172

Würzsaucen 174
Chilipaste, Scharfe tunesische (Harissa) 174
Chutney, Grossmutter Forresters 228
Erdnuss-Relish, Scharfes 175

Früchtesauce, Scharfe marokkanische 175
Harissa (Scharfe tunesische Chilipaste) 174
Nabe-Würzsaucen 174
Piccalilli 229
Randen-Meerrettich-Relish 175
Shoyu-Dip-Sauce, Japanische 174
Tomatenketchup, Instant- 174
Walnuss-Miso-Relish 175

Desserts 176

Leichte Desserts 177
Apfelschnee 177
Äpfel, Glasierte 21
Birnen Belle Hélène 178
Dörrfrüchtekompott 178
Erdbeercreme 181
Erdbeereis 181
Früchte, Gekochte 178
Fruchtsalat 177
Gelee, Fruchtsaft- 179
Gelee, Gartenfrüchte- 180
Gelee, Wassermelonen- 179
Geleeköpfchen, Valentins- 180
Heidelbeersuppe, Skandinavische 181
Mokka-Pudding 178
Parfait, Schwarz-weisses 180
Pommes Rouges 177
Wassermelonengelee, Sizilianisches 179
Weihnachtspudding, Orientalischer 182
Zitronensorbet 182
Zitronentraum 181

Reichhaltige Desserts 183
Apfelringe, Ausgebackene 186
Couscous-Mandel-Pudding 183
Crêpes, Süsse 184
Freezin' Niesen 185
Fruchtknödel, Tschechische 187
Götterspeise 187
Kastanien-Apfel-Pudding 185
Kirschen-Dessert Deluxe 187
Nudeln mit Mohnsamen 186
Pfirsich-Streusel 183
Reispudding, Englischer 183
Pierogi, Süsse (Polnische Ravioli) 85, 186
Tiramisù 188
Waffeln, Belgische 184
Weizenkörner-Mohnsamen-Dessert 186

Süsse Saucen, Cremen und Garnituren 189

Dörrfrüchtesauce 189
Früchtesauce 189
Glasur, süsse, für Früchte und Früchtekuchen 189
Hafercreme 190

Haferschleim, Sofort- 190
Knuspermüesli 192
Malzpulver zum Darüberstreuen 192
Mandelcreme 190
Mandelmilch 189, 190
Mandelsauce, Süsse 191
Rahm, Geschlagener Kanten- 191
Rahm, Süsser Tofu- 191
Reiskuchen, Knuspriger 192
Schokoladen-Ahorn-Sauce 191
Vanillesauce 190

Kuchen, Kleingebäck und süsse Snacks 193

Alltagskuchen, Suzis 194
Apfel-Muffins 197
Apfelgesicht 206
Apfelkuchen, Gedeckter 198
Apfelkuchen, Ungedeckter 198
Apfelstrudel, Österreichischer 201
Energieriegel 205
Erdnussbutter-Malz-Popcorn 205
Geburtstagskuchen 194
Gewürzplätzchen 203
Glasur für süsses Gebäck 194
Haselnussstengel 204
Himbeercremetorte 199
Kürbiskuchen, Amerikanischer 198
Linzertorte 201
Mandelringe 204
Marroni, heisse 206
Mohnsamenstrudel, Polnischer 195
Müeslipätzchen 202
Muffins, Pikante 197
Muffins, Süsse 197
Nusskekse, Blitz- 202
Sonnenblumenbällchen mit Rosinen 205
Studentenfutter 205
Weihnachtsgebäck 203
Weihnachtsguetzli, Schweizer 203
Zitronentraumkuchen 200
Zwetschgenkuchen, Schweizer 200

Für Babies und Kinder 207

Amasake-Dessert 209
Gemüse, Gedünstetes, für Kleinkinder 209
Gemüse, In Amasake eingelegtes 209
Gemüse, Tricks 209
Gemüsepalette 208
Gemüsepüree 208
Getreideschleim 207
Hülsenfrüchte fürs Baby 208
Monsteraugen 209, 143

Getränke 210

Fizzy Pop 212
Getreidekaffee 210
Glühwein 212
Kräutertees 212
Kukichatee 211
Kwass, Skandinavischer 213, 219
Miami Cooler 213
Mu-Tee 212
Party-Punsch 213
Zaubertrank, Angelikas 213

Die kleine Küchenfabrik 214

Algenpulver 230
Amasake 217
Aran Soide (Irisches Sodabrot) 221
Brottrunk (Kwass) 219
Chutney, Grossmutter Forresters 228
Gärgemüse, Gepresstes 224
Gemüse, In Amasake eingelegtes 226
Gemüse, In Kleie eingelegtes 226
Gemüse, In Salzlake eingelegtes 224
Gemüse, Miso- 227
Gomasio 230
Haferferment, Schottisches (Sowans und Swats) 220
Keimlinge 216
Knoblauch-Shoyu 228
Knoblauchöl 228
Konfitüren, Hausgemachte 231
Kwass, Polnischer (Saurer Saft von Randen/roter Bete) 227
Kwass, Skandinavischer (Brottrunk) 219
Maltose 218
Mochi 71, 216
Piccalilli 229
Pittabrot 221
Pürees, Frucht- und Gemüse- 232
Roggenferment, Polnisches (Zur) 220
Sauerteigbrot, Einfaches 222
Seitan 120, 215
Sodabrot, Irisches (Aran Soide) 221
Sowans und Swats (Schottisches Haferferment) 219
Sterilisierung 214
Zur (Polnisches Roggenferment) 219

48,-